경찰채용 경찰간부 경찰승진 시험대비

박문각 경찰 요약집

동영상 강의 www.pmg.co.kr

박문각

이상훈 경찰학 핵심 말끔 암기리즘

이상훈 편저

경찰학 암축 요약서

1편 총론 / 2편 각론

핵심 키워드 116개로 정리한 경찰학 합격 알고리즘!!

이 책의 머리말

수업을 마치고 나면 많은 수험생들이 그 날의 수업 내용에 대해서 질문을 하기 위해서 저를 찾아옵니다. 질문을 하러 오는 수험생들이 수많은 질문의 내용도 참 다양했는데요, 그 중에서도 수험생들이 질문에 필기된 내용을 정리하다가 정작 중요한 설명을 듣지 못해서 수업이 끝난 후 질문을 하러 찾아오는 경우가 많이 있었습니다. 수업 내용의 필기도 중요하지만 필기에 집중하다가 관련된 설명을 듣지 못해 수업 내용을 이해하지 못한 상태에서는 아무리 자세하게 정리된 필기노트도 그 가치를 제대로 발휘할 수 없습니다.

그렇다고 해서 무턱대고 노트 정리를 배제한 채 수업 내용만 듣고 책에 줄만 긋고 있기에는 평가 부족한 느낌이 들기도 드더거나, 옆에서 필기를 열심히 하고 있는 다른 수험생들을 보고 있으면 수험생 본인의 입장에서는 불안한 마음이 들 수밖에 없는 것도 잘 알고 있습니다.

여러 이유가 있었지만, 수업 시간에 필기 부담이라도 조금 덜어주자는 생각으로 수년 전부터 수업 시간에 필기할 내용을 미리 정리해서 학생들에게 프린트로 나눠주기 시작했습니다. 그때는 지도 구체적인 틀을 구성하지 못한 상태에서 시작한 작업이라 가장 중요한 부분들뿐만 아니라, 아주 세세한 부분까지 자습을 해서 수험생들에게 배부했습니다. 수업할 내용에 따라서는 거의 빈자리가 없을 정도로 빽빽한 자료들이 배부된 적도 많았습니다.

그리고 수험생들을 통해 알고리즘 자료의 장점과 단점 등에 대한 이야기를 듣고, 다시 기본적인 틀을 구성했습니다. 우선 순서도 형식의 틀을 통해 수업을 진행하는 방법이나 이론의 기본적 개념을 이해할 수 있다는 부분에서 많은 수험생들이 반가워졌습니다. 기존의 학습 방식은 기본 개념에 대한 이해가 없는 상태에서 단편적인 지식들을 습득하는 형태였다면, 알고리즘 자료를 통해 세부 세부 사항을 암기하기 전에 큰 틀을 이해함으로써 암기해야 할 분량을 생각보다 많이 줄일 수 있다는 평가였습니다.

그러나 지나치게 자세한 부분까지 내용이 삽입된 경우에는 오히려 개념에 대한 이해도가 떨어지고, 자료를 보는 것도 더 많이 힘들어진다는 문제점도 함께 지적받았습니다. 또한 빈 공간이 존재하지 않아 주가적인 사항을 필기하기도 힘들다는 불만도 있었습니다.

이러한 고민을 가져 알고리즘 자료의 기본적인 체계를 구성했습니다. 알고리즘은 수업 시간에 공부하게 될 방법이나 이론 및 판례의 기본 개념과 구조에 대한 이해가 목적이므로 지나치게 세부적인 사항을 추가하지 않고, 수업 진행 중 수험생들 스스로가 추가할 수 있도록 자료를 구성하기로 결정했습니다. 또한 자료 우측 여백 부분을 이용해 부수적인 내용을 정리할 수 있도록 여백을 두기로 했습니다.

이 책의 머리말

다음으로 알고리즘의 활용법에 대해 말씀드리겠습니다. 제가 알고리즘을 구상하고 출간한 목적은 저의 수업을 수강하는 수험생들에게 '필기(筆記)'라는 수고를 덜어주는 것도 있지만, 근본적으로는 수업 시간에 진행되는 법령이나 법학 이론 및 판례의 이해도를 높이는 데있습니다. 강의 시간에 진행된 수업 내용이 이해되지 않는다고 무작정 암기만 하는 수험생들을 많이 봤고, 이런 이유로 경찰학은 철저한 암기과목이라는 누명까지 쓴 듯합니다.

경찰학이라는 과목도 법조문이 대부분을 차지하고 있으므로, 관련 법령에 대한 이해와 더불어 체계적인 접근을 시도한다면 이해도를 높일 수 있고, 그 결과 암기해야 할 사항도 많이 줄일 수 있습니다. 그러므로 알고리즘을 통해 수험생들이 경찰학이라는 과목에 좀 더 쉽게 접근했으면 하는 바람입니다.

또한 경찰학 기본이론서 및 기출문제집과 목차를 동일하게 구성해서 수험생들이 별다른 수고없이 기본이론서와 대조할 수 있도록 했습니다. 기본이론서를 보다가 이해가 되지 않는 부분을 알고리즘을 통해 정리하는 방법도 좋고, 알고리즘을 통해 큰 틀을 이해한 후 기본이론서를 통해 보충하는 방법도 좋습니다. 결국 기본이론서와 알고리즘을 가장 알차게 활용하는 방법은 수험생 여러분들이 스스로 찾아내야 할 몫입니다.

마지막으로 자신만의 알고리즘을 만드십시오. 알고리즘에 기본적인 부분은 구성되어 있고, 그 틀 위에 여러분들만의 방식으로 알고리즘의 빈자리를 채워 자신만의 알고리즘을 완성해야 합니다. 화살표를 수험생 여러분들이 이해한 방식대로 같은 색으로 이어간다든가, 암기해야 할 사항이나 숫자 등을 자신만의 방식으로 추가한다든가 하는 과정을 통해 알고리즘을 내 것으로 만들어야 합니다. 그런 과정을 모두 끝낸다면 알고리즘 안에 중요한 사항이 모두 정리되어 있을 테니 두꺼운 기본서를 대신할 훌륭한 수험자료가 될 것이라고 확신합니다.

숨 돌릴 겨를도 없이 시험이 다가오고 또 다가옵니다. 저와 함께하는 모든 수험생들에게 좋은 결과가 있기를 바라고 항상 응원하겠습니다.

경찰학 이상훈

이 책의 차례

이 책의 차례

이 책의 차례

이 책의 **차례**

PART

01

총론

이상훈 경찰학
핵심 알고리즘 ✦

합격까지 박문각

01 행정의 의의

Keyword 01 행정의 개념(형식적 의미의 행정과 실질적 의미의 행정)

MEMO

형식		실질
입법	국회사무총장의 소속공무원 임명	행정
사법	대법원장의 일반 법관 임명	행정
행정	행정심판의 재결	사법
행정	대통령령, 총리령 및 부령의 제정	입법
행정	행정규칙의 제정	입법
행정	토지수용위원회의 재결	사법
행정	세무서장의 조세부과처분 및 조세체납처분	행정
행정	행정안전부 소속 공무원의 신규임용	행정
행정	소청심사위원회의 재결	사법
사법	(법원의) 등기사무	행정
행정	지방공무원 임명	행정
행정	시·도경찰청장의 총·포소지허가	행정

⊕ 참고

토지등의 수용과 사용에 관한 재결을 하기 위하여 국토교통부에 중앙토지수용위원회를 두고, 특별시·광역시·도·특별자치도(이하 "시·도"라 한다)에 지방토지수용위원회를 둔다(공익사업을 위한 토지 등의 취득 및 보상에 관한 법률 제49조).

Keyword 02 통치행위

MEMO

⑴ 입헌적 법치주의국가의 기본원칙은 어떠한 국가행위나 국가작용도 헌법과 법률에 근거하여 그 테두리 안에서 합헌적·합법적으로 행하여질 것을 요구하고, 이러한 합헌성과 합법성의 판단은 본질적으로 사법의 권능에 속한다는 것이다.

⑵ **고도의 정치성을 띤 국가행위인 이른바 통치행위가 사법심사의 대상이 되는지 여부(적극)**: 고도의 정치성을 띤 국가행위에 대하여는 이른바 통치행위라 하여 법원 스스로 사법심사권의 행사를 억제하여 그 심사대상에서 제외하는 영역이 있을 수 있으나, 이와 같이 통치행위의 개념을 인정하더라도 과도한 사법심사의 자제가 기본권을 보장하고 법치주의 이념을 구현하여야 할 법원의 책무를 태만히 하거나 포기하는 것이 되지 않도록 그 인정을 지극히 신중하게 하여야 한다[대법원 2004. 3. 26., 선고, 2003도7878, 판결].

⑶ 고도의 정치적 결단을 요하는 행위라고 하더라도 이는 국민의 기본권침해와 직접 관련되는 것으로서 헌법재판소의 심판대상이 될 수 있다(헌재 1996.2.29, 93헌마186).

통치행위 O	통치행위 X
① 대통령의 계엄선포나 확대 행위 ② 외국에의 국군의 파견결정 ③ 남북정상회담의 개최 ④ 대통령의 긴급재정경제명령 ⑤ 신행정수도건설이나 수도이전의 문제를 국민투표에 붙일지 여부에 관한 대통령의 의사결정	① 비상계엄의 선포나 확대가 국헌문란의 목적을 달성하기 위하여 행하여진 경우 ② 지방의회의 의원징계의결 ③ 기획재정부장관에게 신고하지 아니하거나 통일부장관의 협력사업 승인을 얻지 아니한 채 북한측에 사업권의 대가 명목으로 송금한 행위 ④ 2007년 전시증원연습을 하기로 한 결정 ⑤ 서훈취소

Keyword 03 대륙법계의 경찰과 영미법계의 경찰

1. 개념의 비교

대륙법계의 경찰	영미법계의 경찰
① 전통적	① 현대적
② 일반통치권(경찰권)	② 자치권
③ 명령·강제, 수직적, 권력적, 대립적	③ 서비스, 수평적, 비권력적, 친화적, 비례적
④ 공공의 안녕과 질서유지	④ 국민의 생명과 재산의 보호
⑤ 발동범위와 성질	⑤ 기능 또는 역할
⑥ 경찰이란 무엇인가	⑥ 경찰활동이란 무엇인가 또는 경찰은 무엇을 하는가

2. 대륙법계 경찰개념의 변천과정

고대	① 라틴어인 'politia'(그리스어 'politeia')에서 기원 ② 정치를 포함하는 일체의 국가작용
중세 (16C)	① 1530년 독일 제국경찰법 ② 교회행정 제외 ③ 경찰 = 국가행정
경찰국가 (17C)	① 왕권신수설, 군주주권론 ② 절대왕정 ③ 외교, 사법, 군사, 재정 제외 ④ 경찰 = 내무행정 ⑤ 1648년 독일의 베스트팔렌 조약 : 경찰과 사법이 분리

법치국가 (18C)	① 계몽철학, 천부인권, 국민주권론(시민혁명) ② 적극적인 복지증진 제외 ③ 경찰 = 소극적 질서유지 ④ 법과 판결 　㉠ 프로이센 일반란트법 　㉡ 죄와 형벌법전(경죄처벌법전) 　㉢ 크로이츠베르크 판결 　㉣ **지방자치법전**: 자치체 경찰 　㉤ **프로이센 경찰행정법**: 의무에 합당한 재량
현대 (20C)	① 비경찰화(제2차 세계대전 이후 협의의 행정경찰사무를 일반행정기관으로 이관) ② 경찰 = 보안경찰

Keyword 04　형식적 의미의 경찰과 실질적 의미의 경찰

형식적 의미의 경찰	실질적 의미의 경찰
① 역사적, 제도적, 실정법, 실무상 개념 ② 조직 기준 ③ 각국의 전통이나 현실적 환경에 따라 다르게 규정	① 이론적, 학문적 개념 ② 작용의 성질 기준 ③ 독일 행정법학에서 유래

정보경찰
안보경찰
사법경찰
서비스제공

생활안전경찰
풍속경찰
교통경찰

건축경찰
영업경찰
위생경찰
산림경찰

Keyword 05 / 경찰의 구분

(1) **목적 · 임무**: 광의의 행정경찰과 사법경찰(우리나라는 조직법상 행정경찰과 사법경찰이 구분되어 있지 않으며, 보통경찰기관이 양
사무를 모두 담당)

(2) **업무의 독자성(다른 행정작용에 부수하는지 여부)**: 협의의 행정경찰과 보안경찰

(3) **발동**시점: 예방경찰과 진압경찰

(4) **질과 내용**: 질서경찰과 봉사경찰

(5) **권한과 책임의 소재**: 국가경찰과 자치경찰

(6) 담당기관 **및 위해의 정도**: 평시경찰과 비상경찰

(7) **보호**법익: 보통경찰과 고등경찰

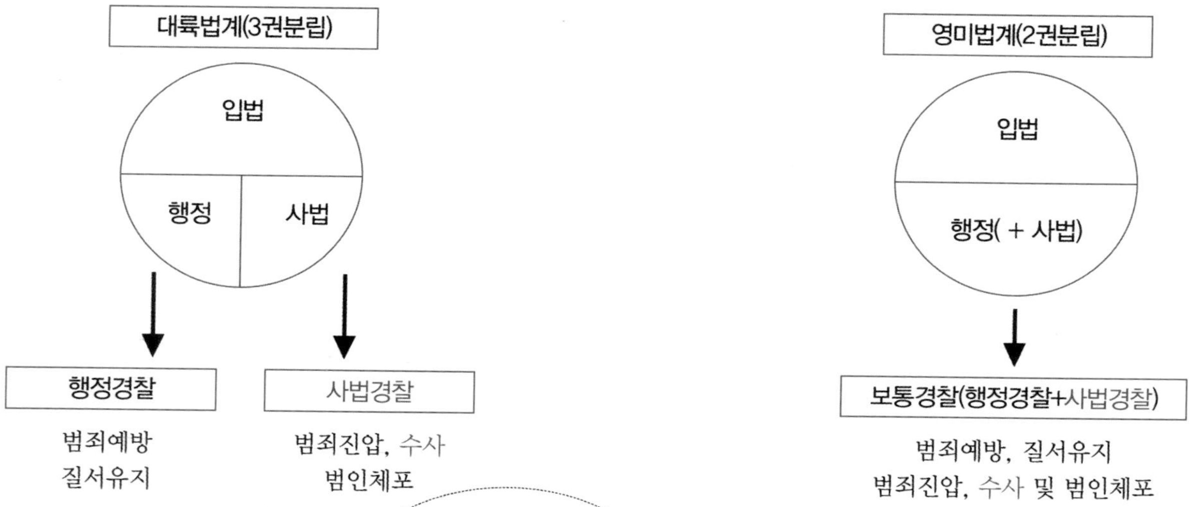

대륙법계(3권분립)

입법

행정 | 사법

행정경찰 → 범죄예방
질서유지

사법경찰 → 범죄진압, 수사
범인체포

영미법계(2권분립)

입법

행정(+ 사법)

보통경찰(행정경찰+사법경찰)

범죄예방, 질서유지
범죄진압, 수사 및 범인체포

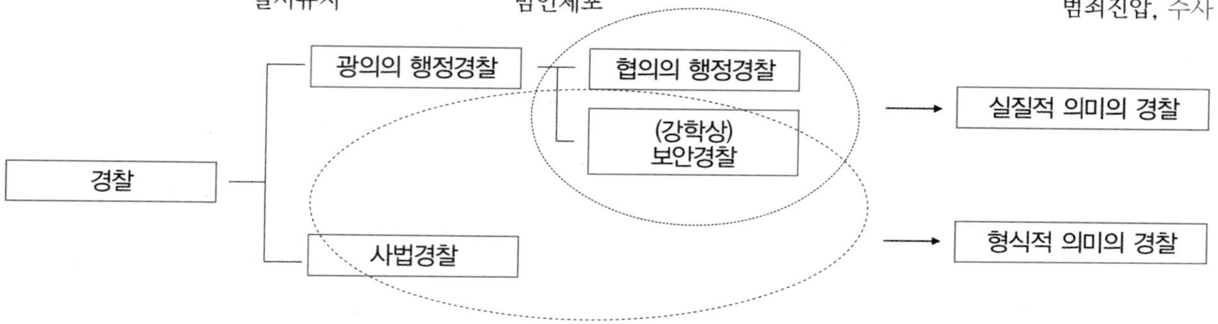

경찰 ┬ 광의의 행정경찰 ┬ 협의의 행정경찰 ─→ 실질적 의미의 경찰
     │   └ (강학상) 보안경찰
     └ 사법경찰 ─→ 형식적 의미의 경찰

MEMO

Keyword 06 경찰의 목적(임무) 및 수단

경찰의 목적(임무)

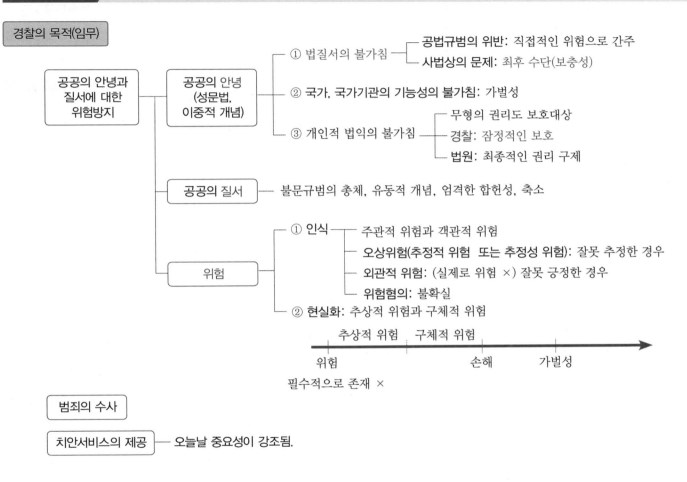

공공의 안녕과 질서에 대한 위험방지

공공의 안녕 (성문법, 이중적 개념)
- ① 법질서의 불가침
  - **공법규범의 위반**: 직접적인 위험으로 간주
  - **사법상의 문제**: 최후 수단(보충성)
- ② 국가, 국가기관의 기능성의 불가침: 가벌성
- ③ 개인적 법익의 불가침
  - 무형의 권리도 보호대상
  - 경찰: 잠정적인 보호
  - 법원: 최종적인 권리 구제

공공의 질서 — 불문규범의 총체, 유동적 개념, 엄격한 합헌성, 축소

위험
- ① 인식
  - 주관적 위험과 객관적 위험
  - **오상위험(추정적 위험 또는 추정성 위험)**: 잘못 추정한 경우
  - **외관적 위험**: (실제로 위험 ×) 잘못 긍정한 경우
  - **위험혐의**: 불확실
- ② **현실화**: 추상적 위험과 구체적 위험

추상적 위험   구체적 위험

위험   손해   가벌성

필수적으로 존재 ×

범죄의 수사

치안서비스의 제공 — 오늘날 중요성이 강조됨.

Keyword 07 경찰권, 경찰의 관할 및 경찰의 기본이념

1. 광의의 경찰권 = 협의의 경찰권 + 수사권 (+ 서비스권)

(1) **대륙법계**: 경찰의 임무에 수사가 포함되지 않음.

(2) **영미법계**: 경찰의 임무에 수사가 포함됨.

2. 경찰의 관할

(1) **사물관할(직무범위, 임무)**

> 국가경찰과 자치경찰의 조직 및 운영에 관한 법률 제3조(경찰의 임무) 경찰의 임무는 다음 각 호와 같다.
> 1. 국민의 생명·신체 및 재산의 보호
> 2. 범죄의 예방·진압 및 수사
> 3. 범죄피해자 보호
> 4. 경비·요인경호 및 대간첩·대테러 작전 수행
> 5. 공공안녕에 대한 위험의 예방과 대응을 위한 정보의 수집·작성 및 배포
> 6. 교통의 단속과 위해의 방지
> 7. 외국 정부기관 및 국제기구와의 국제협력
> 8. 그 밖에 공공의 안녕과 질서유지

(2) **인적 관할**

(3) **지역관할**: 국회운영위원회의 동의, 체포한 후 의장의 지시

3. 경찰의 기본이념

(1) **민주주의**

(2) **법치주의**

(3) **인권존중주의**: 헌법과 국자법에 규정 ○, 수사경찰에게 요구되는 가장 중요한 이념

(4) **정치적 중립**

(5) **능률성, 효과성 및 경제성**

Keyword 08 | 경찰행정의 특수성

위험성	① 경찰은 각종 위험의 제거를 주요 기능으로 하고, 그 수단으로 경찰권을 발동하고 실력을 행사함. ② 경찰은 무기와 장구를 휴대하게 됨.
돌발성	① 경찰행정기관은 예측하지 못한 경찰위반상태가 돌발적으로 발생했을 때 그 위험이 누구에 의해 야기된 것인지 알지 못하는 상황에서 업무를 수행함. ② 돌발적인 사건을 해결하기 위해 고도의 민첩성을 갖추고 다른 부서 혹은 직원들과 유기적인 공조체제를 갖추어야 함.
기동성	① 경찰업무는 대부분 긴급하게 해결하지 않으면 피해를 회복하기 곤란하고, 권리구제의 기회를 상실하게 되는 경우가 많음. ② 범인의 체포와 증거물의 확보에 있어서도 중요한 요소
권력성	① 경찰은 공공의 안녕과 질서를 유지하기 위해 국민에게 명령·강제함. ② 시민행동의 자유를 제한함. ③ 윌슨은 권력성이 경찰에 대한 반감을 초래하는 원인으로 봄.
조직성	① 경찰위반상태가 발생한 경우 그 해결이 시급하고 국민들에게 직접적인 이해관계가 있음. ② 경찰조직은 기동성이나 협동성을 충분히 발휘하기 위해 여러 가지 치밀한 장치가 필요함. ③ 경찰조직은 안정적이고 능률적이어야 하며, 군대식으로 조직하는 것이 바람직함. ④ 대표적으로 계급과 제복이 조직성에 부응하기 위한 장치에 해당함.
정치성	① 경찰조직의 정치적 중립을 확보하기 위한 제도적 장치가 필요함. ② 경찰조직은 특정한 정당 또는 정권에 의해 좌우되어서는 안 되며 국민 전체에 대한 봉사자로서의 역할을 해야 함.
고립성	경찰관은 시민들의 경찰에 대한 존경심 결여, 법집행에 대한 협력의 결여 및 경찰업무에 대한 이해 부족 등에 의해 소외감을 느끼게 됨.
보수성	경찰행정은 공공의 안녕과 질서를 유지하는 것을 임무로 하기 때문에 본질적으로 현상유지적 성격을 가짐.

03 한국경찰사

Keyword 09 한국경찰사

1. 갑오개혁 이전의 경찰사

(1) **고조선**: 살인죄, 상해죄, 절도죄

(2) **한사군(漢四郡)**: 군(郡)·현(縣)·경(卿)·정(亭)·리(里)의 행정구역

군	문관 태수(太守), 무관 도위(都尉)를 따로 두어 경찰기능을 담당
현	위(尉)와 좌사(佐史)가 도적을 검거하는 활동
경	삼로(三老)는 교화, 유요(遊徼)는 순찰과 도적을 방비하는 업무
정	정장(亭長)은 도적의 검거와 같은 경찰업무를 수행
리	이괴(里魁)가 풍속 등을 담당

(3) **부족국가**

부여	① 일책십이법(一責十二法)
	② 영고
	③ 마가·우가·저가·구가 등의 관료들이 국방과 경찰업무를 수행
고구려	① 일책십이법(一責十二法)
	② 엄격한 형벌로 사회를 통제
동예	책화(責禍)
삼한	천군이 다스리는 소도(蘇塗)는 군장의 통치력이 미치지 못하는 일종의 치외법권지역으로, 범죄자가 소도로 도주하더라도 체포할 수 없었음.

(4) 삼국시대

고구려	① 지방을 5부로 나누어 욕살(褥薩)이라는 관리를 따로 두어 경찰권을 행사 ② 경찰제도와 군사제도가 분리되지 못함.
백제	① 수도를 5부로 나누어 달솔(達率)이 치안을 유지하고, 지방은 5방으로 편제하여 방령(方領)이 치안을 유지함. ② 관인수재죄(官人受財罪)를 통해 삼국(三國) 중 최초로 공무원의 범죄를 다스림.
신라	① 지방에는 주(州)를 설치하고 군주(軍主)가 군사업무와 경찰업무를 담당 ② 화랑제도를 통해 수도와 지방의 치안을 담당

(5) 통일신라

왕권의 보호와 지배체제의 확립을 위해 형의 종류가 세분화되어 있었고, 형벌의 집행방법도 잔인했음.

지방행정제도	9주와 5소경으로 나누어 편제하고 지방 관리인 총관과 사신을 둠.
범죄와 형벌	왕권보호 : 모반죄(謀叛罪), 모대역죄(謀大逆罪), 지역사불고언죄(知逆事不告言罪) 등 관리들의 직무 : 불휼국사죄(不恤國事罪), 배공영사죄(背公營私罪) 등

(6) 고려시대

	병부(兵部)	국가의 치안유지에 관한 임무 담당
중앙경찰기관	형부(刑部)	법률·송사 등을 담당, 사법경찰작용도 담당
	2군 6위	① 중앙군으로 2군 6위를 두어 수도경비와 함께 치안유지를 위한 일반경찰업무를 담당 ② 금오위가 수도의 경찰업무를 수행, 수도의 순찰 및 포도금란(捕盜禁亂) 및 비위예방
지방경찰기관	위아(尉衙)	현위(縣尉)를 수장으로 하여, 해당 지방의 비행 및 범죄의 방지나 그 처리, 질서유지임무를 담당
특수경찰기관	순마소(巡馬所)	① 순마소(순군만호부)는 수도의 순찰 및 경비를 담당, 왕궁경비임무도 수행 ② 방도금란(防盜禁亂)의 임무 외에 왕권보호 등과 같은 정치적인 임무도 수행
	어사대(御史臺)	관료에 대한 비리감찰이 주된 업무, 풍속교정의 임무도 수행

MEMO

(7) 조선시대

경찰권이 일원화되지 못하고 각 행정기관[직수아문(直囚衙門)]이 소관사무와 관련하여 필요한 범위 내에서 직권으로 경찰권을 발동

중앙경찰기관	병조(兵曹)	군사행정뿐만 아니라 경찰사무도 함께 담당
	형조(刑曹)	① 법률, 형사처벌, 소송 등의 업무를 관장 ② 고율사(考律司)는 법률의 해석을 담당, 장금사(掌禁司)는 감옥에 관한 사무를 관장 ③ 형조는 사법경찰사무를 관장
	의금부(義禁府)	① 왕명을 받들고 추국(推鞫)을 담당하던 기관 ② 왕족범죄 및 전·현직 관리들의 범죄, 국사범 등을 담당 ③ 사헌부에서 탄핵한 사건, 강상(綱常)에 관한 범죄 등 특별범죄를 관할
	사헌부(司憲府)	풍속경찰을 주관하고 민정을 파악하여 정사(政事)에 반영하는 등 행정경찰업무를 담당
	한성부(漢城府)	수도의 일반행정뿐만 아니라 경찰행정도 담당했으며, 투구(鬪毆), 검시(檢屍) 등의 사무를 수행
지방경찰기관		관찰사, 부사, 목사, 군수, 현령, 현감 등이 해당 행정구역의 행정업무와 사법사무를 관장
포도청		① 최초의 전문적·독립적인 경찰기관, 성종 2년 포도장제에서 기원, 중종 치세기에 이르러 포도청으로 개칭 ② 관비인 '다모(茶母)'가 여성범죄나 양반가의 수색 등을 담당
암행어사		초기에는 정보경찰 활동을 주로 수행, 이후에는 감독·감찰기관으로서의 업무도 동시에 수행

2. 갑오개혁 이후의 경찰사

내무아문 소속 경무청 (1894년)	① 일본각의의 결정에 따라 (구)경무청을 법무아문 소속으로 창설하였으나 내무아문 소속으로 변경하여 (구)경무청을 창설 ② 조직법인 경무청관제직장 제정(일본의 경시청관제 모방) ③ 작용법인 행정경찰장정 제정(일본의 행정경찰규칙과 위경죄즉결례를 혼합) ④ 좌우포도청을 폐지(합설)하고 경무청을 창설, 한성부 내의 경찰사무 담당(경무청의 장으로 경무사를 둠) ⑤ 경찰사무와 감옥사무 담당 ⑥ 한성부 내에 경찰지서를 설치(경무관을 장으로 보함) ⑦ 「행정경찰장정」에는 소방, 위생, 결사, 집회, 시장, 영업, 회사 등 광범위한 사무가 포함되어 있어 경찰의 업무영역이 광범위하고 경찰업무와 일반 행정업무가 미분화 ⑧ 1894년 「각아문관제」에서 처음으로 경찰이란 용어를 사용
내부 소속 경무청 (1895년)	① '내부관제'의 제정을 통해 내부대신의 경찰에 대한 지휘·감독권이 정비 ② 1896년 지방경찰규칙을 제정하여 지방경찰의 작용법적 근거를 마련
1896년	① 한성과 부산 간의 군용전신선의 보호를 명목으로 일본헌병대가 주둔 ② 헌병경찰은 군사경찰업무 이외에도 사회단체의 단속, 의병의 토벌, 항일인사의 체포, 일본관민과 친일파의 보호 등 고등경찰활동 및 보통경찰활동에도 종사
경부 (1900년)	① 광무개혁의 일환으로 경부를 창설 ② 궁내경찰서와 한성부 내 5개 경찰서, 3개 분서를 두고 이를 지휘하는 경무감독소를 설치 ③ 경부경찰체제의 관장범위는 한성 및 각 개항시장의 경찰사무 및 감옥사무로 제한되었고, 지방에는 총순을 두어 관찰사를 보좌 ④ 1년여 존속
내부 소속 경무청 (1902년)	① 경무청으로 환원 ② 전국을 관할(현재 경찰청의 원형)
통감부 경무총감부 (1905년)	① 감옥에 관한 사무가 법부로 이관 ② 각 도에 경무부 설치

⊕ 참고

※ 일제 강점기 직전 국권피탈 과정
1. 경찰사무에 관한 취극서 : 재한국 일본인에 대한 경찰사무의 지휘감독권을 일본관헌의 지휘감독을 받도록 위양하는 내용
2. 재한국 외국 인민에 대한 경찰에 관한 한일협정 : 재한국 외국인에 대한 경찰사무의 지휘감독권을 일본계 한국경찰이 행사하도록 한 내용
3. 한국사법 및 감옥사무위탁에 관한 각서
4. 한국경찰사무위탁에 관한 각서

3. 일제강점기와 미군정기의 경찰사

MEMO

조선총독부 경무총감부 (1910년)	① 헌병경찰제도 ② 고등경찰과 보통경찰활동 ③ 보안법, 집회단속에관한법, 신문지법, 출판법 ④ 총독 － 제령권 ⑤ 경무총장, 경무부장 － 명령권 ⑥ 1910년 조선주차헌병조령(朝鮮駐箚憲兵條令, 칙령 343호)에 의하여 헌병이 일반치안을 담당할 수 있는 법적 근거를 마련 ⑦ 일반경찰은 치안수요가 많은 도시나 개항장에 주로 배치되었다고 헌병경찰은 주로 군사경찰상 필요한 지역 또는 의병 활동 지역 등에 배치
조선총독부 경무국 (1919년)	① 보통경찰제도(3. 1운동을 기점으로 전환) ② 경찰의 직무와 권한에는 변화가 없음. ③ 정치범처벌법을 제정 ④ 치안유지법(일본에서 제정)을 적용하여 단속체제를 강화 ⑤ 경제경찰, 외사경찰 영역까지 경찰권의 발동범위가 확대(예비검속법 등의 제정)
미군정기 경무국 (1945년) · 경무부 (1946년)	① 구 관리의 현직 유지(조선총독부의 경무국이 유지, 인력의 개혁이 제대로 시행될 수 없었다.) ② 비경찰화(위생사무 이관) 및 경제경찰, 고등경찰 등 폐지 ③ 경찰의 독자적 수사권행사 ④ 1946년 여자경찰제도(14세 미만 소년 업무 및 여성관련 업무) ⑤ 1947년 중앙경찰위원회(6인) ⑥ 과학수사 도입(법의실험소) ⑦ 철도경찰, 기마경찰, 경찰간부제도 도입 ⑧ 정보경찰(정보과, 사찰과) 신설 ⑨ 1945년에 정치범처벌법·치안유지법·예비검속법 등을 폐지하였고, 1948년에 보안법을 폐지함. ⑩ 신규경찰 채용과정에서 일제 경찰출신들이 20% 가량 재임용되기는 하였으나 독립운동가 출신 인물 다수가 채용 ⑪ 영미법의 영향을 받아 경찰의 이념 및 제도에 민주적 요소가 도입됨.

4. 정부수립 이후의 경찰사

내무부 치안국 (1948년)	① 지방-시도 경찰국 ② 경찰서장만 경찰행정관청의 지위를 가짐. ③ 경찰관직무집행법(1953년, 영미법적 사고가 최초로 반영) ④ 행정대집행법(1954년) ⑤ 경범죄처벌법(1954년) ⑥ 국립과학수사연구원(1955년) 설치 ⑦ 해양경찰대(1962년) ⑧ 인터폴에 가입(1964년) ⑨ 경찰관 해외주재관 제도 신설(1966년) ⑩ 경찰공무원법(1969년) ⑪ 전투경찰대(1970년) 설치
내무부 치안본부 (1974년)	① 소방업무가 민방위본부로 이관 ② 경찰대학교 설치
내무부 경찰청 (1991년)	① 경찰법 제정(1991년), 경찰헌장 제정(1991년) ② 내무부의 외청으로 반 독립 ③ 경찰위원회제도의 도입 ④ 기존의 치안본부장이 경찰청장으로, 시·도경찰국장이 지방경찰청장으로 독립 관청화가 됨. ⑤ 경찰서장은 정부수립 이후부터 계속 독립관청의 지위를 보유) ⑥ 치안행정협의회 ⑦ 1996년에 해양수산부로 해양경찰청 이전

5. 한국경찰사 관련 주요 인물

MEMO

나석주	① 임시정부 경무국 경호원 및 의경대원으로 활동 ② 1926년 12월 식산은행과 동양척식회사에 폭탄 투척
김용원	1921년 김구 선생의 뒤를 이어 제2대 경무국장 역임
안종삼	① 구례경찰서 ② 내가 죽더라도 방면하겠으니 국가를 위해 충성해달라
안맥결 총경	1946년 5월 미군정시기 제1기 여자경찰간부로 임용되었으며, 1952년부터 2년간 서울여자경찰서장을 역임하며 풍속·소년·여성보호 업무를 담당
문형순 경감	① 민주경찰·인권경찰의 표상 ② 948년 12월 제주 대정읍 하모리에서 검거된 좌익총책의 명단에 연루된 100여명의 주민들이 처형위기에 처하자 당시 모슬포서장 문형순은 이들에게 자수하도록 하고, 1949년 자신의 결정으로 전원을 훈방함. ③ 1195년 8월 30일 성산포경찰서장 재직시 계엄군의 예비검속자 총살 명령에 '부당함으로 불이행한다'고 거부하고 278명을 방면함.
차일혁 경무관	① 호국경찰·인권(인본)경찰·문화경찰의 표상 ② 남부군 사령관 이현상 사살 ③ 공비들의 근거지가 될 수 있는 사찰을 불태우라는 상부의 명령에 대해 현명하게 대처하여 구례 화엄사 등 여러 사찰과 문화재를 보호함.
최규식 경무관· 정종수 경사	① 호국경찰의 표상 ② 1968년 1월 21일 무장공비 침투사건 당시 청와대 사수
안병하 치안감	① 민주경찰·인권경찰의 표상 ② 전남경찰국장으로 재직중이던 1980년 5월 18일 광주 민주화운동 당시 '분산되는 자는 너무 추적하지 말 것, 부상자가 발생하지 않도록 할 것, 연행과정에서 학생의 피해가 없도록 유의할 것' 등을 지시하여 비례의 원칙에 입각한 경찰권 발동 및 시위대의 인권보호로 강조
이준규 총경	① 민주경찰·인권경찰의 표상 ② 1980년 5월 18일 당시 목포경찰서장으로 재임 중 안병하 국장의 방침에 따라 경찰 총기 대부분을 군부대 등으로 사전에 이동, 자체방호를 위해 가지고 있던 소량의 총기도 격발이 불가능하도록 조치함.
최중락 총경	① 수사경찰의 표상 ② 63·68·69년 치안국 포도왕으로 선정, 재직 중 1,300여명의 범인을 검거함.

제1절 경찰법학 일반

Keyword 10 경찰법학 일반

1. 법치주의

법률의 법규창조력	① 국민의 권리·의무에 관한 법규는 원칙적으로 국민의 대표기관인 국회가 법률로만 규정할 수 있다는 원칙이다. ② 대한민국 헌법 제37조 ② 국민의 모든 자유와 권리는 국가안전보장·질서유지 또는 공공복리를 위하여 필요한 경우에 한하여 법률로써 제한할 수 있으며, 제한하는 경우에도 자유와 권리의 본질적인 내용을 침해할 수 없다. ③ 행정기본법 제8조 【법치행정의 원칙】 행정작용은 법률에 위반되어서는 아니 되며, 국민의 권리를 제한하거나 의무를 부과하는 경우와 그 밖에 국민생활에 중요한 영향을 미치는 경우에는 법률에 근거하여야 한다. ④ 질서위반행위규제법 제6조 【질서위반행위 법정주의】 법률에 따르지 아니하고는 어떤 행위도 질서위반행위로 과태료를 부과하지 아니한다.
법률우위의 원칙 (제약규범)	법률의 형식으로 표현된 국가의사는 다른 모든 국가작용(행정·사법)보다 우위에 있다는 것을 의미한다.
법률유보의 원칙 (근거규범)	① 행정권의 발동에 있어서 반드시 개별적인 법률의 수권(법적 근거)을 필요로 한다는 원칙이다. ② 오늘날 법률유보원칙은 단순히 행정작용이 법률에 근거를 두기만 하면 충분한 것이 아니라, 국가공동체와 그 구성원에게 기본적이고도 중요한 의미를 갖는 영역, 특히 국민의 기본권실현과 관련된 영역에 있어서는 국민의 대표자인 입법자가 그 본질적 사항에 대해서 스스로 결정하여야 한다는 요구까지 내포하고 있다(의회유보원칙)(헌재 1999. 5.27, 98헌바70). ③ 관련 판례 • 한국방송공사법 제35조 등 위헌소원 : 텔레비전방송수신료 금액, 납부의무자의 범위 등(헌재 1999. 5.27, 98헌바70) • 방송법 제64조 등 위헌소원(제67조 제2항) : 수신료 징수업무를 한국방송공사가 직접 수행할 것인지 제3자에게 위탁할 것인지, 위탁한다면 누구에게 위탁하도록 할 것인지, 위탁받은 자가 자신의 고유업무와 결합하여 징수업무를 할 수 있는지 여부(헌재 2008.2.28, 2006헌바70) • 재판권쟁의에 대한 재정신청 : 병의 복무기간(대판 1985.2.28, 85초13) • 도시 및 주거환경정비법 제8조 제3항 등 위헌소원 : 사업시행인가 신청에 필요한 동의정족수를 토지등소유자가 자치적으로 정하여 운영하는 규약에 정하도록 한 것(헌재 2011.8.30, 2009헌바128) • 군인사법 제47조의2 위헌확인 등 : 법률유보원칙은 '법률에 의한' 규율만을 뜻하는 것이 아니라 '법률에 근거한' 규율을 요청하는 것이므로, 기본권 제한의 형식이 반드시 법률의 형식일 필요는 없음(헌재 2010.10.28, 2008헌마638)

2. 법원(法源)

성문법원 (원칙)	① 헌법, 법률, 명령, 조례, 규칙 등 ② 헌법에 의하여 체결·공포된 조약과 일반적으로 승인된 국제법규는 국내법과 동일한 효력을 가지므로(헌법 제6조), 별도의 국내법 제정절차 없이도 직접 경찰권발동을 위한 법원이 된다. ③ 국회의 동의를 요하는 정식조약의 경우에는 법률과 동일한 효력, 국회의 동의를 요하지 않는 약식조약의 경우에는 행정입법과 동일한 효력(다수설과 판례) ④ 관련 판례 　• 대한민국과 아메리카합중국간의 상호방위조약 제4조에 의한 시설과 구역 및 대한민국에서의 합중국군대의 지위에 관한 협정 제2조 제1의 (나)항 위헌제청 : 국회의 동의를 요하는 조약으로 취급(헌재 1999.4. 29, 97헌가14) 　• 전라북도 학교급식조례 재의결무효확인 : '1994년 관세 및 무역에 관한 일반협정'(General Agreement on Tariffs and Trade (1994)), '정부조달에 관한 협정'(AGP)은 국내법령과 동일한 효력을 가지므로 지방자치단체가 제정한 조례가 GATT나 AGP에 위반되는 경우에는 그 효력이 없다(대판 2005.9.9, 2004추10). 　• 반덤핑관세부과처분취소 : 회원국 정부의 반덤핑부과처분이 WTO 협정위반이라는 이유만으로 사인(私人)이 직접 국내 법원에 회원국 정부를 상대로 그 처분의 취소를 구하는 소를 제기하거나 위 협정위반을 처분의 독립된 취소사유로 주장할 수는 없다(대판 2009.1.30, 2008두17936) 　• 특정범죄 가중처벌 등에 관한 법률 부칙 제2항 등 위헌소원 : 마라케쉬협정에 의하여 관세법위반자의 처벌이 가중된다고 하더라도 이를 들어 법률에 의하지 아니한 형사처벌이라거나 행위시의 법률에 의하지 아니한 형사처벌이라고 할 수 없다(헌재 1998.11.26, 97헌바65). 　• 북한주민접촉신청불허처분취소 : 남북 사이의 화해와 불가침 및 교류협력에 관한 합의서는 국가간의 조약 또는 이에 준하는 것으로 볼 수 없고, 따라서 국내법과 동일한 효력이 인정되는 것도 아니다(대판 1999.7.23, 98두14525). 　• '동맹 동반자 관계를 위한 전략대화 출범에 관한 공동성명(이하 '이 사건 공동성명'이라 한다)이 조약에 해당하는지 여부(소극) : 조약에 해당된다고 볼 수 없으므로 그 내용이 헌법 제60조 제1항의 조약에 해당되는지 여부를 따질 필요도 없이 이 사건 공동성명에 대하여 국회가 동의권을 가진다거나 국회의원인 청구인이 심의표결권을 가진다고 볼 수 없다(헌재 2008.3.27, 2006헌라4). 　• 대한민국과 일본국간의 어업에 관한 협정이 '공권력의 행사'에 해당하는지 여부 : 이 사건 협정은 우리나라 정부가 일본 정부와의 사이에서 어업에 관해 체결·공포한 조약(조약 제1477호)으로서 헌법 제6조 제1항에 의하여 국내법과 같은 효력을 가지므로, 그 체결행위는 고권적 행위로서 '공권력의 행사'에 해당한다(헌재 2001.3. 21, 99헌마139).

| 불문법원
(예외적
·
보충적) | 관습법 | ① 관습법
㉠ 사회의 거듭된 관행으로 생성한 사회생활규범이 사회의 법적 확신과 인식에 의하여 법적 규범으로 승인·강행되기에 이르른 것
㉡ 법원으로서 법령과 같은 효력을 갖는 관습으로서 법령에 저촉되지 않는 한 법칙으로서의 효력이 있는 것
㉢ 당사자의 주장·입증을 기다림이 없이 법원이 직권으로 이를 확정하여야 함.
② 사실인 관습
㉠ 사회의 관행에 의하여 발생한 사회생활규범인 점에서 관습법과 같으나 사회의 법적 확신이나 인식에 의하여 법적 규범으로서 승인된 정도에 이르지 않은 것
㉡ 법령으로서의 효력이 없는 단순한 관행으로서 법률행위의 당사자의 의사를 보충함에 그침.
㉢ 사실인 관습은 그 존재를 당사자가 주장·입증하여야 함.
③ 관련 판례
㉠ 면허세 부과처분 취소 : 4년 동안 그 면허세를 부과할 수 있는 정을 알면서도 피고가 수출확대라는 공익상 필요에서 한 건도 이를 부과한 일이 없었다면 납세자인 원고는 그것을 믿을 수밖에 없고 그로써 비과세의 관행이 이루어졌다고 보아도 무방하다[대판 1980.6. 10, 80누6(전합)].
㉡ 부가가치세 부과처분 취소(대판 1985.3.12, 84누398)
　• 비과세의 관행이 성립되었다고 하려면 장기간에 걸쳐 그 사항에 대하여 과세하지 아니하였다는 객관적 사실이 존재할 뿐 아니라 과세관청 자신이 그 사항에 대하여 과세할 수 있음을 알면서도 어떤 특별한 사정에 의하여 과세하지 않는다는 의사가 있고 이와 같은 의사가 명시적 또는 묵시적으로 표시되어야 함.
　• 과세할 수 있는 어느 사항에 대하여 비록 장기간에 걸쳐 과세하지 아니한 상태가 계속되었다 하더라도 그것이 착오로 인한 것이라면 그와 같은 비과세는 일반적으로 납세자에게 받아들여진 국세행정의 관행으로 되었다 할 수 없다.
㉢ 분묘이장 : 가족의례준칙 제13조의 규정과 배치되는 관습법의 효력(대판 1983.6.14, 80다3231)
㉣ 위헌법률심판제청 : 관습법은 헌법재판소의 위헌법률심판의 대상이 아니라 할 것이다(대결 2009.5.28, 2007카기134).
㉤ 관습법이 헌법소원심판의 대상에 해당하는지 여부(적극) : 관습법도 헌법소원심판의 대상이 되고, 단지 형식적 의미의 법률이 아니라는 이유로 그 예외가 될 수는 없다[헌재 2020.10.29, 2017헌바208(합헌)].
㉥ 신행정수도의 건설을 위한 특별조치법 위헌 확인 : 우리나라의 수도가 서울인 것은 우리 헌법상 관습헌법으로 정립된 사항이며 여기에는 아무런 사정의 변화도 없다고 할 것이므로 이를 폐지하기 위해서는 반드시 헌법개정의 절차에 의하여야 한다(헌재 2004.10.21, 2004헌마554).
㉦ 징계처분취소 : 종전의 행정선례가 잘못된 것이라는 상급관청의 해석이나 시정조치가 있었다면 모르되 그렇지 않는한 공무원이 적극적으로 상급기관의 유권해석이나 지휘를 받음이 없이 종전의 행정선례에 따라 업무처리를 하였다고 하여 이를 지방공무원법 제69조 제1항 제2호에 규정된 직무상의 의무에 위반하거나 직무를 태만히 한 경우에 해당된다고 할 수는 없다(대판 1986.8.19, 86누359). |

MEMO

불문법원 (예외적 · 보충적)	판례법	① 대법원의 판례가 사안이 서로 다른 사건을 재판하는 하급심법원을 직접 기속하는 효력이 있는 것은 아니다. ② 관련 판례 　㉠ 한정위헌결정에 헌법재판소법 제47조가 규정하는 위헌결정의 효력을 부여할 수 있는지 여부(소극) : 한정위헌 　　결정에 관하여는 헌법재판소법 제47조가 규정하는 위헌결정의 효력을 부여할 수 없으며, 그 결과 한정위헌결 　　정은 법원을 기속할 수 없고 재심사유가 될 수 없다(대판 2013.3.28, 2012재두299). 　㉡ 한정위헌결정의 효력 : 헌법재판소의 법률에 대한 위헌결정에는 단순위헌결정은 물론, 한정합헌, 한정위헌결 　　정과 헌법불합치결정도 포함되고 이들은 모두 당연히 기속력을 가진다(헌재 1997.12.24, 96헌마172). 　㉢ 헌법재판소가 법률의 위헌 여부를 판단하기 위하여 한 법률해석에 법원이 구속되는지 여부(소극) : 헌법재판소 　　의 법률해석에 대법원이나 각급 법원이 구속되는 것은 아니다(대판 2009.2.12, 2004두10289).
	조리	① 최후의 '보충적 법원'으로서 중요한 의미를 가진다. ② 조리는 불문법원으로서 사인간의 법률관계뿐만 아니라, 행정상의 법률관계도 구속한다. 그러므로 경찰행정관청 　의 행위가 형식상 적법하다고 하더라도, 이러한 법의 일반원칙(조리)에 위반할 경우에는 위법한 행위가 될 수 　있다.

MEMO

2. 효력발생 시기

(1) 관련 조문

법령 등 공포에 관한 법률	행정기본법
제11조【공포 및 공고의 절차】 ① 헌법개정·법률·조약·대통령령·총리령 및 부령의 공포와 헌법개정안·예산 및 예산 외 국고부담계약의 공고는 관보(官報)에 게재함으로써 한다. ② 국회법 제98조 제3항 전단에 따라 하는 국회의장의 법률 공포는 서울특별시에서 발행되는 둘 이상의 일간신문에 게재함으로써 한다. ③ 제1항에 따른 관보는 종이로 발행되는 관보(이하 '종이관보'라 한다)와 전자적인 형태로 발행되는 관보(이하 '전자관보'라 한다)로 운영한다. ④ 관보의 내용 해석 및 적용 시기 등에 대하여 종이관보와 전자관보는 동일한 효력을 가진다. **제12조【공포일·공고일】** 제11조의 법령 등의 공포일 또는 공고일은 해당 법령 등을 게재한 관보 또는 신문이 발행된 날로 한다. **제13조【시행일】** 대통령령, 총리령 및 부령은 특별한 규정이 없으면 공포한 날부터 20일이 경과함으로써 효력을 발생한다. **제13조의2【법령의 시행유예기간】** 국민의 권리 제한 또는 의무 부과와 직접 관련되는 법률, 대통령령, 총리령 및 부령은 긴급히 시행하여야 할 특별한 사유가 있는 경우를 제외하고는 공포일부터 적어도 30일이 경과한 날부터 시행되도록 하여야 한다.	**제7조【법령등 시행일의 기간 계산】** 법령등(훈령·예규·고시·지침 등을 포함한다. 이하 이 조에서 같다)의 시행일을 정하거나 계산할 때에는 다음 각 호의 기준에 따른다. 1. 법령등을 공포한 날부터 시행하는 경우에는 공포한 날을 시행일로 한다. 2. 법령등을 공포한 날부터 일정 기간이 경과한 날부터 시행하는 경우 법령등을 공포한 날을 첫날에 산입하지 아니한다. 3. 법령등을 공포한 날부터 일정 기간이 경과한 날부터 시행하는 경우 그 기간의 말일이 토요일 또는 공휴일인 때에는 그 말일로 기간이 만료한다.

(2) 소급효 금지의 원칙

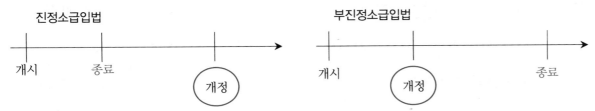

① 관련 조문

> **대한민국 헌법 제13조** ① 모든 국민은 행위시의 법률에 의하여 범죄를 구성하지 아니하는 행위로 소추되지 아니하며, 동일한 범죄에 대하여 거듭 처벌받지 아니한다.
> ② 모든 국민은 소급입법에 의하여 참정권의 제한을 받거나 재산권을 박탈당하지 아니한다.
>
> **행정기본법 제14조(법 적용의 기준)** ① 새로운 법령등은 법령등에 특별한 규정이 있는 경우를 제외하고는 그 법령등의 효력 발생 전에 완성되거나 종결된 사실관계 또는 법률관계에 대해서는 적용되지 아니한다.
> ② 당사자의 신청에 따른 처분은 법령등에 특별한 규정이 있거나 처분 당시의 법령등을 적용하기 곤란한 특별한 사정이 있는 경우를 제외하고는 처분 당시의 법령등에 따른다.
> ③ 법령등을 위반한 행위의 성립과 이에 대한 제재처분은 법령등에 특별한 규정이 있는 경우를 제외하고는 법령등을 위반한 행위 당시의 법령등에 따른다. 다만, 법령등을 위반한 행위 후 법령등의 변경에 의하여 그 행위가 법령등을 위반한 행위에 해당하지 아니하거나 제재처분 기준이 가벼워진 경우로서 해당 법령등에 특별한 규정이 없는 경우에는 변경된 법령등을 적용한다.

② 관련 판례

> ① 건설업면허취소처분취소 : 법령이 변경된 경우 명문의 다른 규정이나 특별한 사정이 없는 한 그 변경 전에 발생한 사항에 대하여는 변경 후의 신 법령이 아니라 변경 전의 구 법령이 적용(대판 1982.12.28, 82누1)
> ② 경과규정 등의 특별규정 없이 법령이 변경된 경우, 그 변경 전에 발생한 사항에 대하여 적용할 법령(＝구 법령) : 법령이 변경된 경우 신 법령이 피적용자에게 유리하여 이를 적용하도록 하는 경과규정을 두는 등의 특별한 규정이 없는 한 헌법 제13조 등의 규정에 비추어 볼 때 그 변경 전에 발생한 사항에 대하여는 변경 후의 신 법령이 아니라 변경 전의 구 법령이 적용(대판 2002.12.10, 2001두3228)
> ③ 개정된 신법이 피적용자에게 유리한 경우 입법자에게 시혜적인 소급입법을 할 의무가 있는지 여부(소극) : 시혜적 소급입법을 할 것인지의 여부는 입법재량의 문제로서 그 판단은 일차적으로 입법기관에 맡겨져 있는 것이므로 이와 같은 시혜적 조치를 할 것인가를 결정함에 있어서는 국민의 권리를 제한하거나 새로운 의무를 부과하는 경우와는 달리 입법자에게 보다 광범위한 입법형성의 자유가 인정(헌재 1998.11.26, 97헌바65)
> ④ 행정처분의 근거가 되는 개정 법령이 그 시행 전에 완성 또는 종결되지 않은 기존의 사실 또는 법률관계를 적용대상으로 하면서 국민의 재산권과 관련하여 종전보다 불리한 법률효과를 규정하고 있는 경우, 개정 법령의 적용이 소급입법에 의한 재산권 침해인지 여부(원칙적 소극) 및 법령불소급원칙의 적용범위(대판 2014.4.24., 2013두26552, 대판 2001.10.12, 2001두274)
> ㉠ 행정처분은 근거 법령이 개정된 경우에도 경과규정에서 달리 정함이 없는 한 처분 당시 시행되는 법령과 그에 정한 기준에 의하는 것이 원칙이다.
> ㉡ 개정 법령이 시행되기 이전에 이미 완성 또는 종결된 것이 아니라면 개정 법령을 적용하는 것이 헌법상 금지되는 소급입법에 의한 재산권 침해라고 할 수는 없다.

© 다만, 개정 전 법령의 존속에 대한 국민의 신뢰가 개정 법령의 적용에 관한 공익상의 요구보다 더 보호가치가 있다고 인정되는 경우에 그러한 국민의 신뢰를 보호하기 위하여 적용이 제한될 수 있는 여지가 있을 따름이다.

⑤ 친일재산은 취득·증여 등 원인행위시에 국가의 소유로 한다고 정한 구 '친일반민족행위자 재산의 국가귀속에 관한 특별법' 제3조 제1항 본문이 헌법 제13조 제2항에서 정한 소급입법금지 원칙에 반하여 위헌인지 여부(소극) : 구 '친일반민족행위자 재산의 국가귀속에 관한 특별법'(2011.5.19. 법률 제10646호로 개정되기 전의 것) 제3조 제1항 본문(이하 '귀속조항'이라 한다)은 진정소급입법에 해당하지만 진정소급입법이라 하더라도 예외적으로 국민이 소급입법을 예상할 수 있었거나 신뢰보호의 요청에 우선하는 심히 중대한 공익상의 사유가 소급입법을 정당화하는 경우 등에는 허용될 수 있다 할 것인데, 친일재산의 소급적 박탈은 진정소급입법이 허용되는 경우에 해당한다(대판 2012.2.23., 2010두17557, 헌재 2011.3.31, 2008헌바141).

⑥ 과세표준 기간인 과세연도 진행 중에 제정된 납세의무를 가중하는 세법의 소급효 : 과세연도 진행 중에 세율인상 등 납세의무를 가중하는 세법의 제정이 있는 경우 부진정 소급효의 경우이므로 그 과세연도 개시시에 소급적용이 허용된다(대판 1983.4.26, 81누423).

⑦ 조세나 부담금에 관한 법령의 불소급의 원칙의 적용범위 : 계속된 사실이나 그 이후에 발생한 요건사실에 대한 법령적용까지를 제한하는 것은 아니다(대판 2007.7.26, 2005두2612).

⑧ 소급입법의 종류와 허용범위 : 진정소급입법은 헌법적으로 허용되지 않는 것이 원칙이며 특단의 사정이 있는 경우에만 예외적으로 허용될 수 있는 반면, 부진정소급입법은 원칙적으로 허용되지만 소급효를 요구하는 공익상의 사유와 신뢰보호의 요청 사이의 교량 과정에서 신뢰보호의 관점이 입법자의 형성권에 제한을 가하게 된다(헌재 1998.11.26, 97헌바58).

(3) 효력의 소멸

① 상위법령이 개정된 경우 종전 집행명령의 효력 유무(적극) : 집행명령은 근거법령인 상위법령이 폐지되면 특별한 규정이 없는 이상 실효되는 것이나, 상위법령이 개정됨에 그친 경우에는 개정법령과 성질상 모순, 저촉되지 아니하고 개정된 상위법령의 시행에 필요한 사항을 규정하고 있는 이상 그 집행명령은 상위법령의 개정에도 불구하고 당연히 실효되지 아니하고 개정법령의 시행을 위한 집행명령이 제정, 발효될 때까지는 여전히 그 효력을 유지한다(대판 1989.9.12, 88누6962).

② 법령을 일부 개정하면서 개정법령에 경과규정을 두지 않은 경우, 기존 법령 부칙의 경과규정이 실효되는지 여부(원칙적 소극) : 법령의 전부 개정은 기존 법령을 폐지하고 새로운 법령을 제정하는 것과 마찬가지여서 특별한 사정이 없는 한 새로운 법령이 효력을 발생한 이후의 행위에 대하여는 기존 법령의 본칙은 물론 부칙의 경과규정도 모두 실효되어 더는 적용할 수 없지만, 법령이 일부 개정된 경우에는 기존 법령 부칙의 경과규정을 개정 또는 삭제하거나 이를 대체하는 별도의 규정을 두는 등의 특별한 조치가 없는 한 개정 법령에 다시 경과규정을 두지 않았다고 하여 기존 법령 부칙의 경과규정이 당연히 실효되는 것은 아니다(대판 2014.4.30, 2011두18229).

| 제2절 | 경찰조직법 |

MEMO

Keyword 11 경찰행정의 주체와 경찰행정기관

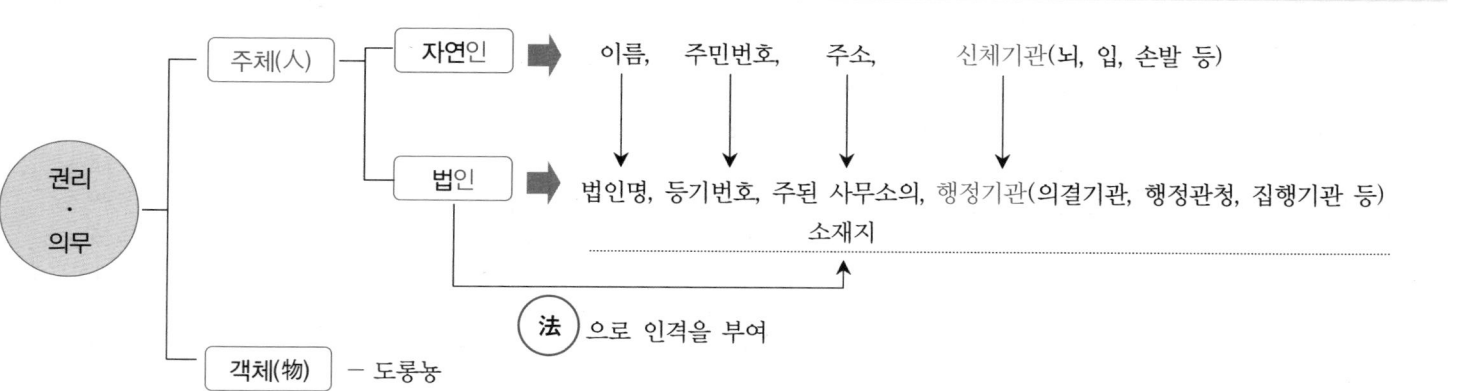

권리 · 의무
주체(人)
자연인 ➡ 이름, 주민번호, 주소, 신체기관(뇌, 입, 손발 등)
법인 ➡ 법인명, 등기번호, 주된 사무소의, 행정기관(의결기관, 행정관청, 집행기관 등) 소재지
法 으로 인격을 부여
객체(物) ─ 도룡뇽

경찰행정의 주체	경찰행정기관	
법인 (국가 · 지방자치단체)	경찰의결기관	① 경찰행정관청의 의사를 구속하는 의결을 행하는 경찰행정기관 ② 국가경찰위원회 등
	경찰행정관청	① 경찰행정주체의 법률상 의사를 결정하여 외부에 표시하는 권한을 가지는 경찰행정기관 ② 경찰청장, 시 · 도경찰청장, 경찰서장
	경찰집행기관	① 경찰행정목적을 실현하기 위하여 필요한 실력(경찰강제)을 행사하는 경찰행정기관 ② 순경에서 치안총감에 이르는 모든 경찰공무원
	경찰보조기관	① 계선조직(Line) ② 차장 · 국장 · 부장 · 과장 · 계장 · 반장 등
	경찰보좌기관	① 참모조직(Staff) ② 기획조정관, 감사관, 경무인사기획관, 국제협력관 등
	경찰자문기관	① 경찰의결기관과는 달리 법적으로 행정관청을 구속하는 의결을 할 수 있는 권한이 없음. ② 경찰공무원인사위원회, 인권위원회 등

Keyword 12 국가경찰위원회와 시·도자치경찰위원회

구분	국가경찰위원회	시·도자치경찰위원회
소속	① 심의·의결, 행정안전부 ② 사무는 경찰청에서 수행	① 합의제 행정기관, 독립적으로 수행 ② 시·도지사 소속
구성	① 위원장 1명을 포함한 7명의 위원으로 구성 ② 위원장 및 5명의 위원은 비상임, 1명의 위원은 상임으로 한다. ③ 위원장은 비상임위원중에서 호선(상임위원, 위원중 연장자순으로 위원장의 직무를 대리) ④ 상임위원은 정무직 ⑤ 위원 중 2명은 법관의 자격이 있는 사람이어야 한다. ⑥ 위원은 특정 성(性)이 10분의 6을 초과하지 아니하도록 노력하여야 한다.	① 위원장 1명을 포함한 7명의 위원으로 구성 ② 위원장과 1명의 위원은 상임, 5명의 위원은 비상임으로 한다. ③ 위원장은 위원 중에서 시·도지사가 임명(상임위원, 시·도자치경찰위원회 위원 중 연장자순으로 그 직무를 대행) ④ 상임위원은 시·도자치경찰위원회의 의결을 거쳐 위원 중에서 위원장의 제청으로 시·도지사가 임명 ⑤ 위원장과 상임위원은 지방자치단체의 공무원으로 한다. ⑥ 위원 중 1명은 인권문제에 관하여 전문적인 지식과 경험이 있는 사람이 임명될 수 있도록 노력하여야 한다. ⑦ 위원은 특정 성(性)이 10분의 6을 초과하지 아니하도록 노력하여야 한다.
임명	① 위원은 행정안전부장관의 제청으로 국무총리를 거쳐 대통령이 임명한다. ② 행정안전부장관은 위원 임명을 제청할 때 경찰의 정치적 중립이 보장되도록 하여야 한다. ③ 위원에 대해서는 「국가공무원법」 제60조(비밀 엄수의 의무) 및 제65조(정치 운동의 금지)를 준용한다.	① 위원은 다음 각 호의 사람을 시·도지사가 임명한다. 1. 시·도의회가 추천하는 2명 2. 국가경찰위원회가 추천하는 1명 3. 해당 시·도 교육감이 추천하는 1명 4. 시·도자치경찰위원회 위원추천위원회가 추천하는 2명 5. 시·도지사가 지명하는 1명 ② 자격 1. 판·검·변 또는 경찰의 직에 5년 2. 변호사 자격이 있는 사람으로서 국가기관등에서 법률에 관한 사무에 5년 이상 3. 조교수 이상의 직이나 이에 상당하는 직에 5년 이상 ③ 공무원이 아닌 위원에 대해서는 「지방공무원법」 제52조(비밀 엄수의 의무) 및 제57조(정치운동의 금지)를 준용한다.

결격 사유 및 당연 퇴직 사유	① 정당의 당원, 당적을 이탈 3년 ② 선거 3년 ③ 경, 검, 국 또는 군 3년 ④ 「국가공무원법」 제33조 각 호의 어느 하나에 해당하는 사람. 다만, 「국가공무원법」 제33조제2호 및 제5호에 해당하는 경 우에는 같은 법 제69조 제1호 단서에 따른다.	① 정당의 당원, 당적을 이탈 3년 ② 선거 3년 ③ 경, 검, 국 또는 군 3년 ④ 공무원(국립 또는 공립대학의 조교수 이상의 직에 있는 사람 은 제외한다)이거나 공무원이었던 사람으로서 퇴직한 날부 터 3년 ⑤ 「지방공무원법」 제31조 각 호의 어느 하나에 해당하는 사람. 다만, 「지방공무원법」 제31조제2호 및 제5호에 해당하는 경 우에는 같은 법 제61조 제1호 단서에 따른다.	MEMO
임기 및 신분 보장	① 3년, 연임 × ② **보궐위원의 임기**: 전임자 임기의 남은 기간 ③ 위원은 중대한 신체상 또는 정신상의 장애로 직무를 수행할 수 없게 된 경우를 제외하고는 그 의사에 반하여 면직되지 아니한다(면직 시 위원회의 의결 필요함, 면직의결 요구는 위원장 또는 행정안전부장관)	① 3년, 연임 × ② **보궐위원의 임기는**: 전임자 임기의 남은 기간으로 하되, 전 임자의 남은 임기가 1년 미만인 경우 그 보궐위원은 한 차례 만 연임 가능 ③ 위원은 중대한 신체상 또는 정신상의 장애로 직무를 수행할 수 없게 된 경우를 제외하고는 그 의사에 반하여 면직되지 아니한다.	
심의 및 의결 사항	① 인사, 예산, 장비, 통신 ② 인권보호 ③ 부패 방지와 청렴도 향상 ④ 국가경찰사무 외 ⑤ 제주특별자치도의 자치경찰 ⑥ 시·도자치경찰위원회 위원 추천, 자치경찰사무에 대한 주 요 법령·정책 등에 관한 사항, 시·도자치경찰위원회 의결 에 대한 재의 요구에 관한 사항 ⑦ 시책 수립 ⑧ 비상사태 등 전국적 치안유지를 위한 경찰청장의 지휘·명 령에 관한 사항 ⑨ 행정안전부장관 **및** 경찰청장	① 자치경찰사무 · · · · · · ⑬ 지방행정과 치안행정의 업무조정과 그 밖에 필요한 협의· 조정 ⑭ 비상사태 등 전국적 치안유지를 위한 경찰청장의 지휘·명 령에 관한 사무 ⑮ 경찰청장과 협의 ⑯ 국가경찰위원회에 대한 심의·조정 요청 ⑰ 시·도지사, 시·도경찰청장	

MEMO

재의 요구	① 재적위원 과반수의 출석과 출석위원 과반수의 찬성 ② 행정안전부장관, 심의·의결된 내용이 적정하지 아니하다고 판단할 때 ③ 재의요구 10일, 재의결 7일	① 재적위원 과반수의 출석과 출석위원 과반수의 찬성 ② 시·도지사, 의결이 적정하지 아니하다고 판단할 때 ③ 위원회의 의결이 법령에 위반되거나 공익을 현저히 해친다고 판단되면 행정안전부장관은 미리 경찰청장의 의견을 들어 국가경찰위원회를 거쳐 시·도지사에게, 경찰청장은 국가경찰위원회와 행정안전부장관을 거쳐 시·도지사에게 재의를 요구하게 할 수 있다. ④ 시·도자치경찰위원회의 위원장은 재의요구를 받은 날부터 7일 이내에 회의를 소집하여 재의결하여야 한다. ⑤ 재적위원 과반수의 출석과 출석위원 3분의 2 이상의 찬성으로 전과 같은 의결을 하면 그 의결사항은 확정
회의	① 정기회의 매월 2회 위원장이 소집 ② 위원장은 필요한 경우 임시회의를 소집할 수 있으며, 위원 3인 이상과 행정안전부장관 또는 경찰청장은 임시회의의 소집을 요구	① 정기회의는 월 1회 이상 소집·개최 ② 위원장이 필요하다고 인정하는 경우, 위원 2명 이상이 요구하는 경우 및 시·도지사가 필요하다고 인정하는 경우에는 임시회의를 개최 ③ 개최 3일 전까지 회의의 일시·장소 및 안건 등을 위원에게 알려야 한다.

Keyword 13	경찰청장과 국가수사본부장

경찰청장	국가수사본부장
① 치안총감 ② 국가경찰위원회의 동의 - 행정안전부장관의 제청 - 국무총리 - 대통령이 임명. 국회의 인사청문 ③ 국가경찰사무를 총괄하고 경찰청 업무를 관장하며 소속 공무원 및 각급 경찰기관의 장을 지휘·감독 ④ 임기는 2년, 중임(重任) × ⑤ 직무를 집행하면서 헌법이나 법률을 위배하였을 때에는 국회는 탄핵 소추를 의결할 수 있다. ⑦ 차장을 두며, 차장은 치안정감(治安正監)으로 보한다. 차장은 경찰청장을 보좌하며, 경찰청장이 부득이한 사유로 직무를 수행할 수 없을 때에는 그 직무를 대행한다(법정대리, 협의의 법정대리).	① 치안정감 ② 「형사소송법」에 따른 경찰의 수사에 관하여 각 시·도경찰청장과 경찰서장 및 수사부서 소속 공무원을 지휘·감독 ③ 임기는 2년, 중임 × ④ 임기가 끝나면 당연히 퇴직 ⑤ 직무를 집행하면서 헌법이나 법률을 위배하였을 때에는 국회는 탄핵 소추를 의결할 수 있다.
① 개별 사건의 수사에 대하여 구체적으로 지휘·감독할 수 없다. 국가수사본부장을 통하여 개별 사건의 수사에 대하여 구체적으로 지휘·감독할 수 있다. ② 개별 사건의 수사에 대한 구체적 지휘·감독을 개시한 때에는 이를 국가경찰위원회에 보고 ③ 지휘·감독사유가 해소된 경우에는 개별 사건의 수사에 대한 구체적 지휘·감독을 중단 ④ 국가수사본부장이 지휘·감독의 중단을 건의하는 경우 특별한 이유가 없으면 이를 승인 1. 전시·사변 또는 이에 준하는 국가 비상사태 2. 재난, 테러 등 3. 국가중요시설의 파괴·기능마비, 대규모 집단의 폭행·협박·손괴·방화 등 4. 전국 또는 일부 지역	⑥ 임용자격 1. 10년 이상, 3급 이상 공무원 또는 총경 이상 경찰공무원 2. 판·검 또는 변 10년 이상 3. 변호사 자격이 있는 사람으로서 국가기관등에서 법률에 관한 사무에 10년 이상 4. 조교수 이상의 직이나 이에 상당하는 직에 10년 이상 5. 경력 기간의 합산이 15년 이상 ⑦ 결격사유 1. 「경찰공무원법」 제8조 제2항 각 호의 결격사유 2. 정당의 당원, 당적을 이탈 3년 3. 선거에 의하여 취임하는 공직, 퇴직한 날부터 3년 4. 공무원 또는 판·검의 직에서 퇴직한 날로부터 1년 5. 국가기관등에서 퇴직한 날로부터 1년

Keyword 14 시 · 도자치경찰위원회 위원추천위원회

설치	① 시 · 도지사 소속 ② 관할 지역주민의 의견이 수렴될 수 있도록 위원을 구성
구성	① 위원장 1명을 포함 5명의 위원으로 구성 ② 위원은 시 · 도지사가 임명하거나 위촉, 위원장은 추천위원 중에서 호선 　　1. 시 · 군 · 자치구의회의 의장 전부가 참가하는 지역협의체가 추천하는 1명 　　2. 시장 · 군수 · 자치구의 구청장 전부가 참가하는 지역협의체가 추천하는 1명 　　3. 재직 중인 경찰공무원이 아닌 사람 중에서 경찰청장이 추천하는 1명 　　4. 지방법원장이 추천하는 1명 　　5. 시 · 도 본청 소속 기획 담당 실장
위원장	① 위원장은 추천위원회를 대표 업무 총괄 ② 시 · 도지사가 지명하는 추천위원이 그 직무를 대행
회의	① 시 · 도지사 또는 추천위원 3분의 1 이상이 요청, 위원장이 필요하다고 인정하는 경우 회의를 소집 ② 재적위원 과반수의 찬성으로 의결 ③ 회의 개최 3일 전까지 추천위원에게 통보, 긴급한 경우 예외 ④ 회의는 공개하지 않음.

Keyword 15 | 시 · 도경찰청 및 경찰서

시 · 도 경찰청장	① 치안정감 · 치안감(治安監) 또는 경무관(警務官) ② 경찰청장이 시 · 도자치경찰위원회와 협의하여 추천, 행정안전부장관의 제청, 국무총리를 거쳐 대통령이 임용 ③ 국가경찰사무에 대해서는 경찰청장의 지휘 · 감독, 자치경찰사무에 대해서는 시 · 도자치경찰위원회의 지휘 · 감독, 수사에 관한 사무에 대해서는 국가수사본부장의 지휘 · 감독 ④ 시 · 도자치경찰위원회는 자치경찰사무에 대해 심의 · 의결을 통하여 시 · 도경찰청장을 지휘 · 감독. 다만, 시 · 도자치경찰위원회가 심의 · 의결할 시간적 여유가 없거나 심의 · 의결이 곤란한 경우 대통령령으로 정하는 바에 따라 시 · 도자치경찰위원회의 지휘 · 감독권을 시 · 도경찰청장에게 위임한 것으로 본다. ⑤ 차장은 시 · 도경찰청장을 보좌하여 소관 사무를 처리하고 시 · 도경찰청장이 부득이한 사유로 직무를 수행할 수 없을 때에는 그 직무를 대행한다(법정대리, 협의의 법정대리).
경찰서장	① 경무관, 총경(總警) 또는 경정(警正) ② 시 · 도경찰청장의 지휘 · 감독을 받아 관할구역의 소관 사무를 관장하고 소속 공무원을 지휘 · 감독 ③ 경찰서장 소속으로 지구대 또는 파출소를 두고, 그 설치기준은 행정안전부령으로 정한다. 다만, 필요한 경우에는 출장소를 둘 수 있다. ④ 시 · 도자치경찰위원회는 정기적으로 경찰서장의 자치경찰사무 수행에 관한 평가결과를 경찰청장에게 통보하여야 하며 경찰청장은 이를 반영하여야 한다.
예산	① 국가는 지방자치단체가 이관받은 사무를 원활히 수행할 수 있도록 인력, 장비 등에 소요되는 비용에 대하여 재정적 지원을 하여야 한다. ② 자치경찰사무의 수행에 필요한 예산은 시 · 도자치경찰위원회의 심의 · 의결을 거쳐 시 · 도지사가 수립한다. 이 경우 시 · 도자치경찰위원회는 경찰청장의 의견을 들어야 한다. ③ 시 · 도지사는 자치경찰사무 담당 공무원에게 조례에서 정하는 예산의 범위에서 재정적 지원 등을 할 수 있다.

Keyword 16 경찰행정관청의 권한행사

MEMO

1. 원칙

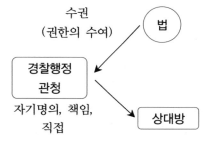

2. 권한의 대리와 위임

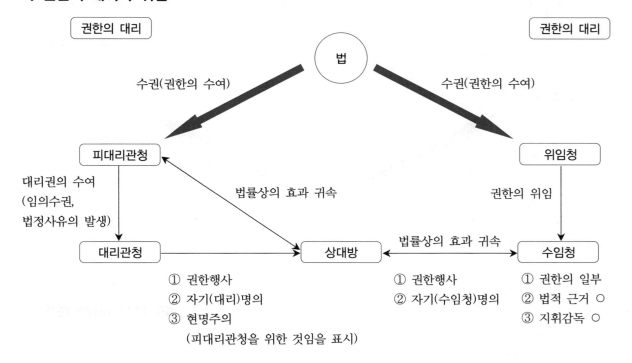

3. 임의대리와 법정대리

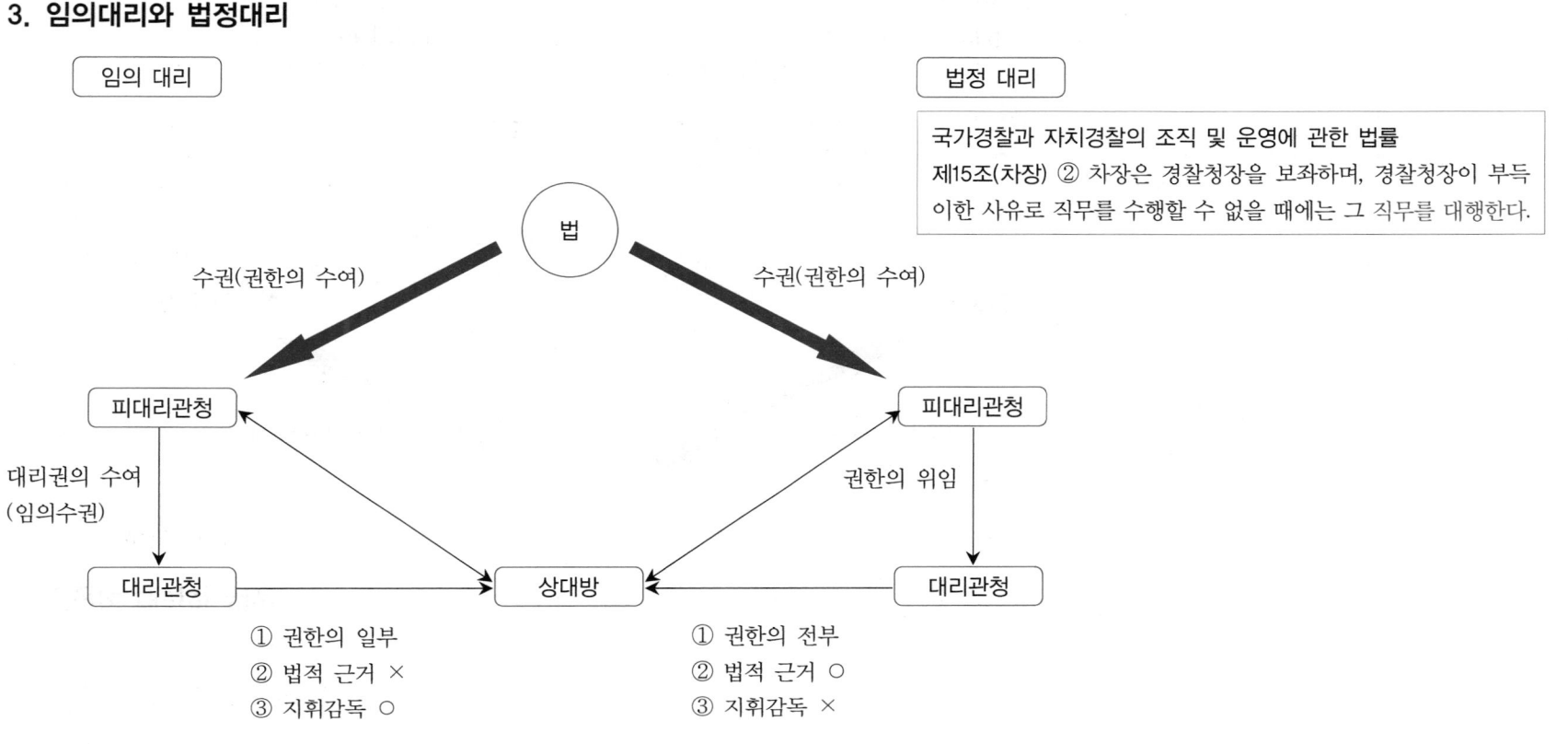

임의 대리

법정 대리

국가경찰과 자치경찰의 조직 및 운영에 관한 법률
제15조(차장) ② 차장은 경찰청장을 보좌하며, 경찰청장이 부득
이한 사유로 직무를 수행할 수 없을 때에는 그 직무를 대행한다.

법

수권(권한의 수여)

수권(권한의 수여)

피대리관청

피대리관청

대리권의 수여
(임의수권)

권한의 위임

대리관청

상대방

대리관청

① 권한의 일부
② 법적 근거 ×
③ 지휘감독 ○

① 권한의 전부
② 법적 근거 ○
③ 지휘감독 ×

4. 대리의 대리와 복대리

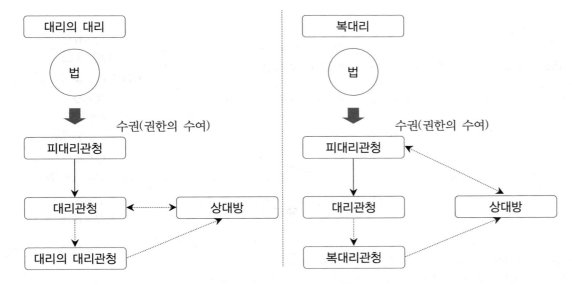

5. 내부위임과 위임전결(대결)

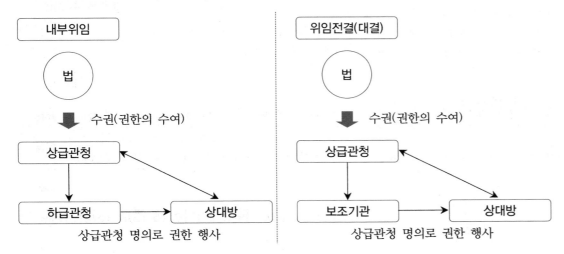

MEMO

6. 행정권한의 위임 및 위탁에 관한 규정

(1) 정의

위임	법률에 규정된 행정기관의 장의 권한 중 일부를 그 보조기관 또는 하급행정기관의 장이나 지방자치단체의 장에게 맡겨 그의 권한과 책임 아래 행사하도록 하는 것
위탁	법률에 규정된 행정기관의 장의 권한 중 일부를 다른 행정기관의 장에게 맡겨 그의 권한과 책임 아래 행사하도록 하는 것

(2) 주요 내용

위임 및 위탁의 기준 등 (제3조)	① 행정기관의 장은 허가·인가·등록 등 민원에 관한 사무, 정책의 구체화에 따른 집행사무 및 일상적으로 반복되는 사무로서 그가 직접 시행하여야 할 사무를 제외한 일부 권한(이하 "행정권한"이라 한다)을 그 보조기관 또는 하급행정기관의 장, 다른 행정기관의 장, 지방자치단체의 장에게 위임 및 위탁한다. ② 행정기관의 장은 행정권한을 위임 및 위탁할 때에는 위임 및 위탁하기 전에 수임기관의 수임능력 여부를 점검하고, 필요한 인력 및 예산을 이관하여야 한다. ③ 행정기관의 장은 행정권한을 위임 및 위탁할 때에는 위임 및 위탁하기 전에 단순한 사무인 경우를 제외하고는 수임 및 수탁기관에 대하여 수임 및 수탁사무 처리에 필요한 교육을 하여야 하며, 수임 및 수탁사무의 처리지침을 통보하여야 한다.
지휘·감독 (제6조)	위임 및 위탁기관은 수임 및 수탁기관의 수임 및 수탁사무 처리에 대하여 지휘·감독하고, 그 처리가 위법하거나 부당하다고 인정될 때에는 이를 취소하거나 정지시킬 수 있다.
사전승인 등의 제한 (제7조)	수임 및 수탁사무의 처리에 관하여 위임 및 위탁기관은 수임 및 수탁기관에 대하여 사전승인을 받거나 협의를 할 것을 요구할 수 없다.
책임의 소재 및 명의 표시 (제8조)	① 수임 및 수탁사무의 처리에 관한 책임은 수임 및 수탁기관에 있으며, 위임 및 위탁기관의 장은 그에 대한 감독책임을 진다. ② 수임 및 수탁사무에 관한 권한을 행사할 때에는 수임 및 수탁기관의 명의로 하여야 한다.
권한의 위임 및 위탁에 따른 감사 (제9조)	위임 및 위탁기관은 위임 및 위탁사무 처리의 적정성을 확보하기 위하여 필요한 경우에는 수임 및 수탁기관의 수임 및 수탁사무 처리 상황을 수시로 감사할 수 있다.

MEMO

Keyword 17 | 지휘 · 감독

1. 지휘 · 감독권

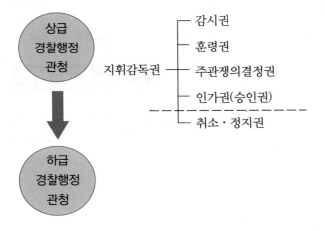

2. 훈령

의의	① 상급 경찰행정관청이 하급 경찰행정관청에 대하여 발하는 일반적 · 추상적 명령 ② 대외적(양면적 · 쌍면적) 구속력이 없고 대내적(일면적 · 편면적) 구속력만 가짐. ③ 법령의 구체적인 근거 없이도 발령 가능
훈령에 위반하는 행위	징계사유에는 해당, 훈령에 위반하는 행위 자체의 효력은 적법 · 유효
종류	① 협의의 훈령: 상당히 장기간에 걸쳐 일반적으로 지휘 ② 지시: 개별적 · 구체적으로 발하는 명령 ③ 예규: 반복적 경찰사무의 기준을 제시 ④ 일일명령: 일일업무에 관하여 발하는 명령
형식적 요건	① 훈령권을 가지는 상급경찰행정관청 ② 하급경찰행정관청의 권한에 속하는 사항 ③ 권한행사의 독립성이 보장되어 있는 사항에 관한 것이 아닐 것
실질적 요건	① 훈령의 내용이 적법 · 타당 ② 실현가능하고 명백할 것 ③ 내용이 합목적적이고 공익에 적합하여야 할 것
참고	훈령은 동시에 직무명령으로서의 성질을 가지지만, 직무명령은 훈령으로서의 성질을 가지는 것은 아니다.

3. 훈령과 직무명령의 비교

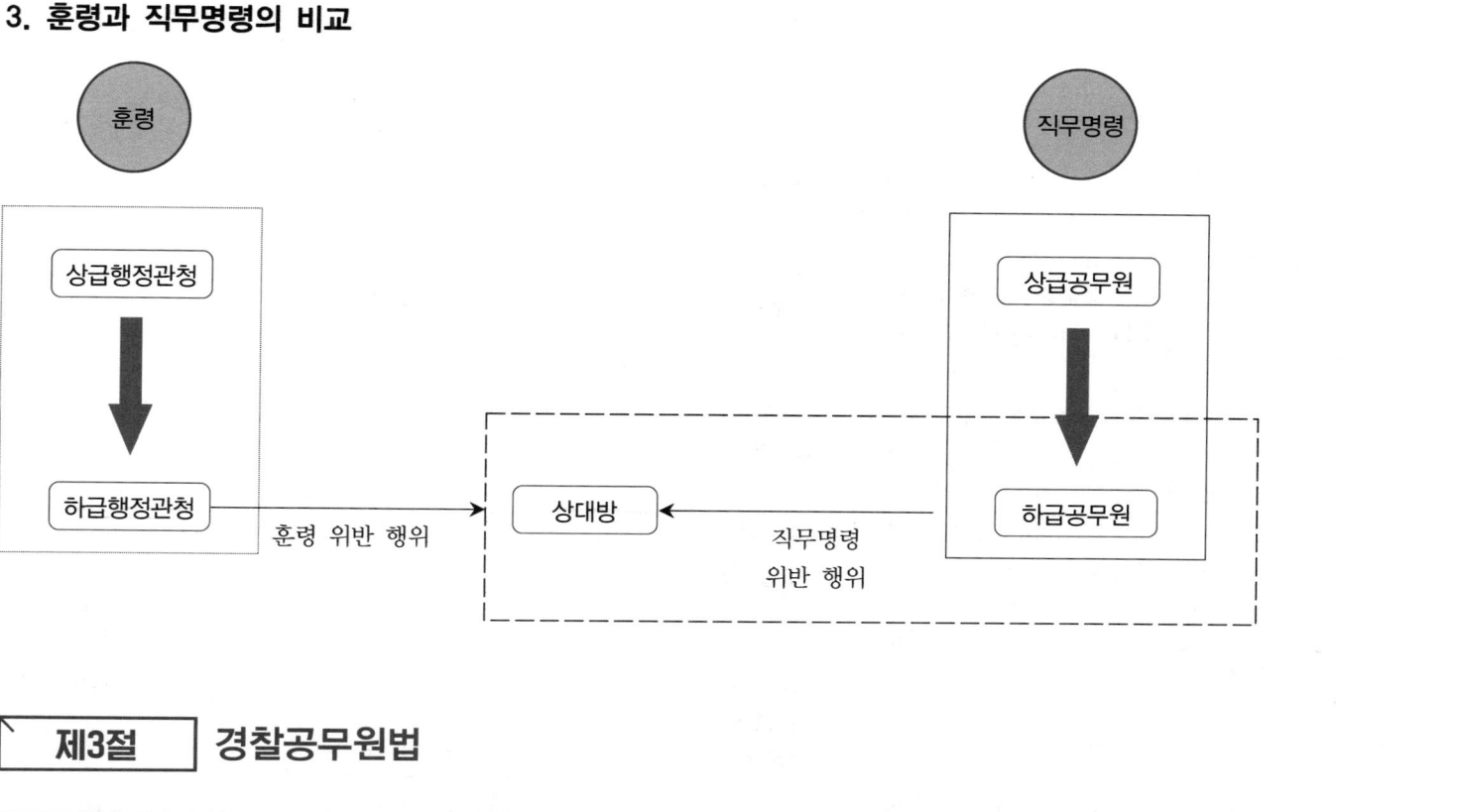

경찰공무원법

Keyword 18 **경과**

(1) 경과의 구분에 필요한 사항은 대통령령으로 정한다.

(2) **구분** : 일반경과, 수사경과, 안보수사경과, 특수경과(항공, 정보통신)

(3) 총경 이하, 경정 이하(수, 안)

(4) 신규채용 할 때에 경과를 부여해야 한다.

Keyword 19 발생

1. 임용결격사유

경찰공무원법	국가공무원법
① 대한민국 국적 ② 복수국적자 ③ 피성년후견인 또는 피한정후견인 ④ 파산선고를 받고 복권되지 아니한 사람 ⑤ 자격정지 이상의 형(刑)을 선고받은 사람 ⑥ 자격정지 이상의 형의 선고유예	① 피성년후견인 ② 파산선고를 받고 복권되지 아니한 자 ③ 금고 이상의 실형을 선고받고 그 집행이 끝나거나(집행이 끝난 것으로 보는 경우를 포함한다) 집행이 면제된 날부터 5년이 지나지 아니한 자 ④ 금고 이상의 형의 집행유예를 선고받고 그 유예기간이 끝난 날부터 2년이 지나지 아니한 자 ⑤ 금고 이상의 형의 선고유예를 받은 경우에 그 선고유예 기간 중에 있는 자 ⑥ 법원의 판결 또는 다른 법률에 따라 자격이 상실되거나 정지된 자
⑦ 횡배 / 300만원 / 2년 ⑧ 성·정·스 / 100만원 / 3년 ⑨ 미 / 성·아청, 형 / 또는 치료감호(집행유예기간이 경과한 사람을 포함)	⑦ 횡배 / 300만원 / 2년 ⑧ 성·정·스 / 100만원 / 3년 ⑨ 미 / 성·아청 / 20년 　가. 금고 이상의 실형을 선고받고 그 집행이 끝나거나(집행이 끝난 것으로 보는 경우를 포함한다) 집행이 면제된 날 　나. 금고 이상의 형의 집행유예를 선고받고 그 집행유예가 확정된 날 　다. 벌금 이하의 형을 선고받고 그 형이 확정된 날 　라. 치료감호를 선고받고 그 집행이 끝나거나 집행이 면제된 날 　마. 징계로 파면처분 또는 해임처분을 받은 날
⑩ 파면 또는 해임처분	⑩ 징계로 파면처분을 받은 때부터 5년 ⑪ 징계로 해임처분을 받은 때부터 3년

2. 경찰공무원 인사위원회

설치	경찰청장의 자문에 응하게 하기 위하여 경찰청에 설치
구성	① 위원장을 포함하여 5명 이상 7명 이하의 위원으로 구성 ② 위원장은 경찰청 인사담당국장 ③ 위원은 경찰청 소속 총경 이상 경찰공무원 중에서 경찰청장이 각각 임명
위원장의 직무	① 위원장은 인사위원회를 대표하며, 인사위원회의 사무를 총괄 ② 위원장이 부득이한 사유로 직무를 수행할 수 없을 때에는 위원 중에서 최상위계급 또는 선임의 경찰공무원이 그 직무를 대행
회의	재적위원 과반수의 찬성으로 의결
간사	① 인사위원회에 2명 이하의 간사를 둠. ② 간사는 경찰청 소속 경찰공무원 중에서 위원장이 지명

3. 임용의 형식과 효력발생 시기

임용의 형식	임용장(임용통지서) 교부, 선언적·공증적 효력(불요식 행위)
효력발생 시점	① 임용장이나 임용통지서에 적힌 날짜 ② 사망으로 인한 면직은 사망한 다음 날 ③ 특별승진 : 사망일의 전날, 퇴직일의 전날

4. 채용후보자

채용후보자 명부 등	① 성적 순위, 명부의 등재 순위, 교육성적 순위 ② 유효기간 : 2년 + 1년
채용후보자의 등록	채용후보자 등록을 하지 아니한 사람은 경찰공무원으로 임용될 의사가 없는 것으로 본다.

MEMO

임용 또는 임용제청의 유예사유	① 병역법에 따른 병역복무를 위하여 징집 또는 소집되는 경우 ② 학업을 계속하는 경우 ③ 6개월 이상의 장기요양이 필요한 질병이 있는 경우 ④ 임신하거나 출산한 경우 ⑤ 그 밖에 임용 또는 임용제청의 유예가 부득이하다고 인정되는 경우
채용후보자의 자격상실	① 임용 또는 임용제청에 응하지 않은 경우 ② 교육훈련에 응하지 않은 경우 ③ 수료요건 또는 졸업요건을 갖추지 못한 경우 ④ 불가피한 사정 외의 사유로 퇴교처분을 받은 경우 ⑤ 품위를 크게 손상, 경찰공무원으로서의 직무를 수행하기 곤란하다고 인정되는 경우 ⑥ 중징계 사유에 해당하는 비위를 저지른 경우 ⑦ 경징계 사유에 해당하는 비위를 2회 이상 저지른 경우

5. 시보

대상과 기간	① 경정 이하, 신규채용, 1년, 만료된 다음 날 ② 휴직, 직위해제 및 정직 또는 감봉처분을 받은 기간을 산입 ×
면제	① 경찰대학, 경위공개경쟁채용시험합격자 ② 상위계급으로의 승진에 필요한 자격 요건을 갖추고 공개경쟁채용시험에 합격한 사람 ③ 퇴직시에 재직하였던 계급의 채용시험에 합격한 사람 ④ 자치경찰공무원 → 경찰공무원
면직	① 징계사유에 해당하는 경우 ② 불가피한 사정 외의 사유로 퇴교처분을 받은 경우 ③ 교육훈련성적이 만점의 60% 미만이거나 생활기록이 극히 불량한 경우 ④ 평정점이 만점의 50% 미만인 경우
교육 훈련	① 시보임용예정자에게 훈련을 받는 기간 동안 예산의 범위에서 임용예정계급의 1호봉에 해당하는 봉급에 상당하는 금액(교육훈련기간은 그 금액의 80퍼센트) 등을 지급 ② 시보임용예정자가 교육훈련성적이 만점의 60% 미만이거나 생활기록이 극히 불량할 때에는 시보임용을 하지 아니할 수 있다.

6. 임용권자

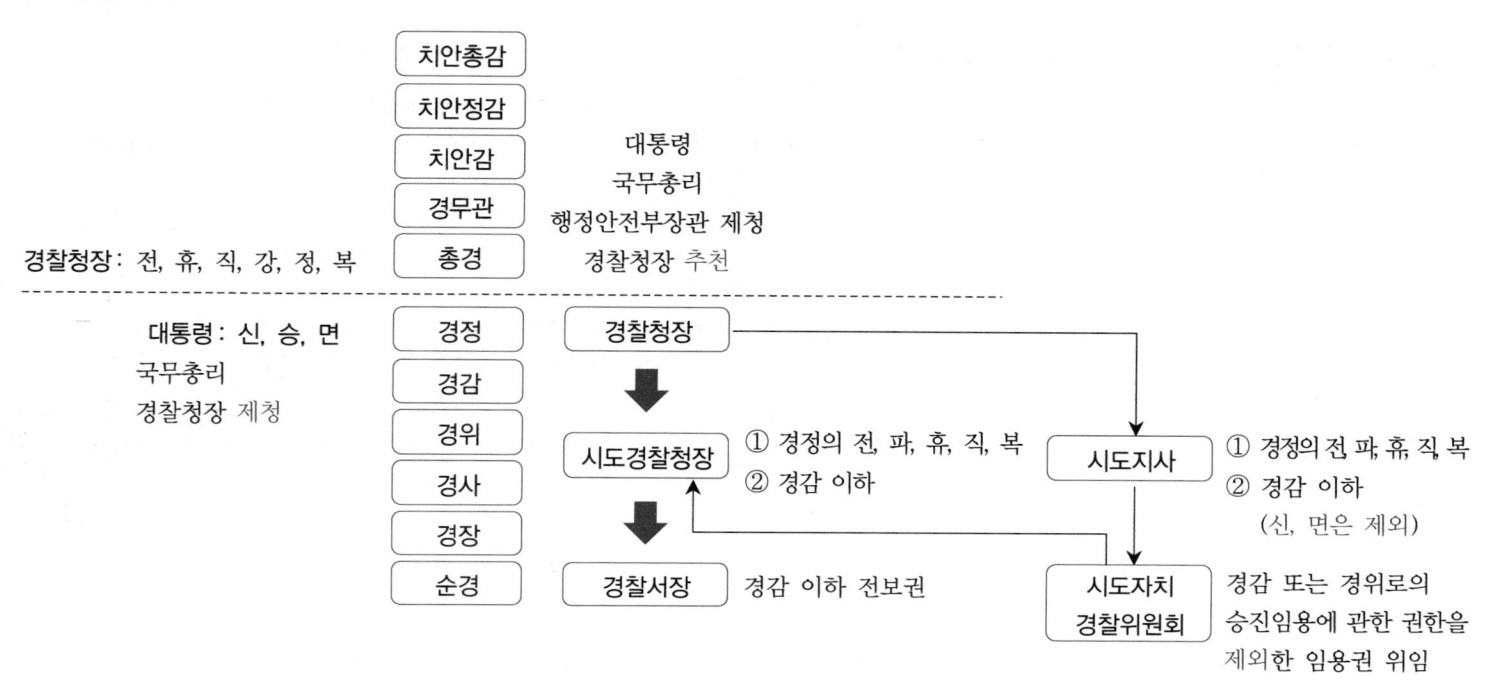

경찰청장 : 전, 휴, 직, 강, 정, 복

치안총감
치안정감
치안감
경무관
총경

대통령
국무총리
행정안전부장관 제청
경찰청장 추천

대통령 : 신, 승, 면
국무총리
경찰청장 제청

경정
경감
경위
경사
경장
순경

경찰청장

시도경찰청장 ① 경정의 전, 파, 휴, 직, 복
② 경감 이하

경찰서장 경감 이하 전보권

시도지사 ① 경정의 전, 파, 휴, 직, 복
② 경감 이하
(신, 면은 제외)

시도자치
경찰위원회 경감 또는 경위로의
승진임용에 관한 권한을
제외한 임용권 위임

① 경찰청장은 국가수사본부장에게 국가수사본부 안에서의 경정 이하에 대한 전보권을 위임
② 경찰청장은 수사부서에서 총경을 보직하는 경우에는 국가수사본부장의 추천
③ 시·도자치경찰위원회는 임용권을 행사하는 경우에는 시·도경찰청장의 추천
④ 시·도경찰청장 및 경찰서장은 지구대장 및 파출소장을 보직하는 경우에는 시·도자치경찰위원회의 의견
⑤ 경감 또는 경위를 신규채용하거나 경위 또는 경사를 승진시키려면 미리 경찰청장의 승인

7. 부정행위자에 대한 제재 : 5년

① 사유 : 문제 열람, 답안 작성, 통신기기 또는 전자계산기
② 합격결정취소 및 응시자격제한처분 : 경찰공무원임용령 제46조 제1항의 수권형식과 내용에 비추어 이는 행정청 내부의 사무처리기준을 규정한 재량준칙이 아니라 일반 국민이나 법원을 구속하는 법규명령에 해당하고 따라서 위 규정에 의한 처분은 재량행위가 아닌 기속행위라 할 것이다[대법원 2008. 5. 29. 선고 2007두18321 판결].

Keyword 20 / 변경

1. 승진

```
                                    치안총감

                                    치안정감      특별승진
                                    치안감
승진소요
최저 근무연수                        경무관        심사승진
   3년                              총경

                          ┌─        경정          시험승진
   2년 ─                  └─        경감          근속승진

                          ┌─        경위          8년
   1년 ─                            경사          6년 6개월
                                    경장          5년
                          └─        순경          4년
```

2. 승진임용 제한사유 및 기간 단축

승진임용 제한사유 및 기간	① 징계의결 요구, 징계처분, 직위해제, 휴직 또는 시보임용 기간 중에 있는 사람 ② 징계처분의 집행이 끝난 날부터 다음 각 목의 구분에 따른 기간[「국가공무원법」 제78조의2제1항 각 호의 어느 하나에 해당하는 사유로 인한 징계처분과 소극행정, 음주운전(음주측정에 응하지 않은 경우를 포함한다), 성폭력, 성희롱 및 성매매에 따른 징계처분의 경우에는 각각 6개월을 더한 기간]이 지나지 않은 사람 　가. 강등·정직 : 18개월 　나. 감봉 : 12개월 　다. 견책 : 6개월 ③ 승진임용 제한기간 중에 있는 사람이 다시 징계처분을 받은 경우 승진임용 제한기간은 전(前) 처분에 대한 승진임용 제한기간이 끝난 날부터 계산하고, 징계처분으로 승진임용 제한기간 중에 있는 사람이 휴직하거나 직위해제처분을 받는 경우 징계처분에 따른 남은 승진임용 제한기간은 복직일부터 계산한다.
기간 단축	경찰공무원이 징계처분을 받은 후 해당 계급에서 다음의 포상을 받은 경우에는 승진임용 제한기간의 2분의 1을 단축할 수 있다. ① 훈장, 포장, 모범공무원 포상, 제안이 채택·시행되어 받은 포상 ② 대통령표창 또는 국무총리표창

3. 상급자 평정방식

① 수 20%, 우 40%, 양 30%, 가 10%
② 경찰서 수사과에서 고소 · 고발 등에 대한 조사업무를 직접 처리하는 경위 계급 평정할 때 비율을 적용 ×

4. 휴직

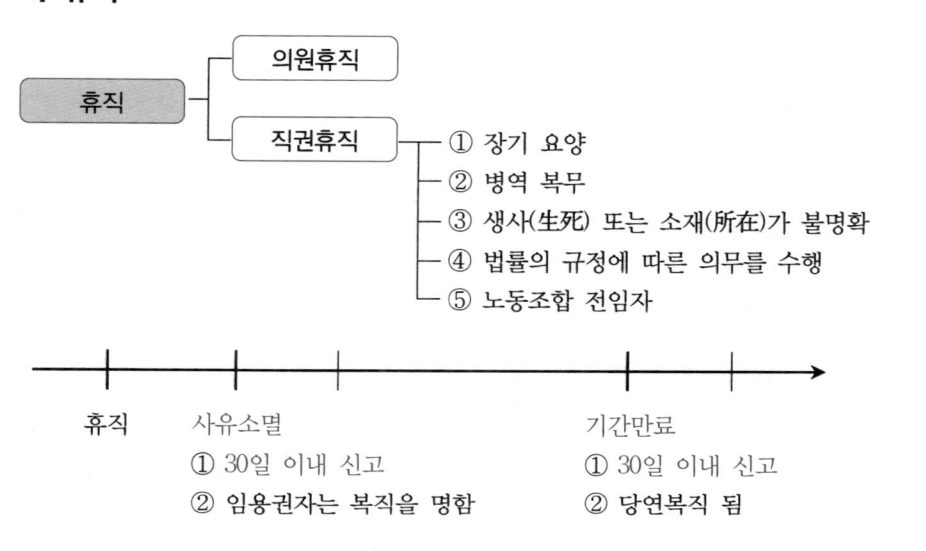

휴직 ─┬─ 의원휴직
       └─ 직권휴직 ── ① 장기 요양
                    ── ② 병역 복무
                    ── ③ 생사(生死) 또는 소재(所在)가 불명확
                    ── ④ 법률의 규정에 따른 의무를 수행
                    ── ⑤ 노동조합 전임자

휴직 사유소멸   기간만료
      ① 30일 이내 신고   ① 30일 이내 신고
      ② 임용권자는 복직을 명함   ② 당연복직 됨

5. 직위해제

(1) **부족하거나 나쁜 자**: 3月 이내 대기, 교육훈련 · 연구과제, 80%

(2) 파면 · 해임 · 강등 또는 정직

(3) 형사(약식명령 제외)

(4) **고위공무원단에 속하는 일반직공무원**: 70%(40%)

(5) 금품비위, 성범죄 등 조사나 수사 중

MEMO

Keyword 21   소멸

```
소멸 ─┬─ 퇴직 ─┬─ 법정사유 ──────────→ 효과발생(임용권자의 의사표시 ×)
      │        │
      │        ├─ 정년 ─┬─ 연령정년 ── 60세
      │        │        │
      │        │        └─ 계급정년 ── 치안감 4년, 경무관 6년, 총경 11년, 경정 14년
      │        │                       ① 강등되기 전 계급 중 가장 높은 계급의 계급정년
      │        │                       ② 강등되기 전 계급의 근무연수와 강등 이후의 근무연수를 합산
      │        │                       ③ 수사, 정보, 외사, 안보, 자치사무 총경 및 경정: 4년
      │        │                       ④ 전시·사변: 2년
      │        │                          ㉠ 경무관 이상: 행안부장관과 총리를 거쳐 대통령의 승인
      │        ├─ 사망                     ㉡ 총경·경정: 총리를 거쳐 대통령의 승인
      │        │
      │        └─ 임용결격사유 ─┬─ ① 면책신청 ×, 면책불허가 결정 또는 면책 취소가 확정된 경우
      │           (당연퇴직)     └─ ② 뇌물 / 성·정·스·아청 / 횡·배, 자격정지 이상의 형의 선고유예를 받은 경우
      │
      └─ 면직 ─── 법정사유 ──────→ 임용권자의 의사표시 ○ ──────→ 효과발생
               │
               ├─ 의원면직 ─┬─ ① 본인의 의사에 기초하지 않은 사직원의 제출(의원면직처분취소)
               │            ├─ ② 1980년의 공직자숙정계획의 일환으로 일괄사표의 제출과 선별수리
               │            └─ ③ 공무원의 사직 의사표시의 철회 또는 취소가 허용되는 시한(= 의원면직처분 시)
               │
               ├─ 직권면직 ─┬─ 객관적 사유 ─┬─ ① 폐직, 과원
               │            │                ├─ ② 미복귀, 불감당 ──→ 징계위원회의 동의 ×
               │            │                └─ ③ 자격증, 면허
               │            │
               │            └─ 주관적 사유 ──→ 징계위원회의 동의 ○
               │
               └─ 강제(징계) ── 파면, 해임
                  면직
```

Keyword 22 | 권리 · 의무

1. 권리

신분상 권리	일반적 권리	직무집행권, 신분보유권, 직위보유권, 쟁송청구권
	특수한 권리	무기휴대권, 무기사용권, 장구사용권, 제복착용권
재산상 권리		보수청구권, 연금청구권, 실비변상청구권, 보급품수령권, 보상청구권

2. 의무

구분	근거 법령	내용	구분	근거 법령	내용
일반의무	국가공무원법	① 선서(취임 전 선서)의무 ② 성실의무			−
직무상 의무	국가공무원법	① 법령준수의무 ② 복종의무 ③ 친절·공정의무 ④ 종교중립의무 ⑤ 직무전념의무(직장이탈금지, 영리업무 및 겸직금지)	신분상 의무	국가공무원법	① 비밀엄수의무(퇴직 후에도 적용) ② 청렴의무 ③ 영예 등의 제한 ④ 품위유지의무(직무 내외 불문) ⑤ 정치운동금지의무 ⑥ 집단행위금지의무
	경찰공무원법	① 거짓보고·직무유기금지의무 ② 지휘권남용 등의 금지의무 ③ 제복착용의무		경찰공무원법	정치관여금지의무
	경찰공무원 복무규정	① 지정장소 외에서 직무수행금지의무 ② 근무시간 중 음주금지의무 ③ 민사분쟁에 부당개입금지의무 기본강령 : 경찰사명, 경찰정신, 규율, 단결, 책임, 성실·청렴		공직자윤리법	① 이해충돌 방지의무 ② 재산의 등록과 공개의무 ③ 선물신고의무 ④ 퇴직공직자의 취업제한
				부패방지 및 국민권익위원회의 설치와 운영에 관한 법률	① 부패행위 신고의무 ② 비위면직자 등의 취업제한

3. 경찰공무원 복무규정

기본강령 (제3조)	① 경찰사명: 그 사명으로 한다. ② 경찰정신: 정의의 정신을 그 바탕으로 삼는다. ③ 규율: 규율을 지켜야 한다. ④ 단결: 한마음 한뜻으로 굳게 뭉쳐 임무수행에 모든 역량을 기울여야 한다. ⑤ 책임: 책임을 진다. ⑥ 성실·청렴: 성실하고 청렴한 생활태도로써 국민의 모범이 되어야 한다.
지정장소외에서의 직무수행금지 (제8조)	경찰공무원은 상사의 허가를 받거나 그 명령에 의한 경우를 제외하고는 직무와 관계없는 장소에서 직무수행을 하여서는 아니 된다.
근무시간중 음주금지(제9조)	경찰공무원은 근무시간 중 음주를 하여서는 아니된다. 다만, 특별한 사정이 있는 경우에는 예외로 하되, 이 경우 주기가 있는 상태에서 직무를 수행하여서는 아니 된다.
민사분쟁에의 부당개입금지 (제10조)	경찰공무원은 직위 또는 직권을 이용하여 부당하게 타인의 민사분쟁에 개입하여서는 아니 된다.
상관에 대한 신고 (제11조)	경찰공무원은 신규채용·승진·전보·파견·출장·연가·교육훈련기관에의 입교 기타 신분관계 또는 근무관계 또는 근무관계의 변동이 있는 때에는 소속상관에게 신고를 하여야 한다.
여행의 제한 (제13조)	① 2시간 이내, 소속 경찰기관의 장에게 신고 ② 특별한 사정이 있어 경찰기관의 장이 지정하는 기간중에는 소속 경찰기관의 장의 허가를 받아야 한다.
포상휴가 (제18조)	1회 10일 이내, 연가일수에 산입 ×
연일근무자 등의 휴무 (제19조)	휴무를 허가하여야 한다. ① 연일근무자 및 공휴일근무자에 대하여는 그 다음 날 1일의 휴무 ② 당직 또는 철야근무자에 대하여는 다음 날 오후 2시를 기준으로 하여 오전 또는 오후의 휴무

MEMO

Keyword 23 / 징계

1. 징계 일반

의의	행정상의 제재, 내부적 제재
형벌과의 관계	병과 가능
징계부가금	국가공무원법 제78조의2, 5배
고의·과실	불문
감독자	자기책임
임용 전 행위	징계사유에 해당할 수 있음.
사직서의 제출	① 징계사유의 유무를 확인 ② **파면, 해임, 강등 또는 정직에 해당하는 징계사유**: 지체 없이 징계의결 등을 요구하여야 하고, 퇴직을 허용하여서는 아니 된다. ③ 직위를 부여하지 아니할 수 있다. ④ 우선하여 징계의결 등을 하여야 한다.
소멸시효	① 10년: 성매매, 성폭력범죄, 아청, 성희롱 ② 5년: 국가공무원법 제78조의2 제1항 각 호 ③ 3년: 그 밖의 징계 등 사유

2. 징계의 종류

(1) 징계의 효력

파면	① 경찰공무원의 신분이 박탈, 경찰공무원으로 임용될 수 없다. ② 재직기간이 5년 이상인 경우에 퇴직급여의 2분의 1을, 재직기간이 5년 미만인 경우에는 퇴직급여의 4분의 1을 감액한다. ③ 퇴직수당의 2분의 1을 감액한다. ④ 5년간 공무원에 임용될 수 없다.

해임	① 경찰공무원의 신분이 박탈, 경찰공무원으로 임용될 수 없다. ② 원칙적으로 퇴직금은 전액 지급한다. ③ 단, 금품 및 향응의 수수, 공금의 횡령·유용으로 해임된 때에는 재직기간이 5년 이상인 경우 퇴직급여는 그 금액의 4분의 1을, 재직기간이 5년 미만인 자의 퇴직급여는 그 금액의 8분의 1을 감액한다. ④ 금품 및 향응의 수수, 공금의 횡령·유용으로 해임된 때에는 퇴직수당은 4분의 1을 감액한다. ⑤ 3년간 공무원에 임용될 수 없다.
강등	① 강등은 1계급 아래로 직급을 내리고 공무원 신분은 보유하나 3개월간 직무에 종사하지 못하며, 그 기간 중 보수는 전액을 감한다. ② 강등기간 이후 18개월 동안 승진 및 호봉승급이 제한된다.
정직	① 1개월 이상 3개월 이하의 기간으로 하고, 정직처분을 받은 자는 그 기간 중 공무원 신분은 보유하나 직무에 종사하지 못하며 보수는 전액을 감한다. ② 정직기간 이후 18개월 동안은 승진과 호봉승급이 제한된다.
감봉	① 감봉은 1개월 이상 3개월 이하의 기간 동안 보수의 3분의 1을 감한다. ② 감봉기간 이후 12개월 동안은 승진과 호봉승급이 제한된다.
견책	① 견책(譴責)은 전과(前過)에 대하여 훈계하고 회개하게 한다. ② 6개월 동안 승진 및 호봉승급이 제한된다.

3. 관련 판례

① 경찰공무원시험승진후보자명부에 등재된 자가 승진임용되기 전에 감봉 이상의 징계처분을 받은 경우, 임용권자가 당해인을 시험승진후보자명부에서 삭제한 행위가 행정처분이 되는지 여부(소극) : 시험승진후보자명부에 등재된 자가 승진임용되기 전에 감봉 이상의 징계처분을 받은 경우에는 임용권자 또는 임용제청권자가 위 징계처분을 받은 자를 시험승진후보자명부에서 삭제하도록 되어 있는바, 이처럼 시험승진후보자명부에 등재되어 있던 자가 그 명부에서 삭제됨으로써 승진임용의 대상에서 제외되었다 하더라도, 그와 같은 시험승진후보자명부에서의 삭제행위는 결국 그 명부에 등재된 자에 대한 승진 여부를 결정하기 위한 행정청 내부의 준비과정에 불과하고, 그 자체가 어떠한 권리나 의무를 설정하거나 법률상 이익에 직접적인 변동을 초래하는 별도의 행정처분이 된다고 할 수 없다[대법원 1997. 11. 14., 선고, 97누7325, 판결].

MEMO

② 교육공무원법상 승진후보자 명부에 의한 승진심사 방식으로 행해지는 승진임용에서 승진후보자 명부에 포함되어 있던 후보자를 승진임용 인사발령에서 제외하는 행위가 항고소송의 대상인 처분에 해당하는지 여부(적극) : 교육공무원의 임용권자는 결원된 직위의 3배수의 범위 안에 들어간 후보자들을 대상으로 순위가 높은 사람부터 차례로 승진임용 여부를 심사하여야 하고, 이에 따라 승진후보자 명부에 포함된 후보자는 임용권자로부터 정당한 심사를 받게 될 것에 관한 절차적 기대를 하게 된다. 그런데 임용권자 등이 자의적인 이유로 승진후보자 명부에 포함된 후보자를 승진임용에서 제외하는 처분을 한 경우에, 이러한 승진임용 제외처분을 항고소송의 대상이 되는 처분으로 보지 않는다면, 달리 이에 대하여는 불복하여 침해된 권리를 구제받을 방법이 없다. 따라서 교육공무원법상 승진후보자 명부에 의한 승진심사 방식으로 행해지는 승진임용에서 승진후보자 명부에 포함되어 있던 후보자를 승진임용 인사발령에서 제외하는 행위는 불이익처분으로서 항고소송의 대상인 처분에 해당한다고 보아야 한다[대법원 2018. 3. 29., 선고, 2017두34162, 판결].

4. 징계위원회

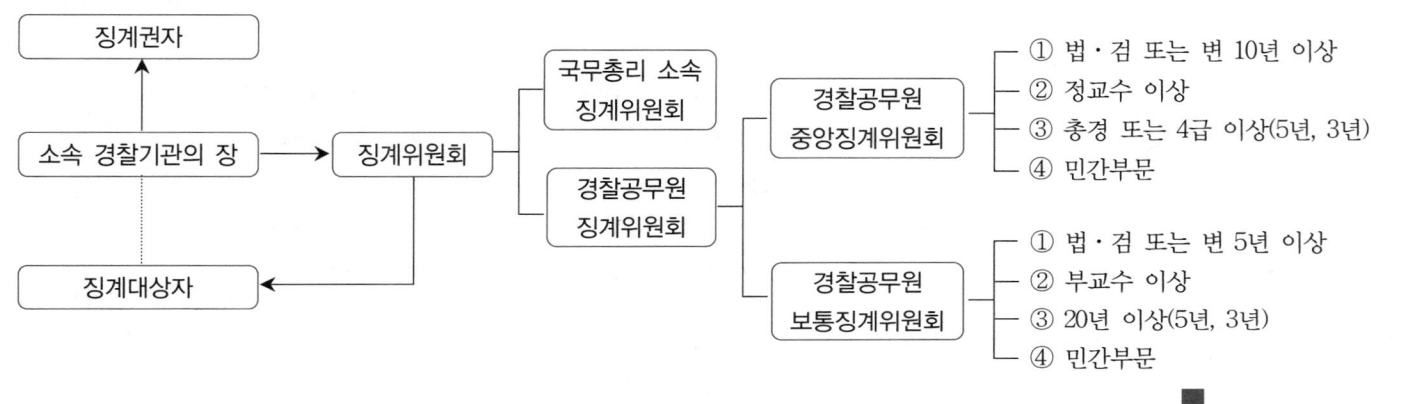

① 위원장 1명 포함 11명 이상 51명 이하의 공 + 민
② 경위 이상 또는 6급 이상
③ 다만, 보통징계위원회의 경우 경사 이하 또는 7급 이하 가능
   3개월 이하의 감봉 또는 견책만을 심의·의결
④ 위원 수의 2분의 1 이상을 민간위원으로 위촉
   특정 성별의 위원이 민간위원 수의 10분의 6을 초과 ×
⑤ 위원장은 위원 중 최상위 계급 또는 이에 상응하는 직급에 있거나 최상위 계급 또는 이에 상응하는 직급에 먼저 승진임용된 공무원
⑥ 민간위원 임기는 2년, 한 차례만 연임 ○

회의

① 위원장과 경찰기관의 장이 회의마다 지정하는 4명 이상 6명 이하의 위원으로 성별을 고려하여 구성
② 민간위원의 수는 위원장을 포함한 위원 수의 2분의 1 이상
③ 피해자와 같은 성별의 위원이 위원장을 제외한 위원 수의 3분의 1 이상

5. 징계절차

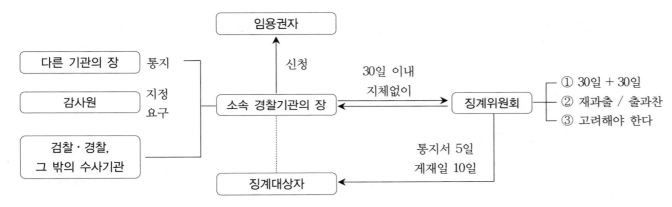

6. 징계권자

① 징계위원회의 의결을 거쳐 징계위원회가 설치된 소속 기관의 장
② 국무총리 소속으로 설치된 징계위원회에서 의결한 징계는 경찰청장
③ 파면·해임·강등 및 정직은 징계위원회의 의결을 거쳐 해당 경찰공무원의 임용권자
 • 경무관 이상의 강등 및 정직과 경정 이상의 파면 및 해임은 경찰청장의 제청, 행안부장관과 국무총리를 거쳐 대통령
 • 총경 및 경정의 강등 및 정직은 경찰청장

MEMO

Keyword 24 소청

1. 소청심사위원회

구성	① 위원장 1명을 포함한 5명 이상 7명 이하의 상임위원과 상임위원 수의 2분의 1 이상인 비상임위원으로 구성 ② 위원장은 정무직
위원의 자격	① 법관·검사 또는 변호사의 직에 5년 이상 ② 부교수 이상의 직에 5년 이상 ③ 3급 이상 공무원 또는 고위공무원단에 속하는 공무원으로 3년 이상
임기	상임위원의 임기는 3년, 한 번만 연임 ○
겸직	상임위원은 다른 직무 ×
신분보장	금고 이상의 형벌이나 장기의 심신 쇠약
결정	① 재적 위원 3분의 2 이상의 출석과 출석 위원 과반수의 합의 ② 파면·해임·강등 또는 정직에 해당하는 징계처분을 취소 또는 변경하려는 경우와 효력 유무 또는 존재 여부에 대한 확인을 하려는 경우에는 재적 위원 3분의 2 이상의 출석과 출석 위원 3분의 2 이상의 합의, 구체적인 결정의 내용은 출석 위원 과반수의 합의

2. 소청절차

처분 행정청 기속

징계권자

소청심사위원회의
결정

징계권자

징계대상자

소청심사 청구
30일

60일 + 30일

취소, 변경처분

Keyword 25 고충심사

설치	경찰청, 해양경찰청, 시·도자치경찰위원회, 시·도경찰청, 대통령령으로 정하는 경찰기관(경감 이상의 경찰공무원을 장으로 하는 기관 중 행정안전부장관이 지정하는 경찰기관)
관할	① **중앙고충심사위원회**: 재심청구와 경정 이상의 경찰공무원의 인사상담 및 고충심사 ② 경찰공무원 고충심사위원회
구성	① 위원장 1명을 포함하여 7명 이상 15명 이내의 공무원위원과 민간위원으로 구성 ② 민간위원의 수는 위원장을 제외한 위원 수의 2분의 1 이상
위원장 및 위원	① **위원장**: 설치기관 소속 공무원 중에서 인사 또는 감사 업무를 담당하는 과장 또는 이에 상당하는 직위를 가진 사람 ② **공무원위원**: 청구인보다 상위 계급 또는 이에 상당하는 소속 공무원 중에서 설치기관의 장이 임명
민간위원	① 민간위원은 다음 각 호의 사람 중에서 설치기관의 장이 위촉한다. 1. 경찰공무원으로 20년 이상 근무하고 퇴직한 사람 2. 대학에서 법학·행정학·심리학·정신건강의학 또는 경찰학을 담당하는 사람으로서 조교수 이상으로 재직 중인 사람 3. 변호사 또는 공인노무사로 5년 이상 근무한 사람 4. 「의료법」에 따른 의료인 ② 민간위원의 임기는 2년으로 하며, 한 번만 연임 ○
회의	위원장과 위원장이 회의마다 지정하는 5명 이상 7명 이내의 위원으로 성별을 고려하여 구성해야 한다. 이 경우 민간위원이 3분의 1 이상 포함되어야 한다.
심사절차	30일 이내에 고충심사에 대한 결정을 해야 한다. 다만, 부득이하다고 인정되는 경우에는 고충심사위원회의 의결로 30일의 범위에서 그 기한을 연기할 수 있다.
심사일의 통지	심사일 5일 전까지 청구인 및 처분청에 심사일시 및 장소를 알려야 한다.

제4절 경찰작용법

Keyword 26 일반수권조항

경찰관직무집행법

제2조(직무의 범위) 경찰관은 다음 각 호의 직무를 수행한다.
1. 국민의 생명·신체 및 재산의 보호
2. 범죄의 예방·진압 및 수사
2의2. 범죄피해자 보호
3. 경비, 주요 인사(人士) 경호 및 대간첩·대테러 작전 수행
4. 공공안녕에 대한 위험의 예방과 대응을 위한 정보의 수집·작성 및 배포
5. 교통 단속과 교통 위해(危害)의 방지
6. 외국 정부기관 및 국제기구와의 국제협력
7. 그 밖에 공공의 안녕과 질서 유지

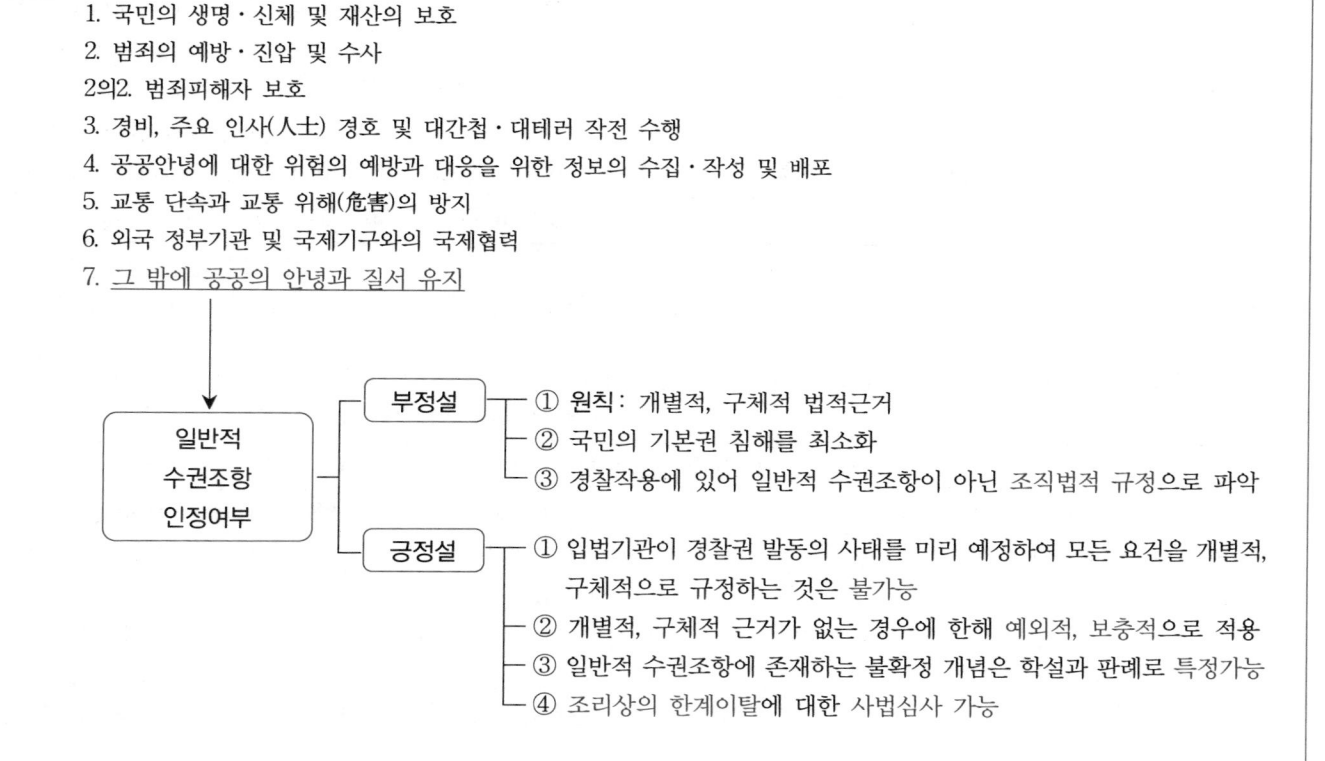

일반적 수권조항 인정여부

부정설
① 원칙 : 개별적, 구체적 법적근거
② 국민의 기본권 침해를 최소화
③ 경찰작용에 있어 일반적 수권조항이 아닌 조직법적 규정으로 파악

긍정설
① 입법기관이 경찰권 발동의 사태를 미리 예정하여 모든 요건을 개별적, 구체적으로 규정하는 것은 불가능
② 개별적, 구체적 근거가 없는 경우에 한해 예외적, 보충적으로 적용
③ 일반적 수권조항에 존재하는 불확정 개념은 학설과 판례로 특정가능
④ 조리상의 한계이탈에 대한 사법심사 가능

Keyword 27 경찰권 발동의 한계

1. 기본구조

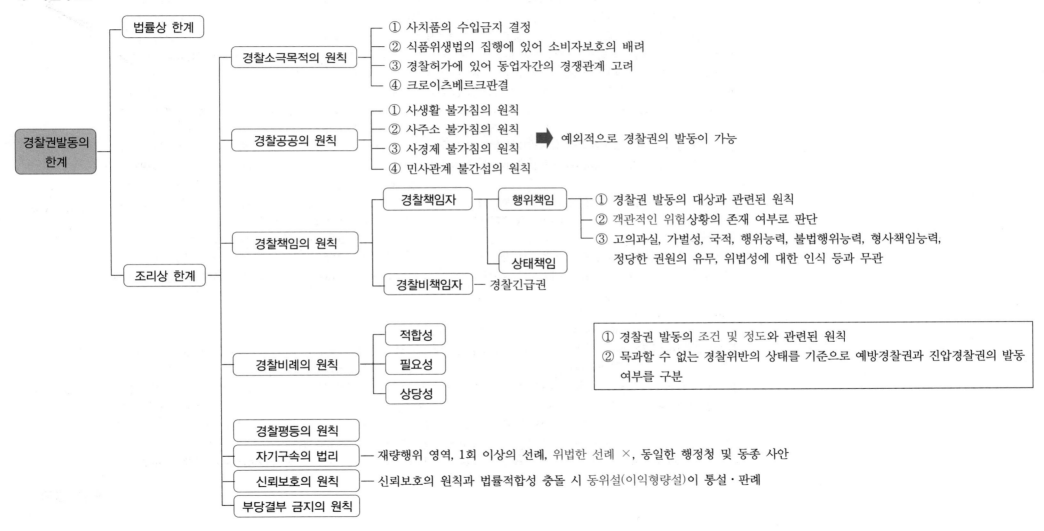

경찰권발동의 한계
- 법률상 한계
- 조리상 한계
  - 경찰소극목적의 원칙
    - ① 사치품의 수입금지 결정
    - ② 식품위생법의 집행에 있어 소비자보호의 배려
    - ③ 경찰허가에 있어 동업자간의 경쟁관계 고려
    - ④ 크로이츠베르크판결
  - 경찰공공의 원칙
    - ① 사생활 불가침의 원칙
    - ② 사주소 불가침의 원칙
    - ③ 사경제 불가침의 원칙
    - ④ 민사관계 불간섭의 원칙
    ➡ 예외적으로 경찰권의 발동이 가능
  - 경찰책임의 원칙
    - 경찰책임자
      - 행위책임
        - ① 경찰권 발동의 대상과 관련된 원칙
        - ② 객관적인 위험상황의 존재 여부로 판단
        - ③ 고의과실, 가벌성, 국적, 행위능력, 불법행위능력, 형사책임능력, 정당한 권원의 유무, 위법성에 대한 인식 등과 무관
      - 상태책임
    - 경찰비책임자 — 경찰긴급권
  - 경찰비례의 원칙
    - 적합성
    - 필요성
    - 상당성
    - ① 경찰권 발동의 조건 및 정도와 관련된 원칙
    - ② 묵과할 수 없는 경찰위반의 상태를 기준으로 예방경찰권과 진압경찰권의 발동 여부를 구분
  - 경찰평등의 원칙
  - 자기구속의 법리 — 재량행위 영역, 1회 이상의 선례, 위법한 선례 ×, 동일한 행정청 및 동종 사안
  - 신뢰보호의 원칙 — 신뢰보호의 원칙과 법률적합성 충돌 시 동위설(이익형량설)이 통설·판례
  - 부당결부 금지의 원칙

2. 관련 판례

경찰비례의 원칙	① **택지개발예정지구 지정처분취소 등** : 비례의 원칙(과잉금지의 원칙)이란 어떤 행정목적을 달성하기 위한 수단은 그 목적달성에 유효·적절하고 또한 가능한 한 최소침해를 가져오는 것이어야 하며 아울러 그 수단의 도입으로 인한 침해가 의도하는 공익을 능가하여서는 아니 된다는 헌법상의 원칙을 말한다(대판 1997.9.26, 96누10096).
	② **과징금부과처분취소** : 규제하려는 쪽에서 국민의 기본권을 보다 덜 제한하는 다른 방법이 있는지를 모색하여야 할 것이지, 제한당하는 국민의 쪽에서 볼 때 그 기본권을 실현할 다른 수단이 있다고 하여 그와 같은 사유만으로 기본권의 제한이 정당화되는 것은 아니다(대판 1994.3.8, 92누1728).
	③ **석유판매업 영업정지처분취소** : 양도인이 등유가 섞인 유사휘발유를 판매한 바를 모르고 이를 양수한 석유판매영업자에게 전 운영자인 양도인의 위법사유를 들어 사업정지기간 중 최장기인 6월의 사업정지에 처한 영업정지처분이 석유사업법에 의하여 실현시키고자 하는 공익목적의 실현보다는 양수인이 입게 될 손실이 훨씬 커서 **재량권을 일탈**한 것으로서 위법하다(대판 1992.2.25, 91누13106).
	④ **개인택시운송사업 면허취소처분취소** : 개인택시운송사업자인 원고가 2차례에 걸쳐 대리운전으로 운행정지처분을 받았고 다시 대리운전을 하게 한 사실이 적발, 원고의 개인택시운송사업은 가족의 유일한 생계수단으로서 원고가 그의 신병 때문에 부득이 대리운전을 하게 하였고, … 중략 …, 이 사건 면허취소처분은 공익상의 필요보다 그 취소로 인하여 원고가 입게 될 불이익이 너무 커서 **재량권의 한계를 일탈**하였다(대판 1990.11.23, 90누5146).
	⑤ **재소자용수의착용처분 위헌확인** : 구치소 등 수용시설 안, 수사 및 재판단계에서 유죄가 확정되지 아니한 미결수용자에게 재소자용 의류를 입게 하는 것(헌재 1999.5.27, 97헌마137).
	⑥ **손해배상(기)** : 가스총을 사용하는 경찰관으로서는 인체에 대한 위해를 방지하기 위하여 상대방과 근접한 거리에서 상대방의 얼굴을 향하여 이를 발사하지 않는 등 가스총 사용시 요구되는 최소한의 안전수칙을 준수함으로써 장비 사용으로 인한 사고 발생을 미리 막아야 할 주의의무가 있다(대판 2003.3.14, 2002다57218).
	⑦ **과징금부과처분취소** : 모르고 있던 도서대여업자, 8일 후, 700만원의 과징금이 부과, 위법(대판 2001.7.27, 99두9490).
	⑧ **해임처분취소** : 공정한 업무처리에 대한 사의로 두고 간 돈 30만원이 든 봉투를 소지함으로써 피동적으로 금품을 수수하였다가 돌려 준 20여년 근속의 경찰공무원에 대한 해임처분은 재량권의 남용에 해당한다(대판 1991.7.23., 90누8954).
	⑨ **자동차운전면허취소처분취소** : 음주운전 내지 그 제재를 위한 음주측정 요구의 거부 등을 이유로 한 자동차운전면허의 취소에 있어서는 일반의 수익적 행정행위의 취소와는 달리 그 취소로 인하여 입게 될 당사자의 개인적인 불이익보다는 이를 방지하여야 하는 일반예방적인 측면이 더욱 강조되어야 할 것이고, 특히 당해 운전자가 영업용 택시를 운전하는 등 자동차 운전을 업으로 삼고 있는 자인 경우에는 더욱 그러하다(대판 1995.9.26, 95누6069).
	⑩ **해임처분취소** : 경찰공무원이 신호위반자에게 먼저 적극적으로 돈을 요구, 전달방법, 동승자에게 신고시 범칙금 처분을 받게 된다는 등 비위신고를 막기 위한 말까지 하고 금품을 수수, 1만원에 불과, 해임처분한 것은 징계재량권의 일탈·남용이 아니다(대판 2006.12.21, 2006두16274).

경찰비례의 원칙	⑪ 도로교통법 위반(음주운전) · 도로교통법 위반(무면허운전) : '도로교통법 제44조 제1항을 2회 이상 위반한' 것에 개정된 도로교통법이 시행된 2011.12.9. 이전에 구 도로교통법(2011.6.8. 법률 제10790호로 개정되기 전의 것) 제44조 제1항을 위반한 음주운전 전과까지 포함되는 것으로 해석하는 것이 형벌불소급의 원칙이나 일사부재리의 원칙 또는 비례의 원칙에 위배된다고 할 수 없다. 형의 실효 등에 관한 법률 제7조 제1항 각 호에 따라 형이 실효되었거나 사면법 제5조 제1항 제1호에 따라 형 선고의 효력이 상실된 구 도로교통법(2011.6.8. 법률 제10790호로 개정되기 전의 것) 제44조 제1항 위반 음주운전 전과도 도로교통법 제148조의2 제1항 제1호의 '도로교통법 제44조 제1항을 2회 이상 위반한' 것에 해당된다고 보아야 한다(대판 2012.11.29, 2012도10269).
경찰평등의 원칙	① 행정처분취소, 파면처분취소 : 원고와 함께 화투놀이를 한 3명(지방공무원)은 부산시 소청심사위원회에서 견책에 처하기로 의결된 사실, 피고가 원고에 대한 징계처분으로 파면을 택한 것(대판 1972.12.26, 72누194). ② 제대군인지원에 관한 법률 제8조 제1항 등 위헌확인(제대군인지원에 관한 법률 제8조 제3항, 제대군인지원에 관한 법률 시행령 제9조) : 가산점제도는 제대군인에 비하여, 여성 및 제대군인이 아닌 남성을 부당한 방법으로 지나치게 차별하는 것으로서 헌법 제11조에 위배되며, 이로 인하여 청구인들의 평등권이 침해된다(헌재 1999.12.23, 98헌마363). ③ 국유재산법 제5조 제2항에 관한 위헌심판 : 국유잡종재산에 대한 시효취득을 부인하는 동규정 불평등한 규정으로서 헌법상의 평등의 원칙과 사유재산권 보장의 이념 및 과잉금지의 원칙에 반한다(헌재 1991.5.13, 89헌가97). ④ 집회 및 시위에 관한 법률 제2조 제1호 등 위헌소원 : 집회와 시위를 함께 신고대상으로 규정한 것은 양자 모두에 있어서 기본권의 효과적인 행사와 공익 간의 조화를 도모할 필요성이 있기 때문일 뿐, 집회와 시위가 공공의 안녕질서에 미치는 영향이 동일하여 이를 동등하게 취급하기 위한 것이라고 보기는 어렵다(헌재 2009.5.28., 2007헌바22).
자기구속의 법리	① 행정의 자기구속의 원리를 적용함에 있어서 상대방의 신뢰는 무관하므로 평등의 원칙에서 그 근거를 찾는 견해가 통설이다. 그러나 판례는 평등의 원칙과 신뢰보호의 원칙 모두에서 행정의 자기구속의 법리를 도출하고 있다. ② 위법한 선례에 대해서는 행정의 자기구속의 법리가 인정될 여지가 없다. ③ 관련 판례 　㉠ 신규건조저장시설 사업자인정신청 반려처분취소 : '행정규칙이나 내부지침'은 일반적으로 행정조직 내부에서만 효력을 가질 뿐 대외적인 구속력을 갖는 것은 아니므로 행정처분이 그에 위반하였다고 하여 그러한 사정만으로 곧바로 위법하게 되는 것은 아니다. 다만, 재량권 행사의 준칙인 행정규칙이 그 정한 바에 따라 되풀이 시행되어 행정관행이 이루어지게 되면 평등의 원칙이나 신뢰보호의 원칙에 따라 행정기관은 그 상대방에 대한 관계에서 그 규칙에 따라야 할 자기구속을 받게 되므로, 이러한 경우에는 특별한 사정이 없는 한 그를 위반하는 처분은 평등의 원칙이나 신뢰보호의 원칙에 위배되어 재량권을 일탈 · 남용한 위법한 처분이 된다(대판 2009. 12.24, 2009두7967). 　㉡ 조합설립추진위원회 승인처분취소 : 행정청이 조합설립추진위원회의 설립승인 심사에서 위법한 행정처분을 한 선례가 있다고 하여 그러한 기준을 따라야 할 의무가 없다. 그리고 평등의 원칙은 본질적으로 같은 것을 자의적으로 다르게 취급함을 금지하는 것이고, 위법한 행정처분이 수차례에 걸쳐 반복적으로 행하여졌다 하더라도 그러한 처분이 위법한 것인 때에는 행정청에 대하여 자기구속력을 갖게 된다고 할 수 없다(대판 2009.6.25, 2008두13132).

신뢰보호의 원칙	① 선행조치는 적법한 행위뿐만 아니라 위법한 행위도 포함된다. 그러나 무효인 행위는 선행조치에 포함되지 않는다. ② 관련 판례 　㉠ 잠수기 어업허가신청 반려처분취소 : 일반적으로 행정상의 법률관계에 있어서 행정청의 행위에 대하여 신뢰보호의 원칙이 적용되기 위해서는 첫째, 행정청이 개인에 대하여 신뢰의 대상이 되는 공적인 견해표명을 하여야 하고, 둘째, 행정청의 견해표명이 정당하다고 신뢰한 데에 대하여 그 개인에게 귀책사유가 없어야 하며, 셋째, 그 개인이 그 견해표명을 신뢰하고 이에 상응하는 어떠한 행위를 하였어야 하고, 넷째, 행정청이 위 견해표명에 반하는 처분을 함으로써 그 견해표명을 신뢰한 개인의 이익이 침해되는 결과가 초래되어야 하며, 마지막으로 위 견해표명에 따른 행정처분을 할 경우 이로 인하여 공익 또는 제3자의 정당한 이익을 현저히 해할 우려가 있는 경우가 아니어야 한다(대판 2006.2.24, 2004두13592). 　㉡ 비과세관행의 성립요건 : 과세관청의 행위에 대하여 신의성실의 원칙이 적용되기 위하여는 과세관청이 납세자에게 신뢰의 대상이 되는 공적인 견해표명을 하여야 하고 또한 비과세관행이 성립하려면 상당한 기간에 걸쳐 과세를 하지 아니한 객관적 사실이 존재할 뿐만 아니라 과세관청 자신이 그 사항에 관하여 과세할 수 있음을 알면서도 어떤 특별한 사정 때문에 과세하지 않는다는 의사가 있어야 하며 위와 같은 공식적인 견해나 의사는 명시적 또는 묵시적으로 표시되어야 하지만 묵시적 표시가 있다고 하기 위하여는 단순한 과세누락(부작위)과는 달리 과세관청이 상당기간의 불과세 상태에 대하여 과세하지 않겠다는 의사표시를 한 것으로 볼 수 있는 사정이 있어야 한다(대판 1995.2.3., 94누11750). 　㉢ 비과세관행의 성립요건 및 그에 대한 입증책임 : 비과세관행이 성립되었다고 하려면 납세자가 주장·입증하여야 한다(대판 1995.4.21, 94누6574). 　㉣ 행정행위에 대하여 신뢰보호의 원칙이 적용되기 위한 요건 : 행정청의 공적 견해표명이 있었는지의 여부를 판단하는 데 있어 반드시 행정조직상의 형식적인 권한분장에 구애될 것은 아니고 담당자의 조직상의 지위와 임무, 당해 언동을 하게 된 구체적인 경위 및 그에 대한 상대방의 신뢰가능성에 비추어 실질에 의하여 판단하여야 한다(대판 1997.9.12, 96누18380). 　㉤ 토지형질변경행위 불허가처분취소 : 종교법인이 도시계획구역 내 생산녹지로 답인 토지에 대하여 종교회관 건립을 이용목적으로 하는 토지거래계약의 허가를 받으면서 담당공무원이 관련 법규상 허용된다 하여 이를 신뢰(대판 1997.9.12, 96누18380). 　㉥ 폐기물처리업허가신청에 대한 불허가처분취소 : 폐기물처리업에 대하여 사전에 관할 관청으로부터 적정통보를 받고 막대한 비용을 들여 허가요건을 갖춘 다음 허가신청을 하였음에도 다수 청소업자의 난립으로 안정적이고 효율적인 청소업무의 수행에 지장이 있다는 이유로 한 불허가처분(대판 1998.5.8, 98두4061). 　㉦ 국토이용계획 변경승인 거부처분취소 : 폐기물처리업 사업계획에 대하여 적정통보를 한 것만으로 그 사업부지 토지에 대한 국토이용계획변경신청을 승인하여 주겠다는 취지의 공적인 견해표명을 한 것으로 볼 수 없다(대판 2005.4.28, 2004두8828).	MEMO

MEMO

◎ **토지형질변경허가신청반려처분취소**: 폐기물처리업 사업계획에 대한 적정통보에 당해 토지에 대한 형질변경허가신청을 허가하는 취지의 공적 견해표명이 있는 것으로는 볼 수 없다고 할 것이고, 토지의 지목변경 등을 조건으로 그 토지상의 폐기물처리업 사업계획에 대한 적정통보를 한 경우에는 위 조건부적정통보에 토지에 대한 형질변경허가의 공적 견해표명이 포함되어 있었다고 볼 수 없다(대판 1998.9.25., 98두6494).

ⓩ **임용행위취소처분취소**: 임용 당시 공무원임용결격사유가 있었다면 비록 국가의 과실에 의하여 임용결격자임을 밝혀내지 못하였다 하더라도 그 임용행위는 당연무효로 보아야 한다. 국가가 사후에 결격사유가 있는 자임을 발견하고 공무원 임용행위를 취소하는 것은 당사자에게 원래의 임용행위가 당초부터 당연무효이었음을 통지하여 확인시켜 주는 행위에 지나지 아니하는 것이므로, 그러한 의미에서 당초의 임용처분을 취소함에 있어서는 신의칙 내지 신뢰의 원칙을 적용할 수 없고 또 그러한 의미의 취소권은 시효로 소멸하는 것도 아니다(대판 1987.4.14, 86누459).

ⓧ **헌법재판소의 위헌결정에 관련된 개인의 행위에 대하여 신뢰보호의 원칙이 적용되는지 여부**: 행정청이 개인에 대하여 신뢰의 대상이 되는 공적인 견해를 표명한 것이라고 할 수 없으므로 그 결정에 관련한 개인의 행위에 대하여는 신뢰보호의 원칙이 적용되지 아니한다(대판 2003.6.27, 2002두6965).

ⓚ **병역의무부과처분취소**: 병무청 담당부서의 담당공무원에게 공적 견해의 표명을 구하는 정식의 서면질의 등을 하지 아니한 채 총무과 민원팀장에 불과한 공무원이 민원봉사차원에서 상담에 응하여 안내한 것(추상적 질의에 대한 행정기관의 일반론적인 견해표명)(대판 2003.12.26, 2003두1875).

ⓣ **문화관광부장관의 지방자치단체장에 대한 회신내용의 공적 견해표명 해당 여부**: 문화관광부 장관의 지방자치단체장에 대한 회신내용을 담당 공무원이 알려주었다는 사정만으로 위 지방자치단체장의 공적인 견해표명이 있었다고 보기 어렵다(대판 2006.4.28, 2005두9644).

ⓟ **'행정청의 견해표명이 정당하다고 신뢰한 데에 대하여 그 개인에게 귀책사유가 없어야 한다'는 것의 의미와 그 판단 기준**: 귀책사유의 유무는 상대방과 그로부터 신청행위를 위임받은 수임인 등 관계자 모두를 기준으로 판단하여야 한다(대판 2002.11.8, 2001두1512).

ⓗ **행정청이 행정처분을 한 후 자의로 그 행정처분을 취소할 수 있는지 여부**: 운전면허 취소사유에 해당하는 음주운전을 적발한 경찰관의 소속 경찰서장이 사무착오로 위반자에게 운전면허정지처분을 한 상태에서 위반자의 주소지 관할 지방경찰청장이 위반자에게 운전면허취소처분을 한 것은 선행처분에 대한 당사자의 신뢰 및 법적 안정성을 저해하는 것으로서 허용될 수 없다(대판 2000.2.25, 99두10520).

• **3년 전의 위반행위를 이유로 한 운전면허취소처분의 당부**: 택시운전사가 운전면허정지기간 중의 운전행위를 하다가 적발되어 형사처벌을 받았으나 행정청으로부터 아무런 행정조치가 없어 안심하고 계속 운전업무에 종사하고 있던 중 3년여가 지나 이를 이유로 행정제재를 하면서 가장 무거운 운전면허를 취소하는 행정처분을 하였다면 신뢰의 이익과 그 법적안정성을 빼앗는 것이 되어 매우 가혹할 뿐만 아니라 그와 같은 공익상의 목적만으로는 위 운전사가 입게 될 불이익에 견줄바 못된다 할 것이다(대판 1987.9.8, 87누373).

신뢰보호의 원칙

신뢰보호의 원칙	• 행정처분에 당사자의 사실은폐나 기타 사위의 방법에 의한 신청행위에 기인하는 하자가 있음을 이유로 처분청이 이를 취소하는 경우, 당사자의 신뢰이익을 고려하여야 하는지 여부(소극) : 행정처분에 하자가 있음을 이유로 처분청이 이를 취소하는 경우에도 그 처분이 국민에게 권리나 이익을 부여하는 처분인 때에는 그 처분을 취소하여야 할 공익상의 필요와 그 취소로 인하여 당사자가 입게 될 불이익을 비교교량한 후 공익상의 필요가 당사자가 입을 불이익을 정당화할 만큼 강한 경우에 한하여 취소할 수 있는 것이지만, 그 처분의 하자가 당사자의 사실은폐나 기타 사위의 방법에 의한 신청행위에 기인한 것이라면 당사자는 그 처분에 의한 이익이 위법하게 취득되었음을 알아 그 취소가능성도 예상하고 있었다고 할 것이므로 그 자신이 위 처분에 관한 신뢰이익을 원용할 수 없음은 물론 행정청이 이를 고려하지 아니하였다고 하여도 재량권의 남용이 되지 않는다(대판 2002.2.5, 2001두5286). • 국회에서 법률안을 심의하거나 의결한 사정만으로 신뢰이익을 인정할 수 있는지 여부(소극) : 국회에서 일정한 법률안을 심의하거나 의결한 적이 있다고 하더라도, 그것이 법률로 확정되지 아니한 이상 국가가 이해관계자들에게 위 법률안에 관련된 사항을 약속하였다고 볼 수 없으며, 이러한 사정만으로 어떠한 신뢰를 부여하였다고 볼 수도 없다(대판 2008.5.29., 2004다33469). • 개발부담금부과처분취소 : 행정청이 민원예비심사에 대하여 관련부서 의견으로 '저촉사항 없음'이라고 기재하였다고 하더라도, 신뢰의 대상이 되는 공적인 견해표명을 한 것이라고는 보기 어렵다(대판 2006.6.9., 2004두46).
부당결부금지 의 원칙	① 부관이 부당결부금지의 원칙에 위반하여 위법하지만 그 하자가 중대하고 명백하여 당연무효라고 볼 수는 없다고 한 사례 : 수익적 행정행위에 있어서는 법령에 특별한 근거규정이 없다고 하더라도 그 부관으로서 부담을 붙일 수 있으나, 그러한 부담은 비례의 원칙, 부당결부금지의 원칙에 위반되지 않아야만 적법하다. 지방자치단체장이 사업자에게 주택사업계획승인을 하면서 그 주택사업과는 아무런 관련이 없는 토지를 기부채납하도록 하는 부관을 주택사업계획승인에 붙인 경우, 그 부관은 부당결부금지의 원칙에 위반되어 위법하지만, 부관의 하자가 중대하고 명백하여 당연무효라고는 볼 수 없다(대판 1997.3.11., 96다49650). ② 사용검사신청반려처분취소 : 사업주체(지역주택조합)에게 주택건설사업계획의 승인처분을 함에 있어 그 주택단지의 진입도로 부지의 소유권을 확보하여 진입도로 등 간선시설을 설치하고 그 부지 소유권 등을 기부채납하며 그 주택건설사업 시행에 따라 폐쇄되는 인근 주민들의 기존 통행로를 대체하는 통행로를 설치하고 그 부지 일부를 기부채납하도록 조건을 붙인 경우, 위법한 부관이라 할 수 없다(대판 1997.3.14, 96누16698).

MEMO

Keyword 28 　행정기본법

1. 행정의 법 원칙

법치행정의 원칙 (제18조)	행정작용은 법률에 위반되어서는 아니 되며, 국민의 권리를 제한하거나 의무를 부과하는 경우와 그 밖에 국민생활에 중요한 영향을 미치는 경우에는 법률에 근거하여야 한다.
평등의 원칙 (제9조)	행정청은 합리적 이유 없이 국민을 차별하여서는 아니 된다.
비례의 원칙 (제10조)	행정작용은 다음 각 호의 원칙에 따라야 한다. 1. 행정목적을 달성하는 데 유효하고 적절할 것 2. 행정목적을 달성하는 데 필요한 최소한도에 그칠 것 3. 행정작용으로 인한 국민의 이익 침해가 그 행정작용이 의도하는 공익보다 크지 아니할 것
성실의무 및 권한남용금지의 원칙 (제11조)	① 행정청은 법령등에 따른 의무를 성실히 수행하여야 한다. ② 행정청은 행정권한을 남용하거나 그 권한의 범위를 넘어서는 아니 된다.
신뢰보호의 원칙 (제12조)	① 행정청은 공익 또는 제3자의 이익을 현저히 해칠 우려가 있는 경우를 제외하고는 행정에 대한 국민의 정당하고 합리적인 신뢰를 보호하여야 한다. ② 행정청은 권한 행사의 기회가 있음에도 불구하고 장기간 권한을 행사하지 아니하여 국민이 그 권한이 행사되지 아니할 것으로 믿을 만한 정당한 사유가 있는 경우에는 그 권한을 행사해서는 아니 된다. 다만, 공익 또는 제3자의 이익을 현저히 해칠 우려가 있는 경우는 예외로 한다.
부당결부금지의 원칙 (제13조)	행정청은 행정작용을 할 때 상대방에게 해당 행정작용과 실질적인 관련이 없는 의무를 부과해서는 아니 된다.

2. 행정작용

부관
(제17조)
	① 행정청은 처분에 재량이 있는 경우에는 부관(조건, 기한, 부담, 철회권의 유보 등을 말한다.)을 붙일 수 있다.
	② 행정청은 처분에 재량이 없는 경우에는 법률에 근거가 있는 경우에 부관을 붙일 수 있다.
	③ 행정청은 부관을 붙일 수 있는 처분이 다음 각 호의 어느 하나에 해당하는 경우에는 그 처분을 한 후에도 부관을 새로 붙이거나 종전의 부관을 변경할 수 있다.
	
	  1. 법률에 근거가 있는 경우
	  2. 당사자의 동의가 있는 경우
	  3. 사정이 변경되어 부관을 새로 붙이거나 종전의 부관을 변경하지 아니하면 해당 처분의 목적을 달성할 수 없다고 인정되는 경우
	
	④ 부관은 다음 각 호의 요건에 적합하여야 한다.
	
	  1. 해당 처분의 목적에 위배되지 아니할 것
	  2. 해당 처분과 실질적인 관련이 있을 것
	  3. 해당 처분의 목적을 달성하기 위하여 필요한 최소한의 범위일 것

위법 또는
부당한
처분의 취소
(제18조)
	① 행정청은 위법 또는 부당한 처분의 전부나 일부를 소급하여 취소할 수 있다. 다만, 당사자의 신뢰를 보호할 가치가 있는 등 정당한 사유가 있는 경우에는 장래를 향하여 취소할 수 있다.
	② 행정청은 당사자에게 권리나 이익을 부여하는 처분을 취소하려는 경우에는 취소로 인하여 당사자가 입게 될 불이익을 취소로 달성되는 공익과 비교 · 형량(衡量)하여야 한다. 다만, 다음의 어느 하나에 해당하는 경우에는 그러하지 아니하다.
	
	  1. 거짓이나 그 밖의 부정한 방법으로 처분을 받은 경우
	  2. 당사자가 처분의 위법성을 알고 있었거나 중대한 과실로 알지 못한 경우

자동적 처분 (제20조)	행정청은 법률로 정하는 바에 따라 완전히 자동화된 시스템(인공지능 기술을 적용한 시스템을 포함한다)으로 처분을 할 수 있다. 다만, 처분에 재량이 있는 경우는 그러하지 아니하다.

제재처분의
제척기간
(제23조)
	① 행정청은 법령등의 위반행위가 종료된 날부터 5년이 지나면 해당 위반행위에 대하여 제재처분(인허가의 정지 · 취소 · 철회, 등록 말소, 영업소 폐쇄와 정지를 갈음하는 과징금 부과를 말한다.)을 할 수 없다.
	② 다음의 어느 하나에 해당하는 경우에는 ①을 적용하지 아니한다.
	
	  1. 거짓이나 그 밖의 부정한 방법으로 인허가를 받거나 신고를 한 경우
	  2. 당사자가 인허가나 신고의 위법성을 알고 있었거나 중대한 과실로 알지 못한 경우
	  3. 정당한 사유 없이 행정청의 조사 · 출입 · 검사를 기피 · 방해 · 거부하여 제척기간이 지난 경우
	  4. 제재처분을 하지 아니하면 국민의 안전 · 생명 또는 환경을 심각하게 해치거나 해칠 우려가 있는 경우
	
	③ 행정청은 ①에도 불구하고 행정심판의 재결이나 법원의 판결에 따라 제재처분이 취소 · 철회된 경우에는 재결이나 판결이 확정된 날부터 1년(합의제행정기관은 2년)이 지나기 전까지는 그 취지에 따른 새로운 제재처분을 할 수 있다.

3. 인허가 의제

인허가의제의 기준 (제24조)	① "인허가의제"란 하나의 인허가(이하 "주된 인허가"라 한다)를 받으면 법률로 정하는 바에 따라 그와 관련된 여러 인허가(이하 "관련 인허가"라 한다)를 받은 것으로 보는 것을 말한다. ② 인허가의제를 받으려면 주된 인허가를 신청할 때 관련 인허가에 필요한 서류를 함께 제출하여야 한다. 다만, 불가피한 사유로 함께 제출할 수 없는 경우에는 주된 인허가 행정청이 별도로 정하는 기한까지 제출할 수 있다. ③ 주된 인허가 행정청은 주된 인허가를 하기 전에 관련 인허가에 관하여 미리 관련 인허가 행정청과 협의하여야 한다. ④ 관련 인허가 행정청은 협의를 요청받으면 그 요청을 받은 날부터 20일 이내(제5항 단서에 따른 절차에 걸리는 기간은 제외한다)에 의견을 제출하여야 한다. 이 경우 전단에서 정한 기간(민원 처리 관련 법령에 따라 의견을 제출하여야 하는 기간을 연장한 경우에는 그 연장한 기간을 말한다) 내에 협의 여부에 관하여 의견을 제출하지 아니하면 협의가 된 것으로 본다. ⑤ 협의를 요청받은 관련 인허가 행정청은 해당 법령을 위반하여 협의에 응해서는 아니 된다. 다만, 관련 인허가에 필요한 심의, 의견 청취 등 절차에 관하여는 법률에 인허가의제 시에도 해당 절차를 거친다는 명시적인 규정이 있는 경우에만 이를 거친다.
인허가의제의 효과 (제25조)	① 협의가 된 사항에 대해서는 주된 인허가를 받았을 때 관련 인허가를 받은 것으로 본다. ② 인허가의제의 효과는 주된 인허가의 해당 법률에 규정된 관련 인허가에 한정된다.

MEMO

4. 공법상 계약

① 서울특별시립무용단원의 해촉에 대하여 공법상 당사자소송으로 무효확인을 청구할 수 있는지 여부 : 서울특별시립무용단 단원의 위촉은 공법상의 계약이라고 할 것이고, 따라서 그 단원의 해촉에 대하여는 공법상의 당사자소송으로 그 무효확인을 청구할 수 있다(대판 1995.12.22, 95누4636).

② 공중보건의사 채용계약의 법적 성질과 채용계약 해지에 관한 쟁송방법 : 전문직공무원인 공중보건의사의 채용계약 해지의 의사표시는 일반공무원에 대한 징계처분과는 달라서 항고소송의 대상이 되는 처분 등의 성격을 가진 것으로 인정되지 아니하고, 일정한 사유가 있을 때에 관할 도지사가 채용계약 관계의 한쪽 당사자로서 대등한 지위에서 행하는 의사표시로 취급하고 있는 것으로 이해되므로, 공중보건의사 채용계약 해지의 의사표시에 대하여는 대등한 당사자간의 소송형식인 공법상의 당사자소송으로 그 의사표시의 무효확인을 청구할 수 있는 것이지, 이를 항고소송의 대상이 되는 행정처분이라는 전제하에서 그 취소를 구하는 항고소송을 제기할 수는 없다(대판 1996.5.31, 95누10617).

③ 예산회계법 또는 지방재정법에 따라 지방자치단체가 당사자가 되어 체결하는 계약이 행정소송의 대상이 될 수 있는지 여부(소극) : 예산회계법 또는 지방재정법에 따라 지방자치단체가 당사자가 되어 체결하는 계약은 사법상의 계약일 뿐, 공권력을 행사하는 것이거나 공권력 작용과 일체성을 가진 것은 아니라고 할 것이므로 이에 관한 분쟁은 행정소송의 대상이 될 수 없다(대판 1996.12.20, 96누14708).

④ 공국립의료원 부설 주차장에 관한 위탁관리용역운영계약 : 위 운영계약의 실질은 행정재산인 위 부설주차장에 대한 국유재산법 제24조 제1항에 의한 사용·수익 허가로서 이루어진 것임을 알 수 있으므로, 이는 위 국립의료원이 원고의 신청에 의하여 공권력을 가진 우월적 지위에서 행한 행정처분으로서 특정인에게 행정재산을 사용할 수 있는 권리를 설정하여 주는 강학상 특허에 해당한다 할 것이고 순전히 사경제주체로서 원고와 대등한 위치에서 행한 사법상의 계약으로 보기 어렵다고 할 것이다(대판 2006.3.9, 2004다31074).

⑤ 공공용지의 취득 및 손실보상에 관한 특례법에 의한 협의취득 또는 보상합의에 관한 당사자간의 약정의 효력(= 유효) : 공공용지의 취득 및 손실보상에 관한 특례법에 의한 협의취득 또는 보상합의는 공공기관이 사경제주체로서 행하는 사법상 매매 내지 사법상 계약의 실질을 가지는 것으로서, 당사자간의 합의로 같은 법 소정의 손실보상의 요건을 완화하는 약정을 할 수 있다(대판 1997.4.22, 95다48056).

⑥ 계약직공무원에 대한 채용계약해지의 의사표시의 유효 여부를 판단함에 있어서 이를 일반직 공무원에 대한 징계처분과 같이 보아야 하는지 여부(소극) : 계약직공무원 채용계약해지의 의사표시는 일반공무원에 대한 징계처분과는 달라서 항고소송의 대상이 되는 처분 등의 성격을 가진 것으로 인정되지 아니하고, 일정한 사유가 있을 때에 국가 또는 지방자치단체가 채용계약 관계의 한쪽 당사자로서 대등한 지위에서 행하는 의사표시로 취급되는 것으로 이해되므로, 이를 징계해고 등에서와 같이 그 징계사유에 한하여 효력 유무를 판단하여야 하거나, 행정처분과 같이 행정절차법에 의하여 근거와 이유를 제시하여야 하는 것은 아니다(대판 2002.11.26, 2002두5948).

⑦ 시립합창단원에 대한 재위촉 거부가 항고소송의 대상인 처분에 해당하는지 여부(소극) : 광주광역시문화예술회관장의 단원 위촉은 광주광역시문화예술회관장이 행정청으로서 공권력을 행사하여 행하는 행정처분이 아니라 공법상의 근무관계의 설정을 목적으로 하여 광주광역시와 단원이 되고자 하는 자 사이에 대등한 지위에서 의사가 합치되어 성립하는 공법상 근로계약에 해당한다고 보아야 할 것이므로, 광주광역시립합창단원으로서 위촉기간이 만료되는 자들의 재위촉 신청에 대하여 광재위촉을 하지 아니한 것을 항고소송의 대상이 되는 불합격처분이라고 할 수는 없다(대판 2001.12.11, 2001두7794).

MEMO

5. 처분에 대한 불복수단

처분에 대한 이의신청 (제36조)	① 행정청의 처분(「행정심판법」 제3조에 따라 같은 법에 따른 행정심판의 대상이 되는 처분을 말한다. 이하 이 조에서 같다)에 이의가 있는 당사자는 처분을 받은 날부터 30일 이내에 해당 행정청에 이의신청을 할 수 있다. ② 행정청은 제1항에 따른 이의신청을 받으면 그 신청을 받은 날부터 14일 이내에 그 이의신청에 대한 결과를 신청인에게 통지하여야 한다. 다만, 부득이한 사유로 14일 이내에 통지할 수 없는 경우에는 그 기간을 만료일 다음 날부터 기산하여 10일의 범위에서 한 차례 연장할 수 있으며, 연장 사유를 신청인에게 통지하여야 한다. ③ 이의신청을 한 경우에도 그 이의신청과 관계없이 「행정심판법」에 따른 행정심판 또는 「행정소송법」에 따른 행정소송을 제기할 수 있다. ④ 이의신청에 대한 결과를 통지받은 후 행정심판 또는 행정소송을 제기하려는 자는 그 결과를 통지받은 날(제2항에 따른 통지기간 내에 결과를 통지받지 못한 경우에는 같은 항에 따른 통지기간이 만료되는 날의 다음 날을 말한다)부터 90일 이내에 행정심판 또는 행정소송을 제기할 수 있다.

처분의 재심사 (제37조)	① 당사자는 처분(제재처분 및 행정상 강제는 제외한다.)이 행정심판, 행정소송 및 그 밖의 쟁송을 통하여 다툴 수 없게 된 경우(법원의 확정판결이 있는 경우는 제외한다)라도 다음의 어느 하나에 해당하는 경우에는 해당 처분을 한 행정청에 처분을 취소·철회하거나 변경하여 줄 것을 신청할 수 있다.
	
	  1. 처분의 근거가 된 사실관계 또는 법률관계가 추후에 당사자에게 유리하게 바뀐 경우
	  2. 당사자에게 유리한 결정을 가져다주었을 새로운 증거가 있는 경우
	  3. 「민사소송법」 제451조에 따른 재심사유에 준하는 사유가 발생한 경우 등 대통령령으로 정하는 경우
	
	② ①에 따른 신청은 해당 처분의 절차, 행정심판, 행정소송 및 그 밖의 쟁송에서 당사자가 중대한 과실 없이 ①의 사유를 주장하지 못한 경우에만 할 수 있다.
	③ ①에 따른 신청은 당사자가 ①의 사유를 안 날부터 60일 이내에 하여야 한다. 다만, 처분이 있는 날부터 5년이 지나면 신청할 수 없다.
	④ ①에 따른 신청을 받은 행정청은 특별한 사정이 없으면 신청을 받은 날부터 90일(합의제행정기관은 180일) 이내에 처분의 재심사 결과(재심사 여부와 처분의 유지·취소·철회·변경 등에 대한 결정을 포함한다)를 신청인에게 통지하여야 한다. 다만, 부득이한 사유로 90일(합의제행정기관은 180일) 이내에 통지할 수 없는 경우에는 그 기간을 만료일 다음 날부터 기산하여 90일(합의제행정기관은 180일)의 범위에서 한 차례 연장할 수 있으며, 연장 사유를 신청인에게 통지하여야 한다.
	⑤ 처분의 재심사 결과 중 처분을 유지하는 결과에 대해서는 행정심판, 행정소송 및 그 밖의 쟁송수단을 통하여 불복할 수 없다.
	⑥ 행정청의 제18조에 따른 취소와 제19조에 따른 철회는 처분의 재심사에 의하여 영향을 받지 아니한다.

Keyword 29 / 공권과 반사적 이익

1. 공권

① 행정소송에 관한 부제소특약의 효력(무효) : 부제소특약에 관한 부분은 당사자가 임의로 처분할 수 없는 공법상의 권리관계를 대상으로 하여 사인의 국가에 대한 공권인 소권을 당사자의 합의로 포기하는 것으로서 허용될 수 없다(대판 1998.8.21, 98두8919).

② 제3자에게 상수원보호구역변경처분의 취소를 구할 법률상 이익이 없다고 한 사례 : 상수원에서 급수를 받고 있는 지역주민들이 가지는 이익은 상수원의 확보와 수질보호라는 공공의 이익이 달성됨에 따라 반사적으로 얻게 되는 이익에 불과하므로 지역주민들에 불과한 원고들에게는 위 상수원보호구역변경처분의 취소를 구할 법률상의 이익이 없다(대판 1995.9.26, 94누14544).

③ 도시계획구역 내 토지 소유자의 도시계획입안 신청에 대한 도시계획 입안권자의 거부행위가 항고소송의 대상이 되는 행정처분에 해당하는 지 여부(적극) : 도시계획구역 내 토지 등을 소유하고 있는 주민으로서는 입안권자에게 도시계획입안을 요구할 수 있는 법규상 또는 조리상의 신청권이 있다고 할 것이고, 이러한 신청에 대한 거부행위는 항고소송의 대상이 되는 행정처분에 해당한다(대판 2004.4.28, 2003두1806).

④ 행정처분의 직접 상대방이 아닌 제3자라도 당해 행정처분의 취소를 구할 법률상의 이익이 있는 경우에는 원고적격이 인정되는데, 여기서 말하는 법률상의 이익은 당해 처분의 근거 법률에 의하여 보호되는 직접적이고 구체적인 이익이 있는 경우를 말하고, 다만 공익보호의 결과로 국민 일반이 공통적으로 가지는 추상적, 평균적, 일반적인 이익과 같이 간접적이나 사실적, 경제적 이해관계를 가지는 데 불과한 경우는 여기에 포함되지 않는다(대판 1995.9.26, 94누14544).

2. 법률상 이익과 반사적 이익

① 주거지역 내의 제한면적을 초과한 연탄공장건축허가 처분으로 불이익을 받고 있는 제3거주자는 당해 행정처분의 취소를 소구할 법률상 자격이 있는지 여부 : 주거지역 내에 위 법조 소정 제한면적을 초과한 연탄공장 건축허가처분으로 불이익을 받고 있는 제3거주자는 비록 당해 행정처분의 상대자가 아니라 하더라도 그 행정처분으로 말미암아 위와 같은 법률에 의하여 보호되는 이익을 침해받고 있다면 당해 행정처분의 취소를 소구하여 그 당부의 판단을 받을 법률상의 자격이 있다(대판 1975.5.13, 73누96).

② 일반국민 또는 주민이 문화재를 향유할 이익이 구체적이고 법률적인 이익인지 여부(소극) : 문화재지정은 문화재를 보존하여 이를 활용함으로써 국민의 문화적 향상을 도모함과 아울러 인류문화의 발전에 기여한다고 하는 목적을 위하여 행해지는 것이지, 그 이익이 일반 국민이나 인근주민의 문화재를 향유할 구체적이고도 법률적인 이익이라고 할 수는 없다(대판 1992.9.22, 91누13212).

③ 환경영향평가대상지역 밖의 주민 : 환경영향평가대상지역 밖의 주민·일반 국민·산악인·사진가·학자·환경보호단체 등은 전원(電源)개발사업실시계획 승인처분의 취소를 구할 원고적격이 없다(대판 1998.9.22, 97누19571).

④ **환경영향평가 대상지역 안의 주민**: 환경영향평가 대상지역 안의 주민들은 특단의 사정이 없는 한 환경상의 이익에 대한 침해 또는 침해 우려가 있는 것으로 사실상 추정되어 공유수면매립면허처분 등의 무효확인을 구할 원고적격이 인정된다. 한편, 환경영향평가 대상지역 밖의 주민이라 할지라도 환경상 이익에 대한 침해 또는 침해우려가 있다는 것을 입증함으로써 그 처분 등의 무효확인을 구할 원고적격을 인정받을 수 있다[대판 2006.3.16, 2006두330(전합)].

⑤ **환경영향평가 대상지역 밖에 거주하는 주민에게 헌법상의 환경권 또는 환경정책기본법에 근거하여 공유수면매립면허처분과 농지개량사업 시행인가처분의 무효확인을 구할 원고적격이 없다고 한 사례**: 환경영향평가 대상지역 밖에 거주하는 주민에게 헌법상의 환경권 또는 환경정책기본법에 근거하여 공유수면매립면허처분과 농지개량사업 시행인가처분의 무효확인을 구할 원고적격이 없다[대판 2006.3.16, 2006두330(전합)].

⑥ **행정처분의 근거 법규 등에 의하여 환경상 이익에 대한 침해 또는 침해 우려가 있는 것으로 사실상 추정되어 원고적격이 인정되는 사람의 범위**: 환경상 침해를 받으리라고 예상되는 영향권 내의 주민들을 비롯하여 그 영향권 내에서 농작물을 경작하는 등 현실적으로 환경상 이익을 향유하는 사람도 포함된다. 그러나 단지 그 영향권 내의 건물·토지를 소유하거나 환경상 이익을 일시적으로 향유하는 데 그치는 사람은 포함되지 않는다(대판 2009.9.24, 2009두2825).

⑦ 납골당 설치장소에서 500m 내에 20호 이상의 인가가 밀집한 지역에 거주하는 주민들의 경우, 납골당이 누구에 의하여 설치되는지와 관계없이 납골당 설치에 대하여 환경 이익 침해 또는 침해 우려가 있는 것으로 사실상 추정되어 원고적격이 인정되는지 여부(적극)(대판 2011.9.8, 2009두6766).

⑧ **시장이 공중목욕장의 적정분포를 규정한 공중목욕장 시행세칙 제4조에 반하여 허가한 공중목욕장 영업허가처분과 기존 공중목욕업자의 권리침해**: 원고에 대한 공중목욕장업 경영 허가는 경찰금지의 해제로 인한 영업자유의 회복이라고 볼 것이므로 원고는 피고의 피고보조참가인에 대한 이 사건 목욕장업허가처분에 대하여 그 취소를 소구할 수 있는 법률상 이익이 없다(대판 1963.8.31, 63누101).

⑨ **행정처분의 상대방이 아닌 제3자에게 그 처분의 취소를 구할 법률상의 이익이 있다고 한 사례**: 甲이 적법한 약종상허가를 받아 허가지역 내에서 약종상영업을 경영하고 있음에도 불구하고 행정관청이 같은 약종상인 乙에게 乙의 영업허가지역이 아닌 甲의 영업허가지역 내로 영업소를 이전하도록 허가하였다면 甲으로서는 이로 인하여 기존업자로서의 법률상 이익을 침해받았음이 분명하므로 甲에게는 행정관청의 영업소이전허가처분의 취소를 구할 법률상 이익이 있다(대판 1988.6.14, 87누873).

⑩ **동일한 사업구역 내의 동종의 사업용 화물자동차면허대수를 늘리는 보충인가처분에 대하여 기존업자에게 그 취소를 구할 법률상 이익이 있는지 여부(적극)**: 기존의 업자로서는 동일한 사업구역 내의 동종의 사업용 화물자동차면허대수를 늘리는 보충인가처분에 대하여 그 취소를 구할 법률상 이익이 있다(대판 1992.7.10, 91누9107).

⑪ **제3자에게 경원자(競願者)에 대한 수익적 행정처분의 취소를 구할 당사자 적격이 있는 경우**: 인·허가 등의 수익적 행정처분을 신청한 수인이 서로 경쟁관계에 있어서 일방에 대한 허가 등의 처분이 타방에 대한 불허가 등으로 귀결될 수밖에 없는 때 허가 등의 처분을 받지 못한 자는 비록 경원자에 대하여 이루어진 허가 등 처분의 상대방이 아니라 하더라도 당해 처분의 취소를 구할 원고 적격이 있다. 다만, 명백한 법적 장애로 인하여 원고 자신의 신청이 인용될 가능성이 처음부터 배제되어 있는 경우에는 당해 처분의 취소를 구할 정당한 이익이 없다(대판 2009.12.10, 2009두8359).

Keyword 30 특별권력관계

비권력적 관계

당사자 ←→ 당사자

권력적 관계

국가

일반   특별

사법관계	공법관계
① 서울특별시 지하철 공사	① 공립유치원 전임강사
② 전화가입계약의 해지	② 국립교육대학 학생에 대한 퇴학처분
③ 국유잡종재산 대부행위 및 대부료 납부고지	③ 농지개량조합 직원
④ 환매권 행사로 인한 매수	④ 국가나 지방자치단체에 근무하는 청원경찰
⑤ 한국조폐공사 직원의 근무관계	⑤ 국가인권위원회의 성희롱결정 및 시정조치권고
⑥ 종합유선방송위원회 소속 직원의 근로관계	⑥ 공무원연금관리공단의 급여에 관한 결정
⑦ 공공사업의 시행자가 토지를 협의취득하는 경우	⑦ 행정재산에 대한 사용·수익허가취소
⑧ 입찰보증금 국고귀속 조치	⑧ 재건축조합을 상대로 관리처분계획안에 대한 조합 총회결의의 효력 등을 다투는 소송
⑨ 국가의 철도운행사업	⑨ 지방소방공무원이 자신이 소속된 지방자치단체를 상대로 초과근무수당의 지급을 구하는 청구

Keyword 31 신고

1. 신고 일반

행정청 ➡ 신고서 도달 ➡ 수리 ➡ 신고필증 교부

상대방
신고서 제출

① 행정절차법
② 의원, 치과의원, 한의원 또는 조산소의 개설 신고
③ 당구장
④ 체육시설의 이용료 변경 신고

① 행정기본법
② 정신과의원 개설신고
③ 학교환경위생정화구역 내 당구장신고
④ 체육시설의 회원모집 신고
⑤ 주민등록전입신고
⑥ 납골당 설치신고
⑦ 인·허가의제 효과를 수반하는 건축신고
⑧ 건축주명의변경신고
⑨ 유원시설업자 또는 체육시설업자 지위승계신고
⑩ 수산업법 제44조 소정의 어업의 신고

2. 관련 판례

① 적법한 요건을 갖춘 신고의 경우에는 행정청의 수리처분 등 별단의 조처를 기다릴 필요 없이 그 접수시에 신고로서의 효력이 발생하는 것이므로 그 수리가 거부되었다고 하여 무신고 영업이 되는 것은 아니다(대판 1998.4.24., 97도3121).
② 관할 관청에 신고업의 신고서가 제출되었다면 담당공무원이 법령에 규정되지 아니한 다른 사유를 들어 그 신고를 수리하지 아니하고 반려하였다고 하더라도, 그 신고서가 제출된 때에 신고가 있었다고 볼 것이다(대판 1999.12.24, 98다57419·57426).

Keyword 32 행정입법

(1) 헌법이 인정하고 있는 위임입법의 형식은 예시적인 것(헌재 2004.10.28., 99헌바91).

(2) 입법자는 법률에서 구체적으로 범위를 정하기만 한다면 대통령령뿐만 아니라 부령에 입법사항 위임 가능(헌재 1998.2.27., 97헌마64).

경찰공무원법

제4조(경과 구분) ① 경찰공무원은 그 직무의 종류에 따라 경과(警科)에 의하여 구분할 수 있다.
② 경과의 구분에 필요한 사항은 대통령령으로 정한다.

제26조(복제 및 무기 휴대) ① 경찰공무원은 제복을 착용하여야 한다.
③ 경찰공무원의 복제(服制)에 관한 사항은 행정안전부령 또는 해양수산부령으로 정한다.

---

(3) 관련 판례

법규명령	위임명령	① 구법에 위임의 근거가 없어 무효였더라도 사후에 법개정으로 위임의 근거가 부여되면 그때부터는 유효한 법규명령이 되나, 반대로 구법의 위임에 의한 유효한 법규명령이 법개정으로 위임의 근거가 없어지게 되면 그때부터 무효인 법규명령이 된다(대판 1995.6.30., 93추83). ② 법규명령의 위임근거가 되는 법률에 대하여 위헌결정이 선고되면 그 위임에 근거하여 제정된 법규명령도 원칙적으로 효력을 상실한다(대판 2001.6.12., 2000다18547). ③ 고시가 법규명령으로서 구속력을 갖기 위한 요건 : 일반적으로 행정 각부의 장이 정하는 고시라 하더라도 그것이 특히 법령의 규정에서 특정 행정기관에게 법령 내용의 구체적 사항을 정할 수 있는 권한을 부여함으로써 그 법령 내용을 보충하는 기능을 가질 경우에는 그 형식과 상관없이 근거 법령 규정과 결합하여 대외적으로 구속력이 있는 법규명령으로서의 효력을 가지는 것이나, 고시가 비록 법령에 근거를 둔 것이라고 하더라도 그 규정 내용이 법령의 위임 범위를 벗어난 것일 경우에는 위와 같은 법규명령으로서의 대외적 구속력을 인정할 여지는 없다(대판 1999.11.26, 97누13474).
	집행명령	① 위임에 관한 아무런 규정을 두지 아니하였다고 하더라도 대통령령은 직권면직에 관한 같은 법의 규정을 집행하기 위하여 필요한 사항에 관하여 규정할 수 있다(대판 2006.10.27., 2004두12261). ② 상위법령이 개정된 경우 종전 집행명령의 효력 유무(적극) : 집행명령은 근거법령인 상위법령이 폐지되면 특별한 규정이 없는 이상 실효되는 것이나, 상위법령이 개정됨에 그친 경우에는 당연히 실효되지 아니하고 개정법령의 시행을 위한 집행명령이 제정, 발효될 때까지는 여전히 그 효력을 유지한다(대판 1989.9.12., 88누6962).

| 법규명령 | 조례 | ① 지방자치법 제28조(조례) ① 지방자치단체는 법령의 범위에서 그 사무에 관하여 조례를 제정할 수 있다. 다만, 주민의 권리 제한 또는 의무 부과에 관한 사항이나 벌칙을 정할 때에는 법률의 위임이 있어야 한다.
② **법률의 포괄적 위임에 의한 지방자치단체의 조례제정권의 범위**: 법률이 주민의 권리의무에 관한 사항에 관하여 구체적으로 아무런 범위도 정하지 아니한 채 조례로 정하도록 포괄적으로 위임하였다고 하더라도, 지방자치단체가 법령에 위반되지 않는 범위 내에서 주민의 권리의무에 관한 사항을 조례로 제정할 수 있는 것이다(대판 1991.8.27, 90누6613).
③ **지방자치단체가 조례안을 제정함에 있어서 법률의 개별적 위임이 필요한지 여부(소극)**: 조례안에는 주민의 편의 및 복리증진에 관한 내용을 담고 있어 그 제정에 있어서 반드시 법률의 개별적 위임이 따로 필요한 것은 아니다(대판 2006.10.12, 2006추38).
④ **주민(住民)의 권리(權利)·의무(義務)에 관한 조례제정권(條例制定權)에 대한 법률(法律)의 위임(委任) 정도**: 조례에 대한 법률의 위임은 법규명령에 대한 법률의 위임과 같이 반드시 구체적으로 범위를 정하여 할 필요가 없으며 포괄적인 것으로 족하다(헌재 1995.4.20., 92헌마264).
⑤ **조례가 항고소송의 대상이 되는 행정처분에 해당되는 경우 및 그 경우 조례무효확인 소송의 피고적격(지방자치단체의 장)**: 조례가 집행행위의 개입 없이도 그 자체로서 직접 국민의 구체적인 권리의무나 법적 이익에 영향을 미치는 등의 법률상 효과를 발생하는 경우 그 조례는 항고소송의 대상이 되는 행정처분에 해당하고, 이러한 조례에 대한 무효확인소송을 제기함에 있어서 행정소송법 제38조 제1항, 제13조에 의하여 피고적격이 있는 처분 등을 행한 행정청은, 지방자치단체의 집행기관으로서 조례로서의 효력을 발생시키는 공포권이 있는 지방자치단체의 장이다(대판 1996.9.20., 95누8003).
⑥ **조례(條例)가 헌법소원의 대상이 될 수 있는지 여부**: 조례는 지방자치단체가 그 자치입법권에 근거하여 자주적으로 지방의회의 의결을 거쳐 제정한 법규이기 때문에 조례 자체로 인하여 직접 그리고 현재 자기의 기본권을 침해받은 자는 그 권리구제의 수단으로서 조례에 대한 헌법소원을 제기할 수 있다(헌재 1995.4.20, 92헌마264). |
| 행정규칙 | | ① **법령의 규정이 특정 행정기관에 그 법령 내용의 구체적 사항을 정할 수 있는 권한을 부여하면서 권한 행사의 절차나 방법을 특정하고 있지 않아 수임행정기관이 행정규칙의 형식으로 법령의 내용이 될 사항을 구체적으로 정한 경우 그 효력**: 상급행정기관이 하급행정기관에 대하여 업무처리지침이나 법령의 해석적용에 관한 기준을 정하여 발하는 이른바 행정규칙은 일반적으로 행정조직 내부에서만 효력을 가질 뿐 대외적인 구속력을 갖지 않지만, 법령의 규정이 특정 행정기관에게 그 법령 내용의 구체적 사항을 정할 수 있는 권한을 부여하면서 그 권한 행사의 절차나 방법을 특정하고 있지 않아 수임행정기관이 행정규칙의 형식으로 그 법령의 내용이 될 사항을 구체적으로 정하고 있다면, 그와 같은 행정규칙은 위에서 본 행정규칙이 갖는 일반적 효력으로서가 아니라 행정기관에 법령의 구체적 내용을 보충할 권한을 부여한 법령 규정의 효력에 의하여 그 내용을 보충하는 기능을 갖게 되고, 따라서 이와 같은 행정규칙은 당해 법령의 위임 한계를 벗어나지 않는 한 그것들과 결합하여 대외적인 구속력이 있는 법규명령으로서의 효력을 가진다(대판 2008.3.27., 2006두3742).
② **행정규칙(行政規則)이 법규명령(法規命令)으로서 기능하게 되어 헌법소원심판청구(憲法訴願審判請求)의 대상이 되는 경우**: 법령의 직접적인 위임에 따라 위임행정기관이 그 법령을 시행하는데 필요한 구체적 사항을 정한 것이면, 그 제정형식은 비록 법규명령이 아닌 고시, 훈령, 예규 등과 같은 행정규칙이더라도 그것이 상위법령의 위임한계를 벗어나지 아니하는 |

MEMO

한, 상위법령과 결합하여 대외적인 구속력을 갖는 법규명령으로서 기능하게 된다고 보아야 할 것인바, 청구인이 법령과 예규의 관계규정으로 말미암아 직접 기본권침해를 받았다면 이에 대하여 바로 헌법소원심판을 청구할 수 있다(헌재 1992.6.26., 91헌마25).

③ **국민의 권익보호를 위한 행정절차에 관한 훈령의 법적 성격**: 국민의 권익보호를 위한 행정절차에 관한 훈령(1989.11.17. 국무총리훈령 제235호)은 상급행정기관이 하급행정기관에 대하여 발하는 일반적인 행정명령으로서 행정기관 내부에서 만 구속력이 있을 뿐 대외적인 구속력을 가지는 것이 아니다(대판 1994.8.9, 94누3414).

④ **어떠한 처분의 근거나 법적인 효과가 행정규칙에 규정되어 있는 경우, 그 처분이 항고소송의 대상이 되는 행정처분에 해당 하기 위한 요건**: 어떠한 처분의 근거나 법적인 효과가 행정규칙에 규정되어 있다고 하더라도, 그 처분이 행정규칙의 내 부적 구속력에 의하여 상대방에게 권리의 설정 또는 의무의 부담을 명하거나 기타 법적인 효과를 발생하게 하는 등으로 그 상대방의 권리 의무에 직접 영향을 미치는 행위라면, 이 경우에도 항고소송의 대상이 되는 행정처분에 해당한다. 행정 규칙에 의한 '불문경고조치'는 항고소송의 대상이 되는 행정처분에 해당한다(대판 2002.7.26., 2001두3532).

⑤ **대학입시기본계획 내의 내신성적산정지침이 항고소송의 대상인 행정처분성을 갖는지의 여부**: 교육부장관이 내신성적 산 정기준의 통일을 기하기 위해 대학입시기본계획의 내용에서 내신성적 산정기준에 관한 시행지침을 마련하여 시·도 교 육감에서 통보한 것(대판 1994.9.10, 94두33).

행정 규칙

⑥ **국세청훈령의 공포 요부(소극)**: 국세청훈령이 과세의 법령상 근거가 됨은 물론이나 이는 어디까지나 행정규칙이고 그 자체 법령은 아니므로 이를 공포하지 아니하였다는 이유로 그 효력을 부인할 수 없다(대판 1990.2.9., 89누3731).

⑦ **국세청훈령의 공포 요부(소극)**: 구 소득세법 시행령 제170조 제4항 제2호에 해당할 거래를 행정규칙의 형식으로 지정한 것에 지나지 아니하므로 적당한 방법으로 이를 표시, 또는 통보하면 되는 것이지, 공포하거나 고시하지 아니하였다는 이유만으로 그 효력을 부인할 수 없다(대판 1990.5.22, 90누639).

⑧ **서울시가 정한 개인택시운송사업면허지침의 법적 성질(사무처리준칙)**: 서울특별시가 정한 개인택시운송사업면허지침은 재량권 행사의 기준으로 설정된 행정청의 내부의 사무처리준칙에 불과하므로, 대외적으로 국민을 기속하는 법규명령의 경우와는 달리 외부에 고지되어야만 효력이 발생하는 것은 아니다(대판 1997.1.21., 95누12941).

⑨ **어떠한 처분의 근거나 법적인 효과가 행정규칙에 규정되어 있는 경우, 그 처분이 항고소송의 대상이 되는 행정처분에 해당 하기 위한 요건**: 어떠한 처분의 근거나 법적인 효과가 행정규칙에 규정되어 있다고 하더라도, 그 처분이 행정규칙의 내 부적 구속력에 의하여 상대방에게 권리의 설정 또는 의무의 부담을 명하거나 기타 법적인 효과를 발생하게 하는 등으로 그 상대방의 권리의무에 직접 영향을 미치는 행위라면, 이 경우에도 항고소송의 대상이 되는 행정처분에 해당한다. 행정 규칙에 의한 '불문경고조치'가 비록 법률상의 징계처분은 아니지만 위 처분을 받지 아니하였다면 차후 다른 징계처분이 나 경고를 받게 될 경우 징계감경사유로 사용될 수 있었던 표창공적의 사용가능성을 소멸시키는 효과와 1년 동안 인사기 록카드에 등재됨으로써 그 동안은 장관표창이나 도지사표창 대상자에서 제외시키는 효과 등이 있다는 이유로 항고소송 의 대상이 되는 행정처분에 해당한다(대판 2002.7.26., 2001두3532).

형식과 내용의 불일치	① 법규명령 형식의 행정규칙을 법규명령으로 보는 견해가 다수설의 입장이다. 판례의 경우 행정사무처리기준이 대통령령 (시행령)에 규정되어 있는 경우에는 주로 법규명령으로 보며, 총리령과 부령(시행규칙)에 규정되어 있는 경우에는 주로 법규성을 부인하고 행정규칙에 해당한다고 본다. ② 구 청소년보호법 제49조 제1항, 제2항의 위임에 따른 같은 법 시행령 제40조 [별표 6]의 위반행위의 종별에 따른 과징금처분기준의 법적 성격(= 법규명령) 및 그 과징금 수액의 의미(= 최고한도액) : 구 청소년보호법(1999.2.5. 법률 제5817호로 개정되기 전의 것) 제49조 제1항, 제2항에 따른 같은 법 시행령(1999.6.30. 대통령령 제16461호로 개정되기 전의 것) 제40조 [별표 6]의 위반행위의 종별에 따른 과징금처분기준은 법규명령이기는 하나, 그 수액은 정액이 아니라 최고한도액이다 (대판 2001.3.9., 99두5207). ③ 주택건설촉진법 제7조 제2항의 위임에 터잡아 행정처분의 기준을 정한 같은 법 시행령 제10조의3 제1항 [별표 1]이 법규명령에 해당하는지 여부(적극) : 당해 처분의 기준이 된 주택건설촉진법 시행령 제10조의3 제1항 [별표 1]은 주택건설촉진법 제7조 제2항의 위임규정에 터잡은 규정형식상 대통령령이므로 그 성질이 부령인 시행규칙이나 또는 지방자치단체의 규칙과 같이 통상적으로 행정조직 내부에 있어서의 행정명령에 지나지 않는 것이 아니라 대외적으로 국민이나 법원을 구속하는 힘이 있는 법규명령에 해당한다(대판 1997.12.26, 97누15418). ④ 도로교통법 시행규칙 제53조 제1항 별표 16의 운전면허 행정처분 기준의 법규성 유무(소극) : 도로교통법 시행규칙 제53조 제1항 별표 16의 운전면허 행정처분기준은 행정기관 내부의 처리지침에 불과한 것으로서 대외적으로 국민이나 법원을 기속하는 효력이 없고, 벌점의 누산에 따른 처분기준 역시 행정청 내의 사무처리에 관한 재량준칙에 지나지 아니할 뿐 법규적 효력을 가지는 것은 아니다. 각 위반 항목별로 규정된 점수가 최고한도를 규정한 것이라고 볼 만한 아무런 근거가 없다(대판 1990.10.16, 90누4297). ⑤ 재산제세사무처리규정 제72조 제3항이 양도소득세의 실지거래가액에 의한 과세의 법령상 근거가 될 수 있는지 여부(적극) : 재산제세사무처리규정이 국세청장의 훈령형식으로 되어 있다 하더라도 이에 의한 거래지정은 소득세법 시행령의 위임에 따라 그 규정의 내용을 보충하는 기능을 가지면서 그와 결합하여 대외적 효력을 발생하게 된다 할 것이므로 그 보충규정의 내용이 위 법령의 위임한계를 벗어났다는 등 특별한 사정이 없는 한 양도소득세의 실지거래가액에 의한 과세의 법령상의 근거가 된다(대판 1987.9.29, 86누484). ⑥ 독점규제 및 공정거래에 관한 법률 제23조 제3항의 위임규정에 따라 공정거래위원회가 제정한 표시·광고에 관한 공정거래지침 : 표시·광고에 관한 공정거래지침의 여러 규정 중 불공정거래행위를 예방하기 위하여 사업자가 준수하여야 할 지침을 마련한 것으로 볼 수 있는 내용의 규정은 위 법의 위임범위 내에 있는 것으로서 위 법의 규정과 결합하여 법규적 효력을 가진다(대판 2000.9.29, 98두12772). ⑦ 공정거래위원회가 구 독점규제 및 공정거래에 관한 법률 제23조 제1항 제7호의 규정을 운영하기 위하여 만든 부당한 지원행위의 심사지침의 법적 성질(= 행정청 내부의 사무처리지침) : 공정거래위원회가 만든 부당한 지원행위의 심사지침은 법령의 위임에 따른 것이 아니라 법령상 부당지원행위 금지규정의 운영과 관련하여 심사기준을 마련하기 위하여 만든 공정거래위원회 내부의 사무처리지침에 불과하다(대판 2004.9.24, 2001두6364).

MEMO

형식과 내용의 불일치	⑧ 전라남도 주유소등록요건에 관한 고시의 법적 성질(= 법규명령) : 석유사업법 및 그 시행령의 위임한계를 벗어나지 아니하는 한 그 법령의 규정과 결합하여 대외적인 구속력이 있는 법규명령으로서의 효력을 갖게 된다고 할 것이고, 따라서 위 전라남도 고시에 정하여진 등록요건에 맞지 아니하는 석유판매업등록신청에 대하여 그 등록을 거부한 행정처분은 적법하다(대판 1998.9.25, 98두7503). ⑨ 시외버스운송사업의 사업계획변경 기준 등에 관한 구 여객자동차 운수사업법 시행규칙 제31조 제2항 제1호, 제2호, 제6호의 법적 성질(= 법규명령) : 대외적인 구속력이 있는 법규명령이라고 할 것이고, 그것을 행정청 내부의 사무처리준칙을 규정한 행정규칙에 불과하다고 할 수는 없다(대판 2006.6.27, 2003두4355). ⑩ 보건사회부장관이 정한 1994년도 노인복지사업지침의 법적 성질 : 보건사회부장관이 정한 1994년도 노인복지사업지침은 실질적으로 법령의 규정내용을 보충하는 기능을 지니면서 그것과 결합하여 대외적으로 구속력이 있는 법규명령의 성질을 가지는 것으로 보인다(대판 1996.4.12, 95누7727).

Keyword 33   경찰작용 일반

1. 일반 이론

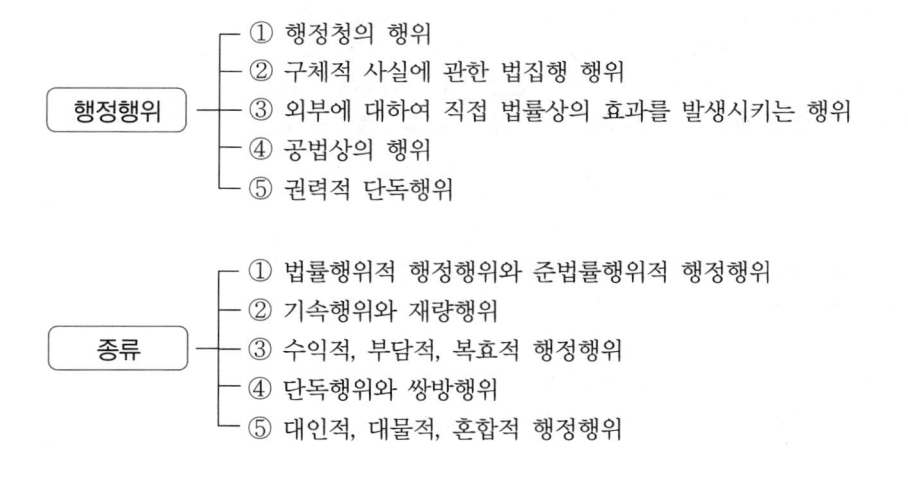

행정행위
- ① 행정청의 행위
- ② 구체적 사실에 관한 법집행 행위
- ③ 외부에 대하여 직접 법률상의 효과를 발생시키는 행위
- ④ 공법상의 행위
- ⑤ 권력적 단독행위

종류
- ① 법률행위적 행정행위와 준법률행위적 행정행위
- ② 기속행위와 재량행위
- ③ 수익적, 부담적, 복효적 행정행위
- ④ 단독행위와 쌍방행위
- ⑤ 대인적, 대물적, 혼합적 행정행위

2. 관련 판례

행정청	① 대한주택공사가 시행한 택지개발사업 및 이에 따른 이주대책에 관한 처분이 항고소송의 대상이 되는 행정처분인지 여부(적극) : 대한주택공사가 관계법령에 따른 사업을 시행하는 경우 법률상 부여받은 행정작용권한을 행사하는 것으로 보아야 할 것이므로 같은 공사가 시행한 택지개발사업 및 이에 따른 이주대책에 관한 처분은 항고소송의 대상이 된다(대판 1992.11.27., 92누3618). ② 지방의회 의장에 대한 불신임의결이 행정처분의 일종인지 여부 : 지방의회 의장에 대한 불신임의결은 의장으로서의 권한을 박탈하는 행정처분의 일종으로서 항고소송의 대상이 된다(대결 1994.10.11, 94두23). ③ 원천징수의무자인 행정청의 원천징수행위가 행정처분인지 여부(소극) : 원천징수의무자가 비록 과세관청과 같은 행정청이더라도 그의 원천징수행위는 법령에서 규정된 징수 및 납부의무를 이행하기 위한 것에 불과한 것이지, 공권력의 행사로서의 행정처분을 한 경우에 해당되지 아니한다(대판 1990.3.23., 89누4789).
구체적 사실에 관한 법집행	조례가 항고소송의 대상이 되는 행정처분에 해당되는 경우 및 그 경우 조례무효확인 소송의 피고적격(지방자치단체의 장) : 조례가 집행행위의 개입 없이도 그 자체로서 직접 국민의 구체적인 권리의무나 법적 이익에 영향을 미치는 등의 법률상 효과를 발생하는 경우 그 조례는 항고소송의 대상이 되는 행정처분에 해당하고, 피고적격이 있는 처분 등을 행한 행정청은 지방자치단체의 장이다(대판 1996.9.20., 95누8003).
외부에 대하여 직접 법적 효과를 발생시키는 행위	① 징병검사시의 신체등위판정이 행정처분인지 여부 : 병역법상 신체등위판정은 항고소송의 대상이 되는 행정처분이라 보기 어렵다(대판 1993.8.27, 93누3356). ② 경제기획원장관의 정부투자기관에 대한 예산편성지침통보가 행정처분인지 여부 : 경제기획원장관의 정부투자기관에 대한 예산편성지침통보는 감독작용에 해당할 뿐, 행정소송의 대상이 되는 행정처분이라고 할 수 없다(대판 1993.9.14, 93누9163). ③ 운전면허 행정처분처리대장상 벌점의 배점이 행정처분인지 여부 : 운전면허 행정처분처리대장상 벌점의 배점은 그 무효확인 또는 취소를 구하는 소송의 대상이 되는 행정처분이라고 할 수 없다(대판 1994.8.12, 94누2190). ④ 공정거래위원회의 고발조치·의결이 항고소송의 대상이 되는 행정처분인지 여부 : 공정거래위원회의 고발, 공정거래위원회의 고발 의결은 항고소송의 대상이 되는 행정처분이 되지 못한다(대판 1995.5.12, 94누13794). ⑤ 항고소송의 피고적격 및 상급행정청이나 타행정청의 지시나 통보, 권한의 위임이나 위탁이 항고소송의 대상이 되는 행정처분인지 여부(소극) : 상급행정청이나 타행정청의 지시나 통보, 권한의 위임이나 위탁은 행정기관 내부의 문제일 뿐 국민의 권리의무에 직접 영향을 미치는 것이 아니어서 항고소송의 대상이 되는 행정처분에 해당하지 않는다(대판 2013.2.28., 2012두22904).

권력적 단독행위		① 공권력의 행사로서 행정관청이 일방적으로 국민에게 권리를 부여하거나 의무를 명하는 행위 ② 공법상의 계약이나 합동행위 등은 행정행위에 해당하지 않는다.
공법상의 행위	공법 관계	① 국유재산법 제51조 소정의 국유재산 무단점유자에 대한 변상금부과처분이 행정소송의 대상이 되는 행정처분인지 여부 : 국유재산의 관리청이 그 무단점유자에 대하여 하는 변상금부과처분은 순전히 사경제 주체로서 행하는 사법상의 법률행위라 할 수 없고 이는 관리청이 공권력을 가진 우월적 지위에서 행한 것으로서 행정소송의 대상이 되는 행정처분이라고 보아야 한다(대판 1988.2.23, 87누1046). ② 공립교육기관의 장에 의하여 공립유치원의 임용기간을 정한 전임강사로 임용되어 지방자치단체로부터 보수를 지급받으면서 공무원복무규정을 적용받고 사실상 유치원 교사의 업무를 담당하여 온 유치원 교사의 자격이 있는 자 : 해임처분의 시정 및 수령지체된 보수의 지급을 구하는 소송은 행정소송의 대상이지 민사소송의 대상이 아니다(대판 1991.5.10, 90다10766). ③ 국가나 지방자치단체에 근무하는 청원경찰에 대한 징계처분에 대한 불복방법 : 국가나 지방자치단체에 근무하는 청원경찰은 국가공무원법이나 지방공무원법상의 공무원은 아니지만, 직무상의 불법행위에 대하여 국가배상법이 적용되는 등의 특질이 있으며, 그 근무관계를 사법상의 고용계약관계로 보기는 어려우므로 그에 대한 징계처분의 시정을 구하는 소는 행정소송의 대상이지 민사소송의 대상이 아니다(대판 1993.7.13, 92다47564). ④ 농지개량조합 직원의 근무관계의 성질 : 공법상의 특별권력관계이고, 그 조합의 직원에 대한 징계처분의 취소를 구하는 소송은 행정소송사항에 속한다(대판 1995.6.9., 94누10870). ⑤ 구 공무원연금법상 퇴직급여결정이 행정처분인지 여부(적극) : 공무원연금관리공단의 급여에 관한 결정은 국민의 권리에 직접 영향을 미치는 것이어서 행정처분에 해당하고, 공무원연금관리공단의 급여결정에 불복하는 자는 공무원연금급여재심위원회의 심사결정을 거쳐 공무원연금관리공단의 급여결정을 대상으로 행정소송을 제기하여야 한다(대판 1996.12.6, 96누6417). ⑥ 행정재산에 대한 사용·수익허가취소가 항고소송의 대상인 행정처분인지 여부(적극) : 국·공유재산의 관리청이 행정재산의 사용·수익을 허가한 다음 그 사용·수익하는 자에 대하여 하는 사용·수익허가취소는 관리청이 공권력을 가진 우월적 지위에서 행한 것으로서 항고소송의 대상이 되는 행정처분이다(대판 1997.4.11, 96누17325). ⑦ 구 남녀차별금지 및 구제에 관한 법률상 국가인권위원회의 성희롱결정 및 시정조치권고가 행정소송의 대상이 되는 행정처분에 해당하는지 여부(적극) : 국가인권위원회의 성희롱결정 및 시정조치권고는 행정소송의 대상이 되는 행정처분에 해당한다고 보지 않을 수 없다(대판 2005.7.8, 2005두487). ⑧ 수신료 부과행위의 법적 성질(＝ 공권력 행사) 및 수신료 징수권한 여부를 다투는 소송의 성격(＝ 공법상 당사자소송) : 수신료 부과행위는 공권력의 행사에 해당하므로, 피고가 피고 보조참가인으로부터 수신료의 징수업무를 위탁받아 자신의 고유업무와 관련된 고지행위와 결합하여 수신료를 징수할 권한이 있는지 여부를 다투는 이 사건 쟁송은 민사소송이 아니라 공법상의 법률관계를 대상으로 하는 것으로서 행정소송법 제3조 제2호에 규정된 당사자소송에 의하여야 한다고 봄이 상당하다(대판 2008.7.24., 2007다25261).

MEMO

공법상의 행위	사법 관계	① 입찰보증금 국고귀속 조치에 관한 분쟁이 행정소송의 대상인지 여부(소극) : 입찰보증금의 국고귀속조치는 국가가 사법상의 재산권의 주체로서 행위하는 것이지 공권력을 행사하는 것이거나 공권력작용과 일체성을 가진 것이 아니라 할 것이므로 이에 관한 분쟁은 행정소송이 아닌 민사소송의 대상이 될 수밖에 없다고 할 것이다(대판 1983.12.27, 81누366). ② 서울특별시 지하철공사 사장의 소속 직원에 대한 징계처분이 행정소송의 대상인지 여부(소극) : 서울특별시지하철공사의 임원과 직원의 근무관계의 성질은 공법상의 특별권력관계라고는 볼 수 없고 사법관계에 속할 뿐만 아니라, 위 지하철공사의 사장이 그 이사회의 결의를 거쳐 제정된 인사규정에 의거하여 소속직원에 대한 징계처분을 한 경우 이에 대한 불복절차는 민사소송에 의할 것이지 행정소송에 의할 수는 없다(대판 1989.9.12, 89누2103). ③ 국유잡종재산 대부행위의 법적 성질(= 사법상 계약) 및 그 대부료 납부고지의 법적 성질(= 사법상 이행청구) : 국유잡종재산에 관한 관리 처분의 권한을 위임받은 기관이 국유잡종재산을 대부하는 행위는 국가가 사경제 주체로서 상대방과 대등한 위치에서 행하는 사법상의 계약이고, 국유잡종재산에 관한 대부료의 납부고지 역시 사법상의 이행청구에 해당하고, 이를 행정처분이라고 할 수 없다(대판 2000.2.11, 99다61675). ④ 한국마사회의 조교사 및 기수 면허 부여 또는 취소가 행정처분인지 여부(소극) : 한국마사회가 조교사 또는 기수의 면허를 부여하거나 취소하는 것은 일반 사법상의 법률관계에서 이루어지는 단체 내부에서의 징계 내지 제재처분이다(대판 2008.1.31, 2005두8269).

MEMO

Keyword 34 행정행위의 구조

1. 기본구조

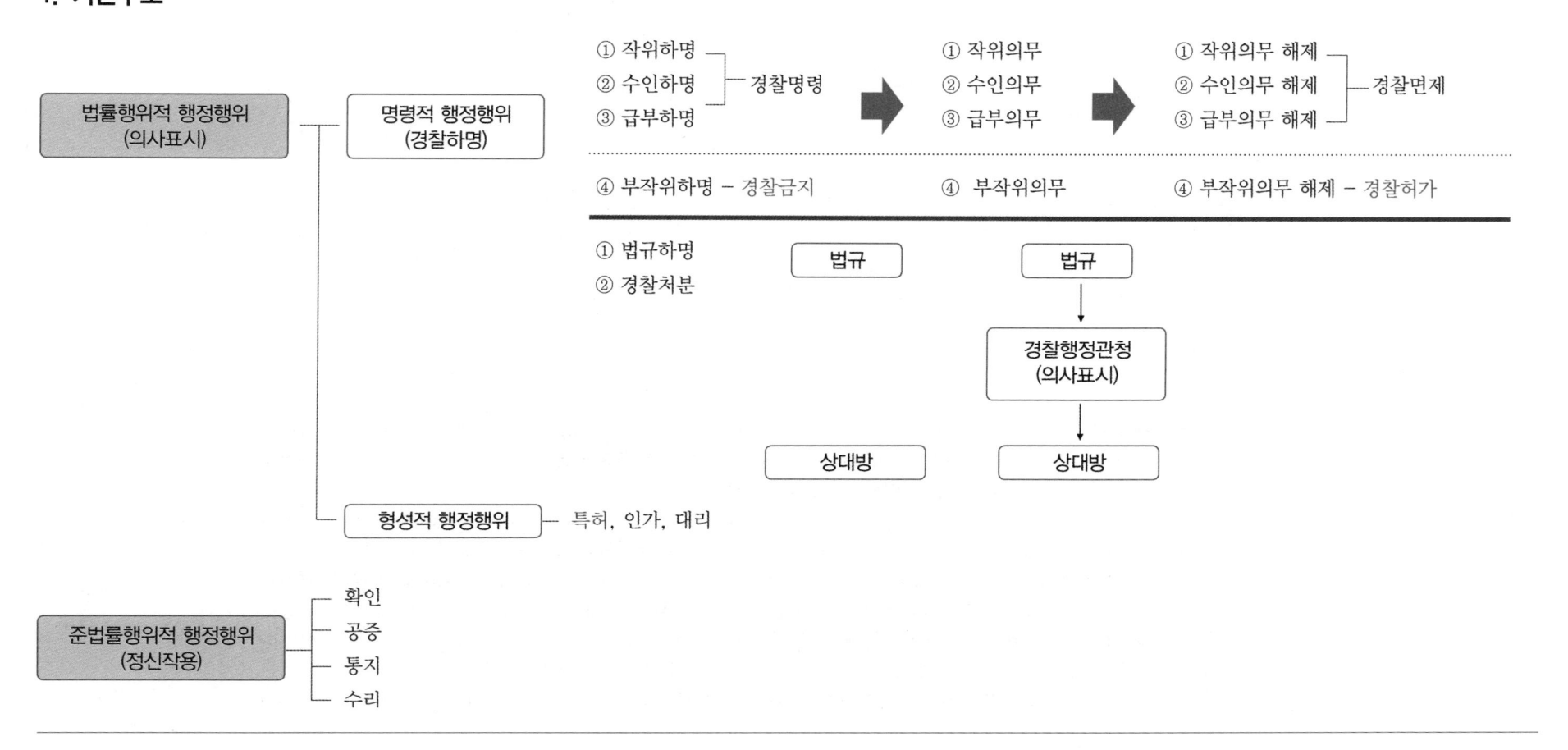

2. 기속행위와 재량행위 일반

(1) 「도로교통법」상 교통단속임무를 수행하는 경찰공무원을 폭행한 사람의 운전면허를 취소하는 것은 행정청이 재량여지가 없으므로 재량권의 일탈·남용과는 관련이 없다.

(2) 재량을 선택재량과 결정재량으로 나눌 경우, 경찰공무원의 비위에 대해 징계처분을 하는 결정과 그 공무원의 건강 등 제반사정을 고려하여 징계처분을 하지 않는 결정 사이에서 선택권을 갖는 것을 결정재량이라 한다.

(3) 재량의 일탈·남용뿐만 아니라 단순히 재량권 행사에서 합리성을 결하는 등 재량을 그르친 경우에도 행정심판의 대상이 된다.

(4) 재량권의 일탈이란 재량권의 외적 한계(법적·객관적 한계)를 벗어난 것을 말하며, 재량권의 남용이란 재량권의 내적 한계(재량권이 부여된 내재적 목적)를 벗어난 것을 의미한다.

3. 관련 판례

① 기속행위와 재량행위의 구별 기준: 당해 처분의 근거가 된 규정의 형식이나 체재 또는 문언에 따라 개별적으로 판단하여야 한다(대판 1997.12.26, 97누15418).

② 외교관 자녀 등의 입학고사 특별전형에 관한 대학교총장의 처분이 행정소송의 대상이 될 수 있는지 여부(적극): 자유재량에 있어서도 무제한의 재량권은 인정할 수 없는 것이고 그 범위의 넓고 좁은 차이는 있다고 하더라도 법령의 규정뿐만 아니라 관습법 또는 일반적 조리에 의한 일정한 한계가 있는 것으로서 위 한계를 벗어난 재량권의 행사는 위법하다고 하지 않을 수 없다(대판 1990.8.28, 89누8255).

③ 기속행위와 재량행위에 대한 사법심사 방식의 차이: 기속행위의 경우 그 법규에 대한 원칙적인 기속성으로 인하여 법원이 사실인정과 관련 법규의 해석·적용을 통하여 일정한 결론을 도출한 후 그 결론에 비추어 행정청이 한 판단의 적법 여부를 독자의 입장에서 판정하는 방식에 의하게 되나, 재량행위의 경우 행정청의 재량에 기한 공익판단의 여지를 감안하여 법원은 독자의 결론을 도출함이 없이 당해 행위에 재량권의 일탈·남용이 있는지 여부만을 심사하게 되고 이러한 재량권의 일탈·남용 여부에 대한 심사는 사실오인, 비례·평등의 원칙 위배 등을 그 판단 대상으로 한다(대판 2007. 5.31, 2005두1329).

④ 기속행위나 기속적 재량행위에 붙인 부관의 효력: 일반적으로 기속행위나 기속적 재량행위에는 부관을 붙일 수 없고 가사 부관을 붙였다 하더라도 무효이다(대판 1995.6.13, 94다56883).

⑤ 경찰공무원 임용령 제46조 제1항은 행정청 내부의 사무처리기준을 규정한 재량준칙이 아니라 일반 국민이나 법원을 구속하는 법규명령에 해당하므로, 그에 의한 처분은 재량행위가 아니라 기속행위라고 한 사례: 법규명령에 해당, 위 규정에 의한 처분은 재량행위가 아닌 기속행위라 할 것이다(대판 2008.5.29, 2007두18321).

⑥ 음주측정거부를 이유로 운전면허취소를 함에 있어서 행정청이 그 취소 여부를 선택할 수 있는 재량의 여지가 있는지 여부(소극) : 술에 취한 상태에 있다고 인정할 만한 상당한 이유가 있음에도 불구하고 경찰공무원의 측정에 응하지 아니한 때에는 필요적으로 운전면허를 취소하도록 되어 있어 처분청이 그 취소 여부를 선택할 수 있는 재량의 여지가 없음이 그 법문상 명백하므로, 위 법조의 요건에 해당하였음을 이유로 한 운전면허취소처분에 있어서 재량권의 일탈 또는 남용의 문제는 생길 수 없다(대판 2004.11.12, 2003두12042).

⑦ 개인택시운송사업면허의 법적 성질 및 면허기준의 해석 적용방법 : 자동차운수사업법에 의한 개인택시운송사업면허는 특정인에게 권리나 이익을 부여하는 행정행위로서 법령에 특별한 규정이 없는 한 재량행위이고, 그 면허기준을 정하는 것도 역시 행정청의 재량에 속하는 것이다(대판 1993.10.12, 93누4243).

⑧ 공정거래위원회의 법 위반행위자에 대한 과징금 부과처분의 법적 성질(= 재량행위) : 공정거래위원회는 법 위반행위에 대하여 과징금을 부과할 것인지 여부와 만일 과징금을 부과한다면 일정한 범위 안에서 과징금의 부과액수를 얼마로 정할 것인지에 관하여 재량을 가지고 있다 할 것이므로 공정거래위원회의 법 위반행위자에 대한 과징금 부과처분은 재량행위라 할 것이다(대판 2002.5.28, 2000두6121).

⑨ 총포·도검·화약류단속법 제12조 소정의 총포 등 소지허가의 법적 성질(= 재량행위)(대판 1993. 5.14, 92도2179).

⑩ 소속 공무원의 구체적인 행위가 징계사유에 해당하는 것이 명백한 경우에 소속 지방자치단체장이 관할 인사위원회에 징계를 요구할 의무를 지는지 여부(적극) : 징계권자이자 임용권자인 지방자치단체장은 소속 공무원의 구체적인 행위가 과연 지방공무원법 제69조 제1항에 규정된 징계사유에 해당하는지 여부에 관하여 판단할 재량은 있지만, 징계사유에 해당하는 것이 명백한 경우에는 관할 인사위원회에 징계를 요구할 의무가 있다(대판 2007.7.12, 2006도1390).

⑪ 법무부장관이 법률에서 정한 귀화 요건을 갖춘 귀화신청인에게 귀화를 허가할 것인지 여부에 관하여 재량권을 가지는지 여부(적극) : 법무부장관은 귀화신청인이 귀화 요건을 갖추었다 하더라도 귀화를 허가할 것인지 여부에 관하여 재량권을 가진다고 보는 것이 타당하다(대판 2010.10.28, 2010두6496).

⑫ 구 도시계획법상의 개발제한구역 내의 건축물의 용도변경허가의 법적 성질(= 재량행위 내지 자유재량행위) 및 그 위법 여부에 대한 사법심사 대상(= 재량권 일탈·남용의 유무) : 개발제한구역 내에서 건축물의 용도변경에 대한 예외적인 허가는 그 상대방에게 수익적인 것에 틀림이 없으므로, 이는 그 법률적 성질이 재량행위 내지 자유재량행위에 속하는 것이라고 할 것이고, 따라서 그 위법 여부에 대한 심사는 재량권 일탈·남용의 유무를 그 대상으로 한다(대판 2001.2.9., 98두17593).

⑬ 식품위생법상 일반음식점영업허가신청에 대하여 관계 법령에서 정하는 제한사유 외에 공공복리 등의 사유를 들어 거부할 수 있는지 여부(소극) 및 위 법리는 일반음식점 허가사항의 변경허가의 경우에도 적용되는지 여부(적극) : 식품위생법상 일반음식점영업허가는 성질상 일반적 금지의 해제에 불과하므로 허가권자는 허가신청이 법에서 정한 요건을 구비한 때에는 허가하여야 하고 관계 법령에서 정하는 제한사유 외에 공공복리 등의 사유를 들어 허가신청을 거부할 수는 없고, 이러한 법리는 일반음식점 허가사항의 변경허가에 관하여도 마찬가지이다(대판 2000.3.24., 97누12532).

⑭ 국토의 계획 및 이용에 관한 법률이 정한 용도지역 안에서 토지의 형질변경행위·농지전용행위를 수반하는 건축허가 역시 재량행위에 해당하는지 여부(적극) : 국토계획법이 정한 용도지역 안에서 토지의 형질변경행위·농지전용행위를 수반하는 건축허가는 건축법 제11조 제1항에 의한 건축허가와 위와 같은 개발행위허가 및 농지전용허가의 성질을 아울러 갖게 되므로 이 역시 재량행위에 해당한다(대판 2017.10.12, 2017두48956).

⑮ 개발제한구역 내에서의 건축물의 건축 등에 대한 예외적 허가의 법적 성질(= 재량행위) 및 그에 관한 사법심사의 기준 : 개발제한구역 내에서의 건축물의 건축 등에 대한 예외적 허가는 그 상대방에게 수익적인 것으로서 재량행위에 속하는 것이라고 할 것이다(대판 2004.7.22, 2003두7606).

⑯ '제주특별자치도 설치 및 국제자유도시 조성을 위한 특별법'상 도지사의 절대보전지역 지정 및 변경행위의 법적 성격(= 재량행위) : 도지사의 절대보전지역 지정 및 변경행위는 재량행위로 보는 것이 타당하다[대판 2012.7.5, 2011두19239(전합)].

⑰ 야생동·식물보호법 제16조 제3항에 의한 용도변경승인 행위 및 용도변경의 불가피성 판단에 필요한 기준을 정하는 행위의 법적 성질(= 재량행위) : 원칙적으로 국제적멸종위기종 및 그 가공품의 수입 또는 반입 목적 외의 용도로의 사용을 금지하면서 용도변경이 불가피한 경우로서 환경부장관의 용도변경승인을 받은 경우에 한하여 용도변경을 허용하도록 하고 있으므로, 용도변경승인은 특정인에게만 용도 외의 사용을 허용해주는 권리나 이익을 부여하는 이른바 수익적 행정행위로서 법령에 특별한 규정이 없는 한 재량행위이다(대판 2011.1.27, 2010두23033).

MEMO

Keyword 35 경찰하명의 효력

의무 부과	① 경찰하명의 효과는 그 하명의 상대방에게 하명의 내용을 이행하여야 할 공법상의 의무를 발생시킨다. 하명의 종류에 따라 작위 · 수인 · 급부 · 부작위 의무가 발생하게 된다. ② 의무를 위반한 경우 공법상 처벌의 대상이 되지만 그 행위 자체의 사법상의 효과는 당연히 무효가 아니라 유효한 행위로 남게 된다.
기속력 (구속력)	행정행위의 내용에 따라 관계 행정관청, 상대방 및 이해관계인에 대하여 일정한 법적 효과가 발생하여 그 효과를 받는 자를 구속하는 힘을 말한다.
공정력 (예선적 효력)	① 행정행위가 행하여지면 비록 법정 요건을 갖추지 못한 하자가 있는 경우라도 그 하자가 중대 · 명백하여 당연무효가 아닌 한 권한 있는 기관에 의하여 취소되기 전까지는 일응 구속력 있는 것으로 통용되는 힘을 말한다. ② 적법성은 추정되지 않으며, 공정력과 입증책임은 상호 관련이 없다. ③ 관련 판례 　㉠ 조세의 과오납이 부당이득이 되는 경우 및 행정행위의 공정력의 의의 : 조세의 과오납이 부당이득이 되기 위하여는 납세 또는 조세의 징수가 실체법적으로나 절차법적으로 전혀 법률상의 근거가 없거나 과세처분의 하자가 중대하고 명백하여 당연무효이어야 하고, 과세처분의 하자가 단지 취소할 수 있는 정도에 불과할 때에는 과세관청이 이를 스스로 취소하거나 항고소송절차에 의하여 취소되지 않는 한 그로 인한 조세의 납부가 부당이득이 된다고 할 수 없다. 이러한 행정행위의 공정력은 판결의 기판력과 같은 효력은 아니지만 그 공정력의 객관적 범위에 속하는 행정행위의 하자가 취소사유에 불과한 때에는 그 처분이 취소되지 않는 한 처분의 효력을 부정하여 그로 인한 이득을 법률상 원인 없는 이득이라고 말할 수 없는 것이다(대판 1994.11.11, 94다28000). 　㉡ 행정처분의 취소를 구하는 취소소송에 당해 처분의 취소를 선결문제로 하는 부당이득반환청구가 병합된 경우, 그 청구가 인용되려면 소송절차에서 당해 처분의 취소가 확정되어야 하는지 여부(소극) : 부당이득반환청구가 인용되기 위해서는 그 소송절차에서 판결에 의해 당해 처분이 취소되면 충분하고 그 처분의 취소가 확정되어야 하는 것은 아니라고 보아야 한다(대판 2009.4.9, 2008두23153). 　㉢ 손해배상 : 위법한 행정대집행이 완료되면 그 처분의 무효확인 또는 취소를 구할 소의 이익은 없다 하더라도, 미리 그 행정처분의 취소판결이 있어야만, 그 행정처분의 위법임을 이유로 한 손해배상청구를 할 수 있는 것은 아니다(대판 1972.4.28., 72다337). 　㉣ 민사소송에서 어느 행정처분의 당연무효 여부가 선결문제로 된 경우 반드시 행정소송 등의 절차에 의해 그 취소나 무효확인을 받아야 하는지 여부(소극) : 민사소송에 있어서 어느 행정처분의 당연무효 여부가 선결문제로 되는 때에는 이를 판단하여 당연무효임을 전제로 판결할 수 있고 반드시 행정소송 등의 절차에 의하여 그 취소나 무효확인을 받아야 하는 것은 아니다(대판 2010.4.8., 2009다90092).

공정력 (예선적 효력)	ⓜ 도로교통법 제57조 제1호에 위반하여 교부된 운전면허의 효력 : 연령미달의 결격자인 피고인이 소외인의 이름으로 운전면허시험에 응시, 합격하여 교부받은 운전면허는 당연무효가 아니고 도로교통법 제65조 제3호의 사유에 해당함에 불과하여 취소되지 않는 한 유효하므로 피고인의 운전행위는 무면허운전에 해당하지 아니한다(대판 1982.6.8, 80도2646). ⓗ 개발제한구역의 지정 및 관리에 관한 특별조치법 제30조 제1항에 의하여 행정청으로부터 시정명령을 받은 자가 이를 위반한 경우, 같은 법 제32조 제2호에 정한 처벌을 하기 위하여는 시정명령이 적법하여야 하는지 여부(적극) 및 시정명령이 당연무효는 아니지만 위법한 것으로 인정되는 경우, 같은 법 제32조 제2호 위반죄가 성립하는지 여부(소극) : 시정명령이 당연무효가 아니더라도 위법한 것으로 인정되는 이상 피고인 乙이 시정명령을 이행하지 아니하였더라도 피고인 乙에 대하여 개발제한구역법 제32조 제2호 위반죄가 성립하지 아니한다(대판 2017.9.21., 2017도7321).

	불가쟁력 (형식적 확정력)	쟁송제기기간이 경과하거나 쟁송수단을 모두 거친 경우 상대방 또는 이해관계인은 더 이상 그 행정행위의 효력을 다툴 수 없게 되는 힘
	불가변력 (실질적 확정력)	행정관청이 직권으로 취소·철회할 수 없게 되는 제한을 받는 힘

**확정력
(존속력)**

① 불가쟁력과 불가변력은 상호 관련이 없으므로 어느 하나의 힘만 발생한 경우 다른 힘과 관계된 당사자는 그 주장이나 변경에 있어 제한을 받지 않는다.

② 관련 판례

ⓐ 행정처분이나 행정심판재결이 불복기간의 경과로 인하여 확정된 경우, 그 확정력의 의미 : 일반적으로 행정처분이나 행정심판재결이 불복기간의 경과로 인하여 확정될 경우, 그 확정력은 그 처분으로 인하여 법률상 이익을 침해받은 자가 당해 처분이나 재결의 효력을 더 이상 다툴 수 없다는 의미일 뿐, 더 나아가 판결에 있어서와 같은 기판력이 인정되는 것은 아니어서 그 처분의 기초가 된 사실관계나 법률적 판단이 확정되고 당사자들이나 법원이 이에 기속되어 모순되는 주장이나 판단을 할 수 없게 되는 것은 아니다(대판 2000.4.25, 2000다2023).

ⓑ 제소기간이 도과하여 불가쟁력이 생긴 행정처분에 대하여 국민에게 그 변경을 구할 신청권이 있는지 여부(원칙적 소극) : 제소기간이 이미 도과하여 불가쟁력이 생긴 행정처분에 대하여는 개별 법규에서 그 변경을 요구할 신청권을 규정하고 있거나 관계 법령의 해석상 그러한 신청권이 인정될 수 있는 등 특별한 사정이 없는 한 국민에게 그 행정처분의 변경을 구할 신청권이 있다 할 수 없다(대판 2007.4.26, 2005두11104).

ⓒ 대상을 달리하는 동종의 행정행위의 불가변력이 인정되는지 여부 : 행정행위의 불가변력은 당해 행정행위에 대하여서만 인정되는 것이고, 동종의 행정행위라 하더라도 그 대상을 달리할 때에는 이를 인정할 수 없다(대판 1974.12.10, 73누129).

ⓓ 비교표준지 선정의 잘못으로 인하여 개별토지가격의 산정이 명백히 잘못된 경우, 개별토지의 가격결정에 대한 직권취소가 가능한지 여부 : 행정처분을 한 처분청은 그 행위에 하자가 있는 경우에는 원칙적으로 별도의 법적 근거가 없더라도 스스로 이를 직권으로 취소할 수 있는 것이고, 행정처분에 대한 법정의 불복기간이 지나면 직권으로도 취소할 수 없게 되는 것은 아니다(대판 1995.9.15, 95누6311).

강제력 (집행력)	강제력은 자력집행력과 제재력으로 구분할 수 있다. ① **자력집행력**: 행정행위에 의하여 부과된 의무를 상대방이 이행하지 않을 경우 행정관청이 자력으로 그 이행을 강제할 수 있는 힘 ② **제재력**: 행정행위에 의해 부과된 의무를 위반하는 경우 행정처벌을 부과할 수 있는 힘

MEMO

Keyword 36 경찰하명의 하자

1. 하자 일반

하자 유무의 판단 시점	행정소송에서 행정처분의 위법 여부는 행정처분이 있을 때의 법령과 사실상태를 기준으로 하여 판단하여야 하고, 처분 후 법령의 개폐나 사실상태의 변동에 의하여 영향을 받지는 않는다(대판 2002.7.9., 2001두10684).
관련 판례	① **수익적 행정행위를 취소할 수 있는 경우**: 행정행위를 한 처분청은 그 행위에 하자가 있는 경우에 별도의 법적 근거가 없더라도 스스로 이를 취소할 수 있다(대판 1986.2.25, 85누664). ② **음주운전을 단속한 경찰관 명의로 행한 운전면허정지처분의 효력(무효)**: 단속 경찰관이 자신의 명의로 운전면허행정 처분 통지서를 작성·교부하여 행한 운전면허정지처분은 비록 그 처분의 내용·사유·근거 등이 기재된 서면을 교부하는 방식으로 행하여졌다고 하더라도 권한 없는 자에 의하여 행하여진 점에서 무효의 처분에 해당한다(대판 1997.5.16, 97누2313). ③ **부동산을 양도한 사실이 없음에도 행한 양도소득세 부과처분의 효력(= 당연무효)**(대판 1983.8.23, 83누179). ④ **체납자 아닌 제3자 소유물건에 대한 압류처분의 효력(= 당연무효)**: 체납자가 아닌 제3자의 소유물건을 대상으로 한 압류처분은 하자가 객관적으로 명백한 것인지 여부와는 관계없이 처분의 내용이 법률상 실현될 수 없는 것이어서 당연무효라고 하지 않을 수 없다(대판 1993.4.27, 92누12117). ⑤ **구 환경영향평가법상 환경영향평가를 실시하여야 할 사업에 대하여 환경영향평가를 거치지 아니하였음에도 승인 등 처분을 한 경우, 그 처분의 하자가 행정처분의 당연무효사유에 해당하는지 여부(적극)**: 환경영향평가를 거쳐야 할 대상사업에 대하여 환경영향평가를 거치지 아니하였음에도 불구하고 승인 등 처분이 이루어진다면, 이러한 행정처분의 하자는 법규의 중요한 부분을 위반한 중대한 것이고 객관적으로도 명백한 것이라고 하지 않을 수 없어, 이와 같은 행정처분은 당연무효이다(대판 2006.6.30, 2005두14363).

⑥ 행정청의 처분의 방식을 규정한 행정절차법 제24조를 위반하여 행해진 행정청의 처분이 무효인지 여부(원칙적 적극) : 행정
절차법 제24조를 위반하여 행하여진 행정청의 처분은 하자가 중대하고 명백하여 원칙적으로 무효이다(대판 2011.11.10,
2011도11109).

⑦ 공청회와 이주대책이 없는 도시계획수립행위의 위법과 수용재결처분의 취소 : 공청회를 열지 아니하고 이주대책을 수립하
지 아니하였더라도 이는 절차상의 위법으로서 취소사유에 불과하고, 이러한 위법을 선행처분인 도시계획결정이나 사업시
행인가 단계에서 다투지 아니하였다면 그 쟁소기간이 이미 도과한 후인 수용재결단계에 있어서는 도시계획수립 행위의
위와 같은 위법을 들어 재결처분의 취소를 구할 수는 없다(도시계획결정과 수용재결처분 상호간 하자 승계 ×)고 할 것이
다(대판 1990.1. 23, 87누947).

⑧ 행정청이 침해적 행정처분을 함에 있어서 당사자에게 행정절차법상의 사전통지를 하지 않거나 의견제출의 기회를 주지 아니
한 경우, 그 처분이 위법한 것인지 여부(한정 적극) : 행정청이 침해적 행정처분을 함에 있어서 당사자에게 위와 같은 사전
통지를 하거나 의견제출의 기회를 주지 아니하였다면 사전통지를 하지 않거나 의견제출의 기회를 주지 아니하여도 되는
예외적인 경우에 해당하지 아니하는 한 그 처분은 위법하여 취소를 면할 수 없다(대판 2000.11.14, 99두5870).

⑨ 약사법 제69조의2 규정에 따른 청문절차를 거치지 않고 한 양약종상허가 취소처분의 효력 : 양약종상허가취소처분을 하기
에 앞서 약사법 제69조의2 규정에 따른 청문의 기회를 부여하지 아니한 것은 위법이나 그러한 흠때문에 동 허가취소처분
이 당연무효가 되는 것은 아니다(대판 1986.8.19, 86누115).

⑩ 청문절차 없이 한 영업소 폐쇄명령의 효력 : 행정청이 영업허가취소 등의 처분을 하려면 반드시 사전에 청문절차를 거쳐야
하고 설사 식품위생법 제26조 제1항 소정의 사유가 분명히 존재하는 경우라 할지라도 당해 영업자가 청문을 포기한 경우
가 아닌 한 청문절차를 거치지 않고 한 영업소 폐쇄명령은 위법하여 취소사유에 해당된다(대판 1983.6. 14, 83누14).

⑪ 법률에 대한 헌법재판소의 위헌결정이 있기 전에 그 법률에 근거하여 행해진 행정처분이 당연무효인지 여부(소극) : 행정청
이 법률에 근거하여 행정처분을 한 후에 헌법재판소가 그 법률을 위헌으로 결정하였다면 그 행정처분은 결과적으로 법률
의 근거가 없이 행하여진 것과 마찬가지가 되어 하자가 있다고 할 것이나, 하자 있는 행정처분이 당연무효가 되기 위하여
는 그 하자가 중대할 뿐만 아니라 명백한 것이어야 하는데, 일반적으로 법률이 헌법에 위반된다는 사정은 헌법재판소의
위헌결정이 있기 전에는 객관적으로 명백한 것이라고 할 수 없으므로 특별한 사정이 없는 한 이러한 하자는 위 행정처분
의 취소사유에 해당할 뿐 당연무효 사유는 아니라고 보아야 한다(대판 2000.6.9, 2000다16329).

⑫ 과세처분 이후 조세 부과의 근거가 되었던 법률규정에 대하여 위헌결정이 내려진 경우, 그 조세채권의 집행을 위한 체납처분
이 당연무효인지 여부(적극) : 조세 부과의 근거가 되었던 법률규정이 위헌으로 선언된 경우, 비록 그에 기한 과세처분이
위헌결정 전에 이루어졌고, 과세처분에 대한 제소기간이 이미 경과하여 조세채권이 확정되었으며, 조세채권의 집행을 위
한 체납처분의 근거규정 자체에 대하여는 따로 위헌결정이 내려진 바 없다고 하더라도, 위와 같은 위헌결정 이후에 조세
채권의 집행을 위한 새로운 체납처분에 착수하거나 이를 속행하는 것은 하자가 중대하고 객관적으로 명백하여 당연무효
라고 보아야 한다[대판 2012.2.16., 2010두10907(전합)].

관련 판례

MEMO

관련 판례

⑬ 운전면허취소처분을 받은 후 자동차를 운전하였으나 위 취소처분이 행정쟁송절차에 의하여 취소된 경우, 무면허운전의 성립 여부(소극) : 피고인이 행정청으로부터 자동차 운전면허취소처분을 받았으나 나중에 그 행정처분 자체가 행정쟁송절차에 의하여 취소되었다면, 위 운전면허취소처분은 그 처분시에 소급하여 효력을 잃게 되고, 피고인은 위 운전면허취소처분에 복종할 의무가 원래부터 없었음이 후에 확정되었다고 봄이 타당할 것이고, 행정행위에 공정력의 효력이 인정된다고 하여 행정소송에 의하여 적법하게 취소된 운전면허취소처분이 단지 장래에 향하여서만 효력을 잃게 된다고 볼 수는 없다(대판 1999.2.5, 98도4239).

⑭ 취소되어 더 이상 존재하지 않는 행정처분을 대상으로 한 취소소송에 소의 이익이 있는지 여부(소극) : 행정처분이 취소되면 그 처분은 효력을 상실하여 더 이상 존재하지 않는 것이고, 존재하지 않는 행정처분을 대상으로 한 취소소송은 소의 이익이 없어 부적법하다(대판 2010.4.29, 2009두16879).

⑮ 과세관청의 응소행위에 의하여 시효중단의 효력이 생기는지 여부 : 선행과세처분에 대한 소송이 진행 중이라도 과세관청으로서는 위법한 행정처분을 스스로 취소하고 그 절차상의 하자를 보완하여 다시 적법한 과세처분을 할 수도 있다(대판 1988.3.22, 86누269).

⑯ 행정행위의 취소처분의 취소가 가능한지 여부 : 행정행위(과세처분)의 취소처분의 취소에 의하여 이미 효력을 상실한 행정행위를 소생시킬 수 없고, 그러기 위하여는 원 행정행위와 동일내용의 행정행위를 다시 행할 수밖에 없다(대판 1979.5.8, 77누61).

⑰ 행정청이 의료법인의 이사에 대한 이사취임승인취소처분을 직권으로 취소한 경우, 법원에 의하여 선임된 임시이사는 법원의 해임결정이 없더라도 당연히 그 지위가 소멸되는지 여부(적극) : 행정청이 의료법인의 이사에 대한 이사취임승인취소처분(제1처분)을 직권으로 취소(제2처분)한 경우에는 그로 인하여 이사가 소급하여 이사로서의 지위를 회복하게 되고, 그 결과 위 제1처분과 제2처분 사이에 법원에 의하여 선임결정된 임시이사들의 지위는 법원의 해임결정이 없더라도 당연히 소멸된다(대판 1997.1.21, 96누3401).

⑱ 영업허가취소처분취소 : 미성년자를 출입시켰다는 이유로 2회나 영업정지에 갈음한 과징금을 부과받은 지 1개월만에 다시 만 17세도 되지 아니한 고등학교 1학년 재학생까지 포함된 미성년자들을 연령을 확인하지 않고 출입시킨 행위에 대한 영업허가취소처분이 재량권을 일탈한 위법한 처분이라고 보기 어렵다(대판 1993. 10.26, 93누5185).

⑲ 교통사고를 일으킨 후 구호조치 없이 도주한 수사 담당 경찰관에 대한 해임처분이 재량권의 범위를 일탈·남용한 것이 아니라고 본 사례 : 교통사고를 일으켜 피해자 2인에게 각 전치 2주의 상해를 입히고 약 296,890원 상당의 손해를 입히고도 구호조치 없이 도주한 수사 담당 경찰관에 대한 해임처분이 재량권의 범위를 일탈·남용한 것은 아니다(대판 1999.10.8, 99두6101).

⑳ 임면권자가 아닌 국가정보원장이 5급 이상의 국가정보원직원에 대하여 한 의원면직처분이 당연무효가 아니라고 한 사례 : 5급 이상의 국가정보원직원에 대한 의원면직처분이 임면권자인 대통령이 아닌 국가정보원장에 의해 행해진 것으로 위법하고, 나아가 국가정보원직원의 명예퇴직원 내지 사직서 제출이 직위해제 후 1년여에 걸친 국가정보원장 측의 종용에 의한 것이었다는 사정을 감안한다 하더라도 그러한 하자가 중대한 것이라고 볼 수는 없으므로, 대통령의 내부결재가 있었는지에 관계없이 당연무효는 아니다(대판 2007.7.26, 2005두15748).

관련 판례

㉑ 청산중인 귀속휴면법인의 사유지를 국유미간지로 오인하여 한 일반개간허가처분의 효력 : 일단 성립된 행정처분에 내재하는 하자가 중요한 법규에 위반한 것이고 객관적으로도 명백한 것인 때에는 그 행정처분은 효력을 발생하지 못하는 것이고 여기에서 행정처분의 하자가 객관적으로 명백하다 함은 그 행정처분 자체에 하자가 있음이 외관상 명백함을 말하는 것으로 단순히 행정처분의 대상 자체에 명백한 하자가 있음만을 가리키는 것은 아니므로 귀속휴면법인의 사유지를 국유지로 오인하여 한 일반개간허가처분이 취소할 수 있는 행정처분에 불과한 것이라고 단정할 수는 없으나, 그 하자가 명백하고 중대한 것이라고 인정할 수 없는 한 당연무효의 행정처분이라고는 볼 수 없다(대판 1965.10.19, 65누83).

㉒ 공공사업의 경제성 또는 사업성의 결여로 인하여 행정처분이 무효로 되기 위한 요건과 그 경제성 또는 사업성의 판단방법 : 공공사업의 경제성 내지 사업성의 결여로 인하여 행정처분이 무효로 되기 위하여는 그 하자가 중대하여야 할 뿐만 아니라, 그러한 사정이 객관적으로 명백한 경우라야 한다[대판 2006.3.16, 2006두330, (전합)].

㉓ 하자 있는 행정처분이 당연무효로 되기 위한 요건과 그 판단 기준 : 행정청이 어느 법률관계나 사실관계에 대하여 어느 법률의 규정을 적용하여 행정처분을 한 경우에, 그 법률관계나 사실관계에 대하여는 그 법률의 규정을 적용할 수 없다는 법리가 명백히 밝혀져 그 해석에 다툼의 여지가 없음에도 불구하고 행정청이 위 규정을 적용하여 처분을 한 때에는 그 하자가 중대하고도 명백하다고 할 것이나, 그 법률관계나 사실관계에 대하여 그 법률의 규정을 적용할 수 없다는 법리가 명백히 밝혀지지 아니하여 그 해석에 다툼의 여지가 있는 때에는 행정관청이 이를 잘못 해석하여 행정처분을 하였더라도 이는 그 처분 요건사실을 오인한 것에 불과하여 그 하자가 명백하다고 할 수 없는 것이고, 또한 행정처분의 대상이 되는 법률관계나 사실관계가 전혀 없는 사람에게 행정처분을 한 때에는 그 하자가 중대하고도 명백하다 할 것이나, 행정처분의 대상이 되지 아니하는 어떤 법률관계나 사실관계에 대하여 이를 처분의 대상이 되는 것으로 오인할 만한 객관적인 사정이 있는 경우로서 그것이 처분대상이 되는지의 여부가 그 사실관계를 정확히 조사하여야 비로소 밝혀질 수 있는 때에는 비록 이를 오인한 하자가 중대하다고 할지라도 외관상 명백하다고 할 수 없다(대판 1997.5.9, 95다46722).

㉔ 지방병무청장이 재신체검사 등을 거쳐 현역병입영대상편입처분을 보충역편입처분이나 제2국민역편입처분으로 변경하거나 보충역편입처분을 제2국민역편입처분으로 변경하는 경우, 그 후 새로운 병역처분의 성립에 하자가 있었음을 이유로 하여 이를 취소한다고 하더라도 종전의 병역처분의 효력이 되살아나는지 여부(소극)(대판 2002.5.28, 2001두9653).

㉕ 구 학교보건법상 학교환경위생정화구역에서의 금지행위 및 시설의 해제 여부에 관한 행정처분을 함에 있어 학교환경위생정화위원회의 심의를 거치도록 한 취지 및 그 심의절차를 누락한 행정처분이 위법한지 여부(적극) : 금지행위 및 시설의 해제 여부에 관한 행정처분을 하면서 절차상 위와 같은 심의를 누락한 흠이 있다면 그와 같은 흠을 가리켜 위 행정처분의 효력에 아무런 영향을 주지 않는다거나 경미한 정도에 불과하다고 볼 수는 없으므로, 특별한 사정이 없는 한 이는 행정처분을 위법하게 하는 취소사유가 된다(대판 2007.3.15, 2006두15806).

㉖ 임용권자의 과실에 의한 임용결격자에 대한 경찰공무원 임용행위의 효력(무효) : 임용 당시 경찰관임용 결격사유가 있었다면 비록 임용권자의 과실에 의하여 임용결격자임을 밝혀내지 못하였다 하더라도 그 임용행위는 당연무효로 보아야 한다(대판 2005.7.28, 2003두469).

2. 하자의 승계

(1) 하자 승계의 요건

① 선행행위에 취소사유인 하자가 존재할 것(선행행위에 무효사유인 하자가 존재할 경우 항상 후행행위에 승계)

② 선행행위에 불가쟁력이 발생하였을 것

③ 선행행위와 후행행위 모두 항고소송의 대상인 처분일 것

④ 후행행위에는 고유한 하자가 없을 것

(2) 승계여부

긍정	부정
① 대집행절차 상호간(계고·통지·실행·비용징수)	① 과세처분과 체납처분 상호간
② 납세독촉과 체납처분 상호간	② 공무원의 직위해제처분과 직권면직처분 상호간
③ 귀속재산의 임대처분과 후행매각처분 상호간	③ 표준공시지가처분과 과세처분 상호간
④ 한지(限地)의사시험자격인정과 한지의사면허처분 상호간	④ 토지수용의 사업인정과 토지수용위원회의 재결처분 상호간
⑤ 안경사시험합격무효처분의 하자와 안경사면허취소처분 상호간	⑤ 대학원에서의 수강거부처분과 수료처분 상호간
⑥ 개별공시지가결정과 양도소득세부과처분 상호간	⑥ 변상판정과 변상명령 상호간
⑦ 조세체납처분에서의 독촉·압류·매각·충당의 각 행위	⑦ 도시계획결정과 수용재결처분 상호간
⑧ 암매장분묘개장명령과 계고처분	⑧ 액화석유가스판매사업허가처분과 사업개시신고반려처분 상호간
⑨ 기준지가고시처분과 토지수용처분	⑨ 건물철거명령과 대집행계고처분 상호간
⑩ 표준공시지가결정과 수용(수용금)재결	⑩ 도시계획시설변경과 사업계획승인처분
	⑪ 사업인정과 수용재결처분
	⑫ 택지개발승인과 수용재결처분
	⑬ 병역법상 보충역편입처분과 공익근무요원소집처분
	⑭ 표준공시지가결정과 개별토지가격결정
	⑮ 감사원의 시정요구결정과 행정처분의 취소
	⑯ 고속도로민간투자시설의 사업시행자 지정처분과 후행처분인 도로구역결정처분
	⑰ 수강거부처분과 수료처분

MEMO

3. 하자의 치유

(1) 원칙

하자 있는 행정행위의 치유는 행정행위의 성질이나 법치주의의 관점에서 볼 때 원칙적으로 허용될 수 없는 것이고, 예외적으로 행정행위의 무용한 반복을 피하고 당사자의 법적 안정성을 위해 이를 허용하는 때에도 국민의 권리나 이익을 침해하지 않는 범위에서 구체적 사정에 따라 합목적적으로 인정하여야 한다(대판 2002.7.9., 2001두10684).

(2) 관련 판례

① 납세고지서에 세액산출근거 등의 기재사항이 누락되었거나 과세표준과 세액의 계산명세서가 첨부되지 않은 납세 고지의 적부(소극) 및 위와 같은 납세고지의 하자는 납세의무자가 그 나름대로 산출근거를 알고 있다거나 사실상 이를 알고서 쟁송에 이른 경우 치유되는지 여부(소극) : 이 규정들은 강행규정으로 보아야 하고, 따라서 납세고지서에 세액산출근거 등의 기재사항이 누락되었거나 과세표준과 세액의 계산명세서가 첨부되지 않았다면 적법한 납세의 고지라고 볼 수 없으며, 위와 같은 납세고지의 하자는 납세의무자가 그 나름대로 산출근거를 알고 있다거나 사실상 이를 알고서 쟁송에 이르렀다 하더라도 치유되지 않는다(대판 2002.11.13, 2001두1543).

② 행정청이 식품위생법상의 청문절차를 이행함에 있어 청문서 도달기간을 다소 어겼지만 영업자가 이의하지 아니한 채 청문일에 출석하여 의견을 진술하고 변명하는 등 방어의 기회를 충분히 가진 경우 하자의 치유 여부(적극) : 행정청이 식품위생법상의 청문절차를 이행함에 있어 소정의 청문서 도달기간을 지키지 아니하였다면 이는 청문의 절차적 요건을 준수하지 아니한 것이므로 이를 바탕으로 한 행정처분은 일단 위법하다고 보아야 할 것이지만, 행정청이 청문서 도달기간을 다소 어겼다하더라도 영업자가 이에 대하여 이의하지 아니한 채 스스로 청문일에 출석하여 그 의견을 진술하고 변명하는 등 방어의 기회를 충분히 가졌다면 청문서 도달기간을 준수하지 아니한 하자는 치유되었다고 봄이 상당하다(대판 1992.10.23, 92누2844).

③ 세액산출근거가 누락된 납세고지서에 의한 하자있는 과세처분의 치유요건 : 과세처분시 납세고지서에 과세표준, 세율, 세액의 산출근거 등이 누락된 경우에는 늦어도 과세처분에 대한 불복 여부의 결정 및 불복신청에 편의를 줄 수 있는 상당한 기간 내에 보정행위를 하여야 그 하자가 치유된다(대판 1983.7.26, 82누420).

④ 소송계류 중 과세관청의 보정통지와 위법한 부과처분의 하자치유 여부 : 과세관청이 취소소송 계속 중에 납세고지서의 세액산출근거를 밝히는 보정통지를 하였다 하여 이것을 종전에 위법한 부과처분을 스스로 취소하고 새로운 부과처분을 한 것으로 볼 수 없으므로 이미 항고소송이 계속 중인 단계에서 위와 같은 보정통지를 하였다 하여 그 위법성이 이로써 치유된다 할 수 없다(대판 1988.2.9, 83누404).

⑤ 당연무효인 징계처분의 하자가 피징계자의 인용으로 치료되는지 여부(소극) : 징계처분이 중대하고 명백한 흠 때문에 당연무효의 것이라면 징계처분을 받은 자가 이를 용인하였다 하여 그 흠이 치료되는 것은 아니다(대판 1989.12.12, 88누8869).

⑥ 토지소유자가 토지등급결정 전후에 그 내용을 알았다거나 또는 그 결정 이후 매년 정기 등급수정의 결과가 토지소유자 등의 열람에 공하여진 경우, 개별통지의 하자가 치유되는지 여부(소극) : 토지등급결정내용의 개별통지가 있다고 볼 수 없어 토지등급결정이 무효인 이상, 토지소유자가 그 결정 이전이나 이후에 토지등급결정내용을 알았다거나 또는 그 결정 이후 매년 정기 등급수정의 결과가 토지소유자 등의 열람에 공하여졌다 하더라도 개별통지의 하자가 치유되는 것은 아니다(대판 1997.5.28, 96누5308).

⑦ 시외버스운송사업계획변경인가처분취소 : 사업계획변경인가처분에 관한 하자가 행정처분의 내용에 관한 것이고 새로운 노선면허가 소제기 이후에 이루어진 사정 등에 비추어 하자의 사후적 치유를 인정할 수 없다(대판 1991.5.28, 90누1359).

⑧ 환지변경처분 후 이의를 유보함이 없이 변경처분에 따른 청산금을 교부받았다면 무효인 행정처분의 흠이 치유되거나 소권을 포기 또는 부제소합의를 하였다고 인정할 수 있는지 여부(소극) : 환지변경처분 후에 이의를 유보함이 없이 변경처분에 따른 청산금을 교부받았다 하더라도 그 사정만으로 무효인 행정처분의 흠이 치유된다고 볼 수 없고 소권을 포기 또는 부제소합의를 하였다고 인정할 수 없다(대판 1992.11.10, 91누8227).

MEMO

Keyword 37 / 경찰허가

1. 기본구조

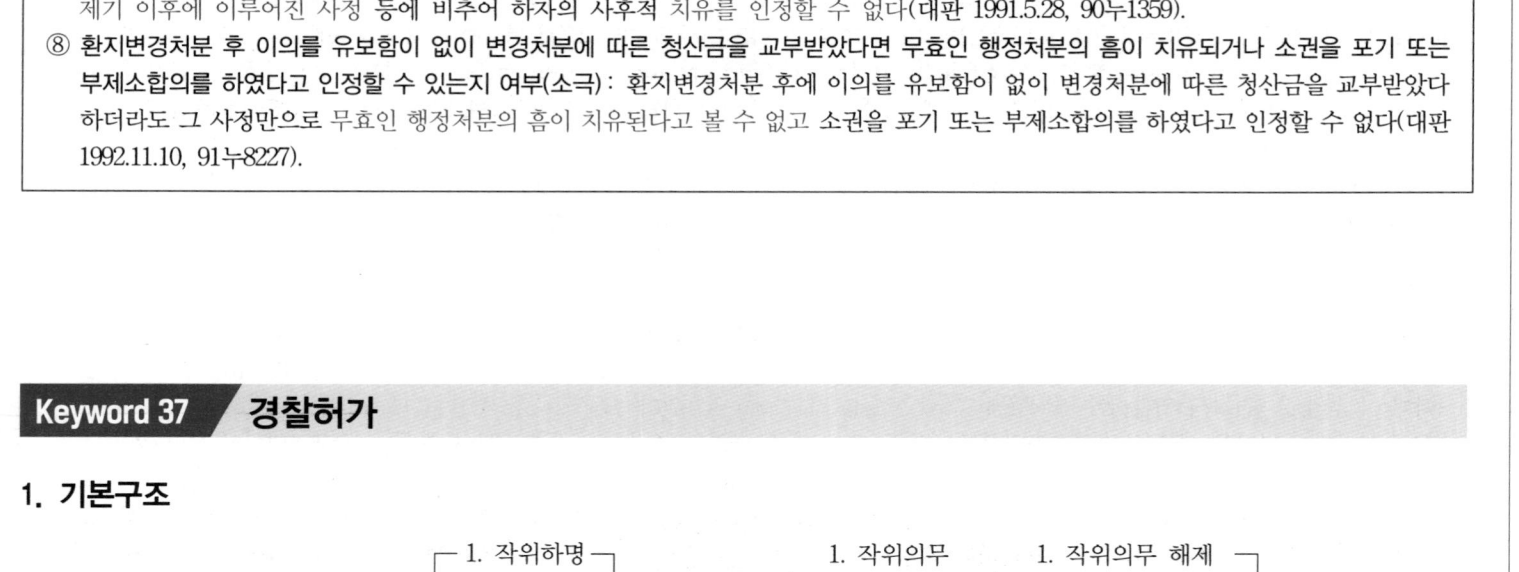

법률행위적 행정행위 (의사표시)

명령적 행정행위 (경찰하명)

1. 작위하명
2. 수인하명
3. 급부하명 ─ 경찰명령 ➡

1. 작위의무
2. 수인의무
3. 급부의무 ➡

1. 작위의무 해제
2. 수인의무 해제 ─ 경찰면제
3. 급부의무 해제

4. 부작위하명 ─ 경찰금지

4. 부작위의무

4. 부작위의무 해제 ─ 경찰허가
① 법률행위적 행정행위
② 명령적 행정행위
③ 기속행위 또는 기속재량행위
④ 일반적, 상대적 금지의 해제
⑤ 적법요건
⑥ 출원없이도 가능(통행금지의 해제 등)
⑦ 타법상의 금지까지 해제되는 것은 아님.
⑧ 무허가행위의 효력

형성적 행정행위 ─ 특허

2. 관련 판례

① 인·허가신청 후 처분 전에 관계 법령이 개정 시행된 경우 새로운 법령 및 허가기준에 따라서 한 처분의 적부(한정적극) : 행정행위는 처분 당시에 시행 중인 법령 및 허가기준에 의하여 하는 것이 원칙이고, 소관 행정청이 허가신청을 수리하고도 정당한 이유 없이 처리를 늦추어 그 사이에 법령 및 허가기준이 변경된 것이 아닌 한 새로운 법령 및 허가기준에 따라서 한 불허가처분이 위법하다고 할 수 없다(대판 1992.12.8., 92누13813).

② 공중목욕장 영업허가처분 : 구 공중목욕장법에 의한 공중목욕장업허가는 그 사업경영의 권리를 인정하는 형성적 행위가 아니고 경찰금지의 해제에 불과하다(대판 1963.8.31, 63누101).

③ 식품위생법상 일반음식점영업허가신청에 대하여 관계 법령에서 정하는 제한사유 외에 공공복리 등의 사유를 들어 거부할 수 있는지 여부(소극) 및 위 법리는 일반음식점 허가사항의 변경허가의 경우에도 적용되는지 여부(적극) : 식품위생법상 일반음식점영업허가는 성질상 일반적 금지의 해제에 불과하므로 허가권자는 허가신청이 법에서 정한 요건을 구비한 때에는 허가하여야 하고 관계 법령에서 정하는 제한사유 외에 공공복리 등의 사유를 들어 허가신청을 거부할 수는 없고, 이러한 법리는 일반음식점 허가사항의 변경허가에 관하여도 마찬가지이다(대판 2000.3.24, 97누12532).

④ 공중위생영업에 있어 그 영업을 정지할 위법사유가 있는 경우, 그 영업이 양도·양수되었다 하더라도 양수인에 대하여 영업정지처분을 할 수 있는지 여부(적극) : 만일 어떠한 공중위생영업에 대하여 그 영업을 정지할 위법사유가 있다면, 관할 행정청은 그 영업이 양도·양수되었다 하더라도 그 업소의 양수인에 대하여 영업정지처분을 할 수 있다고 봄이 상당하다(대판 2001.6.29., 2001두1611).

⑤ 도로법 제50조 제1항에 의하여 접도구역으로 지정된 지역 안에 있는 건물에 관하여 같은 법조 제4항·제5항에 의하여 도로관리청으로부터 개축허가를 받은 경우 건축법 제5조 제1항에 의한 건축허가를 다시 받아야 하는지 여부(적극) : 도로법 제50조 제1항에 의하여 접도구역으로 지정된 지역 안에 있는 건물에 관하여 같은 법조 제4항·제5항에 의하여 도로관리청인 도지사로부터 개축허가를 받았다고 하더라도 건축법 제5조 제1항에 의하여 시장 또는 군수의 허가를 다시 받아야 한다(대판 1991.4.12, 91도218).

⑥ 담배 일반소매인으로 지정되어 영업을 하고 있는 기존업자의 신규 구내소매인에 대한 이익이 법률상 보호되는 이익으로서 기존 업자가 신규 구내소매인 지정처분의 취소를 구할 원고 적격이 있는지 여부(소극) : 일반소매인으로 지정되어 영업을 하고 있는 기존업자의 신규 일반소매인에 대한 이익은 법률상 보호되는 이익으로서 기존 일반소매인이 신규 일반소매인 지정처분의 취소를 구할 원고적격이 있다고 보아야 할 것이나, 일반소매인으로 지정되어 영업을 하고 있는 기존업자의 신규 구내소매인에 대한 이익은 법률상 보호되는 이익이 아니라 단순한 사실상의 반사적 이익이라고 해석함이 상당하므로, 기존 일반소매인은 신규 구내소매인 지정처분의 취소를 구할 원고적격이 없다(대판 2008.4.10., 2008두402).

⑦ 주류제조회사의 순자산가액을 평가함에 있어서 주류제조면허를 포함시켜야 하는지 여부(적극) : 주류제조면허는 국가의 수입확보를 위하여 설정된 재정허가의 일종이지만 일단 이 면허를 얻은 자의 이득은 단순한 사실상의 반사적 이득에만 그치는 것이 아니라 주세법의 규정에 따라 보호되는 이득이다(대판 1989.12.22, 89누46).

⑧ 행정처분의 상대방이 아닌 제3자에게 그 처분의 취소를 구할 법률상의 이익이 있다고 한 사례 : 약종상 판례(대판 1988.6.14, 87누873).

⑨ 종전 허가의 유효기간이 지난 후에 한 기간연장신청의 성격: 종전의 허가가 기한의 도래로 실효한 이상 원고가 종전 허가의 유효기간이 지나서 신청한 이 사건 기간연장신청은 종전의 허가처분과는 별도의 새로운 허가를 내용으로 하는 행정처분을 구하는 것이라고 보아야 할 것이다(대판 1995.11.10, 94누11866).

⑩ 유료 직업소개사업의 허가갱신 후에 갱신 전의 법위반을 이유로 한 허가취소 가부(적극): 허가갱신 후에도 갱신 전의 법위반사실을 근거로 허가를 취소할 수 있다(대판 1982.7.27, 81누174).

MEMO

Keyword 38 부관

1. 부관 일반

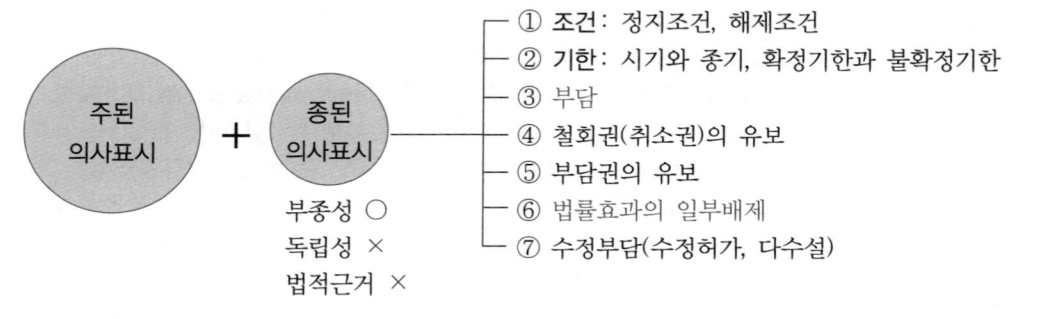

주된
의사표시

+

종된
의사표시

부종성 ○
독립성 ×
법적근거 ×

① 조건: 정지조건, 해제조건
② 기한: 시기와 종기, 확정기한과 불확정기한
③ 부담
④ 철회권(취소권)의 유보
⑤ 부담권의 유보
⑥ 법률효과의 일부배제
⑦ 수정부담(수정허가, 다수설)

2. 관련 규정

행정기본법 제17조(부관) ① 행정청은 처분에 재량이 있는 경우에는 부관(조건, 기한, 부담, 철회권의 유보 등을 말한다)을 붙일 수 있다.
② 행정청은 처분에 재량이 없는 경우에는 법률에 근거가 있는 경우에 부관을 붙일 수 있다.
③ 행정청은 부관을 붙일 수 있는 처분이 다음 각 호의 어느 하나에 해당하는 경우에는 그 처분을 한 후에도 부관을 새로 붙이거나 종전의 부관을 변경할 수 있다.
　1. 법률에 근거가 있는 경우
　2. 당사자의 동의가 있는 경우
　3. 사정이 변경되어 부관을 새로 붙이거나 종전의 부관을 변경하지 아니하면 해당 처분의 목적을 달성할 수 없다고 인정되는 경우
④ 부관은 다음 각 호의 요건에 적합하여야 한다.
　1. 해당 처분의 목적에 위배되지 아니할 것
　2. 해당 처분과 실질적인 관련이 있을 것
　3. 해당 처분의 목적을 달성하기 위하여 필요한 최소한의 범위일 것

3. 관련 판례

조건	① 의의: 행정행위의 효과의 발생 또는 소멸을 장래의 불확실한 사실에 의존시키는 부관을 말한다. ② 구분 　㉠ 정지조건: 경찰허가의 효과의 발생을 장래의 불확실한 사실에 의존시키는 부관으로 조건이 성취되면 그때부터 행정행위의 효력이 발생하고 조건이 성취될 수 없음이 확정되면 행정행위의 효력은 발생하지 않는다. 　㉡ 해제조건: 행정행위의 효과의 소멸을 장래의 불확실한 사실에 의존시키는 부관으로 일단 행정행위와 동시에 효력은 발생하지만 해제조건이 성취되면 그때부터 행정행위의 효력은 소멸하고, 반대로 해제조건이 성취될 수 없는 것으로 확정되면 행정행위의 효력은 소멸하지 않고 완전히 유효한 것으로 확정된다.
기한	① 의의: 행정행위의 효력의 발생 또는 소멸을 장래의 확실한 사실에 의존하게 하는 부관을 말한다. ② 관련 판례 　㉠ 행정행위인 허가 또는 특허에 붙인 조항으로서 종료의 기한을 정한 경우 기한의 도래로 그 행정행위의 효력이 당연히 상실되는지 여부: 행정행위인 허가 또는 특허에 붙인 조항으로서 종료의 기한을 정한 경우 종기인 기한에 관하여는 일률적으로 기한이 왔다고 하여 당연히 그 행정행위의 효력이 상실된다고 할 것이 아니고 그 기한이 그 허가 또는 특허된 사업의 성질상 부당하게 짧은 기한을 정한 경우에 있어서는 그 기한은 그 허가 또는 특허의 조건의 존속기간을 정한 것이며 그 기한이 도래함으로써 그 조건의 개정을 고려한다는 뜻으로 해석하여야 할 것이다(대판 1995.11.10, 94누11866). 　㉡ 허가에 붙은 기한이 그 허가된 사업의 성질상 부당하게 짧아 그 기한을 허가조건의 존속기간으로 볼 수 있는 경우에 허가기간이 연장되기 위하여는 그 종기 도래 이전에 연장에 관한 신청이 있어야 하는지 여부(적극): 일반적으로 행정처분에 효력기간이 정하여져 있는 경우에는 그 기간의 경과로 그 행정처분의 효력은 상실되고, … 중략 … 그와 같은 경우라 하더라도 그 허가기간이 연장되기 위하여는 그 종기가 도래하기 전에 그 허가기간의 연장에 관한 신청이 있어야 하며, 만일 그러한 연장신청이 없는 상태에서 허가기간이 만료하였다면 그 허가의 효력은 상실된다(대판 2007.10.11., 2005두12404).
부담	① 의의: 수익적 행정행위의 주된 의사표시에 부가하여 그 효과를 받는 상대방에게 작위·수인·급부·부작위의무를 명하는 행정관청의 의사표시 ② 특징 　㉠ 부담은 독립성이 인정되지 않는 다른 부관과는 달리 그 자체가 하나의 독립된 행정행위이고 이는 '하명'으로서의 성질을 가지게 된다. 그러므로 주된 의사표시와 분리하여 독립적으로 소송의 대상이 될 수 있고, 경찰강제의 대상이 될 수 있다. 　㉡ 부담은 본행정행위의 효력에 영향을 미치지 않는다. 　㉢ 부담과 정지조건의 구별이 불분명한 경우에는 최소침해의 원칙에 따라 부담으로 보아야 한다.

부담	③ 관련 판례 ㉠ 부담부 행정처분의 상대방이 그 부담을 이행하지 않음을 이유로 한 처분의 취소가부(적극): 부담부 행정처분에 있어서 처분의 상대방이 부담(의무)을 이행하지 아니한 경우에 처분행정청으로서는 이를 들어 당해 처분을 취소(철회)할 수 있는 것이다(대판 1989.10.24., 89누2431). ㉡ 부관이 부당결부금지의 원칙에 위반하여 위법하지만 그 하자가 중대하고 명백하여 당연무효라고 볼 수는 없다고 한 사례: 주택사업과는 아무런 관련이 없는 토지를 기부채납하도록 하는 부관을 주택사업계획승인에 붙인 경우, 그 부관은 부당결부금지의 원칙에 위반되어 위법하지만, 부관의 하자가 중대하고 명백하여 당연무효라고는 볼 수 없다(대판 1997.3.11, 96다49650). ㉢ 행정청이 수익적 행정처분을 하면서 부관으로 부담을 붙이는 방법: 수익적 행정처분에 있어서는 법령에 특별한 근거규정이 없다고 하더라도 그 부관으로서 부담을 붙일 수 있고, 그와 같은 부담은 행정청이 행정처분을 하면서 일방적으로 부가할 수도 있지만 부담을 부가하기 이전에 상대방과 협의하여 부담의 내용을 협약의 형식으로 미리 정한 다음 행정처분을 하면서 이를 부가할 수도 있다(대판 2009.2.12, 2005다65500). ㉣ 행정처분과 실제적 관련성이 없어 부관으로 붙일 수 없는 부담을 사법상 계약의 형식으로 행정처분의 상대방에게 부과할 수 있는지 여부(소극): 행정처분과 부관 사이에 실제적 관련성이 있다고 볼 수 없는 경우 공무원이 위와 같은 공법상의 제한을 회피할 목적으로 행정처분의 상대방과 사이에 사법상 계약을 체결하는 형식을 취하였다면 이는 법치행정의 원리에 반하는 것으로서 위법하다(대판 2009.12.10., 2007다63966).
철회권 (취소권) 의 유보	행정행위인 허가 또는 특허에 종료의 기한 또는 취소권의 유보에 관한 조항이 있는 경우의 효력: 허가 또는 특허에 취소권을 유보한 경우 무조건으로 취소권을 행사할 수 있는 것이 아니고 취소를 필요로 할 만한 공익상의 필요가 있는 때에 한하여 취소권을 행사할 수 있는 것이다(대판 1962.2.22., 4293행상42).
부담권의 유보	① 행정관청이 행정행위에 대하여 사후에 추가·변경·보충할 수 있는 권리를 유보하는 부관 ② 행정행위 시에 미리 사후에 의무를 부과할 수 있는 근거를 마련하는 부관 ③ 부담의 유보·행정행위의 사후변경의 유보·추가변경의 유보라고도 한다.
법률 효과의 일부 배제	① 의의: 행정행위의 주된 의사표시에 부가하여, 법률에서 일반적으로 그 행위에 부여한 법률효과 중의 일부의 발생을 배제(제한)하는 행정관청의 의사표시(ex. 격일제 운행을 조건으로 한 택시영업허가) ② 법적 근거: 법률효과의 일부배제의 경우 법령이 부여하는 행정행위의 효과를 행정관청이 자의적으로 배제할 수 없는 것이 원칙이므로 법률효과의 일부배제는 법률에 개별적 근거가 있을 때에 한하여 인정 ③ 관련 판례 ㉠ 공유수면매립공사준공인가처분취소: 행정행위의 부관은 부담의 경우를 제외하고는 독립하여 행정소송의 대상이 될 수 없는 것인바, 지방국토관리청장이 일부 공유수면매립지에 대하여 한 국가 또는 직할시 귀속처분은 매립준공인가를 함에 있어서 매립의 면허를 받은 자의 매립지에 대한 소유권취득을 규정한 공유수면매립법 제14조의 효과 일부를 배제하는 부관을 붙인 것이고, 이러한 행정행위의 부관은 위 법리와 같이 독립하여 행정소송 대상이 될 수 없다[대법원 1993. 10. 8. 선고 93누2032 판결].

MEMO

수정 허가 (수정 부담)	① 행정행위의 상대방이 신청한 것과 다르게 행정행위의 내용을 정하는 부관(시·도경찰청장에게 기관총의 소지허가를 신청하였으나 권총의 소지허가를 받은 경우) ② 상대방의 동의가 있어야 효력이 발생하는 부관 ③ 수정부담에 대해서는 독립된 행정행위라고 보는 견해(수정허가설, 독립된 행정행위설)가 다수설이며, 부관인 수정부담이라고 보는 견해(부관설)는 소수설이다.
한계	① 기속행위나 기속적 재량행위에 붙인 부관의 효력 : 일반적으로 기속행위나 기속적 재량행위에는 부관을 붙일 수 없고 가사 부관을 붙였다 하더라도 무효이다(대판 1995.6.13, 94다56883). ② 법령상의 근거 없이도 재량행위에 부관을 붙일 수 있는지 여부(적극) 및 부관의 내용적 한계 : 재량행위에 있어서는 법령상의 근거가 없다고 하더라도 부관을 붙일 수 있는데, 그 부관의 내용은 적법하고 이행가능하여야 하며 비례의 원칙 및 평등의 원칙에 적합하고 행정처분의 본질적 효력을 해하지 아니하는 한도의 것이어야 한다(대판 1997.3.14., 96누16698).
사후 변경	법률에 명문의 규정이 있거나 그 변경이 미리 유보되어 있는 경우 또는 상대방의 동의가 있는 경우에 한하여 허용되는 것이 원칙이지만, 사정변경으로 인하여 당초에 부담을 부가한 목적을 달성할 수 없게 된 경우에도 그 목적달성에 필요한 범위 내에서 예외적으로 허용된다(대판 1997.5.30., 97누2627).
부관의 하자	① 행정행위의 부관 중 행정행위에 부수하여 그 상대방에게 일정한 의무를 부과하는 행정청의 의사표시인 부담이 그 자체만으로 행정쟁송의 대상이 될 수 있는지 여부(적극) : 현행 행정쟁송제도 아래서는 부관 그 자체만을 독립된 쟁송의 대상으로 할 수 없는 것이 원칙이나 부담의 경우에는 다른 부관과는 달리 그 자체로서 행정쟁송의 대상이 될 수 있다(대판 1992.1.21, 91누1264). ② 기부채납받은 행정재산에 대한 사용·수익허가 중 사용·수익허가의 기간에 대하여 독립하여 행정소송을 제기할 수 있는지 여부(소극) : 기부채납받은 행정재산에 대한 사용·수익허가에서 공유재산의 관리청이 정한 사용·수익허가의 기간은 그 허가의 효력을 제한하기 위한 행정행위의 부관으로서 이러한 사용·수익허가의 기간에 대해서는 독립하여 행정소송을 제기할 수 없다(대판 2001.6.15, 99두509). ③ 행정처분에 붙인 부담인 부관이 무효가 되면 그 부담의 이행으로 한 사법상 법률행위도 당연히 무효가 되는지 여부(소극) 및 행정처분에 붙인 부담인 부관이 제소기간 도과로 불가쟁력이 생긴 경우에도 그 부담의 이행으로 한 사법상 법률행위의 효력을 다툴 수 있는지 여부(적극) : 행정처분에 부담인 부관을 붙인 경우 부관의 무효화에 의하여 본체인 행정처분 자체의 효력에도 영향이 있게 될 수는 있지만, 그 처분을 받은 사람이 부담의 이행으로 사법상 매매 등의 법률행위를 한 경우에는 그 부관은 특별한 사정이 없는 한 법률행위를 하게 된 동기 내지 연유로 작용하였을 뿐이므로 이는 법률행위의 취소사유가 될 수 있음은 별론으로 하고 그 법률행위 자체를 당연히 무효화하는 것은 아니다. 또한, 행정처분에 붙은 부담인 부관이 제소기간의 도과로 확정되어 이미 불가쟁력이 생겼다면 그 하자가 중대하고 명백하여 당연 무효로 보아야 할 경우 외에는 누구나 그 효력을 부인할 수 없을 것이지만, 부담의 이행으로서 하게 된 사법상 매매 등의 법률행위는 부담을 붙인 행정처분과는 어디까지나 별개의 법률행위이므로 그 부담의 불가쟁력의 문제와는 별도로 법률행위가 사회질서 위반이나 강행규정에 위반되는지 여부 등을 따져보아 그 법률행위의 유효 여부를 판단하여야 한다(대판 2009. 6.25, 2006다18174).

MEMO

부관의 하자	④ 토지소유자가 토지형질변경행위허가에 붙은 기부채납의 부관에 따라 토지를 기부채납(증여)한 경우, 기부채납의 부관이 당연무효이거나 취소되지 않은 상태에서 그 부관으로 인하여 증여계약의 중요 부분에 착오가 있음을 이유로 증여계약을 취소할 수 있는지 여부(소극) : 기부채납의 부관이 당연무효이거나 취소되지 아니한 이상 토지소유자는 위 부관으로 인하여 증여계약의 중요부분에 착오가 있음을 이유로 증여계약을 취소할 수 없다(대판 1999.5.25, 98다53134). ⑤ 기부자가 제시한 조건을 이의 없이 수락하면서 시설물을 기부채납받은 행정청이 위 시설물이용을 위한 도로점용 허가를 함에 있어 위 조건에 반하여 점용기간을 단축한 경우, 동 행정처분의 적법 여부 : 도로점용허가의 점용기간은 행정행위의 본질적인 요소에 해당한다고 볼 것이어서 부관인 점용기간을 정함에 있어서 위법사유가 있다면 이로써 도로점용허가 처분 전부가 위법하게 된다(대판 1985.7.9, 84누604). ⑥ 행정청이 수익적 행정처분을 하면서 사전에 상대방과 체결한 협약상의 의무를 부담으로 부가하였는데 부담의 전제가 된 주된 행정처분의 근거 법령이 개정되어 부관을 붙일 수 없게 된 경우, 위 협약의 효력이 소멸하는지 여부(소극) : 행정청이 수익적 행정처분을 하면서 부가한 부담의 위법 여부는 처분 당시 법령을 기준으로 판단하여야 하고, 부담이 처분 당시 법령을 기준으로 적법하다면 처분 후 부담의 전제가 된 주된 행정처분의 근거 법령이 개정됨으로써 행정청이 더 이상 부관을 붙일 수 없게 되었다 하더라도 곧바로 위법하게 되거나 그 효력이 소멸하게 되는 것은 아니다(대판 2009.2.12., 2005다65500). ⑦ 행정청이 관리처분계획에 대한 인가처분을 하면서 기부채납과 같은 조건을 붙일 수 있는지 여부(소극) : 행정청이 관리처분계획에 대한 인가 여부를 결정할 때에는 그 관리처분계획에 도시정비법 제48조 및 그 시행령 제50조에 규정된 사항이 포함되어 있는지, 그 계획의 내용이 도시정비법 제48조 제2항의 기준에 부합하는지 여부 등을 심사·확인하여 그 인가 여부를 결정할 수 있을 뿐 기부채납과 같은 다른 조건을 붙일 수는 없다고 할 것이다(대판 2012.8.30, 2010두24951).

Keyword 39　형성적 행정행위

특허	① 의의 : 특정인에게 법률상의 힘을 설정하여 주는 행정행위, 즉 설권행위 ② 관련 판례 　㉠ 실효된 공유수면매립면허의 효력을 회복시키는 처분이 자유재량 행위인지 여부(적극) : 공유수면매립면허는 설권행위인 특허의 성질을 갖는 것이므로 원칙적으로 행정청의 자유재량에 속하며, 일단 실효된 공유수면매립면허의 효력을 회복시키는 행위도 특단의 사정이 없는 한 새로운 면허부여와 같이 면허관청의 자유재량에 속한다(대판 1989.9. 12, 88누9206). 　㉡ 개인택시운송사업 면허(특허)가 재량행위인지 여부(적극) 및 그 면허기준의 해석·적용 방법(대판 1996. 10.11, 96누6172). 　㉢ 법무부장관이 법률에서 정한 귀화 요건을 갖춘 귀화신청인에게 귀화를 허가할 것인지 여부에 관하여 재량권을 가지는지 여부(적극)(대판 2010.10.28, 2010두6496).
인가	① 의의 : 제3자가 한 계약·합동행위 등 법률행위를 보충하여 그 법률행위의 효력을 완성시켜주는 행정행위 ② 관련 판례 　㉠ 재단법인의 정관변경 결의의 하자를 이유로 정관변경 인가처분의 취소·무효 확인을 소구할 수 있는지 여부(소극) : 인가는 기본행위인 재단법인의 정관변경에 대한 법률상의 효력을 완성시키는 보충행위로서, 그 기본이 되는 정관변경 결의에 하자가 있을 때에는 그에 대한 인가가 있었다 하여도 기본행위인 정관변경 결의가 유효한 것으로 될 수 없으므로 기본행위인 정관변경 결의가 적법·유효하고 보충행위인 인가처분 자체에만 하자가 있다면 그 인가처분의 무효나 취소를 주장할 수 있지만, 인가처분에 하자가 없다면 기본행위에 하자가 있다 하더라도 따로 그 기본행위의 하자를 다투는 것은 별론으로 하고 기본행위의 무효를 내세워 바로 그에 대한 행정청의 인가처분의 취소 또는 무효확인을 소구할 법률상의 이익이 없다[대판 1996.5.16, 95누4810(전합)]. 　㉡ 학교법인의 임원에 대한 감독청의 취임승인의 법적 성질 : 사립학교법 제20조 제2항에 의한 학교법인의 임원에 대한 감독청의 취임승인은 학교법인의 임원선임행위를 보충하여 그 법률상의 효력을 완성케하는 보충적 행정행위로서 성질상 기본행위를 떠나 승인처분 그 자체만으로는 법률상 아무런 효력도 발생할 수 없으므로 기본행위인 학교법인의 임원선임행위가 불성립 또는 무효인 경우에는 비록 그에 대한 감독청의 취임승인이 있었다 하여도 이로써 무효인 그 선임행위가 유효한 것으로 될 수는 없다(대판 1987.8.18, 86누152).
대리	① 의의 : 제3자가 해야 할 행위를 행정청이 대리하여 행위하고, 그 법적 효과는 제3자에게 귀속되는 행위 ② 관련 판례 　㉠ 공매의 성질 및 공매에 의하여 재산을 매수한 자가 그 공매처분이 취소된 경우 그 취소처분의 위법을 주장하여 행정소송을 제기할 법률상의 이익이 있는지 여부 : 과세관청이 체납처분으로서 행하는 공매는 우월한 공권력의 행사로서 행정소송의 대상이 되는 공법상의 행정처분이며 공매에 의하여 재산을 매수한 자는 그 공매처분이 취소된 경우에 그 취소처분의 위법을 주장하여 행정소송을 제기할 법률상 이익이 있다(대판 1984.9.25, 84누201). 　㉡ 성업공사가 한 공매처분에 대한 취소소송의 피고적격(성업공사)(대판 1997.2.28, 96누1757).

Keyword 40   경찰상 의무이행 확보수단

1. 기본 구조

```
           ┌─ 적법
법 ────────┤
           └─ 위법 ──┬─ 범죄   ➡   경찰형벌
                     └─ 비범죄  ➡   경찰질서벌
```

```
의무부과   행정청                    현재
──────────────┬──────────────────────┼─────────────────────────

              ▼
            상대방                                         ┌─ ① 대집행
                                              경찰상       ├─ ② 이행강제금(집행벌)
              │                               강제집행 ────┤
            불이행 ➡ 불이행 상태 유지 ➡ 경찰강제 ─┤     ├─ ③ 강제징수
              │                               │      └─ ④ 직접강제
              ▼                               │
            경찰벌                            경찰상      ┌─ ① 대인적 즉시강제
                                             즉시강제 ───┤─ ② 대물적 즉시강제
                                                         └─ ③ 대가택적 즉시강제
```

MEMO

집회 및 시위에 관한 법률

제20조(집회 또는 시위의 해산) ② 집회 또는 시위가 제1항에 따른 해산 명령을 받았을 때에는 모든 참가자는 지체 없이 해산하여야 한다.

제24조(벌칙) 다음 각 호의 어느 하나에 해당하는 자는 6개월 이하의 징역 또는 50만원 이하의 벌금·구류 또는 과료에 처한다.

5. 제16조 제5항, 제17조 제2항, 제18조 제2항 또는 제20조 제2항을 위반한 자

집회 및 시위에 관한 법률 시행령 제17조(집회 또는 시위의 자진 해산의 요청 등) 법 제20조에 따라 집회 또는 시위를 해산시키려는 때에는 관할 경찰관서장 또는 관할 경찰관서장으로부터 권한을 부여받은 경찰공무원은 다음 각 호의 순서에 따라야 한다. 다만, 법 제20조제1항제1호·제2호 또는 제4호에 해당하는 집회·시위의 경우와 주최자·주관자·연락책임자 및 질서유지인이 집회 또는 시위 장소에 없는 경우에는 종결 선언의 요청을 생략할 수 있다.

3. 해산명령 및 직접 해산

제2호에 따른 자진 해산 요청에 따르지 아니하는 경우에는 세 번 이상 자진 해산할 것을 명령하고, 참가자들이 해산명령에도 불구하고 해산하지 아니하면 직접 해산시킬 수 있다.

---

2. 경찰상 강제집행

(1) 대집행

① 대집행의 절차

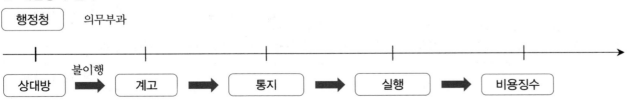

② 관련 판례

① **건물철거대집행계고처분취소** : 철거의무를 대집행하기 위한 계고처분을 하려면 다른 방법으로는 이행의 확보가 어렵고 불이행을 방치함이 심히 공익을 해하는 것으로 인정될 때에 한하여 허용되고 이러한 요건의 주장·입증책임은 처분 행정청에 있다(대판 1993. 9.14, 92누16690).

② **시설물철거대집행계고처분취소** : 도시공원시설인 매점의 관리청이 그 공동점유자 중의 1인에 대하여 소정의 기간 내에 위 매점으로부터 퇴거하고 이에 부수하여 그 판매 시설물 및 상품을 반출하지 아니할 때에는 이를 대집행하겠다는 내용의 계고처분 … 중략 … 직접적인 실력행사가 필요한 것이지 대체적 작위의무에 해당하는 것은 아니어서 직접강제의 방법에 의하는 것은 별론으로 하고 행정대집행법에 의한 대집행의 대상이 되는 것은 아니다(대판 1998.10.23, 97누157).

③ **건물철거대집행계고처분취소** : 계고서라는 명칭의 1장의 문서로서 일정기간 내에 위법건축물의 자진철거를 명함과 동시에 그 소정 기한 내에 자진철거를 하지 아니할 때에는 대집행할 뜻을 미리 계고한 경우라도 건축법에 의한 철거명령과 행정대집행법에 의한 계고처분은 독립하여 있는 것으로서 각 그 요건이 충족되었다고 볼 것이다(대판 1992.6.12, 91누13564).

④ **군수가 사무위임조례에 의하여 무허가 건축물에 대한 철거대집행사무를 읍·면에게 위임한 경우, 읍·면장이 대집행 계고처분권을 가지는지 여부(적극)** : 군수가 군사무위임조례의 규정에 따라 무허가 건축물에 대한 철거대집행사무를 하부 행정기관인 읍·면에 위임하였다면, 읍·면장에게는 관할구역 내의 무허가 건축물에 대하여 그 철거대집행을 위한 계고처분을 할 권한이 있다(대판 1997.2.14, 96누15428).

⑤ **아무런 권원 없이 국유재산에 설치한 시설물에 대하여 행정청이 행정대집행을 할 수 있음에도 민사소송의 방법으로 그 시설물의 철거를 구하는 것이 허용되는지 여부(소극)** : 행정대집행의 절차가 인정되는 경우에는 따로 민사소송의 방법으로 피고들에 대하여 이 사건 시설물의 철거를 구하는 것은 허용되지 않는다고 할 것이다(대판 2009.6.11, 2009다1122).

⑥ **아무런 권원 없이 국유재산에 설치한 시설물에 대하여 행정청이 행정대집행을 실시하지 않는 경우, 그 국유재산에 대한 사용청구권을 가지고 있는 자가 국가를 대위하여 민사소송으로 그 시설물의 철거를 구할 수 있는지 여부(적극)** : 원고는 국가를 대위하여 피고들을 상대로 민사소송의 방법으로 이 사건 시설물의 철거를 구할 수 있다(대판 2009.6.11, 2009다1122).

⑦ **공유재산 대부계약의 해지에 따른 원상회복으로 행정대집행의 방법에 의하여 그 지상물을 철거시킬 수 있는지 여부(적극)** : 공유재산의 점유자가 그 공유재산에 관하여 대부계약 외 달리 정당한 권원이 있다는 자료가 없는 경우 그 대부계약이 적법하게 해지된 이상 그 점유자의 공유재산에 대한 점유는 정당한 이유 없는 점유라 할 것이고, 따라서 지방자치단체의 장은 지방재정법 제85조에 의하여 행정대집행의 방법으로 그 지상물을 철거시킬 수 있다(대판 2001.10.12, 2001두4078).

⑧ **구 공공용지의 취득 및 손실보상에 관한 특례법에 의한 협의취득시 건물소유자가 매매대상 건물에 대한 철거의무를 부담하겠다는 취지의 약정을 한 경우, 그 철거의무가 행정대집행법에 의한 대집행의 대상이 되는지 여부(소극)** : 행정대집행법상 대집행의 대상이 되는 대체적 작위의무는 공법상 의무이어야 할 것인데, 토지 등의 협의취득은 공공기관이 사경제주체로서 행하는 사법상 매매 내지 사법상 계약의 실질을 가지는 것이므로, 그 협의취득시 건물소유자가 매매대상 건물에 대한 철거의무를 부담하겠다는 취지의 약정을 하였다고 하더라도 철거의무는 행정대집행법에 의한 대집행의 대상이 되지 않는다(대판 2006.10.13, 2006두7096).

⑨ **대집행계고를 함에 있어 대집행할 행위의 내용 및 범위가 대집행계고서에 의하여서만 특정되어야 하는지 여부** : 행정청이 대집행할 행위의 내용 및 범위가 구체적으로 특정되어야 하나, 그 행위의 내용 및 범위는 반드시 대집행계고서에 의하여서만 특정되어야 하는 것이 아니고 계고처분 전후에 송달된 문서나 기타 사정을 종합하여 행위의 내용이 특정되면 족하다(대판 1994.10.28, 94누5144).

MEMO

⑩ 위법건축물에 대한 철거명령 및 계고처분에 불응하자 제2차, 제3차로 행한 계고처분이 행정처분인지 여부: 제2차, 제3차의 계고처분은 새로운 철거의무를 부과한 것이 아니고 다만 대집행기한의 연기통지에 불과하므로 행정처분이 아니다(대판 1994.10.28, 94누5144).

⑪ 대한주택공사가 법령에 의하여 대집행권한을 위탁받아 공무인 대집행을 실시하기 위하여 지출한 비용을 행정대집행법 절차에 따라 국세징수법의 예에 의하여 징수할 수 있는지 여부(적극): 공무인 대집행을 실시하기 위하여 지출한 비용은 행정대집행법 절차에 따라 국세징수법의 예에 의하여 징수할 수 있다(대판 2011.9.8, 2010다48240).

⑫ 대한주택공사가 법령에 의하여 대집행권한을 위탁받아 공무인 대집행을 실시하기 위하여 지출한 비용을 행정대집행법 절차에 따라 징수할 수 있음에도 민사소송절차에 의하여 그 비용의 상환을 청구한 사안: 위 청구는 소의 이익이 없어 부적법하다(대판 2011.9.8., 2010다48240).

⑬ 행정대집행이 실행완료된 경우 대집행계고처분의 취소를 구할 법률상 이익이 있는지 여부(소극): 대집행계고처분 취소소송의 변론종결 전에 대집행영장에 의한 통지절차를 거쳐 사실행위로서 대집행의 실행이 완료된 경우에는 행위가 위법한 것이라는 이유로 손해배상이나 원상회복 등을 청구하는 것은 별론으로 하고 처분의 취소를 구할 법률상 이익은 없다(대판 1993.6.8, 93누6164).

⑭ 손해배상: 위법한 행정대집행이 완료되면 그 처분의 무효확인 또는 취소를 구할 소의 이익은 없다 하더라도, 미리 그 행정처분의 취소판결이 있어야만, 그 행정처분의 위법임을 이유로 한 손해배상청구를 할 수 있는 것은 아니다(대판 1972.4.28, 72다337).

(2) 이행강제금(집행벌)

① 의의
  ㉠ 부작위의무 또는 비대체적 작위의무의 이행을 강제하기 위하여 일정한 기한까지 의무를 이행하지 않으면 가해지는 금전적 제재

  ㉡ 의무자에게 심리적 압박을 가함으로써 의무이행을 간접적으로 강제하는 수단

  ㉢ 사후적 제제가 아닌 장래의 의무이행을 담보

② 관련 판례

① 신고 대상 건축물에 대하여 건축법상 이행강제금을 부과할 수 있는지 여부(적극): 건축법상의 이행강제금은 허가 대상 건축물뿐만 아니라 신고 대상 건축물에 대해서도 부과할 수 있다(대판 2013.1.24, 2011두10164).

② 형사처벌과 별도로 시정명령 위반에 대하여 이행강제금을 부과하는 건축법 제83조 제1항이 이중처벌에 해당하는지 여부(소극) 및 시정명령 이행시까지 반복하여 이행강제금을 부과·징수할 수 있도록 규정하는 같은 조 제4항이 과잉금지원칙에 반하는지 여부(소극): 개발제한구역 내의 건축물에 대하여 허가를 받지 않고 한 용도변경행위에 대한 형사처벌과 건축법 제83조 제1항에 의한 시정명령 위반에 대한 이행강제금의 부과는 이중처벌에 해당한다고 할 수 없고, 이행강제금은 위법건축물의 원상회복을 궁극적인 목적으로 하고, 그 궁극적인 목적을 달성하기 위해서는 위법건축물이 존재하는 한 계속하여 부과할 수밖에 없다(대결 2005.8.19, 2005마30).

MEMO

③ 건축법상 시정명령을 위반한 자에 대하여 그 이행을 강제하기 위해서 이행강제금을 부과하는 건축법 제83조 제1항이 과잉금지원칙 및 이중처벌금지원칙에 위배되는지 여부(소극) : 전통적으로 행정대집행은 대체적 작위의무에 대한 강제집행수단으로, 이행강제금은 부작위의무나 비대체적 작위의무에 대한 강제집행수단으로 이해되어 왔으나, 이는 이행강제금제도의 본질에서 오는 제약은 아니며, 이행강제금은 대체적 작위의무의 위반에 대하여도 부과될 수 있다. 합리적인 재량에 의해 선택하여 활용하는 이상 중첩적인 제재에 해당한다고 볼 수 없다(헌재 2004.2.26, 2001헌바80).

(3) 강제징수

① 강제징수의 절차

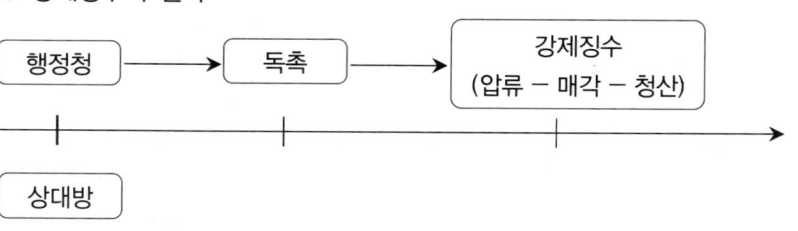

② 관련 판례

① 구 의료보험법 제45조, 제55조, 제55조의2에 기하여 보험자 또는 보험자단체가 의료기관에게 부당이득금 또는 가산금의 납부를 독촉한 후 다시 동일한 내용의 독촉을 한 경우, 후에 한 동일한 내용의 독촉이 항고소송의 대상이 되는 행정처분인지 여부(소극) : 보험자 또는 보험자단체가 부당이득금 또는 가산금의 납부를 독촉한 후 다시 동일한 내용의 독촉을 하는 경우 최초의 독촉만이 징수처분으로서 항고소송의 대상이 되는 행정처분이 되고 그 후에 한 동일한 내용의 독촉은 체납처분의 전제요건인 징수처분으로서 소멸시효 중단 사유가 되는 독촉이 아니라 민법상의 단순한 최고에 불과하여 국민의 권리의무나 법률상의 지위에 직접적으로 영향을 미치는 것이 아니므로 항고소송의 대상이 되는 행정처분이라 할 수 없다(대판 1999.7.13, 97누119).

② 납세자 아닌 제3자의 재산을 대상으로 한 체납압류처분의 효력(무효) 및 과세관청이 체납자가 점유하고 있는 제3자 소유의 동산을 압류한 경우, 체납자가 그 압류처분의 취소나 무효확인을 구할 원고적격이 있는지 여부(적극) : 과세관청이 납세자에 대한 체납처분으로서 제3자의 소유 물건을 압류하고 공매하더라도 그 처분으로 인하여 제3자가 소유권을 상실하는 것이 아니고, 체납처분으로서 압류의 요건을 규정하는 국세징수법 제24조 각 항의 규정을 보면 어느 경우에나 압류의 대상을 납세자의 재산에 국한하고 있으므로, 납세자가 아닌 제3자의 재산을 대상으로 한 압류처분은 그 처분의 내용이 법률상 실현될 수 없는 것이어서 당연무효이다. 과세관청이 조세의 징수를 위하여 체납자가 점유하고 있는 제3자의 소유 동산을 압류한 경우, 그 체납자는 그 압류처분에 의하여 당해 동산에 대한 점유권의 침해를 받은 자로서 그 압류처분에 대하여 법률상 직접적이고 구체적인 이익을 가지는 것이어서 그 압류처분의 취소나 무효확인을 구할 원고적격이 있다(대판 2006.4.13, 2005두15151).

③ 체납자 등에 대한 공매통지가 공매의 절차적 요건인지 여부(적극) 및 체납자 등에게 공매통지를 하지 않았거나 적법하지 않은 공매통지를 한 경우 그 공매처분이 위법한지 여부(적극) : 체납자 등에 대한 공매통지는 국가의 강제력에 의하여 진행되는 공매에서 체납자 등의 권리 내지 재산상의 이익을 보호하기 위하여 법률로 규정한 절차적 요건이라고 보아야 하며, 공매처분을 하면서 체납자 등에게 공매통지를 하지 않았거나 공매통지를 하였더라도 그것이 적법하지 아니한 경우에는 절차상의 흠이 있어 그 공매처분은 위법하다. 다만, 공매통지의 목적이나 취지 등에 비추어 보면, 체납자 등은 자신에 대한 공매통지의 하자만을 공매처분의 위법사유로 주장할 수 있을 뿐 다른 권리자에 대한 공매통지의 하자를 들어 공매처분의 위법사유로 주장하는 것은 허용되지 않는다[대판 2008.11.20, 2007두18154(전합)].

④ 공매의 성질 및 공매에 의하여 재산을 매수한 자가 그 공매처분이 취소된 경우 그 취소처분의 위법을 주장하여 행정소송을 제기할 법률상의 이익이 있는 지 여부 : 과세관청이 체납처분으로서 행하는 공매는 우월한 공권력의 행사로서 행정소송의 대상이 되는 공법상의 행정처분이며 공매에 의하여 재산을 매수한 자는 그 공매처분이 취소된 경우에 그 취소처분의 위법을 주장하여 행정소송을 제기할 법률상 이익이 있다(대판 1984.9.25, 84누201).

⑤ 성업공사가 한 공매처분에 대한 취소소송의 피고적격(성업공사)(대판 1997. 2.28, 96누1757).

(4) 직접강제

① 의의 : 의무자가 의무를 이행하지 않는 경우엔 직접적으로 의무자의 신체 또는 재산에 실력을 가하여 행정상 필요한 상태를 실현하는 것으로 대체적·비대체적 작위의무·부작위·수인의무 불이행에 대해 행사할 수 있다.

② 한계 : 인권침해의 소지가 크므로 최후의 수단으로 사용되어야 하며, 일반법은 없고 각 개별법에서 규정하고 있다.

3. 경찰상 즉시강제

(1) 의의 : 목전의 급박한 경찰상 장해를 미연에 제거하고 장해발생을 예방하기 위하여 미리 의무를 명할 시간적 여유가 없을 때, 또는 그 성질상 의무를 명하는 것으로는 그 목적을 달성하기 곤란할 때에, 직접 국민의 신체 또는 재산에 실력을 가하여 경찰상 필요한 상태를 실현하는 작용

(2) 관련 판례

① 영장주의와 적법절차의 원칙에 위배되는지 여부(소극) : 행정상 즉시강제란 행정강제의 일종으로서 목전의 급박한 행정상 장해를 제거할 필요가 있는 경우에, 미리 의무를 명할 시간적 여유가 없을 때 또는 그 성질상 의무를 명하여 가지고는 목적달성이 곤란할 때에, 직접 국민의 신체 또는 재산에 실력을 가하여 행정상 필요한 상태를 실현하는 작용이며, 법령 또는 행정처분에 의한 선행의 구체적 의무의

MEMO

존재와 그 불이행을 전제로 하는 행정상 강제집행과 구별된다. 행정강제는 행정상 강제집행을 원칙으로 하며, 법치국가적 요청인 예측가능성과 법적 안정성에 반하고, 기본권 침해의 소지가 큰 권력작용인 행정상 즉시강제는 어디까지나 예외적인 강제수단이라고 할 것이다. 이러한 행정상 즉시강제는 목전에 급박한 장해에 대하여 바로 실력을 가하는 작용이라는 특성에 비추어 사전적(事前的) 절차와 친하기 어렵다는 점을 고려하면, 이를 이유로 적법절차의 원칙에 위반되는 것으로는 볼 수 없다(헌재 2002.10.31, 2000헌가12).

② 구 사회안전법 제11조 소정의 동행보호규정이 사전영장주의를 규정한 헌법 규정에 반하는지 여부(소극, 절충설의 입장) : 사전영장주의는 인신보호를 위한 헌법상의 기속원리이기 때문에 인신의 자유를 제한하는 모든 국가작용의 영역에서 존중되어야 하지만, 헌법 제12조 제3항 단서도 사전영장주의의 예외를 인정하고 있는 것처럼 사전영장주의를 고수하다가는 도저히 행정목적을 달성할 수 없는 지극히 예외적인 경우에는 형사절차에서와 같은 예외가 인정된다(대판 1997.6.13., 96다56115).

4. 경찰벌

(1) 관련 판례

① 행정법규 위반에 대한 처벌내용에 관한 입법재량 : 어떤 행정법규 위반행위에 대하여 행정질서벌인 과태료를 과할 것인가 아니면 행정형벌을 과할 것인가, 그리고 행정형벌을 과할 경우 그 법정형의 형종과 형량을 어떻게 정할 것인가는 입법권자가 제반사정을 고려하여 결정할 입법재량에 속하는 문제라고 할 수 있다(헌재 1994.4.28., 91헌바14).

② 임시운행허가기간을 벗어나 무등록차량을 운행한 자에 대한 과태료의 제재와 형사처벌이 일사부재리의 원칙에 반하는 것인지 여부(소극) : 행정법상의 질서벌인 과태료의 부과처분과 형사처벌은 그 성질이나 목적을 달리하는 별개의 것이므로 행정법상의 질서벌인 과태료를 납부한 후에 형사처벌을 한다고 하여 이를 일사부재리의 원칙에 반하는 것이라고 할 수는 없으며, 만일 임시운행허가기간을 넘어 운행한 자가 등록된 차량에 관하여 그러한 행위를 한 경우라면 과태료의 제재만을 받게 되겠지만, 무등록 차량에 관하여 그러한 행위를 한 경우라면 과태료와 별도로 형사처벌의 대상이 된다(대판 1996.4.12, 96도158).

③ 이중처벌금지원칙(二重處罰禁止原則)을 정한 헌법 제13조 제1항 소정의 '처벌(處罰)'의 의미 : 행정질서벌로서의 과태료는 행정상 의무의 위반에 대하여 국가가 일반통치권에 기하여 과하는 제재로서 형벌(특히 행정형벌)과 목적·기능이 중복되는 면이 없지 않으므로, 동일한 행위를 대상으로 하여 형벌을 부과하면서 아울러 행정질서벌로서의 과태료까지 부과한다면 그것은 이중처벌금지의 기본정신에 배치되어 국가 입법권의 남용으로 인정될 여지가 있음을 부정할 수 없다. 이러한 점에 비추어 구 건축법 제54조 제1항에 의한 무허가 건축행위에 대한 형사처벌과 이 사건 규정에 의한 시정명령 위반에 대한 과태료의 부과는 헌법 제13조 제1항이 금지하는 이중처벌에 해당한다고 할 수 없다(헌재 1994.6.30, 92헌바38).

MEMO

Keyword 41 　질서위반행위규제법

1. 기본 구조

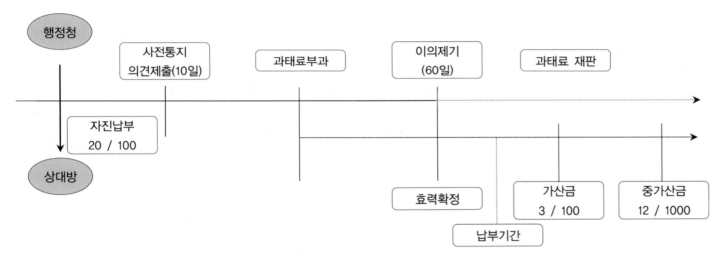

2. 관련 판례

'서울특별시 수도조례' 및 '서울특별시 하수도사용조례'에 근거한 과태료 부과처분이 행정소송의 대상이 되는 행정처분인지 여부(소극) : 수도 조례 및 하수도사용조례에 기한 과태료의 부과 여부 및 그 당부는 최종적으로 질서위반행위규제법에 의한 절차에 의하여 판단되어야 한다 고 할 것이므로, 그 과태료 부과처분은 행정청을 피고로 하는 행정소송의 대상이 되는 행정처분이라고 볼 수 없다(대판 2012.10.11, 2011두 19369).

Keyword 42 / 경찰관 직무집행법

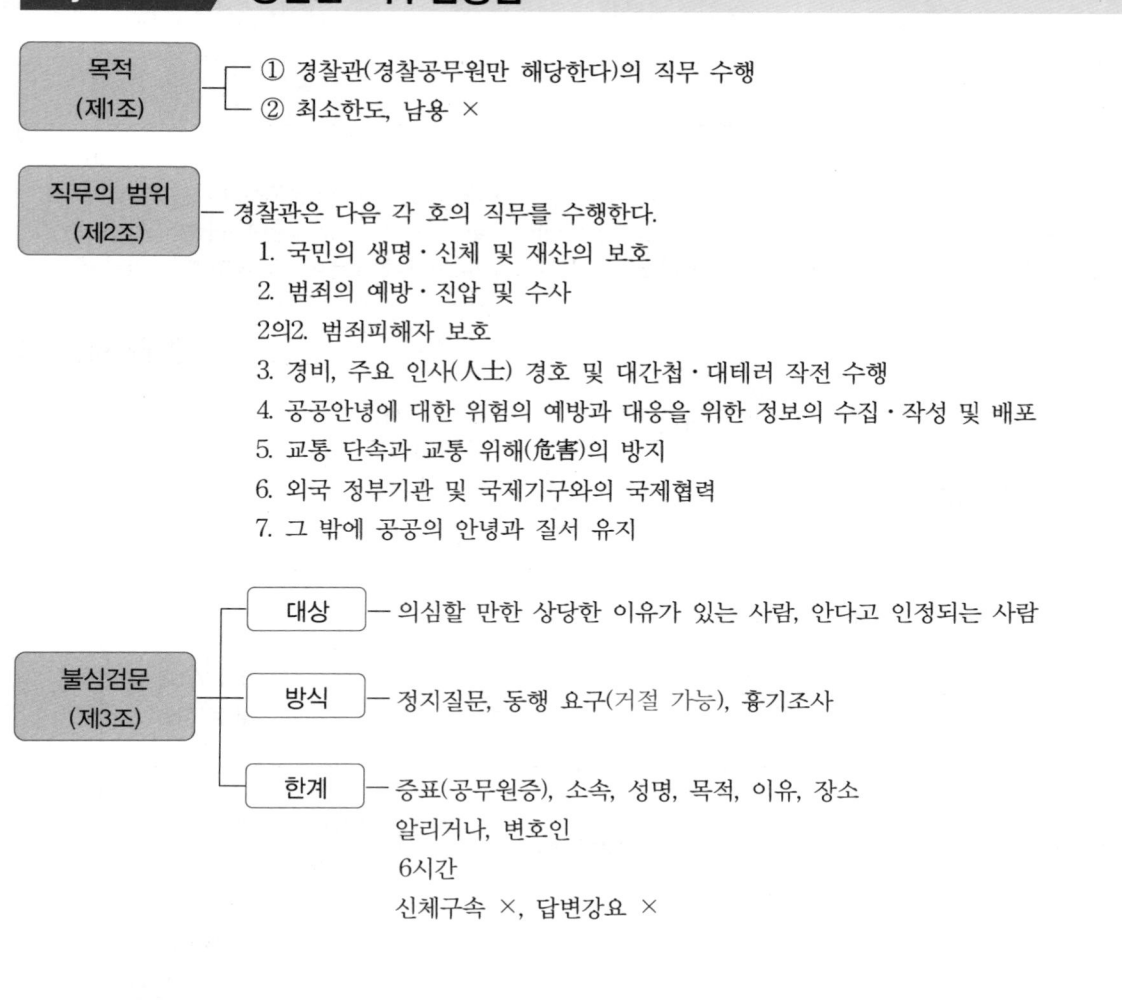

목적
(제1조)
— ① 경찰관(경찰공무원만 해당한다)의 직무 수행
— ② 최소한도, 남용 ×

직무의 범위
(제2조)
— 경찰관은 다음 각 호의 직무를 수행한다.
1. 국민의 생명·신체 및 재산의 보호
2. 범죄의 예방·진압 및 수사
2의2. 범죄피해자 보호
3. 경비, 주요 인사(人士) 경호 및 대간첩·대테러 작전 수행
4. 공공안녕에 대한 위험의 예방과 대응을 위한 정보의 수집·작성 및 배포
5. 교통 단속과 교통 위해(危害)의 방지
6. 외국 정부기관 및 국제기구와의 국제협력
7. 그 밖에 공공의 안녕과 질서 유지

불심검문
(제3조)

— **대상** — 의심할 만한 상당한 이유가 있는 사람, 안다고 인정되는 사람

— **방식** — 정지질문, 동행 요구(거절 가능), 흉기조사

— **한계** — 증표(공무원증), 소속, 성명, 목적, 이유, 장소
알리거나, 변호인
6시간
신체구속 ×, 답변강요 ×

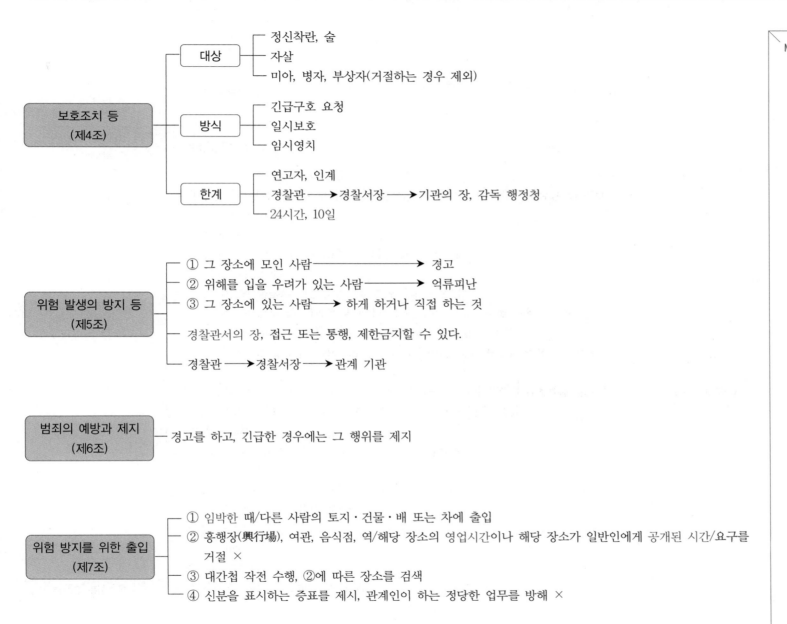

MEMO

사실의 확인 등
(제8조)
　━① 경찰관서의 장, 조회. 확인(통보 ×)
　━② 출석 요구서
　　　1. 미아
　　　2. 유실물
　　　3. 사고로 인한 사상자(死傷者)
　　　4. 행정처분을 위한 교통사고 조사

정보의 수집 등
(제8조의2)
　━ 정보의 수집·작성·배포와 이에 수반되는 사실의 확인
　　① 금지행위
　　　1. 정치에 관여하기 위해 정보를 수집·작성·배포하는 행위
　　　2. 법령의 직무 범위를 벗어나 개인의 동향 등을 파악하기 위해 사생활에 관한 정보를 수집·작성·배포하는 행위
　　　3. 상대방의 명시적 의사에 반해 자료 제출이나 의견 표명을 강요하는 행위
　　　4. 부당한 민원이나 청탁을 직무 관련자에게 전달하는 행위
　　　5. 직무상 알게 된 정보를 누설하거나 개인의 이익을 위해 사용하는 행위
　　　6. 직무와 무관한 비공식적 직함을 사용하는 행위
　　② 상시출입 금지
　　　1. 언론·교육·종교·시민사회 단체 등 민간단체
　　　2. 민간기업
　　　3. 정당의 사무소
　━ 경찰관은 명백히 위법한 지시라고 판단되는 경우에는 그 집행을 거부할 수 있다.

국제협력
(제8조의3)
　━ 경찰청장, 할 수 있다.

유치장
(제9조)
　━ 경찰서, 둔다.

MEMO

경찰장비 (제10조)		경찰장구 (제10조의2)	분사기 등 (제10조의3)	무기 (제10조의4) 권총·소총·도검 등	
경찰장비	위해성 경찰장비	수갑, 포승(捕繩), 경찰봉, 방패 등	현장책임자, 최소한	위해수반 X	위해수반 O
① 사용할 수 있다. ② 개조, 부착 ×	① 안전교육, 안전검사 ② 최소한 국회소관상임위원회	① 현행범이나 사무장 3년 ② 자다생신방보 ③ 공무집행	① 범인의 체포 또는 범인의 도주 방지 ② 불법집회·시위, 생명·신체와 재산 및 공공시설 안전	① 범인의 체포 ② 범인의 도주 방지 ③ 자다생신방보 ④ 공무집행	① 정당, 긴급 ② 다른 수단 × ㉠ 사무장 3년, 항거 ㉡ 영장집행 ㉢ 제3자 ㉣ 3회 ③ 대간첩

경찰청장: 안전성 검사

외부전문가

공용화기(共用火器)를 사용

※ 위해성 경찰장비의 사용기준 등에 관한 규정

(1) 정의

경찰장구	수갑·포승(捕繩)·호송용포승·경찰봉·호신용경봉·전자충격기·방패 및 전자방패
무기	권총·소총·기관총(기관단총을 포함한다)·산탄총·유탄발사기·박격포·3인치포·함포·크레모아·수류탄·폭약류 및 도검
분사기·최루탄 등	근접분사기·가스분사기·가스발사총(고무탄 발사겸용을 포함한다) 및 최루탄(그 발사장치를 포함한다)
기타장비	가스차·살수차·특수진압차·물포·석궁·다목적발사기 및 도주차량차단장비

(2) 사용기준 및 주의사항

① 소속 국가경찰관서의 장(경찰청장·시·도경찰청장·경찰서장 또는 경무관·총경·경정 또는 경감을 장으로 하는 국가경찰관서의 장을 말한다)
② 14세 미만의 자 또는 임산부에 대하여 전자충격기 또는 전자방패 ×
③ 총기 또는 폭발물을 가지고 대항하는 경우를 제외하고는 14세 미만의 자 또는 임산부에 대하여 권총 또는 소총 ×
④ 전극침(電極針) 발사장치가 있는 전자충격기를 사용하는 경우 상대방의 얼굴 ×
⑤ 1미터 이내의 거리에서 상대방의 얼굴을 향하여 가스발사총을 발사 ×
⑥ 최루탄발사기 30도 이상의 발사각을 유지, 가스차·살수차 또는 특수진압차의 최루탄발사대 15도이상의 발사각을 유지
⑦ ㉠ 살수차를 배치·사용 : 시·도경찰청장의 명령
　　㉡ 최루액을 혼합하여 살수 : 시·도경찰청장의 명령
　　㉢ 최루액의 혼합 살수 절차 및 방법 : 경찰청장

※ 경찰 물리력 행사의 기준과 방법에 관한 규칙

대상자 행위		경찰관 대응 수준	
순응	대상자가 경찰관의 지시, 통제에 따르는 상태를 말한다. 다만, 대상자가 경찰관의 요구에 즉각 응하지 않고 약간의 시간만 지체하는 경우는 '순응'으로 본다.	협조적 통제	'순응' 이상의 상태인 대상자에 대해 사용할 수 있는 물리력 수준으로서, 대상자의 협조를 유도하거나 협조에 따른 물리력을 말한다.
소극적 저항	대상자가 경찰관의 지시, 통제를 따르지 않고 비협조적이지만 경찰관 또는 제3자에 대해 직접적인 위해를 가하지 않는 상태를 말한다.	접촉 통제	'소극적 저항' 이상의 상태인 대상자에 대해 사용할 수 있는 물리력 수준으로서, 대상자 신체 접촉을 통해 경찰목적 달성을 강제하지만 신체적 부상을 야기할 가능성은 극히 낮은 물리력을 말한다.
적극적 저항	대상자가 자신에 대한 경찰관의 체포·연행 등 정당한 공무집행을 방해하지만 경찰관 또는 제3자에 대해 위해 수준이 낮은 행위만을 하는 상태를 말한다.	저위험 물리력	'적극적 저항' 이상의 상태인 대상자에 대해 사용할 수 있는 물리력 수준으로서, 대상자가 통증을 느낄 수 있으나 신체적 부상을 당할 가능성은 낮은 물리력을 말한다.
폭력적 공격	대상자가 경찰관 또는 제3자에 대해 신체적 위해를 가하는 상태를 말한다.	중위험 물리력	'폭력적 공격' 이상의 상태의 대상자에 대해 사용할 수 있는 물리력 수준으로서, 대상자에게 신체적 부상을 입힐 수 있으나 생명·신체에 대한 중대한 위해 발생 가능성은 낮은 물리력을 말한다.
치명적 공격	대상자가 경찰관 또는 제3자에 대해 사망 또는 심각한 부상을 초래할 수 있는 행위를 하는 상태를 말한다.	고위험 물리력	'치명적 공격' 상태의 대상자로 인해 경찰관 또는 제3자의 생명·신체에 급박하고 중대한 위해가 초래될 가능성이 있는 경우 최후의 수단으로 사용할 수 있는 물리력 수준으로서, 대상자의 사망 또는 심각한 부상을 초래할 수 있는 물리력을 말한다.

MEMO

경찰착용기록장치의 사용 (제10조의5)
- ① 피의자를 체포 또는 구속하는 경우
- ② 범죄 수사
    - ㉠ 범행 중이거나 범행 직전 또는 직후일 것
    - ㉡ 증거보전의 필요성 및 긴급성이 있을 것
- ③ 인공구조물의 파손이나 붕괴 등
- ④ 요청 또는 동의
- ⑤ 응급구호
- ⑥ 범죄행위를 긴급하게 예방 및 제지
- ⑦ 해상검문검색 또는 추적·나포하는 경우
- ⑧ 수난구호 업무
- ⑨ 대통령령

경찰착용기록장치의 사용 고지 등 (제10조의6)
- ① 영상을 촬영하는 때: 촬영 사실을 표시하고 알려야 한다.
- ② 불가피하게 고지가 곤란한 경우: 고지를 못한 사유를 기록하는 것으로 대체할 수 있다.
- ③ 기록을 마친 영상음성기록: 지체 없이 / 데이터베이스에 전송·저장 / 임의로 편집·복사하거나 삭제 ✕

영상음성기록정보 관리체계의 구축·운영 (제10조의7)
- 경찰청장

사용기록의 보관 (제11조)
- 살수차, 분사기, 최루탄 또는 무기: 3년

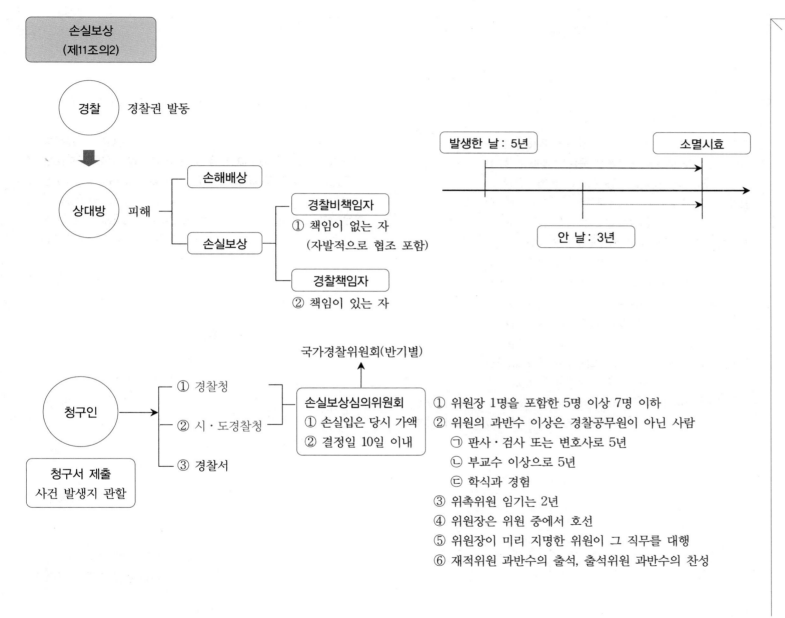

MEMO

MEMO

범인검거 등 공로자 보상 (제11조의3)

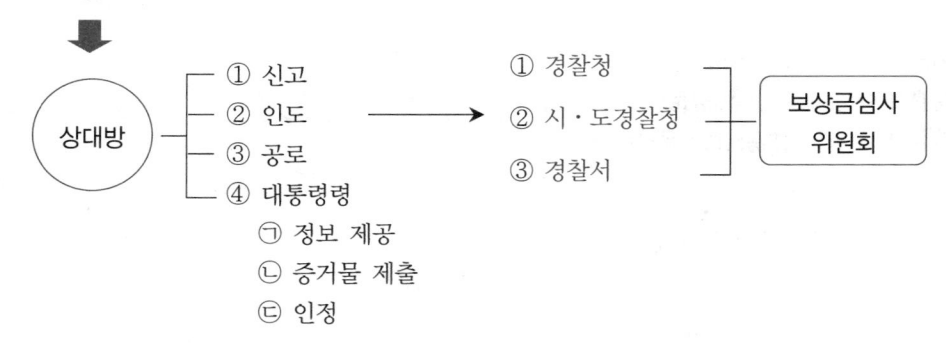

최고 한도 : 5억원

※ 범인검거 등 공로자 보상에 관한 규정
① 사형, 무기징역 또는 무기금고, 장기 10년 이상의 징역 또는 금고
   에 해당하는 범죄 : 100만원
② 장기 10년 미만의 징역 또는 금고에 해당하는 범죄 : 50만원
③ 장기 5년 미만의 징역 또는 금고, 장기 10년 이상의 자격정지 또는
   벌금형 : 30만원

tip 동일한 사람에게 연간 5회를 초과하여 보상금 지급 ×

① 위원장 1명을 포함한 5명 이내
② 위원은 소속 경찰공무원 중에서 경찰청장, 시·
   도경찰청장 또는 경찰서장이 임명
③ 위원장은 소속 과장급 이상의 경찰공무원 중에서
   임명
④ 재적위원 과반수의 찬성으로 의결

※ 범인검거 등 공로자 보상에 관한 규정
① 위원장은 보상금 심사 주무부서의 장
② 경찰관서장이 지명하는 소속 경찰관서의 다른 과
   장급 경찰공무원이 그 직무를 대행
③ 위원은 소속 경찰관서의 경정·경감 또는 경위
   계급으로서 직위가 있는 경찰공무원 4명
④ 심사 대상 사건을 담당하는 부서의 경찰공무원을
   1명 이상 포함

| 소송 지원
(제11조의4) | — 경찰청장, 민·형사상 책임과 관련된 소송, 지원을 할 수 있다. |

MEMO

| 직무 수행으로 인한 형의 감면
(제11조의5) | — 고의 또는 중대한 과실 ×, 감경하거나 면제할 수 있다. |

| 벌칙
(제12조) | — 1년 이하의 징역이나 금고 또는 300만원 이하의 벌금 |

Keyword 43   행정조사기본법

행정조사	① 목적: 정보나 자료 수집 ② 법령등에서 행정조사를 규정하고 있는 경우에 한하여 행정조사를 실시(자발적 협조)
행정조사의 기본원칙	① 최소한의 범위, 남용 × ② 조사목적에 적합하도록 조사대상자를 선정 ③ 공동조사 등을 실시 ④ 법령등의 위반에 대한 처벌보다는 법령등을 준수하도록 유도 ⑤ 공표하거나 비밀을 누설 × ⑥ 조사목적 이외의 용도로 이용하거나 타인에게 제공 ×

**조사의
주기**
	① 원칙: 정기조사
	② 수시조사
	  ㉠ 법률에서 수시조사를 규정
	  ㉡ 법령등의 위반에 대하여 혐의가 있는 경우
	  ㉢ 다른 행정기관으로부터 혐의를 통보 또는 이첩받은 경우
	  ㉣ 법령등의 위반에 대한 신고를 받거나 민원이 접수된 경우
	  ㉤ 대통령령

현장조사	① 원칙: 해가 뜨기 전이나 해가 진 뒤 ×
	② 예외
	  ㉠ 동의
	  ㉡ 업무시간
	  ㉢ 조사목적의 달성이 불가능, 증거인멸

통지	① 7일 전까지 서면으로 통지
	② 행정조사의 개시와 동시, 구두로 통지할 수 있는 경우
	  ㉠ 증거인멸
	  ㉡ 지정통계의 작성
	  ㉢ 조사대상자의 자발적인 협조를 얻어 실시하는 행정조사

제5절 │ 경찰구제법

Keyword 44 │ 국가배상법

1. 공무원의 불법행위

(1) 기본구조

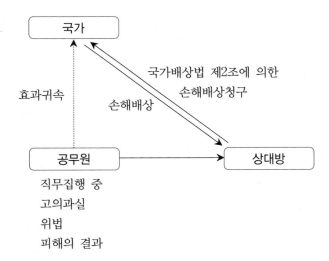

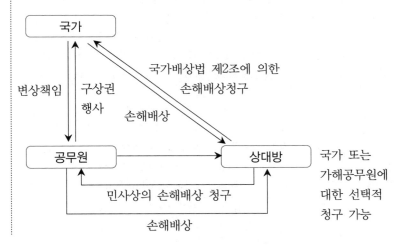

(2) 법적 성질

국가배상법 제2조에 의한 손해배상청구(사법설)

① 손해배상 : 민사상의 손해배상 책임을 특별법인 국가배상법이 정한데 불과하다(대판 1972.10.10, 69다701).

② 구청이 관내 청소를 목적으로 운전직원을 두고 차량을 운행한 것 : 손해배상은 특별한 사정이 없는 한 민법의 특별법인 본법(국가배상법)을 적용하여야 한다(대판 1971.4.6, 70다2955).

(3) 관련 판례

	○	×
공무원	① 교통할아버지(대판 2001.1.5., 98다39060). ② 동사무소 주민등록업무 담당공무원, 통장(대판 1991.7.9, 91다5570). ③ 향토예비군(대판 1970.5.26, 70다471). ④ 국가나 지방자치단체에 근무하는 청원경찰(대판 1993.7.13., 92다47564). ⑤ 법령에 의해 대집행권한을 위탁받은 한국토지공사의 업무 담당자(대판 2010.1.28, 2007다82950・82967).	① 의용소방대원(대판 1975.11.25, 73다1896). ② 법령에 의해 대집행권한을 위탁받은 한국토지공사(대판 2010.1.28, 2007다82950・82967).
직무	① 국가배상법이 정한 배상청구의 요건인 '공무원의 직무'의 범위 : 권력적 작용만이 아니라 행정지도와 같은 비권력적 작용도 포함되며 단지 행정주체가 사경제주체로서 하는 활동만 제외(대판 1998.7.10, 96다38971). ② 지방자치단체의 철거건물 소유자에 대한 시영아파트분양권 부여 등의 업무가 공행정작용과 관련된 활동인지 여부(적극) : 시나 구 등 지방자치단체의 철거건물 소유자에 대한 시영아파트분양권 부여 및 세입자에 대한 지원대책 등의 업무는 지방자치단체의 공권력 행사 기타 공행정작용과 관련된 활동으로 볼 것이지 단순한 사경제주체로서 하는 활동이라고는 볼 수 없다(대판 1991.7.26, 91다14819). ③ 국가의 철도운행사업과 관련하여 발생한 사고로 인한 손해배상청구에 관하여 적용될 법규(공무원의 직무상 과실을 원인으로 한 경우 = 민법, 영조물 설치・관리의 하자를 원인으로 한 경우 = 국가배상법)(대판 1999.6.22, 99다7008). ④ 국회의 입법행위 또는 입법부작위가 국가배상법 제2조 제1항의 위법행위에 해당하는 경우 : 국회의원의 입법행위는 그 입법 내용이 헌법의 문언에 명백히 위배됨에도 불구하고 국회가 굳이 당해 입법을 한 것과 같은 특수한 경우가 아닌 한 국가배상법 제2조 제1항 소정의 위법행위에 해당한다고 볼 수 없고, 같은 맥락에서 국가가 일정한 사항에 관하여 헌법에 의하여 부과되는 구체적인 입법의무를 부담하고 있음에도 불구하고 그 입법에 필요한 상당한 기간이 경과하도록 고의 또는 과실로 이러한 입법의무를 이행하지 아니하는 등 극히 예외적인 사정이 인정되는 사안에 한정하여 국가배상법 소정의 배상책임이 인정될 수 있으며, 위와 같은 구체적인 입법의무 자체가 인정되지 않는 경우에는 애당초 부작위로 인한 불법행위가 성립할 여지가 없다(대판 2008.5.29, 2004다33469). ⑤ 법관의 재판에 대한 국가배상책임이 인정되기 위한 요건 : 국가배상책임이 인정되려면 당해 법관이 위법 또는 부당한 목적을 가지고 재판을 하였다거나 법이 법관의 직무수행상 준수할 것을 요구하고 있는 기준을 현저하게 위반하는 등 법관이 그에게 부여된 권한의 취지에 명백히 어긋나게 이를 행사하였다고 인정할 만한 특별한 사정이 있어야 한다(대판 2003.7.11, 99다24218).	

직무	⑥ 재판에 대한 불복절차 내지 시정절차의 유무와 부당한 재판으로 인한 국가배상책임 인정 여부 : 재판에 대하여 불복절차 내지 시정절차 자체가 없는 경우에는 부당한 재판으로 인하여 불이익 내지 손해를 입은 사람은 국가배상 이외의 방법으로는 자신의 권리 내지 이익을 회복할 방법이 없으므로, 이와 같은 경우에는 배상책임의 요건이 충족되는 한 국가배상책임을 인정하지 않을 수 없다(대판 2003.7.11, 99다24218).
	⑦ 헌법재판소 재판관이 청구기간 내에 제기된 헌법소원심판청구 사건에서 청구기간을 오인하여 각하결정을 한 경우 : 이에 대한 불복절차 내지 시정절차가 없는 때에는 국가배상책임(위법성)을 인정할 수 있다(대판 2003.7.11, 99다24218).
	⑧ 검사 등의 수사기관이 피의자를 구속하여 수사한 후 공소를 제기하였으나 법원에서 무죄판결이 선고되어 확정된 경우, 국가배상법 제2조에 의한 손해배상책임이 인정되기 위한 요건 : 형사재판 과정에서 범죄사실의 존재를 증명함에 충분한 증거가 없다는 이유로 무죄판결이 확정되었다고 하더라도 그러한 사정만으로 바로 검사의 구속 및 공소제기가 위법하다고 할 수 없고, 그 구속 및 공소제기에 관한 검사의 판단이 그 당시의 자료에 비추어 경험칙이나 논리칙상 도저히 합리성을 긍정할 수 없는 정도에 이른 경우에만 그 위법성을 인정할 수 있다(대판 2002.2.22, 2001다23447).
집행하면서	① 인사업무담당 공무원이 다른 공무원의 공무원증 등을 위조한 행위 : 실질적으로는 직무행위에 속하지 아니한다 할지라도 외관상으로 국가배상법 제2조 제1항의 직무집행관련성을 인정할 수 있다(대판 2005.1.14, 2004다26805).
	② 구청 세무공무원이 무허가건물 세입자들에 대한 시영아파트 입주권의 매매행위를 하여 금원을 편취한 후 구청 주택정비계장으로 부임한 경우, 시·구에 손해배상책임을 물을 수 있는지 여부 : 그 공무원의 직무와 관련된 손해라고 할 수 없어 시·구에게 책임을 물을 수는 없다(대판 1994. 9.30, 94다11767).
	③ 공무원이 자기 소유 차량을 운전하여 출근하던 중 교통사고를 일으킨 경우, 직무집행 관련성 인정 여부(소극) : 공무원이 소속된 국가나 지방공공단체가 국가배상법상의 손해배상책임을 부담하지 않는다(대판 1996.5.31., 94다15271).
	④ 국가배상법 제2조 제1항에 말하는 '직무를 행함에 당하여'의 해석기준 : 공무원의 행위의 외관을 객관적으로 관찰하여 공무원의 직무행위로 보여질 때에는 비록 그것이 실질적으로 직무행위이거나 아니거나 또는 행위자의 주관적 의사에 관계없이 그 행위는 공무원의 직무집행행위로 볼 것이요 이러한 행위가 실질적으로 공무집행행위가 아니라는 사정을 피해자가 알았다 하더라도 그것을 '직무를 행함에 당하여'라고 단정하는데 아무런 영향을 미치는 것이 아니다(대판 1966.6.28., 66다781).
	⑤ 육군중사가 훈련에 대비하여 개인 소유의 오토바이를 운전하여 사전정찰차 훈련지역 일대를 돌아보고 귀대하다가 교통사고를 일으킨 경우, 오토바이의 운전행위가 국가배상법 제2조 소정의 직무집행행위에 해당하는지 여부 : 비록 개인소유의 오토바이를 운전한 경우라 하더라도 실질적, 객관적으로 위 운전행위는 그에게 부여된 훈련지역의 사전정찰임무를 수행하기 위한 직무와 밀접한 관련이 있다고 보아야 한다(대판 1994.5.27., 94다6741).
	⑥ 경찰서 감방 내의 폭력행위를 방지하기 위한 경찰관의 주의의무 : 국가는 감방 내의 폭력행위로 인한 손해를 배상할 책임이 있다(대판 1993.9.28, 93다17546).

MEMO

<table>
<tr><td rowspan="6">고의·과실</td><td>

① **국가배상법 제2조 제1항 본문 및 제2항의 입법 취지** : 공무원이 직무를 수행함에 있어 경과실로 타인에게 손해를 입힌 경우에는 배상책임도 전적으로 국가 등에만 귀속시키고 공무원 개인에게는 그로 인한 책임을 부담시키지 아니하여 공무원의 공무집행의 안정성을 확보하고, 반면에 공무원의 위법행위가 고의·중과실에 기한 경우에는 국가 등에게 그 책임을 귀속시킬 수 없으므로 공무원 개인에게 불법행위로 인한 손해배상책임을 부담시키되, 다만 이러한 경우에도 그 행위의 외관을 객관적으로 관찰하여 공무원의 직무집행으로 보여질 때에는 피해자인 국민을 두텁게 보호하기 위하여 국가 등이 공무원 개인과 중첩적으로 배상책임을 부담하되 국가 등이 배상책임을 지는 경우에는 공무원 개인에게 구상할 수 있도록 함으로써 궁극적으로 그 책임이 공무원 개인에게 귀속되도록 하려는 것이라고 봄이 합당하다[대판 1996.2.15., 95다38677(전합)].

② **공무원의 직무집행상의 과실의 의의(해당 공무원이 아닌 평균적 공무원을 기준으로 판단)** : 공무원의 직무집행상의 과실이라 함은 공무원이 그 직무를 수행함에 있어 당해직무를 담당하는 평균인이 보통(통상) 갖추어야 할 주의의무를 게을리한 것을 말한다(대판 1987.9.22, 87다카1164).

③ **행정처분이 후에 항고소송에서 취소된 사실만으로 당해 행정처분이 곧바로 공무원의 고의 또는 과실로 인한 것으로서 불법행위를 구성한다고 단정할 수 있는지 여부(소극) 및 이 경우 국가배상책임의 성립 요건과 그 판단 기준** : 어떠한 행정처분이 후에 항고소송에서 취소되었다고 할지라도 그 기판력에 의하여 당해 행정처분이 곧바로 공무원의 고의 또는 과실로 인한 것으로서 불법행위를 구성한다고 단정할 수는 없는 것이고, 그 행정처분의 담당공무원이 보통 일반의 공무원을 표준으로 하여 볼 때 객관적 주의의무를 결하여 그 행정처분이 객관적 정당성을 상실하였다고 인정될 정도에 이른 경우에 국가배상법 제2조 소정의 국가배상책임의 요건을 충족하였다고 봄이 상당하다(대판 2003.12.11, 2001다65236).

④ **법규해석을 그르쳐 위법한 행정처분을 한 행정청의 귀책사유 유무** : 법령에 대한 해석이 복잡, 미묘하여 워낙 어렵고, 이에 대한 학설, 판례조차 귀일되어 있지 않는 등의 특별한 사정이 없는 한 일반적으로 공무원이 관계 법규를 알지 못하거나 필요한 지식을 갖추지 못하고 법규의 해석을 그르쳐 행정처분을 하였다면 그가 법률전문가가 아닌 행정직 공무원이라고 하여 과실이 없다고는 할 수 없다(대판 2001.2.9, 98다52988).

⑤ **행정청이 확립된 법령의 해석에 어긋나는 견해를 고집하여 계속하여 위법한 행정처분을 하거나 이에 준하는 행위로 평가될 수 있는 불이익을 처분상대방에게 계속 주는 경우, 손해배상책임이 있는지 여부(적극)** : 행정청이 관계 법령의 해석이 확립되기 전에 어느 한 견해를 취하여 업무를 처리한 것이 결과적으로 위법하게 되어 그 법령의 부당집행이라는 결과를 빚었다고 하더라도 처분 당시 그와 같은 처리방법 이상의 것을 성실한 평균적 공무원에게 기대하기 어려웠던 경우라면 특별한 사정이 없는 한 이를 두고 공무원의 과실로 인한 것이라고 볼 수는 없다 할 것이지만(대판 1995.10.13, 95다32747; 대판 2004.6.11, 2002다31018 등 참조), 대법원의 판단으로 관계 법령의 해석이 확립되고 이어 상급 행정기관 내지 유관 행정부서로부터 시달된 업무지침이나 업무연락 등을 통하여 이를 충분히 인식할 수 있게 된 상태에서, 확립된 법령의 해석에 어긋나는 견해를 고집하여 계속하여 위법한 행정처분을 하거나 이에 준하는 행위로 평가될 수 있는 불이익을 처분상대방에게 주게 된다면, 이는 그 공무원의 고의 또는 과실로 인한 것이 되어 그 손해를 배상할 책임이 있다(대판 2007.5.10., 2005다31828).

⑥ **학설, 판례에 귀일된 견해가 없어 설이 갈릴 수 있는 복잡미묘한 법률해석에 관하여 공무원이 취한 견해가 대법원판례가 취한 그것과 달라진 경우와 공무원의 국가배상법상의 과실** : 법령의 해석이 복잡 미묘하여 어렵고 학설, 판례가 통일되지 않을 때에 공무원이 신중을 기해 그 중 어느 한 설을 취하여 처리한 경우에는 그 해석이 결과적으로 위법한 것이었다 하더라도 국가배상법상 공무원의 과실을 인정할 수 없다(대판 1973.10.10, 72다2583).

</td></tr>
</table>

고의 · 과실	⑦ 처분의 근거 법률이 위헌으로 결정된 경우, 해당 법률을 적용한 공무원에게 고의 또는 과실이 있는지 여부 : 공무원들로서는 그 행위 당시에 위 법률조항이 헌법에 위반되는지 여부를 심사할 권한이 없이오로지 위 법률조항에 따라 증거자료를 제출하고 이를 송달하였을 뿐이라 할 것이므로 당해 공무원들에게 고의 또는 과실이 있다 할 수 없어 대한민국의 청구인에 대한 손해배상책임은 성립되지 아니한다 할 것이다(헌재 2009.9.24., 2008헌바23).
법령 위반	① **국가배상책임에 있어서 '법령 위반'의 의미** : 법령을 위반하였다 함은 엄격한 의미의 법령 위반뿐 아니라 인권존중, 권력남용금지, 신의성실과 같이 공무원으로서 마땅히 지켜야 할 준칙이나 규범을 지키지 아니하고 위반한 경우를 포함하여 널리 그 행위가 객관적인 정당성을 결여하고 있음을 뜻하는 것이므로, 경찰관이 범죄수사를 함에 있어 경찰관으로서 의당 지켜야 할 법규상 또는 조리상의 한계를 위반하였다면 이는 법령을 위반한 경우에 해당한다(대판 2008.6.12, 2007다64365).
	② **국가배상책임의 성립요건으로서의 법령 위반의 의미(공무원의 직무집행이 법령이 정한 요건과 절차에 따라 이루어진 경우 위법성이 부정됨)** : 국가배상책임은 공무원의 직무집행이 법령에 위반한 것임을 요건으로 하는 것으로서, 공무원의 직무집행이 법령이 정한 요건과 절차에 따라 이루어진 것이라면 특별한 사정이 없는 한 이는 법령에 적합한 것이고 그 과정에서 개인의 권리가 침해되는 일이 생긴다고 하여 그 법령 적합성이 곧바로 부정되는 것은 아니라고 할 것이다(대판 1997.7.25., 94다2480).
	③ 경찰관이 교통법규 등을 위반하고 도주하는 차량을 순찰차로 추적하는 직무를 집행하는 중에 그 도주 차량의 주행에 의하여 제3자가 손해를 입은 경우, 경찰관의 추적행위가 위법한 것인지 여부(한정 소극)(대판 2000.11.10, 2000다26807).
	④ 시청 소속 공무원이 시장을 부패방지위원회에 부패혐의자로 신고한 후 동사무소로 전보된 사안에서, 그 전보인사가 사회통념상 용인될 수 없을 정도로 객관적 상당성을 결여하였다고 단정할 수 없어 불법행위를 구성하지 않는다(대판 2009.5.28, 2006다16215).
	⑤ **공무원의 부작위로 인한 국가배상책임의 인정 요건 및 위법성의 판단 기준** : 공무원의 부작위로 인한 국가배상책임을 인정하기 위하여는 … 중략 … '법령에 위반하여'라고 하는 것이 엄격하게 형식적 의미의 법령에 명시적으로 공무원의 작위의무가 규정되어 있는데도 이를 위반하는 경우만을 의미하는 것은 아니고, 국민의 생명, 신체, 재산 등에 대하여 절박하고 중대한 위험상태가 발생하였거나 발생할 우려가 있어서 국민의 생명, 신체, 재산 등을 보호하는 것을 본래적 사명으로 하는 국가가 초법규적, 일차적으로 그 위험 배제에 나서지 아니하면 국민의 생명, 신체, 재산 등을 보호할 수 없는 경우에는 형식적 의미의 법령에 근거가 없더라도 국가나 관련 공무원에 대하여 그러한 위험을 배제할 작위의무를 인정할 수 있을 것이지만, 그와 같은 절박하고 중대한 위험상태가 발생하였거나 발생할 우려가 있는 경우가 아니라면 원칙적으로 공무원이 관련 법령을 준수하여 직무를 수행하였다면 그와 같은 공무원의 부작위를 가지고 '고의 또는 과실로 법령에 위반하였다고 할 수는 없다(대판 1998.10.13, 98다18520).
	⑥ **경찰관에게 부여된 권한의 불행사가 직무상의 의무를 위반하여 위법하게 되는 경우** : 경찰관으로서는 제반 상황에 대응하여 자신에게 부여된 여러 가지 권한을 적절하게 행사하여 필요한 조치를 취할 수 있는 것이고, 그러한 권한은 일반적으로 경찰관의 전문적 판단에 기한 합리적인 재량에 위임되어 있는 것이나, 경찰관에게 권한을 부여한 취지와 목적에 비추어 볼 때 구체적인 사정에 따라 경찰관이 그 권한을 행사하여 필요한 조치를 취하지 아니하는 것이 현저하게 불합리하다고 인정되는 경우에는 그러한 권한의 불행사는 직무상의 의무를 위반한 것이 되어 위법하게 된다(대판 2004.9.23., 2003다49009).

MEMO

		MEMO
법령 위반	⑦ 군산 윤락업소 화재 사건으로 사망한 윤락녀의 유족들이 국가를 상대로 제기한 손해배상청구 사건에서, 경찰관의 직무상 의무위반행위를 이유로 국가에게 위자료의 지급책임을 인정한 사례 : 경찰관이 이러한 감금 및 윤락강요행위를 제지하거나 윤락업주들을 체포·수사하는 등 필요한 조치를 취하지 아니하고 오히려 업주들로부터 뇌물을 수수하며 그와 같은 행위를 방치한 것은 경찰관의 직무상 의무에 위반하여 위법하므로 국가는 이로 인한 정신적 고통에 대하여 위자료를 지급할 의무가 있다(대판 2004.9.23, 2003다49009). ⑧ 주점에서 발생한 화재로 사망한 甲 등의 유족들이 乙 광역시를 상대로 손해배상을 구한 사안 : 소방공무원들의 직무상 의무위반과 甲 등의 사망 사이에 상당인과관계가 인정된다(대판 2016.8.25., 2014다225083).	
타인에게 손해 발생	① 불법행위로 인한 재산상 손해의 의의 및 그 구분 : 기존의 이익이 상실되는 적극적 손해의 형태와 장차 얻을 수 있을 이익을 얻지 못하는 소극적 손해의 형태로 구분된다(대판 1998.7.10, 96다38971). ② 국가배상법 제2조 제1항에 따른 국가배상책임이 성립하기 위해서 공무원의 위법한 직무집행으로 타인의 권리·이익이 침해되어 구체적 손해가 발생하여야 하는지 여부(적극) : 국가배상책임이 성립하기 위해서는 공무원의 직무집행이 위법하다는 점만으로는 부족하고, 그로 인해 타인의 권리·이익이 침해되어 구체적 손해가 발생하여야 한다(대판 2016.8. 30, 2015두60617). ③ 재산상의 손해로 인하여 받는 정신적 고통의 배상 : 재산상의 손해로 인하여 받는 정신적 고통은 그로 인하여 재산상 손해의 배상만으로는 전보될 수 없을 정도의 심대한 것이라고 볼 만한 특별한 사정이 없는 한 재산상 손해배상으로써 위자된다(대판 1998. 7.10, 96다38971).	
인과관계	① 공무원의 직무상 의무 위반행위와 손해 사이의 상당인과관계 유무의 판단 기준 : 공무원에게 직무상 의무를 부과한 법령의 보호목적이 사회 구성원 개인의 이익과 안전을 보호하기 위한 것이 아니고 단순히 공공일반의 이익이나 행정기관 내부의 질서를 규율하기 위한 것이라면, 가사 공무원이 그 직무상 의무를 위반한 것을 계기로 하여 제3자가 손해를 입었다 하더라도 공무원이 직무상 의무를 위반한 행위와 제3자가 입은 손해 사이에는 법리상 상당인과관계가 있다고 할 수 없다(대판 1994.6.10, 93다30877). ② 공설해수욕장에서 탈의실업자가 관리하는 전기시설이 부실하여 누전사고로 해수욕객이 사망한 경우, 해수욕장을 개설한 지방자치단체의 책임을 인정한 사례 : 공무원에게 부과된 직무상의 의무의 내용이 단순히 공공일반의 이익을 위한 것이거나 행정기관 내부의 질서를 규율하기 위한 것이 아니고, 전적으로 또는 부수적으로 사회구성원 개인의 안전과 이익을 보호하기 위하여 설정된 것이라면공무원이 직무상의 의무를 위반함으로 인하여 피해자가 입은 손해에 대하여는 상당인과관계가 인정되는 범위 내에서 국가 또는 지방자치단체가 배상책임을 져야 한다(대판 1995.4.11., 94다15646).	

2. 영조물의 설치·관리상의 하자

(1) 영조물 해당 여부

영조물 ○	영조물 ×
① 매향리사격장(대판 2004.3.12, 2002다14242). ② 철도 건널목의 자동 경보기(대판 1967.9.19, 67다1302·1303). ③ 서울특별시 영등포구가 여의도광장(대판 1995.2.24, 94다57671). ④ 김포공항(대판 2005.1.27, 2003다49566).	① 노선인정 기타 공용개시 이전의 도로(대판 1981.7.7, 80다2478).

(2) 관련 판례

설치나 관리에 하자	① 국가배상법 제5조 제1항 소정의 '영조물의 설치·관리상의 하자'의 의미 및 하자로 볼 수 있는 경우 : 국가배상법 제5조 제1항에 정하여진 '영조물의 설치 또는 관리의 하자'라 함은 공공의 목적에 공여된 영조물이 그 용도에 따라 갖추어야 할 안전성을 갖추지 못한 상태에 있음을 말하고, 여기서 안전성을 갖추지 못한 상태, 즉 타인에게 위해를 끼칠 위험성이 있는 상태라 함은 당해 영조물을 구성하는 물적 시설 그 자체에 있는 물리적·외형적 흠결이나 불비로 인하여 그 이용자에게 위해를 끼칠 위험성이 있는 경우뿐만 아니라 그 영조물이 공공의 목적에 이용됨에 있어 그 이용상태 및 정도가 일정한 한도를 초과하여 제3자에게 사회통념상 참을 수 없는 피해를 입히는 경우까지 포함된다고 보아야 할 것이다(대판 2004.3.12, 2002다14242). ② 국가배상법 제5조 제1항에 정해진 영조물의 설치 또는 관리의 하자의 의미 및 그 판단 기준 : 만일 객관적으로 보아 시간적·장소적으로 영조물의 기능상 결함으로 인한 손해발생의 예견가능성과 회피가능성이 없는 경우 즉 그 영조물의 결함이 영조물의 설치·관리자의 관리행위가 미칠 수 없는 상황 아래에 있는 경우임이 입증되는 경우라면 영조물의 설치·관리상의 하자를 인정할 수 없다(대판 2001.7.27, 2000다56822). ③ 가변차로에 설치된 두 개의 신호등에서 서로 모순되는 신호가 들어오는 오작동이 발생하였고 그 고장이 현재의 기술수준상 부득이한 경우 : 현재의 기술수준상 부득이한 것이라고 가정하더라도 그와 같은 사정만으로 손해발생의 예견가능성이나 회피가능성이 없어 영조물의 하자를 인정할 수 없는 경우라고 단정할 수 없다(대판 2001.7.27., 2000다56822). ④ 김포공항에서 발생하는 소음 등으로 인근 주민들이 입은 피해 : 김포공항의 설치·관리에 하자가 있다(대판 2005.1.27, 2003다49566). ⑤ 트럭 앞바퀴가 고속도로상에 떨어져 있는 타이어에 걸려 중앙분리대를 넘어가 사고가 발생한 경우(대판 1992.9.14, 92다3243). ⑥ 관리청이 하천법 등 관련 규정에 의해 책정한 하천정비기본계획 등에 따라 개수를 완료한 하천이 위 기본계획 등에서 정한 계획홍수량 등을 충족하여 관리되고 있는 경우, 그 안전성을 인정할 수 있는지 여부(원칙적 적극) : 관리청이 하천법 등 관련 규정에 의해 책정한 하천정비기본계획 등에 따라 개수를 완료한 하천 또는 아직 개수 중이라 하더라도 개수를 완료한 부분에 있어서는 통상 갖추어야 할 안전성을 갖추고 있다고 봄이 상당하다(대판 2007.9.21, 2005다65678).

설치나 관리에 하자	⑦ 교차로의 진행방향 신호기의 정지신호가 단선으로 소등되어 있는 상태 : 피고가 관할하는 서울특별시 전역에는 약 13만여 개의 신호등 전구가 설치되어 있고 그중 약 300여 개가 하루에 소등되고, 신호등 전구의 수명은 전력변동률이 높아 예측하기 곤란하며, 신호등 전구가 단선되더라도 현장에 나가보지 않고는 이를 파악할 수 없어 이 사건 신호기의 적색신호가 소등된 기능상 결함이 있었다는 사정만으로는 이 사건 신호기의 설치 또는 관리상의 어떠한 하자가 있었다고 할 수 없다(대판 2000.2.25, 99다54004).
면책사유	① 100년 발생빈도의 강우량을 기준으로 책정된 계획홍수위를 초과하여 600년 또는 1,000년 발생빈도의 강우량에 의한 하천의 범람은 예측가능성 및 회피가능성이 없는 불가항력적인 재해로서 그 영조물의 관리청에게 책임을 물을 수 없다고 본 사례 : 이 사건 사고 당시 사고지점 상류지역의 강우량은 600년 또는 1,000년 발생빈도의 강우량이어서 계획홍수위를 훨씬 넘는 유수에 의한 범람은 예측가능성 및 회피가능성이 없는 불가항력적인 재해로 보아 그 영조물의 관리청에게 책임을 물을 수 없다 할 것이다(대판 2003. 10.23, 2001다48057). ② 설치자의 재정사정(예산부족)이나 영조물의 사용목적에 의한 사정은 안전성을 요구하는데 대한 정도 문제로서 참작사유에는 해당할지언정 안전성을 결정지을 절대적 요건에는 해당하지 아니한다 할 것이다[대법원 1967. 2. 21. 선고 66다1723 판결].
과실상계	① 소음 등을 포함한 공해 등의 위험지역으로 이주하여 거주하는 경우, 이를 손해배상액의 산정에 있어 감경 또는 면제사유로 고려하여야 하는지 여부(적극) : 소음 등을 포함한 공해 등의 위험지역으로 이주하여 들어가 거주하는 경우와 같이 위험의 존재를 인식하거나 과실로 인식하지 못하고 이주한 경우에는 손해배상액의 산정에 있어 형평의 원칙상 과실상계에 준하여 감경 또는 면제사유로 고려하여야 한다(대판 2010.11.11, 2008다57975). ② 공군사격장 주변지역에서 발생하는 소음 등으로 피해를 입은 주민들이 국가를 상대로 손해배상을 청구한 사안 : 공군사격장 주변지역에서 발생하는 소음 등으로 피해를 입은 주민들이 국가를 상대로 손해배상을 청구한 사안에서, 사격장의 소음피해를 인식하거나 과실로 인식하지 못하고 이주한 일부 주민들의 경우, 비록 소음으로 인한 피해를 용인하고 이용하기 위하여 이주하였다는 등의 사정이 인정되지 않아 국가의 손해배상책임을 완전히 면제할 수는 없다고 하더라도, 손해배상액을 산정함에 있어 그와 같은 사정을 전혀 참작하지 아니하여 감경조차 아니 한 것은 형평의 원칙에 비추어 현저히 불합리하고, 불법행위로 인한 손해배상액의 산정에 관한 법리를 오해한 잘못이 있다(대판 2010.11.11, 2008다57975). ③ 소음 등을 포함한 공해 등의 위험지역으로 이주하여 거주하는 경우, 가해자의 면책 여부에 대한 판단 기준 : 소음 등을 포함한 공해 등의 위험지역으로 이주하여 들어가서 거주하는 경우와 같이 위험의 존재를 인식하면서 그로 인한 피해를 용인하며 접근한 것으로 볼 수 있는 경우에 그 피해가 직접 생명이나 신체에 관련된 것이 아니라 정신적 고통이나 생활방해의 정도에 그치고, 그 침해행위에 상당한 고도의 공공성이 인정되는 때에는 위험에 접근한 후 실제로 입은 피해 정도가 위험에 접근할 당시에 인식하고 있었던 위험의 정도를 초과하는 것이거나 위험에 접근한 후에 그 위험이 특별히 증대하였다는 등의 특별한 사정이 없는 한 가해자의 면책을 인정하여야 하는 경우도 있을 수 있을 것이나, 일반인이 공해 등의 위험지역으로 이주하여 거주하는 경우라고 하더라도 위험에 접근할 당시에 그러한 위험이 문제가 되고 있지 아니하였고, 그러한 위험이 존재하는 사실을 정확하게 알 수 없었으며, 그 밖에 위험에 접근하게 된 경위와 동기 등의 여러 가지 사정을 종합하여 그와 같은 위험의 존재를 인식하면서 굳이 위험으로 인한 피해를 용인하였다고 볼 수 없는 경우에는 그 책임이 감면되지 아니한다고 봄이 상당하다(대판 2004.3.12, 2002다14242).

MEMO

3. 배상심의회

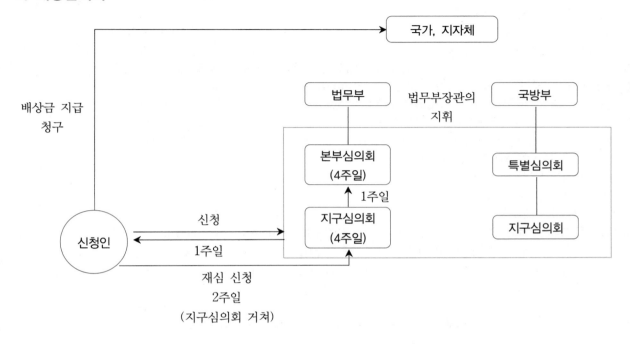

① 본부심의회와 특별심의회와 지구심의회는 법무부장관의 지휘를 받아야 한다.
② 지구심의회는 배상신청을 받으면 심의를 거쳐 4주일 이내에 배상금 지급결정, 기각결정 또는 각하결정(이하 "배상결정"이라 한다)을
하여야 한다.
③ 심의회는 배상결정을 하면 그 결정을 한 날부터 1주일 이내에 그 결정정본(決定正本)을 신청인에게 송달하여야 한다.
④ 지구심의회에서 배상신청이 기각(일부기각된 경우를 포함한다) 또는 각하된 신청인은 결정정본이 송달된 날부터 2주일 이내에 그 심의
회를 거쳐 본부심의회나 특별심의회에 재심(再審)을 신청할 수 있다.
⑤ 재심신청을 받은 지구심의회는 1주일 이내에 배상신청기록 일체를 본부심의회나 특별심의회에 송부하여야 한다.
⑥ 본부심의회나 특별심의회는 심의를 거쳐 4주일 이내에 다시 배상결정을 하여야 한다.

Keyword 45 손실보상

공공의 필요	공용수용에 있어서 공익사업을 위한 필요에 대한 증명책임의 소재(= 사업시행자) : 공용수용은 공익사업을 위하여 특정의 재산권을 법률에 의하여 강제적으로 취득하는 것을 내용으로 하므로 그 공익사업을 위한 필요가 있어야 하고, 그 필요가 있는지에 대하여는 수용에 따른 상대방의 재산권침해를 정당화할 만한 공익의 존재가 쌍방의 이익의 비교형량의 결과로 입증되어야 하며, 그 입증책임은 사업시행자에게 있다(대판 2005.11.10., 2003두7507).
재산권의 침해	① 주거용 건물이 아닌 위법 건축물의 경우토지수용법상의 수용보상 대상이 되는지 여부 : 토지수용법상의 사업인정 고시 이전에 건축되고 공공사업용지 내의 토지에 정착한 지장물인 건물은 통상 적법한 건축허가를 받았는지 여부에 관계없이 손실보상의 대상이 되나, 주거용 건물이 아닌 위법 건축물의 경우에는 관계 법령의 입법 취지와 그 법령에 위반된 행위에 대한 비난가능성과 위법성의 정도, 합법화될 가능성, 사회통념상 거래 객체가 되는지 여부 등을 종합하여 구체적·개별적으로 판단한 결과 그 위법의 정도가 관계 법령의 규정이나 사회통념상 용인할 수 없을 정도로 크고 객관적으로도 합법화될 가능성이 거의 없어 거래의 객체도 되지 아니하는 경우에는 예외적으로 수용보상 대상이 되지 아니한다(대판 2001.4.13., 2000두6411). ② 토지의 문화적, 학술적 가치가 토지수용법상 손실보상의 대상이 될 수 있는지 여부(소극) : 문화적, 학술적 가치는 특별한 사정이 없는 한 토지수용법 제51조 소정의 손실보상의 대상이 될 수 없으니, 이 사건 토지가 철새 도래지로서 자연 문화적인 학술가치를 지녔다 하더라도 손실보상의 대상이 될 수 없다(대판 1989.9.12, 88누11216). ③ 영업을 하기 위하여 투자한 비용이나 그 영업을 통하여 얻을 것으로 기대되는 이익이 손실보상의 대상이 되는지 여부(소극) : 구 토지수용법(2002.2.4. 법률 제6656호 공익사업을 위한 토지 등의 취득 및 보상에 관한 법률 부칙 제2조로 폐지) 제51조가 규정하고 있는 '영업상의 손실'이란 수용의 대상이 된 토지·건물 등을 이용하여 영업을 하다가 그 토지·건물 등이 수용됨으로 인하여 영업을 할 수 없거나 제한을 받게 됨으로 인하여 생기는 직접적인 손실을 말하는 것이고, 영업을 하기 위하여 투자한 비용이나 그 영업을 통하여 얻을 것으로 기대되는 이익에 대한 손실보상의 근거규정이나 그 보상의 기준과 방법 등에 관한 규정이 없으므로, 이러한 손실은 그 보상의 대상이 된다고 할 수 없다(대판 2006.1.27, 2003두13106). ④ 수용대상 토지의 손실보상액 평가 기준 : 수용대상 토지에 대한 손실보상액을 평가함에 있어서는 수용재결 당시의 이용상황, 주위환경 등을 기준으로 하여야 하는 것이고, 여기서의 수용대상 토지의 현실이용상황은 법령의 규정이나 토지소유자의 주관적 의도 등에 의하여 의제될 것이 아니라 오로지 관계 증거에 의하여 확정되어야 한다(대판 1997. 8.29, 96누2569). ⑤ 공법상의 제한을 받는 토지의 수용보상액 평가방법 : 공법상의 제한을 받는 토지의 수용보상액을 산정함에 있어서는 그 공법상의 제한이 당해 공공사업의 시행을 직접 목적으로 하여 가하여진 경우에는 그 제한을 받지 아니하는 상태대로 평가하여야 할 것이지만, 공법상 제한이 당해 공공사업의 시행을 직접 목적으로 하여 가하여진 경우가 아니라면 그러한 제한을 받는 상태 그대로 평가하여야 하고, 그와 같은 제한이 당해 공공사업의 시행 이후에 가하여진 경우라고 하여 달리 볼 것은 아니다. 문화재보호구역의 확대 지정이 당해 공공사업인 택지개발사업의 시행을 직접 목적으로 하여 가하여진 것이 아님이 명백하므로 토지의 수용보상액은 그러한 공법상 제한을 받는 상태대로 평가하여야 한다(대판 2005.2.18, 2003두14222).

MEMO

재산권의 침해	⑥ 간척사업의 시행으로 종래의 관행어업권자에게 구 공유수면매립법에서 정하는 손실보상청구권이 인정되기 위해서는 매립면허 고시 후 매립공사가 실행되어 관행어업권자에게 실질적이고 현실적인 피해가 발생해야 하는지 여부(적극) : 공유수면 매립면 허의 고시가 있다고 하여 반드시 그 사업이 시행되고 그로 인하여 손실이 발생한다고 할 수 없으므로, 매립면허 고시 이후 매립공사가 실행되어 관행어업권자에게 실질적이고 현실적인 피해가 발생한 경우에만 공유수면매립법에서 정하는 손실보 상청구권이 발생하였다고 할 것이다(대판 2010.12.9., 2007두6571). ⑦ 하천법 제50조에 따른 하천수 사용권이 공익사업을 위한 토지 등의 취득 및 보상에 관한 법률 제76조 제1항에서 손실보상의 대상으로 규정하고 있는 '물의 사용에 관한 권리'에 해당하는지 여부(적극) : 하천법 제50조에 의한 하천수 사용권은 공익사업 을 위한 토지 등의 취득 및 보상에 관한 법률 제76조 제1항이 손실보상의 대상으로 규정하고 있는 '물의 사용에 관한 권리' 에 해당한다(대판 2018.12.27., 2014두11601).
적법한 침해	사업시행자가 해당 공익사업을 수행할 의사나 능력을 상실한 경우, 그 사업인정에 터잡아 수용권을 행사할 수 있는지 여부(소극) : 사업시행자가 해당 공익사업을 수행할 의사나 능력을 상실하였음에도 여전히 그 사업인정에 기하여 수용권을 행사하는 것은 수용권의 공익 목적에 반하는 수용권의 남용에 해당하여 허용되지 않는다(대판 2011.1.27., 2009두1051).
특별한 희생	① 공공용물에 대한 일반사용이 적법한 개발행위로 제한됨으로 인한 불이익이 손실보상의 대상이 되는 특별한 손실인지 여부(소 극) : 일반 공중의 이용에 제공되는 공공용물에 관하여 적법한 개발행위 등이 이루어짐으로 말미암아 이에 대한 일정범위의 사람 들의 일반사용이 종전에 비하여 제한받게 되었다 하더라도 특별한 사정이 없는 한 그로 인한 불이익은 손실보상의 대상이 되는 특별한 손실에 해당한다고 할 수 없다(대판 2002.2.26, 99다35300). ② 어선어업자들의 백사장 등에 대한 사용이 관행어업권에 기한 것으로 볼 수 있는지 여부(소극) : 관행어업권은 어디까지나 수 산동식물이 서식하는 공유수면에 대하여 성립하고, 허가어업에 필요한 어선의 정박 또는 어구의 수리·보관을 위한 육상의 장소에는 성립할 여지가 없으므로, 어선어업자들의 백사장 등에 대한 사용은 공공용물의 일반사용에 의한 것일 뿐 관행어업 권에 기한 것으로 볼 수 없다(대판 2002.2.26, 99다35300). ③ 개발제한구역 지정에 관한 도시계획법 제21조의 위헌 여부(소극) : 개발제한구역 안에 있는 토지의 소유자는 재산상의 권리 행사에 많은 제한을 받게 되고 그 한도 내에서 일반 토지소유자에 비하여 불이익을 받게 됨은 명백하지만, 그와 같은 제한으 로 인한 토지소유자의 불이익은 공공의 복리를 위하여 감수하지 아니하면 안 될 정도의 것이라고 인정된다(대판 1996.6.28, 94다54511). ④ 도시계획법 제21조의 위헌 여부(적극) : 도시계획법 제21조에 의한 재산권의 제한은 개발제한구역으로 지정된 토지를 원칙 적으로 지정 당시의 지목과 토지현황에 의한 이용방법에 따라 사용할 수 있는 한, 재산권에 내재하는 사회적 제약을 비례의 원칙에 합치하게 합헌적으로 구체화한 것이라고 할 것이나, 종래의 지목과 토지현황에 의한 이용방법에 따른 토지의 사용도 할 수 없거나 실질적으로 사용·수익을 전혀 할 수 없는 예외적인 경우에도 아무런 보상 없이 이를 감수하도록 하고 있는 한, 비례의 원칙에 위반되어 당해 토지소유자의 재산권을 과도하게 침해하는 것으로서 헌법에 위반된다(헌재 1998.12.24., 89헌마214).

보상의 기준	① '정당한 보상'이라 함은 원칙적으로 피수용재산의 객관적인 재산가치를 완전하게 보상하여야 한다는 완전보상을 뜻하는지 여부: '정당한 보상'이라 함은 원칙적으로 피수용재산의 객관적인 재산가치를 완전하게 보상하여야 한다는 완전보상을 뜻하는 것이라 할 것이다(대판 1993.7.13, 93누2131).
	② 헌법 제23조 제3항의 정당한 보상의 의미: 헌법 제23조 제3항이 규정하는 정당한 보상이란 원칙적으로 피수용재산(被收用財産)의 객관적(客觀的)인 재산가치(財産價値)를 완전하게 보상하는 것이어야 한다는 완전보상을 의미한다(헌재 1995.4.20, 93헌바20).
	③ 공시지가를 기준으로 수용된 토지에 대한 보상액을 산정하는 것이 헌법 제23조 제3항의 정당보상원칙에 위배되는지 여부(소극): 공익사업법 제70조 제4항, 구 공익사업법 제70조 제1항 및 구 부동산평가법 제9조 제1항 제1호가 공시지가를 기준으로 수용된 토지에 대한 보상액을 산정하도록 규정한 것은, 헌법 제23조 제3항이 규정한 정당보상원칙에 위배되지 아니한다(헌재 2010.3.25, 2008헌바102).
	④ 개발이익(開發利益)이 완전보상의 개념에 포함되는지 여부: 구 토지수용법 제46조 제2항 및 지가공시 및 토지 등의 평가에 관한 법률 제10조 제1항 제1호가 토지수용으로 인한 손실보상액의 산정을 공시지가(公示地價)를 기준으로 하되 개발이익(開發利益)을 배제하고, 공시기준일부터 재결시까지의 시점보정(時點補正)을 인근토지의 가격변동률과 도매물가상승률 등에 의하여 행하도록 규정한 것은, 헌법상의 정당보상의 원칙에 위배되는 것이 아니며, 또한 위 헌법조항의 법률유보를 넘어섰다거나 과잉금지의 원칙에 위배되었다고 볼 수 없다(헌재 1995.4.20, 93헌바20).
	⑤ 공시지가에 당해 수용사업으로 인한 개발이익이 포함되어 있거나 반대로 자연적 지가상승분도 반영되지 아니한 경우의 손실보상액 평가방법: 당해 수용사업의 시행으로 인한 개발이익은 수용대상토지의 수용 당시의 객관적 가치에 포함되지 아니하는 것이므로 수용대상토지에 대한 손실보상액을 산정함에 있어서 구 토지수용법(1991.12.31. 법률 제4483호로 개정되기 전의 것) 제46조 제2항에 의하여 손실보상액 산정의 기준이 되는 지가공시 및 토지 등의 평가에 관한 법률에 의한 공시지가에 당해 수용사업의 시행으로 인한 개발이익이 포함되어 있을 경우 그 공시지가에서 그러한 개발이익을 배제한 다음 이를 기준으로 하여 손실보상액을 평가하고, 반대로 그 공시지가가 당해 수용사업의 시행으로 지가가 동결된 관계로 개발이익을 배제한 자연적 지가상승분도 반영하지 못한 경우에는 그 자연적 지가상승률을 산출하여 이를 기타사항으로 참작하여 손실보상액을 평가하는 것이 정당보상의 원리에 합당하다(대판 1993.7.27, 92누11084).
	⑥ 영업손실에 관한 보상에 있어서 영업의 폐지 또는 영업의 휴업인지 여부의 구별 기준(= 영업의 이전 가능성) 및 그 판단 방법: 당해 영업을 그 영업소 소재지나 인접 시·군 또는 구 지역 안의 다른 장소로 이전하는 것이 가능한지 여부에 달려 있고, 이러한 이전 가능성 여부는 법령상의 이전 장애사유 유무와 당해 영업의 종류와 특성, 영업시설의 규모, 인접지역의 현황과 특성, 그 이전을 위하여 당사자가 들인 노력 등과 인근 주민들의 이전 반대 등과 같은 사실상의 이전 장애사유 유무 등을 종합하여 판단하여야 한다(대판 2000.11.10, 99두3645).

MEMO

Keyword 46　행정심판법

1. 행정심판위원회의 구성

구분	중앙행정심판위원회	행정심판위원회
구성	위원장 1명을 포함하여 70명 이내의 위원으로 구성하되, 위원 중 상임위원은 4명 이내	위원장 1명을 포함하여 50명 이내의 위원으로 구성
위원장	위원장은 국민권익위원회의 부위원장 중 1명	행정심판위원회가 소속된 행정청
위원	① 상임위원: 일반직공무원으로서 「국가공무원법」 제26조의5에 따른 임기제공무원으로 임명하되, 3급 이상 공무원 또는 고위공무원단에 속하는 일반직공무원으로 3년 이상 근무한 사람이나 그 밖에 행정심판에 관한 지식과 경험이 풍부한 사람 중에서 중앙행정심판위원회 위원장의 제청으로 국무총리를 거쳐 대통령이 임명 ② 비상임위원: 행정심판위원회 위원의 자격에 해당하는 사람 중에서 중앙행정심판위원회 위원장의 제청으로 국무총리가 성별을 고려하여 위촉	행정심판위원회가 소속된 행정청이 다음의 어느 하나에 해당하는 사람 중에서 성별을 고려하여 위촉하거나 그 소속 공무원 중에서 지명 ① 변호사 자격을 취득한 후 5년 이상의 실무 경험이 있는 사람 ② 조교수 이상으로 재직하거나 재직하였던 사람 ③ 4급 이상 공무원이었거나 고위공무원단에 속하는 공무원이었던 사람 ④ 박사학위를 취득한 후 해당 분야에서 5년 이상 근무한 경험이 있는 사람 ⑤ 그 밖에 행정심판과 관련된 분야의 지식과 경험이 풍부한 사람
임기 및 신분보장	① 상임위원: 임기는 3년으로 하며, 1차에 한하여 연임 가능 ② 비상임위원의: 임기는 2년으로 하되, 2차에 한하여 연임 가능	위촉된 위원의 임기는 2년으로 하되, 2차에 한하여 연임 가능
회의	위원장, 상임위원 및 위원장이 회의마다 지정하는 비상임위원을 포함하여 총 9명으로 구성	위원장과 위원장이 회의마다 지정하는 8명의 위원 (위촉위원은 6명 이상)
정족수	구성원 과반수의 출석과 출석위원 과반수의 찬성으로 의결	구성원 과반수의 출석과 출석위원 과반수의 찬성으로 의결

2. 행정심판 절차

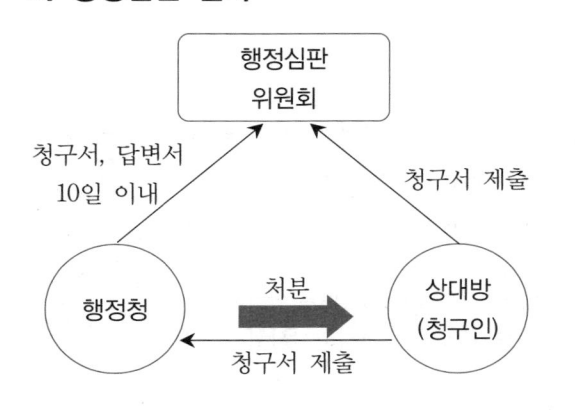

심판청구의 기간	① 처분이 있음을 알게 된 날부터 90일 이내에 청구 ② ①에서 정한 기간에 심판청구를 할 수 없었을 때에는 그 사유가 소멸한 날부터 14일 이내에 행정심판을 청구(국외에서 정심판을 청구하는 경우에는 그 기간을 30일) ③ 처분이 있었던 날부터 180일이 지나면 청구 ×. 다만, 정당한 사유가 있는 경우에는 그러하지 아니하다.
심판청구의 방식	심판청구는 서면으로 하여야 한다.
집행정지	① 원칙: 집행부정지 ② 예외: 집행정지(처분의 효력정지는 처분의 집행 또는 절차의 속행을 정지함으로써 그 목적을 달성할 수 있을 때에는 허용 ×) ③ 집행정지는 공공복리에 중대한 영향을 미칠 우려가 있을 때에는 허용 ×
재결기간	① 피청구인 또는 위원회가 심판청구서를 받은 날부터 60일 이내. 다만, 위원장이 직권으로 30일 연장 가능 ② 재결 기간을 연장할 경우에는 재결 기간이 끝나기 7일 전까지 당사자에게 통지

3. 관련 판례

심판청구 기간	① 행정심판법 제18조 제1항 소정의 심판청구기간 기산점인 '처분이 있음을 안 날'의 의미 : 당사자가 통지·공고 기타의 방법에 의하여 당해 처분이 있었다는 사실을 현실적으로 안 날을 의미하고, 처분에 관한 서류가 당사자의 주소지에 송달되는 등 사회통념상 처분이 있음을 당사자가 알 수 있는 상태에 놓여진 때에는 반증이 없는 한 그 처분이 있음을 알았다고 추정할 수 있다(대판 1999.12.28, 99두9742). ② 아르바이트 직원이 납부고지서를 수령한 경우 : 원고의 주소지에서 원고의 아르바이트 직원이 납부고지서를 수령한 이상, 원고로서는 그 때 처분이 있음을 알 수 있는 상태에 있었다고 볼 수 있고, 따라서 원고는 그때 처분이 있음을 알았다고 추정함이 상당하다(대판 1999.12.28, 99두9742). ③ 아파트 경비원이 과징금부과처분의 납부고지서를 수령한 날이 그 납부의무자가 '부과처분이 있음을 안 날'은 아니라고 한 사례(대판 2002.8.27, 2002두3850). ④ 구 행정심판법상 행정처분의 상대방이 아닌 제3자가 당해 처분이 있음을 알았거나 쉽게 알 수 있는 경우, 행정심판의 청구기간 : 행정처분의 상대방이 아닌 제3자는 일반적으로 처분이 있는 것을 바로 알 수 없는 처지에 있으므로 처분이 있은 날로부터 180일이 경과하더라도 특별한 사유가 없는 한 구 행정심판법 제18조 제3항 단서 소정의 정당한 사유가 있는 것으로 보아 심판청구가 가능하나, 그 제3자가 어떤 경위로든 행정처분이 있음을 알았거나 쉽게 알 수 있는 등 같은 법 제18조 제1항 소정의 심판청구기간 내에 심판청구가 가능하였다는 사정이 있는 경우에는 그때로부터 60일 이내에 심판청구를 하여야 하고, 이 경우 제3자가 그 청구기간을 지키지 못하였음에 정당한 사유가 있는지 여부는 문제가 되지 아니한다(대판 2002.5.24, 2000두3641).
심판청구의 방식	① 불비된 사항이 있거나 취지가 불명확한 행정심판청구서의 처리방법 : 행정심판청구는 엄격한 형식을 요하지 아니하는 서면행위로 해석되므로, 불비된 사항이 보정가능한 때에는 보정을 명하고 보정이 불가능하거나 보정명령에 따르지 아니한 때에 비로소 부적법 각하를 하여야 할 것이다(대판 2000.6.9, 98두2621). ② 청구인과 피청구인의 표시, 심판청구취지 및 이유 등을 구분하여 기재하지 아니하고 작성자의 서명, 날인이 없는 학사제명취소신청서의 제출을 적법한 행정심판청구로 본 사례 : 한국교원대학교로부터 제명처분을 당한 원고의 어머니가 그 처분이 있음을 알고 원고를 대신하여 작성, 제출한 학사제명취소신청서는 행정심판청구로서의 형식을 갖추고 있지는 않으나, 행정심판청구는 엄격한 형식을 요하지 아니하는 서면행위이어서 어느 것이나 그 보정이 가능한 것이므로, 결국 위 학사제명취소신청서는 행정소송의 전치 요건인 행정심판청구서로서 원고는 적법한 행정심판청구를 한 것으로 보아야 할 것이다(대판 1990.6.8, 89누851). ③ '진정서'라는 제목의 서면 제출이 행정심판청구로 볼 수 있다고 한 사례 : 비록 제목이 '진정서'로 되어 있고, 행정심판법 제19조 제2항 소정의 사항들을 구분하여 기재하고 있지 아니하여 행정심판청구서로서의 형식을 다 갖추고 있다고 볼 수는 없으나, 불비한 점은 보정이 가능하므로 위 문서를 행정처분에 대한 행정심판청구로 보는 것이 옳다(대판 2000.6.9, 98두2621).

심판청구의 방식	④ 이의신청을 제기해야 할 사람이 처분청에 표제를 '행정심판청구서'로 한 서류를 제출한 경우, 서류의 내용에 이의신청 요건에 맞는 불복취지와 사유가 충분히 기재되어 있다면 이를 처분에 대한 이의신청으로 볼 수 있는지 여부(적극) : 이의신청을 제기해야 할 사람이 처분청에 표제를 '행정심판청구서'로 한 서류를 제출한 경우라 할지라도 서류의 내용에 이의신청 요건에 맞는 불복취지와 사유가 충분히 기재되어 있다면 표제에도 불구하고 이를 처분에 대한 이의신청으로 볼 수 있다(대판 2012.3.29, 2011두26886).
재결	① 행정심판에 있어서 재결청이 행정처분의 위법·부당 여부를 재결 당시까지 제출된 모든 자료를 종합하여 판단할 수 있는지 여부(적극) : 행정심판에 있어서 행정처분의 위법·부당 여부는 원칙적으로 처분시를 기준으로 판단하여야 할 것이나, 재결청은 처분 당시 존재하였거나 행정청에 제출되었던 자료뿐만 아니라, 재결 당시까지 제출된 모든 자료를 종합하여 처분 당시 존재하였던 객관적 사실을 확정하고 그 사실에 기초하여 처분의 위법·부당 여부를 판단할 수 있다(대판 2001.7.27, 99두5092). ② 사립학교 교원이 학교법인의 해임처분에 대하여 교원지위향상을 위한 특별법에 따라 교육부 내의 교원징계재심위원회에 재심청구를 한 경우 재심위원회의 결정이 행정소송의 대상인 행정처분인지 여부(적극) : 사립학교 교원에 대한 학교법인의 해임처분을 취소소송의 대상이 되는 행정청의 처분으로 볼 수 없고, 따라서 학교법인을 상대로 한 불복은 행정소송에 의할 수 없고 민사소송절차에 의할 것이다. 교육부 내에 설치된 교원징계재심위원회에 재심청구를 하고 교원징계재심위원회의 결정에 불복하여 행정소송을 제기하는 방법도 있으나, 이 경우에도 행정소송의 대상이 되는 행정처분은 교원징계재심위원회의 결정이지 학교법인의 해임처분이 행정처분으로 의제되는 것이 아니며, 또한 교원징계재심위원회의 결정을 이에 대한 행정심판으로서의 재결에 해당되는 것으로 볼 수는 없다(대판 1993.2.12, 92누13707). ③ 형성적 재결의 효력 : 행정심판법 제32조 제3항에 의하면 재결청은 취소심판의 청구가 이유 있다고 인정할 때에는 처분을 취소·변경하거나 처분청에게 취소·변경할 것을 명한다고 규정하고 있으므로, 행정심판 재결의 내용이 처분청에게 처분의 취소를 명하는 것이 아니라 재결청이 스스로 처분을 취소하는 것일 때에는 그 재결의 형성력에 의하여 당해 처분은 별도의 행정처분을 기다릴 것 없이 당연히 취소되어 소멸되는 것이다(대판 1997.5.30, 96누14678). ④ 형성적 재결의 결과통보가 항고소송의 대상이 되는 행정처분에 해당하는지 여부(소극) : 재결청으로부터 '처분청의 공장설립변경신고수리처분을 취소한다'는 내용의 형성적 재결을 송부받은 처분청이 당해 처분의 상대방에게 재결결과를 통보하면서 공장설립변경신고 수리시 발급한 확인서를 반납하도록 요구한 것은 사실의 통지에 불과하고 항고소송의 대상이 되는 새로운 행정처분이라고 볼 수 없다(대판 1997.5.30, 96누14678). ⑤ 재결의 기속력의 범위 : 재결의 기속력은 재결의 주문 및 그 전제가 된 요건사실의 인정과 판단, 즉 처분 등의 구체적 위법사유에 관한 판단에만 미친다고 할 것이고, 종전 처분이 재결에 의하여 취소되었다 하더라도 종전 처분시와는 다른 사유를 들어서 처분을 하는 것은 기속력에 저촉되지 않는다고 할 것이며, 여기에서 동일 사유인지 다른 사유인지는 종전 처분에 관하여 위법한 것으로 재결에서 판단된 사유와 기본적 사실관계에 있어 동일성이 인정되는 사유인지 여부에 따라 판단되어야 한다(대판 2005.12.9, 2003두7705).

MEMO

재결	⑥ 행정청이 당해 처분에 관하여 위법한 것으로 재결에서 판단된 사유와 기본적 사실관계에 있어 동일성이 인정되는 사유를 내세워 다시 동일한 내용의 처분을 하는 것이 허용되는지 여부(소극) : 당해 처분에 관하여 위법한 것으로 재결에서 판단된 사유와 기본적 사실관계에 있어 동일성이 인정되는 사유를 내세워 다시 동일한 내용의 처분을 하는 것은 허용되지 않는다(대판 2003.4.25, 2002두3201). ⑦ 심판청구 등에 대한 결정의 한 유형으로 실무상 행해지고 있는 '재조사 결정'의 법적 성격 및 처분청이 재조사 결정의 주문 및 그 전제가 된 요건사실의 인정과 판단, 즉 처분의 구체적 위법사유에 관한 판단에 반하여 당초 처분을 그대로 유지하는 것이 재조사 결정의 기속력에 저촉되는지 여부(적극) : 심판청구 등에 대한 결정의 한 유형으로 실무상 행해지고 있는 재조사 결정은 재결청의 결정에서 지적된 사항에 관하여 처분청의 재조사결과를 기다려 그에 따른 후속 처분의 내용을 심판청구 등에 대한 결정의 일부분으로 삼겠다는 의사가 내포된 변형결정에 해당하므로, 처분청은 재조사 결정의 취지에 따라 재조사를 한 후 그 내용을 보완하는 후속 처분만을 할 수 있다. 따라서 처분청이 재조사 결정의 주문 및 그 전제가 된 요건사실의 인정과 판단, 즉 처분의 구체적 위법사유에 관한 판단에 반하여 당초 처분을 그대로 유지하는 것은 재조사 결정의 기속력에 저촉된다(대판 2017.5.11, 2015두37549).

MEMO

Keyword 47 행정소송법

1. 행정소송의 기본구조

(1) 처분

① 기본 구조

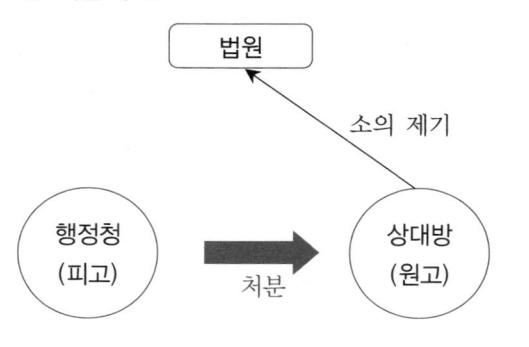

법원

소의 제기

행정청
(피고)

처분

상대방
(원고)

② 관련 판례

> ① **항고소송의 대상이 되는 행정처분의 의미** : 항고소송의 대상이 되는 행정청의 처분이라 함은 원칙적으로 행정청의 공법상의 행위로서 특정사항에 대하여 법규에 의한 권리의 설정 또는 의무의 부담을 명하거나 기타 법률상의 효과를 직접 발생하게 하는 등 국민의 권리의무에 직접 관계가 있는 행위를 말하므로, 행정청의 내부적인 의사결정 등과 같이 상대방 또는 관계자들의 법률상 지위에 직접적인 법률적 변동을 일으키지 아니하는 행위는 그에 해당하지 아니한다(대판 1999.8.20, 97누6889).
> ② **항고소송의 피고적격 및 상급행정청이나 타행정청의 지시나 통보, 권한의 위임이나 위탁이 항고소송의 대상이 되는 행정처분인지 여부(소극)** : 항고소송은 원칙적으로 소송의 대상인 행정처분 등을 외부적으로 그의 명의로 행한 행정청을 피고로 하여야 하는 것으로서, 그 행정처분을 하게 된 연유가 상급행정청이나 타행정청의 지시나 통보에 의한 것이라 하여 다르지 않고, 권한의 위임이나 위탁을 받아 수임행정청이 자신의 명의로 한 처분에 관하여도 마찬가지이다. 그리고 위와 같은 지시나 통보, 권한의 위임이나 위탁은 행정기관 내부의 문제일 뿐 국민의 권리의무에 직접 영향을 미치는 것이 아니어서 항고소송의 대상이 되는 행정처분에 해당하지 않는다(대판 2013.2.28., 2012두22904).
> ③ **항고소송의 대상이 되는 행정처분의 의의 및 상급행정기관의 하급행정기관에 대한 승인·동의·지시 등이 행정처분에 해당하는지 여부(소극)** : 상급행정기관의 하급행정기관에 대한 승인·동의·지시 등은 행정기관 상호간의 내부행위로서 국민의 권리 의무에 직접 영향을 미치는 것이 아니므로 항고소송의 대상이 되는 행정처분에 해당한다고 볼 수 없다(대판 1997.9.26, 97누8540).

④ 대학입시기본계획 내의 내신성적 산정지침이 항고소송의 대상인 행정처분성을 갖는지의 여부 : 교육부장관이 내신성적 산정기준의 통일을 기하기 위해 대학입시기본계획의 내용에서 내신성적 산정기준에 관한 시행지침을 마련하여 시·도 교육감에서 통보한 것은 행정조직 내부에서 내신성적 평가에 관한 내부적 심사기준을 시달한 것에 불과하며, 내신성적 산정지침을 항고소송의 대상이 되는 행정처분으로 볼 수 없다(대판 1994.9.10, 94두33).

⑤ 경찰공무원시험승진후보자명부에 등재된 자가 승진임용되기 전에 감봉 이상의 징계처분을 받은 경우, 임용권자가 당해인을 시험승진후보자명부에서 삭제한 행위가 행정처분이 되는지 여부(소극) : 시험승진후보자명부에서의 삭제행위는 결국 그 명부에 등재된 자에 대한 승진 여부를 결정하기 위한 행정청 내부의 준비과정에 불과하고, 그 자체가 어떠한 권리나 의무를 설정하거나 법률상 이익에 직접적인 변동을 초래하는 별도의 행정처분이 된다고 할 수 없다(대판 1997.11.14, 97누7325).

⑥ 교육공무원법상 승진후보자 명부에 의한 승진심사 방식으로 행해지는 승진임용에서 승진후보자 명부에 포함되어 있던 후보자를 승진임용인사발령에서 제외하는 행위가 항고소송의 대상인 처분에 해당하는지 여부(적극) : 임용권자 등이 자의적으로 승진후보자 명부에 포함된 후보자를 승진임용에서 제외하는 처분을 한 경우에, 이러한 승진임용제외처분을 항고소송의 대상이 되는 처분으로 보지 않는다면, 달리 이에 대하여는 불복하여 침해된 권리를 구제받을 방법이 없다. 따라서 교육공무원법상 승진후보자 명부에 의한 승진심사 방식으로 행해지는 승진임용에서 승진후보자 명부에 포함되어 있던 후보자를 승진임용인사발령에서 제외하는 행위는 불이익처분으로서 항고소송의 대상인 처분에 해당한다고 보아야 한다(대판 2018.3.27, 2016두44308).

⑦ 행정규칙에 의한 징계처분이 항고소송의 대상이 되는 행정처분에 해당한다고 한 사례 : 행정규칙에 의한 '불문경고조치'가 비록 법률상의 징계처분은 아니지만 항고소송의 대상이 되는 행정처분에 해당한다(대판 2002.7.26, 2001두3532).

⑧ 국가보훈처장 등이 발행한 책자 등에서 독립운동가 등의 활동상을 잘못 기술하였다는 등의 이유로 그 사실관계의 확인을 구하거나, 국가보훈처장의 서훈추천서의 행사, 불행사가 당연무효 또는 위법임의 확인을 구하는 청구가 항고소송의 대상이 되는지 여부(소극) : 과거의 역사적 사실관계의 존부나 공법상의 구체적인 법률관계가 아닌 사실관계에 관한 것들을 확인의 대상으로 하는 것이거나 행정청의 단순한 부작위를 대상으로 하는 것으로서 항고소송의 대상이 되지 아니하는 것이다(대판 1990.11.23, 90누3553).

⑨ 사립학교 교원에 대한 학교법인의 해임처분을 행정소송의 대상이 되는 행정청의 처분으로 볼 수 있는지 여부(소극)(대판 1993.2.12., 92누13707).

⑩ 환지계획이 항고소송의 대상이 되는 행정처분인지 여부(소극) : 환지예정지 지정이나 환지처분은 항고소송의 대상이 되는 처분이라고 볼 수 있으나, 환지계획은 위와 같은 환지예정지 지정이나 환지처분의 근거가 될 뿐 그 자체가 직접 토지소유자 등의 법률상의 지위를 변동시키거나 또는 환지예정지 지정이나 환지처분과는 다른 고유한 법률효과를 수반하는 것이 아니어서 이를 항고소송의 대상이 되는 처분에 해당한다고 할 수가 없다(대판 1999.8.20, 97누6889).

⑪ 한국자산공사의 재공매(입찰)결정 및 공매통지가 항고소송의 대상이 되는 행정처분인지 여부(소극) : 한국자산공사가 당해 부동산을 인터넷을 통하여 재공매(입찰)하기로 한 결정 자체는 내부적인 의사결정에 불과하여 항고소송의 대상이 되는 행정처분이라고 볼 수 없다(대판 2007.7.27, 2006두8464).

⑫ 진실·화해를 위한 과거사정리 기본법 제26조에 따른 진실·화해를 위한 과거사정리위원회의 진실규명결정이 항고소송의 대상이 되는 행정처분인지 여부(적극) : 진실·화해를 위한 과거사정리 기본법이 규정하는 진실규명결정은 국민의 권리의무에 직접적으로 영향을 미치는 행위로서 항고소송의 대상이 되는 행정처분이라고 보는 것이 타당하다(대판 2013.1.16., 2010두22856).

⑬ 정부의 수도권 소재 공공기관의 지방이전시책을 추진하는 과정에서 도지사가 도 내 특정시를 공공기관이 이전할 혁신도시 최종입지로 선정한 행위는 항고소송의 대상이 되는 행정처분이 아니라고 본 사례 : 피고가 원주시를 혁신도시 최종입지로 선정한 행위는 항고소송의 대상이 되는 행정처분으로 볼 수 없다(대판 2007.11.15, 2007두10198).

⑭ 공정거래위원회의 '표준약관 사용권장행위'가 항고소송의 대상이 되는지 여부(적극)(대판 2010.10.14, 2008두23184).

⑮ 금융기관의 임원에 대한 금융감독원장의 문책경고가 항고소송의 대상이 되는 행정처분에 해당한다고 한 사례 : 금융기관의 임원에 대한 금융감독원장의 문책경고는 그 상대방에 대한 직업선택의 자유를 직접 제한하는 효과를 발생하게 하는 등 상대방의 권리·의무에 직접 영향을 미치는 행위로서 항고소송의 대상이 되는 행정처분에 해당한다(대판 2005.2.17, 2003두14765).

⑯ 금융감독원장이 종합금융주식회사의 전 대표이사에게 재직 중 위법·부당행위 사례를 첨부하여 금융 관련 법규를 위반하고 신용질서를 심히 문란하게 한 사실이 있다는 내용으로 '문책경고장(상당)'을 보낸 행위가 항고소송의 대상이 되는 행정처분에 해당하지 아니한다고 한 사례 : 통보행위로 인하여 이미 소외 주식회사로부터 퇴직한 후의 원고의 권리·의무에 직접적 변동을 초래하는 하등의 법률상의 효과가 발생하거나 그러한 법적 불안이 존재한다고 할 수 없으므로, 이 사건 서면 통보행위는 항고소송의 대상이 되는 행정처분에 해당하지 않는다(대판 2005.2.17, 2003두10312).

⑰ 건축계획심의신청에 대한 반려처분이 항고소송의 대상이 되는 행정처분에 해당한다고 한 사례 : 건축계획심의신청에 대한 반려처분은 항고소송의 대상이 된다 할 것이다(대판 2007.10.11, 2007두1316).

⑱ 지방자치단체장이 국유 잡종재산 대부신청을 거부한 것이 행정처분인지 여부(소극) : 지방자치단체장이 국유 잡종재산을 대부하여 달라는 신청을 거부한 것은 항고소송의 대상이 되는 행정처분이 아니므로 행정소송으로 그 취소를 구할 수 없다(대판 1998.9.22, 98두7602).

MEMO

(2) 소의 이익

① 기본 구조

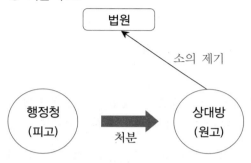

법원

소의 제기

행정청
(피고)

처분 →

상대방
(원고)

② 관련 판례

① 효력기간이 경과한 행정처분의 취소를 구할 법률상 이익 유무(한정 소극) : 행정처분에 그 효력기간이 정하여져 있는 경우, 그 처분의 효력 또는 집행이 정지된 바 없다면 위 기간의 경과로 그 행정처분의 효력은 상실되므로 그 기간 경과 후에는 그 처분이 외형상 잔존함으로 인하여 어떠한 법률상 이익이 침해되고 있다고 볼 만한 별다른 사정이 없는 한 그 처분의 취소를 구할 법률상의 이익이 없다(대판 2002.7.26, 2000두7254).

② 사실심 변론종결일 현재 토석채취 허가기간이 경과한 경우 토석채취허가 취소처분의 취소를 구할 소의 이익 유무 : 사실심 변론종결일 현재 토석채취 허가기간이 경과하였다면 그 허가는 이미 실효되었다고 할 것이어서 위 취소처분의 취소를 구하는 소는 소의 이익이 없다(대판 1993.7.27., 93누3899).

③ 선행처분인 제재적 행정처분을 받은 상대방이 그 처분에서 정한 제재기간이 경과하였다 하더라도 그 처분의 취소를 구할 법률상 이익이 있는지 여부(한정 적극) : 선행처분을 가중사유 또는 전제요건으로 하는 후행처분을 받을 우려가 현실적으로 존재하는 경우에는, 선행처분을 받은 상대방은 비록 그 처분에서 정한 제재기간이 경과하였다 하더라도 그 처분의 취소소송을 통하여 그러한 불이익을 제거할 권리보호의 필요성이 충분히 인정된다고 할 것이므로, 선행처분의 취소를 구할 법률상 이익이 있다고 보아야 한다[대판 2006.6.22, 2003두1684(전합)].

④ 행정처분의 위법을 이유로 무효확인 또는 취소 판결을 받더라도 처분에 의하여 발생한 위법상태를 원상으로 회복시키는 것이 불가능한 경우, 무효확인 또는 취소를 구할 법률상 이익이 있는지 여부(원칙적 소극) 및 예외적으로 법률상 이익이 인정되는 경우 : 행정처분의 무효확인 또는 취소를 구하는 소에서, 비록 행정처분의 위법을 이유로 무효확인 또는 취소 판결을 받더라도 처분에 의하여 발생한 위법상태를 원상으로 회복시키는 것이 불가능한 경우에는 원칙적으로 무효확인 또는 취소를 구할 법률상 이익이 없고, 다만 원상회복이 불가능하더라도 무효확인 또는 취소로써 회복할 수 있는 다른 권리나 이익이 남아 있는 경우 예외적으로 법률상 이익이 인정될 수 있을 뿐이다(대판 2016.6.10, 2013두1638).

⑤ 행정대집행이 실행완료된 경우 대집행계고처분의 취소를 구할 법률상 이익이 있는지 여부(소극)(대판 1993.6.8, 93누6164).

⑥ 인접건물 소유자에게 건물준공처분의 무효확인이나 취소를 구할 법률상 이익이 있는지 여부 : 신축한 건물이 무단증평, 이격거리위반, 베란다돌출, 무단구조변경 등 건축법에 위반하여 시공됨으로써 인접주택 소유자의 사생활과 일조권을 침해하고 있다고 하더라도, 인접건물 소유자들로서는 위 건물준공처분의 무효확인이나 취소를 구할 법률상 이익이 없다(대판 1993.11.9, 93누13988).

⑦ 현역병입영대상자로 병역처분을 받은 자가 그 취소소송 중 모병에 응하여 현역병으로 자진 입대한 경우(대판 1998.9.8, 98누9165).

⑧ 공익근무요원 소집해제신청을 거부한 후에 원고가 계속하여 공익근무요원으로 복무함에 따라 복무기간 만료를 이유로 소집해제처분을 한 경우(대판 2005.5.13, 2004두4369).

⑨ 취소되어 더 이상 존재하지 않는 행정처분을 대상으로 한 취소소송이 소의 이익이 있는지 여부(소극)(대판 2006.9.28., 2004두5317).

⑩ 검사의 공소가 행정소송의 대상이 되는 처분인지 여부(소극) : 행정소송법 제2조 소정의 행정처분이라고 하더라도 그 처분의 근거 법률에서 행정소송 이외의 다른 절차에 의하여 불복할 것을 예정하고 있는 처분은 항고소송의 대상이 될 수 없다. 형사소송법에 의하면 검사가 공소를 제기한 사건은 형사소송절차를 통하여 불복할 수 있는 절차와 방법이 따로 마련되어 있으므로검사의 공소에 대하여는 형사소송절차에 의하여서만 이를 다툴 수 있고 행정소송의 방법으로 공소의 취소를 구할 수는 없다(대판 2000.3.28, 99두11264).

⑪ 직위해제처분 후 새로운 사유로 다시 직위해제처분을 한 경우, 종전 직위해제처분은 묵시적으로 철회되었으므로 그 처분을 다툴 소의 이익이 없다고 한 사례 : 행정청이 공무원에 대하여 새로운 직위해제사유에 기한 직위해제처분을 한 경우 그 이전에 한 직위해제처분은 이를 묵시적으로 철회하였다고 봄이 상당하고, 그 효력이 상실된 직위해제처분의 취소를 구하는 부분은 존재하지 않는 행정처분을 대상으로 한 것으로서, 그 소의 이익이 없다(대판 1996.10.15, 95누8119).

⑫ 고등학교에서 퇴학처분을 당한 후 고등학교졸업학력검정고시에 합격한 경우, 퇴학처분의 취소를 구할 소의 이익 유무(적극)(대판 1992. 7.14, 91누4737).

⑬ 행정소송법 제19조 소정의 '재결 자체에 고유한 위법'의 의미 : 행정소송법 제19조에서 말하는 '재결 자체에 고유한 위법'이란 원처분에는 없고 재결에만 있는 재결청의 권한 또는 구성의 위법, 재결의 절차나 형식의 위법, 내용의 위법 등을 뜻하고, 그중 내용의 위법에는 위법·부당하게 인용재결을 한 경우가 해당한다(대판 1997.9.12, 96누14661).

⑭ 소청결정이 재량권남용 또는 일탈로서 위법하다는 주장이 소청결정 취소사유가 되는지 여부 : 징계혐의자에 대한 감봉 1월의 징계처분을 견책으로 변경한 소청결정 중 그를 견책에 처한 조치는 재량권의 남용 또는 일탈로서 위법하다는 사유는 소청결정 자체에 고유한 위법을 주장하는 것으로 볼 수 없어 소청결정의 취소사유가 될 수 없다(대판 1993.8.24., 93누5673).

⑮ 원처분의 취소를 구하는 소송에서 재결 자체의 고유한 위법사유를 주장할 수 있는지 여부 : 행정처분에 대한 행정심판의 재결에 이유 모순의 위법이 있다는 사유는 재결처분 자체에 고유한 하자로서 재결처분의 취소를 구하는 소송에서는 그 위법사유로서 주장할 수 있으나, 원처분의 취소를 구하는 소송에서는 그 취소를 구할 위법사유로서 주장할 수 없다(대판 1996.2.13, 95누8027).

MEMO

(3) 재판관할

① 기본 구조

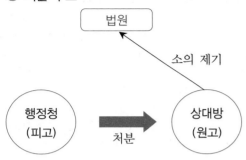

② 관련 판례

① 손해배상청구 등의 민사소송이 행정소송에 관련청구로 병합되기 위한 요건 : 손해배상청구 등의 민사소송이 행정소송에 관련청구로 병합되기 위해서는 그 청구의 내용 또는 발생원인이 행정소송의 대상인 처분 등과 법률상 또는 사실상 공통되거나, 그 처분의 효력이나 존부 유무가 선결문제로 되는 등의 관계에 있어야 함이 원칙이다(대판 2000.10.27, 99두561).
② 행정처분에 대한 무효확인과 취소청구의 선택적 병합 또는 단순 병합의 허용 여부(소극) : 행정처분에 대한 무효확인과 취소청구는 서로 양립할 수 없는 청구로서 주위적·예비적 청구로서만 병합이 가능하고 선택적 청구로서의 병합이나 단순 병합은 허용되지 아니한다(대판 1999.8.20, 97누6889).

2. 당사자

(1) 기본 구조

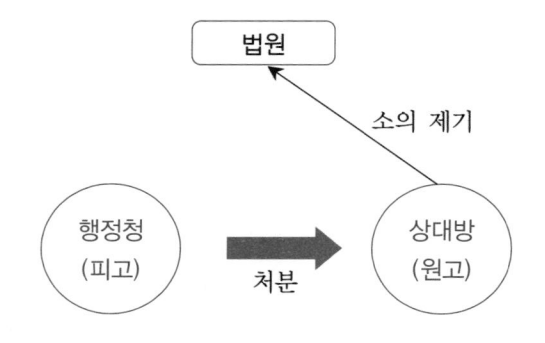

법원

소의 제기

행정청
(피고)   →   상대방
(원고)
처분

(2) 관련 판례

피고적격	원고적격
① 이주자의 이주대책대상자 선정신청에 대한 사업시행자의 확인·결정 및 사업시행자의 이주대책에 관한 처분의 법적 성질과 이에 대한 **쟁송방법** : 사업시행자가 국가 또는 지방자치단체와 같은 행정기관이 아니고 이와는 독립하여 법률에 의하여 특수한 존립목적을 부여받아 국가의 특별감독하에 그 존립목적인 공공사무를 행하는 공법인이 관계법령에 따라 공공사업을 시행하면서 그에 따른 이주대책을 실시하는 경우에도, 그 이주대책에 관한 처분은 법률상 부여받은 행정작용권한을 행사하는 것으로서 항고소송의 대상이 되는 공법상 처분이 되므로, 그 처분이 위법부당한 것이라면 사업시행자인 당해 공법인을 상대로 그 취소소송을 제기할 수 있다 할 것임은 물론이다[대판 1994.5.24, 92다35783(전합)]. ② 성업공사가 한 공매처분에 대한 취소소송의 피고적격(성업공사) (대판 1997. 2.28, 96누1757). ③ 상급행정청으로부터 내부위임을 받은 데 불과한 하급행정청이 권한 없이 한 행정처분에 대한 행정소송의 피고적격(= 하급행정청) : 행정처분을 행할 적법한 권한 있는 상급행정청으로부터 내부위임을 받은데 불과한 하급행정청이 권한 없이 행정처분을 한 경우에도	① 도롱뇽의 당사자능력을 인정할 수 없다고 한 원심의 판단을 수긍한 사례(대결 2006.6.2., 2004마1148). ② 국가가 국토이용계획과 관련한 기관위임사무의 처리에 관하여 지방자치단체의 장을 상대로 취소소송을 제기할 수 있는지 여부(소극) : 국가가 국토이용계획과 관련한 지방자치단체의 장의 기관위임사무의 처리에 관하여 지방자치단체의 장을 상대로 취소소송을 제기하는 것은 허용되지 않는다(대판 2007.9.20, 2005두6935). ③ 항고소송의 원고적격 및 불이익처분의 상대방에게 원고적격이 인정되는지 여부(적극) : 불이익처분의 상대방은 직접 개인적 이익의 침해를 받은 자로서 원고적격이 인정된다(대판 2018.3.27, 2015두47492). ④ 행정처분이 수익적 처분이거나 신청 내용대로 이루어진 처분인 경우, 그 취소를 구할 이익이 있는지 여부 : 특별한 사정이 없는 한 처분의 상대방은 그 취소를 구할 이익이 없다고 할 것이다(대판 1995.5.26, 94누7324). ⑤ 제약회사가 보건복지부 고시인 약제급여·비급여목록 및 급여상한금액표의 취소를 구할 원고적격이 있는지 여부 : 제약회사는 위 고시의 취소를 구할 원고적격이 있다(대판 2006.9.22, 2005두2506).

실제로 그 처분을 행한 하급행정청을 피고로 하여야 할 것이다(대판 1991.2.22, 90누5641).

④ 조례가 항고소송의 대상이 되는 행정처분에 해당되는 경우 및 그 경우 조례 무효확인소송의 피고적격(지방자치단체의 장)(대판 1996.9.20, 95누8003).

⑤ 교육에 관한 조례 무효확인소송에 있어서 피고적격(교육감)(대판 1996.9.20., 95누8003).

⑥ 행정소송에서 피고지정이 잘못된 경우에 법원이 취할 조치 : 법원으로서는 석명권을 행사하여 피고를 성업공사로 경정하게 하여 소송을 진행하여야 한다(대판 1997.2.28, 96누1757).

⑦ 조세소송에서 피고지정이 잘못된 경우, 법원의 조치 : 법원으로서는 당연히 석명권을 행사하여 원고로 하여금 피고를 경정하게 하여 소송을 진행케 하였어야 한다(대판 2004.7.8., 2002두7852).

⑧ 행정소송법 제14조에 의한 피고경정의 종기(= 사실심 변론종결시) : 제1심 단계에서만 허용되는 것으로 해석할 근거는 없다(대결 2006.2.23., 2005부4).

⑥ 채석허가를 받은 자에 대한 관할 행정청의 채석허가 취소처분에 대하여 수허가자의 지위를 양수한 양수인에게 그 취소처분의 취소를 구할 법률상 이익이 있는지 여부(적극) : 양수인은 채석허가를 취소하는 처분의 취소를 구할 법률상 이익을 가진다(대판 2003.7.11, 2001두6289).

⑦ 법인의 주주나 임원이 당해 법인에 대한 행정처분에 관하여 스스로 그 처분의 취소를 구할 원고적격이 있는지 여부(소극)(대판 1997.12.12., 96누4602).

⑧ 재정경제원 장관의 계약이전결정처분이 당해 법인의 존속 자체를 직접 좌우하는 처분인 경우, 위 회사의 과점주주가 그 취소를 구할 원고적격이 있는지 여부(적극) : 법인에 대한 행정처분이 당해 법인의 존속 자체를 직접 좌우하는 처분인 경우에는 그 주주나 임원이라 할지라도 당해 처분에 관하여 직접적이고 구체적인 법률상 이해관계를 가진다고 할 것이므로 그 취소를 구할 원고적격이 있다(대판 1997.12.12, 96누4602).

⑨ 석탄가공업에 관한 허가의 성질 : 석탄가공업에 관한 허가는 사업경영의 권리를 설정하는 형성적 행정행위가 아니라 질서유지와 공공복리를 위한 금지를 해제하는 명령적 행정행위여서 그 허가를 받은 자는 영업자유를 회복하는데 불과하고 독점적 영업권을 부여받은 것이 아니기 때문에 기존허가를 받은 원고들은 신규허가 처분에 대하여 행정소송을 제기할 법률상 이익이 없다(대판 1980.7.22, 80누33).

⑩ 개발제한구역 해제대상에서 누락된 토지의 소유자는 위 결정의 취소를 구할 법률상 이익이 있는지 여부 : 개발제한구역 해제대상에서 누락된 토지의 소유자는 위 결정의 취소를 구할 법률상 이익이 없다(대판 2008. 7.10, 2007두10242).

⑪ 원자로 시설부지 인근 주민들에게 방사성물질 등에 의한 생명·신체의 안전침해를 이유로 부지사전승인처분의 취소를 구할 원고적격이 있는지 여부(적극)(대판 1998.9.4, 97누19588).

⑫ 대학생들이 전공이 다른 교수를 임용함으로써 학습권을 침해당하였다는 이유를 들어 교수임용처분의 취소를 구할 소의 이익이 없다고 한 사례(대판 1993.7.27, 93누8139).

MEMO

3. 제소기간

(1) 기본 구조

① 처분 등이 있음을 안 날부터 90일 이내에 제기(재결서의 정본을 송달받은 날부터 기산)

② 처분 등이 있은 날부터 1년(위 ① 단서의 경우는 재결이 있은 날부터 1년)을 경과하면 이를 제기 ×

(2) 관련 판례

① 행정소송법 제20조 제1항이 정한 제소기간의 기산점인 '처분 등이 있음을 안 날'의 의미 및 상대방이 있는 행정처분의 경우 위 제소기간의 기산점 : 행정소송법 제20조 제1항이 정한 제소기간의 기산점인 '처분 등이 있음을 안 날'이란 통지, 공고 기타의 방법에 의하여 당해 처분 등이 있었다는 사실을 현실적으로 안 날을 의미한다. 상대방이 있는 행정처분의 경우에는 특별한 규정이 없는 한 의사표시의 일반적 법리에 따라 행정처분이 상대방에게 고지되어야 효력을 발생하게 되므로, 행정처분이 상대방에게 고지되어 상대방이 이러한 사실을 인식함으로써 행정처분이 있다는 사실을 현실적으로 알았을 때 행정소송법 제20조 제1항이 정한 제소기간이 진행한다고 보아야 한다(대판 2014.9.25, 2014두8254).

② 특정인에 대한 행정처분을 주소불명 등의 이유로 송달할 수 없어 관보 등에 공고한 경우, 상대방이 그 처분이 있음을 안 날(= 현실적으로 안 날) : 특정인에 대한 행정처분을 주소불명 등의 이유로 송달할 수 없어 관보·공보·게시판·일간신문 등에 공고한 경우에는, 공고가 효력을 발생하는 날에 상대방이 그 행정처분이 있음을 알았다고 볼 수는 없고, 상대방이 당해 처분이 있었다는 사실을 현실적으로 안 날에 그 처분이 있음을 알았다고 보아야 한다(대판 2006.4.28, 2005두14851).

③ 개별공시지가에 대하여 이의가 있는 자가 행정심판을 거쳐 행정소송을 제기하는 경우 제소기간의 기산점 : 행정소송의 제소기간은 그 행정심판 재결서 정본을 송달받은 날부터 기산한다(대판 2010.1.28., 2008두19987).

④ 처분 당시에는 취소소송의 제기가 법제상 허용되지 않아 소송을 제기할 수 없다가 위헌결정으로 인하여 비로소 취소소송을 제기할 수 있게 된 경우 제소기간의 기산점 : 객관적으로는 '위헌결정이 있은 날', 주관적으로는 '위헌결정이 있음을 안 날' 비로소 취소소송을 제기할 수 있게 되어 이때를 제소기간의 기산점으로 삼아야 한다(대판 2008.2.1, 2007두20997).

MEMO

4. 집행정지

(1) 기본 구조

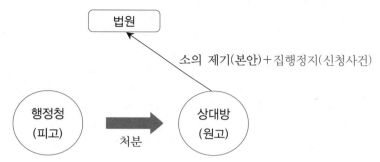

MEMO

(2) 관련 조문

> **행정소송법 제23조(집행정지)** ① 취소소송의 제기는 처분등의 효력이나 그 집행 또는 절차의 속행에 영향을 주지 아니한다.
> ② 취소소송이 제기된 경우에 처분등이나 그 집행 또는 절차의 속행으로 인하여 생길 회복하기 어려운 손해를 예방하기 위하여 긴급한 필요가 있다고 인정할 때에는 본안이 계속되고 있는 법원은 당사자의 신청 또는 직권에 의하여 처분등의 효력이나 그 집행 또는 절차의 속행의 전부 또는 일부의 정지(이하 "執行停止"라 한다)를 결정할 수 있다. 다만, 처분의 효력정지는 처분등의 집행 또는 절차의 속행을 정지함으로써 목적을 달성할 수 있는 경우에는 허용되지 아니한다.
> ③ 집행정지는 공공복리에 중대한 영향을 미칠 우려가 있을 때에는 허용되지 아니한다.

(3) 관련 판례

| 본안사건 | 행정처분 자체의 적법 여부는 궁극적으로 본안재판에서 심리를 거쳐 판단할 성질의 것이다(대결 1999.11.26, 99부3). |

| 신청사건 | ① 집행정지사건 자체에 의하여도 신청인의 본안청구가 적법한 것이어야 한다는 것을 집행정지의 요건에 포함시켜야 한다(대결 1999.11.26, 99부3).
② 효력정지나 집행정지사건 자체에 의하여도 신청인의 본안청구가 이유 없음이 명백하지 않아야 한다는 것도 효력정지나 집행정지의 요건에 포함시켜야 한다(대결 1997.4.28., 96두75).
③ 효력정지신청을 기각한 결정에 대하여 행정처분 자체의 적법 여부를 가지고 불복사유로 삼을 수는 없다(대결 1994.9.24, 94두42). |

5. 판결의 효력

MEMO

기판력	① 확정판결의 기판력이 미치는 범위 및 소송물이 동일하거나 선결문제 또는 모순관계에 의하여 기판력이 미치는 객관적 범위에 해당하지 않는 경우, 후소에 전소 판결의 기판력이 미치는지 여부(소극) : 확정판결의 기판력은 그 판결의 주문에 포함된 것, 즉 소송물로 주장된 법률관계의 존부에 관한 판단의 결론 그 자체에만 생기는 것이고, 판결이유에 설시된 그 전제가 되는 법률관계의 존부에까지 미치는 것은 아니다. 그리고 기판력은 기판력 있는 전소 판결과 후소의 소송물이 동일한 경우 또는 후소의 소송물이 전소의 소송물과 동일하지는 않다고 하더라도 전소의 소송물에 관한 판단이 후소의 선결문제가 되거나 모순관계에 있을 때에는 후소에서 전소 판결의 판단과 다른 주장을 하는 것을 허용하지 않는 작용을 하는 것이므로, 이와 같이 소송물이 동일하거나 선결문제 또는 모순관계에 의하여 기판력이 미치는 객관적 범위에 해당하지 않는 경우에는 그 후소에 전소 판결의 기판력이 미치지 않는다(대판 2020.7.23, 2017다224906). ② 과세처분 취소소송에서 청구가 기각된 확정판결의 기판력이 과세처분 무효확인소송에 미치는지 여부(적극) : 과세처분의 취소소송에서 청구가 기각된 확정판결의 기판력은 그 과세처분의 무효확인을 구하는 소송에도 미친다(대판 1998.7.24., 98다10854). ③ 행정처분취소 확정판결의 형성력 발생에 행정처분 취소통지 등을 요하는지 여부(소극) : 행정처분을 취소한다는 확정판결이 있으면 그 취소판결의 형성력에 의하여 당해 행정처분의 취소나 취소통지 등의 별도의 절차를 요하지 아니하고 당연히 취소의 효과가 발생한다(대판 1991.10.11, 90누5443).
기속력	① 확정판결을 받은 처분행정청이 그 행정소송을 사실심 변론종결 이전의 사유를 내세워 다시 한 확정판결과 저촉되는 행정처분의 효력 유무(소극) : 이러한 행정처분은 그 하자가 중대하고도 명백한 것이어서 당연무효라 할 것이다(대판 1990.12.11, 90누3560). ② 확정된 거부처분취소 판결의 취지에 따라 이전 신청에 대하여 재처분을 할 의무가 있는 행정청이 종전 처분 후 발생한 '새로운 사유'를 내세워 다시 거부처분을 할 수 있는지 여부(적극) 및 '새로운 사유'인지를 판단하는 기준 : 확정판결의 당사자인 처분 행정청은 종전 처분 후에 발생한 새로운 사유를 내세워 다시 거부처분을 할 수 있고, 그러한 처분도 위 조항에 규정된 재처분에 해당한다. 여기에서 '새로운 사유'인지는 종전 처분에 관하여 위법한 것으로 판결에서 판단된 사유와 기본적 사실관계의 동일성이 인정되는 사유인지에 따라 판단되어야 하고, 기본적 사실관계의 동일성 유무는 처분사유를 법률적으로 평가하기 이전의 구체적인 사실에 착안하여 그 기초인 사회적 사실관계가 기본적인 점에서 동일한지에 따라 결정되며, 추가 또는 변경된 사유가 처분 당시에 그 사유를 명기하지 않았을 뿐 이미 존재하고 있었고 당사자도 그 사실을 알고 있었다고 하여 당초 처분사유와 동일성이 있는 것이라고 할 수는 없다(대판 2011.10.27, 2011두14401). ③ 행정처분 취소판결이 확정된 경우, 그 판결에 적시된 위법사유를 보완하여 행한 새로운 행정처분이 확정판결의 기판력에 저촉되는지 여부(소극) : 처분 행정청은 그 확정판결에서 적시된 위법사유를 보완하여 새로운 처분을 할 수 있다(대결 1998.1.7, 97두22). ④ 거부처분 취소의 확정판결을 받은 행정청이 거부처분 후에 법령이 개정·시행된 경우, 새로운 사유로 내세워 다시 거부처분을 한 경우도 행정소송법 제30조 제2항 소정의 재처분에 해당하는지 여부(적극) : 행정처분의 적법 여부는 그 행정처분이 행하여 진 때의 법령과 사실을 기준으로 하여 판단하는 것이므로 거부처분 후에 법령이 개정·시행된 경우에는 개정된 법령 및 허가기준을 새로운 사유로 들어 다시 이전의 신청에 대한 거부처분을 할 수 있으며 그러한 처분도 행정소송법 제30조 제2항에 규정된 재처분에 해당된다(대결 1998.1.7, 97두22).

Keyword 48 / 조직관리

1. M. Wbber의 관료제

베버 이전	베버 이후
① 명령, 관습	① **권한과 직무범위**: 법규
	② 계층제적 구조로 편성
	③ 서류, 장기간(문서주의)
② 개인 감정에 따라 임무 수행	④ 법규에 따라 임무를 수행
	⑤ 직무는 관료가 담당
	⑥ 시험 또는 자격 등에 의해 공개적으로 채용
	⑦ 급료, 승진 및 퇴직금 등의 직업적 보상
③ 신분관계	⑧ 계약관계에 해당

2. 계선조직과 참모조직

계선(Line)조직	참모(Staff)조직
① 권한과 책임의 한계가 명확	① 기관장의 통솔범위를 확대
② 효율적	② 참모들의 전문적인 지식과 경험을 활용(기관장이 보다 합리적인
③ 정책결정이 신속	지시와 명령을 내릴 수 있음)
④ 업무가 단순하고 비용이 적게 드는 조직에 적합	③ 수평적인 조정과 협조
⑤ 강력한 통솔력	④ 신축성
⑥ 국민과의 접촉이 밀접(국민에게 직접적인 봉사)	

3. 조직편성의 원리

계층제의 원리	① 조직목적수행을 위한 구성원의 임무를 책임과 난이도에 따라 상하로 나누어 배치하고, 상위로 갈수록 권한과 책임이 무거운 임무를 수행하도록 조직을 편성하는 것 ② 조직의 일체감, 통일성을 유지하는 데 기여 ③ 계층제는 조직의 경직성으로 인하여 신기술·지식 등의 도입이 곤란 ④ 환경변화에 신축적으로 대응 ×
통솔범위의 원리	① 한 사람의 상관이 직접 관리·통솔할 수 있는 부하직원의 합리적인 수 ② 통솔범위와 계층의 수는 반비례하며, 통솔범위와 통솔의 효율성도 반비례 ③ 부하직원의 능력, 관리자의 능력, 시간적 요인, 공간적 요인, 직무상 성질
명령통일의 원리	① 지시는 한 사람만이 할 수 있고, 보고도 한 사람에게만 하여야 한다는 원리 ② 명령통일의 원리에 대한 보완으로 권한의 위임과 대리 등을 활용하여 문제점을 극복
분업(전문화)의 원리	① 한 사람에게 하나의 업무를 부담하게 하여야 한다는 원리 ② 부품화(소외감)를 초래 ③ 반복적 업무로 인하여 구성원이 업무에 대한 흥미를 상실 ④ 과도한 전문화는 지나친 경쟁을 초래, 비밀을 증가(역효과를 초래) ⑤ 자신이 담당하는 업무 외의 다른 업무에 대한 이해가 부족하므로 업무관계의 예측성이 저하 ⑥ 지나친 전문화로 인하여 문제가 발생할 경우, 조정의 원리를 통하여 해결
조정(통합)의 원리	① 조직의 공동목적을 달성하기 위하여 구성원의 행동이 통일을 기할 수 있도록 집단적 노력을 질서 있게 배열하는 과정 ② 전체적인 관점에서 통일하여 조직의 목표달성도를 높이려는 원리 ③ 조직편성의 제1의 원리, 가장 최종적인 원리 ④ 조직의 구조, 보상체계, 인사 등의 제도개선과 조직원의 행태를 합리적으로 개선하는 것은 갈등의 장기적인 대응방안 ⑤ 할거주의 : 관료제의 구조적 특성 때문에 조직구성원들이 자신이 소속된 기관과 부서만을 생각하고 다른 부서에 대해 배려하지 않는 편협한 태도를 취하는 현상(조정과 통합을 위해서는 할거주의를 해소)

Keyword 49 인사관리

1. 공무원의 선발방식

엽관주의	실적주의	적극적 인사행정
① 기준 : 혈연·지연·학연 등 ② 장점 　㉠ 관료에 대하여 강력한 통제력을 행사 　㉡ 국민의 요구에 부응하는 대응성 ③ 단점 　㉠ 행정의 비능률성·비전문성을 초래 　㉡ 전문행정가의 필요성이 증대. 　㉢ 부정부패(매관매직 등)가 만연 　㉣ 기회균등의 원리에 위배 　　(정당원만 공무원에 임용 - 다른 견해 있음) 　㉤ 신분보장이 미흡 　㉥ 불필요한 관직의 신설(爲人設官)	① 기준 : 자격과 능력·실적 등 ② 실적주의는 1870년대에 영국에서 시작, 미국에서는 1883년 펜들턴법(Pendleton Act)가 제정되어 공직 사회에 본격적으로 실적주의가 도입 ③ 한계 　㉠ 관료들의 강력한 신분보장으로 인해 관료들이 소극화·집권화·형식화·경직화·비인간화 　㉡ 국민의 요구에 적극적으로 대응하지 않고 무사 안일·복지부동	실적주의＋엽관주의

2. 공직의 분류방식

구분	계급제	직위분류제
분류방법	인간중심의 분류방법	직무중심의 분류방법
인적요소	일반 행정가의 확보에 유리	전문 행정가의 확보에 유리
인사배치	신축적·유동적 인사관리	비신축적·비유동적 인사관리
기관간 협조	타 기관과의 협조·조정이 용이	타 기관과의 협조·조정이 곤란
권한과 책임의 한계	권한과 책임의 한계 불명확	권한과 책임의 한계 명확
신분보장	신분보장이 용이	신분보장이 곤란
충원방식	폐쇄형 충원방식	개방형 충원방식
양자의 관계	계급제와 직위분류제는 양립할 수 없는 상호배타적인 관계가 아니라 상호보완적 관계	

3. 직업공무원제도

실적주의의 확립	직업공무원제도는 기회균등이나 정치적 중립, 신분보장 등과 같은 실적주의가 확립되어야 한다.
장기적 시각의 인력계획	장기적인 인력수급계획의 수립을 통해 유능한 인력을 적시에 공급하고, 무능력자는 퇴직시키는 등의 정원관리 방법이 강구되어야 한다.
공직에 대한 높은 사회적 평가	공직은 명예롭고 긍지를 지닐 수 있는 직업이라고 평가되어야 한다.
젊은 인재의 채용	우수한 능력을 가진 젊은 인재들이 공직에 관심을 가지도록 유인하고, 상위 직책까지 일생을 근무할 수 있도록 승진 등의 절차를 마련해야 한다.
능력발전을 위한 기회 제공	교육훈련 등의 기회가 지속적으로 제공되어야 한다.
적절한 보수와 연금제도	공무원의 보수는 민간부문과 적절한 균형을 이루어야 하며, 연금제도를 통해 안심하고 공직에 종사할 수 있도록 해야 한다.
승진·전보 등의 공정성 확보	승진이나 전보 등과 같은 내부임용이 체계적이고 공정하게 이루어져야 한다.

4. A. H. Maslow의 5단계 기본욕구

구분	내용	사례
자기실현욕구	앞으로의 자기발전, 자기완성의 욕구 및 성취감을 충족하려는 욕구	공정하고 합리적인 승진, 공무원 단체의 활용(인정), 주5일 근무제, 직무충실·확대
존경욕구 (주체욕구)	타인의 인정, 존중, 신망을 받으려는 욕구	참여확대, 권한의 위임, 제안제도, 포상제도(이 달의 경찰관 시상), 교육훈련, 근무성적평정
사회적 욕구 (소속 및 애정의 욕구)	동료, 상사, 조직전체에 대한 친근감이나 귀속감을 충족하려는 욕구	인간관계의 개선(비공식집단의 활용), 고충처리 상담
안전욕구	공무원의 현재 및 장래의 신분이나 생활에 대한 불안감 해소하려는 욕구	신분보장(정년제도), 연금제도
생리적 욕구	의·식·주 및 건강 등에 관한 욕구	적정보수제도, 휴양제도, 탄력시간제 등

5. 동기부여이론의 구분

내용이론	과정이론
① Maslow － 욕구계층이론 ② Alderfer － ERG 이론 ③ Herzberg － 동기 · 위생이론 ④ McClland － 성취동기이론 ⑤ Argyris － 성숙 · 미성숙이론	① Adams － 공정성이론 ② Poter & Lawler － 업적만족이론 ③ Vroom － 기대이론

MEMO

Keyword 50   예산관리

MEMO

1. 예산의 과정상 분류

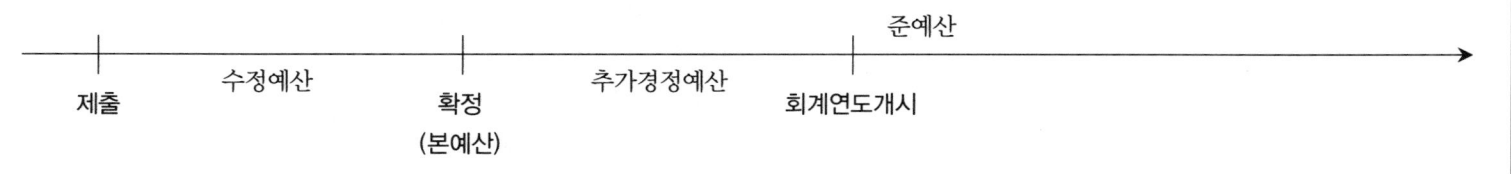

2. 예산의 편성 방식(품목별 예산과 성과주의 예산)

구분	품목별 예산	성과주의 예산
장점	① 작성이 용이 ② 집행내용 및 책임의 소재가 명확 ③ 인사행정에 유용한 정보자료의 제공 ④ 집행과 집행에 대한 통제가 용이 ⑤ 재량범위가 축소	① 경찰 활동의 이해 ② 자원배분의 합리화, 신축성 부여 ③ 예산심의가 용이 ④ 정부정책이나 계획수립이 용이 ⑤ 업무능률의 측정이 가능, 다음 연도의 예산책정에 반영
단점	① 계획과 지출과의 괴리 ② 탄력적 운용 불가(재량의 축소) ③ 기능의 중복 ④ 의사결정을 위한 충분한 자료 제시 불가 ⑤ 효율성 산출이 곤란 ⑥ 미시적 관리기법	① 업무측정 단위와 단위원가의 계산이 곤란 ② 인건비 등의 불용비용 산정 불가

계획예산제도	장기적인 기획과 단기적인 예산편성 / 예산의 정치적 성격과 실현에 필요한 비용부담 및 분석이 곤란
영기준예산제도	전년도의 예산에 구애됨이 없이 원점에서 새로 분석·검토 / 감축관리
일몰법	의무적·자동적으로 폐지 / 입법부에서 제정
자본예산제도	경상지출과 자본지출로 구분

3. 예산절차

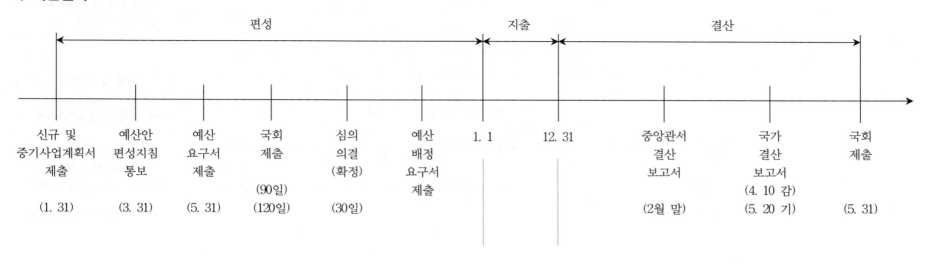

	편성					지출		결산		
신규 및 중기사업계획서 제출	예산안 편성지침 통보	예산 요구서 제출	국회 제출	심의 의결 (확정)	예산 배정 요구서 제출	1. 1	12. 31	중앙관서 결산 보고서	국가 결산 보고서 (4. 10 감)	국회 제출
(1. 31)	(3. 31)	(5. 31)	(90일) (120일)	(30일)				(2월 말)	(5. 20 기)	(5. 31)

Keyword 51 장비관리

1. 목적: 능률성, 효과성, 경제성의 확보(민주성 ×)

2. 무기·탄약관리

(1) 일반

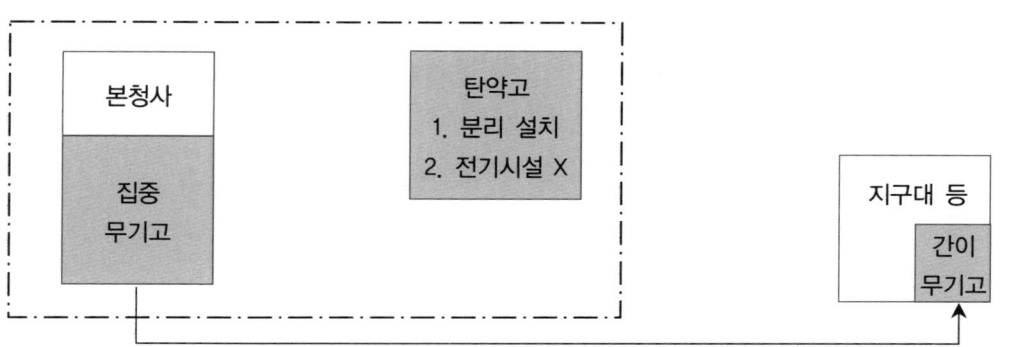

(2) 무기·탄약의 회수·보관

즉시 대여한 무기·탄약을 회수해야 한다.	① 직무상의 비위 등으로 인하여 중징계 의결 요구된 된 자 ② 사의를 표명한 자
심의위원회의 심의를 거쳐 대여한 무기·탄약을 회수할 수 있다.	① 직무상의 비위 등으로 인하여 감찰조사의 대상이 되거나 경징계의결 요구 또는 경징계 처분 중인 자 ② 형사사건의 수사 대상이 된 자 ③ 경찰공무원 직무적성검사 결과 고위험군에 해당되는 자 ④ 정신건강상 문제가 우려되어 치료가 필요한 자 ⑤ 정서적 불안 상태로 인하여 무기 소지가 적합하지 않은 자로서 소속 부서장의 요청이 있는 자 ⑥ 그 밖에 경찰기관의 장이 무기 소지 적격 여부에 대해 심의를 요청하는 자
무기·탄약을 무기고에 보관하도록 해야 한다.	① 술자리 또는 연회장소에 출입할 경우 ② 상사의 사무실을 출입할 경우 ③ 기타 정황을 판단하여 필요하다고 인정되는 경우

3. 차량관리

(1) 구분

전용	「공용차량관리규정」 제4조 제1항에 따른 차량(경찰청장 및 경찰위원회 상임위원용 차량)
지휘용	치안현장 점검·지휘 등 상시 지휘체제 유지를 위해 경찰기관장 및 경찰부대의 장이 운용하는 차량
업무용	각 경찰부서의 인력 및 물자 수송 등 통상적인 경찰 업무와 경찰위원회 업무에 공통으로 사용할 수 있는 일반적인 차량
순찰용	112순찰·교통·고속도로 및 형사순찰차량 등 기동순찰 목적으로 별도 제작 운용중인 차량
특수용	경비·작전·피의자호송·과학수사·구급·식당·위생·견인, 특수진압차, 사다리차, 폭발물검색차, 방송차, 살수차(군중의 해산을 목적으로 고압의 물줄기를 분사하는 장비. 이하 같다), 물보급차, 가스차, 조명차, 페이로다 등 특수한 업무에 적합하도록 필요한 설비를 부착하는 등 별도 제작된 차량. 다만, 특수업무용 승용차량은「공용차량관리규정」 제4조 제1항에 따른다.

(2) 관리

차량소요계획의 제출 (제90조)	부속기관 및 시·도경찰청의 장은 다음 년도에 소속기관의 차량정수를 증감시킬 필요가 있을 때에는 매년 3월말까지 다음 년도 차량정수 소요계획을 경찰청장에게 제출
차량의 교체 (제93조)	부속기관 및 시·도경찰청은 소속기관 차량 중 다음 년도 교체대상 차량을 매년 11월 말까지 경찰청장에게 보고
교체대상차량의 불용처리 (제94조)	① 차량사용기간을 최우선적으로 고려 ② 사용기간이 동일한 경우에는 주행거리와 차량의 노후상태, 사용부서 등을 검토 ③ 공개매각(경찰표시도색을 제거하는 등 필요한 조치)을 원칙으로 하되, 공개매각이 불가능한 때에는 폐차처분

MEMO

Keyword 52 / 보안관리

1. 서설

보안의 의의	소극적 예방활동과 적극적 예방활동
보안업무의 원칙	알, 부, 보

2. 비밀

비밀의 구분	① Ⅰ급 비밀: 외교관계가 단절되고 전쟁 ② Ⅱ급 비밀: 막대한 지장 ③ Ⅲ급 비밀: 해(害)
암호자재 제작·공급 및 반납	① 국가정보원장. 다만, 국암호자재를 사용하는 기관은 국가정보원장이 인가하는 암호체계의 범위에서 암호자재를 제작할 수 있다. ② 지체 없이 그 제작기관의 장에게 반납하여야 한다.
비밀·암호자재의 취급	비밀은 해당 등급의 비밀취급인가를 받은 사람만 취급할 수 있으며, 암호자재는 해당 등급의 비밀 소통용 암호자재취급 인가를 받은 사람만 취급할 수 있다.
분류원칙	과, 독, 외
비밀의 보관	① 비밀: 일반문서나 암호자재와 혼합하여 보관 × ② Ⅰ급 비밀: 반드시 금고에 보관하여야 하며, 다른 비밀과 혼합하여 보관 × ③ Ⅱ급 비밀 및 Ⅲ급 비밀: 금고 또는 이중 철제캐비닛 등 잠금장치가 있는 안전한 용기에 보관, 보관책임자가 Ⅱ급 비밀취급 인가를 받은 때에는 Ⅱ급 비밀과 Ⅲ급 비밀을 같은 용기에 혼합하여 보관 ○ ④ 보관용기에 넣을 수 없는 비밀: 제한구역 또는 통제구역에 보관 ⑤ 비밀의 보관용기: 외부에는 비밀의 보관을 알리거나 나타내는 어떠한 표시 ×
비밀의 복제·복사 제한	비밀의 일부 또는 전부나 암호자재에 대해서는 그 원형을 재현(再現)하는 행위 × ① Ⅰ급 비밀: 생산자의 허가 ② Ⅱ급 비밀 및 Ⅲ급 비밀: 공용(共用)으로 사용 ③ 전자적 방법으로 관리되는 비밀: 보관하기 위한 용도
비밀의 열람·공개	Ⅰ급 비밀: 국가정보원장과 미리 협의하여야 한다.

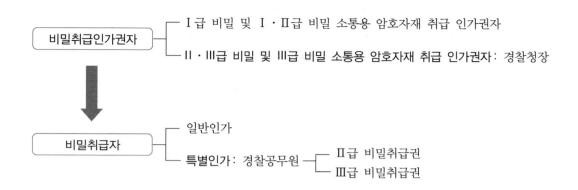

비밀취급인가권자
- Ⅰ급 비밀 및 Ⅰ·Ⅱ급 비밀 소통용 암호자재 취급 인가권자
- Ⅱ·Ⅲ급 비밀 및 Ⅲ급 비밀 소통용 암호자재 취급 인가권자 : 경찰청장

비밀취급자
- 일반인가
- **특별인가** : 경찰공무원
  - Ⅱ급 비밀취급권
  - Ⅲ급 비밀취급권

3. 보호지역

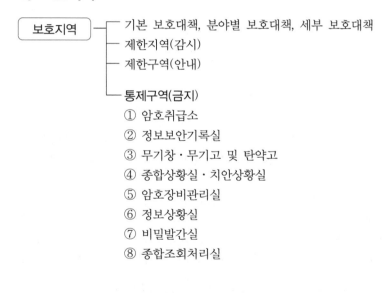

보호지역
- 기본 보호대책, 분야별 보호대책, 세부 보호대책
- 제한지역(감시)
- 제한구역(안내)
- 통제구역(금지)
  ① 암호취급소
  ② 정보보안기록실
  ③ 무기창·무기고 및 탄약고
  ④ 종합상황실·치안상황실
  ⑤ 암호장비관리실
  ⑥ 정보상황실
  ⑦ 비밀발간실
  ⑧ 종합조회처리실

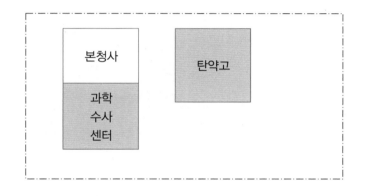

4. 신원조사

| 관계 기관의 장 | ← | 국가정보원장 |

① 공무원 임용 예정자(국가 기밀을 취급하는 직위에 임용될 예정인 사람으로 한정)
② 비밀취급인가예정자
③ 국가보안시설·보호장비를 관리하는 기관 등의 장 (소속 직원을 포함)
④ 법령에서 정하는 사람, 각급 기관의 장이 필요하다고 인정하는 사람

① 충성심·신뢰성 등을 확인
② 해를 끼칠 정보가 있음이 확인된 사람에 대해서는 관계 기관의 장에게 그 사실을 통보
③ 국방부장관과 경찰청장에게 위탁

MEMO

Keyword 53 / 언론관리

MEMO

1. 경찰홍보의 유형

협의의 홍보(PR)	유인물, 팸플릿, 일방적
지역공동체 관계(CR)	지역사회내의 각종 기관, 단체 및 주민들과 유기적인 연락 및 협조체계를 구축·유지
언론관계 (Press Relatoins)	각종 사건·사고에 대한 기자들의 질의에 응답하는 대응적이고 소극적인 홍보활동
대중매체 관계	각종 대중매체제작자와 긴밀한 협조관계를 구축·유지, 대중매체의 필요를 충족시키고, 경찰의 긍정적인 측면을 널리 알리는 홍보활동
기업이미지식 홍보	영·미를 중심으로 발달, 포돌이와 같은 상징물을 개발·전파

2. 경찰과 언론(대중매체)의 관계

Robert Mark	단란하고 행복스럽지는 않더라도 오래 지속되는 결혼생활
Crandon	경찰과 대중매체는 공생관계
Ericson	사회 엘리트 집단을 구성

3. 언론중재 및 피해구제 등에 관한 법률

(1) 언론중재위원회

언론중재위원회 ─ ① 40명 이상 90명 이내
─ ② 위원장 1명, 2명 이내의 부위원장, 2명 이내의 감사, 각각 중재위원 중에서 호선
─ ③ 위원장·부위원장·감사 및 중재위원의 임기는 각각 3년, 한 차례만 연임
─ ④ 재과출 / 출과찬

(2) 정정보도청구 : 언론사등의 고의·과실이나 위법성 ×

6개월	3개월		3일	7일
보도	안 날	정정보도 청구	수용여부 결정	방송게재

① 정당한 이익이 없는 경우
② 명백히 사실과 다른 경우
③ 명백히 위법한 내용인 경우
④ 상업적인 광고만을 목적
⑤ 공개회의와 공개재판절차

(3) 반론보도청구 : 언론사등의 고의·과실이나 위법성, 보도 내용의 진실 여부 ×

(4) 조정

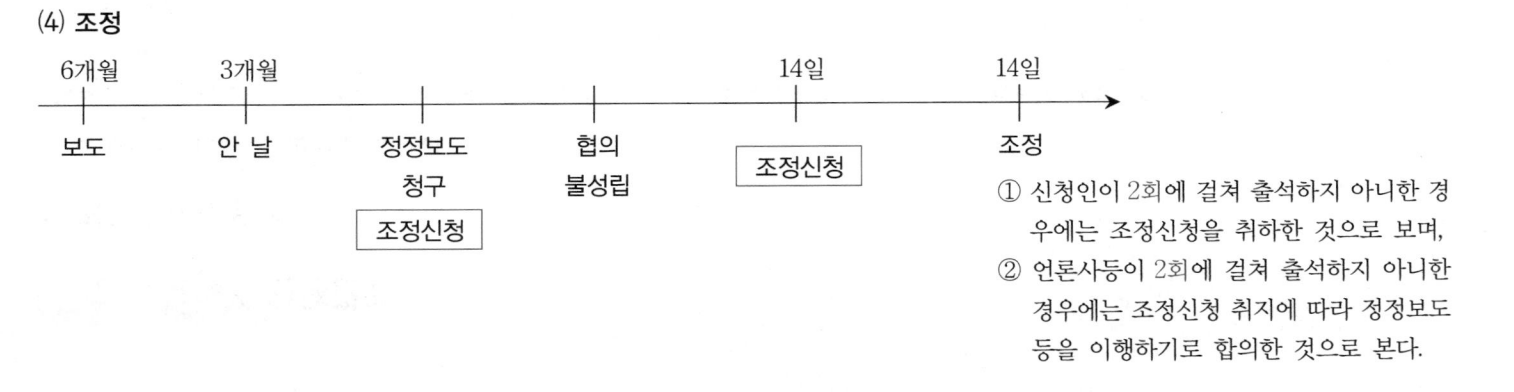

6개월	3개월			14일	14일
보도	안 날	정정보도 청구 조정신청	협의 불성립	조정신청	조정

① 신청인이 2회에 걸쳐 출석하지 아니한 경우에는 조정신청을 취하한 것으로 보며,
② 언론사등이 2회에 걸쳐 출석하지 아니한 경우에는 조정신청 취지에 따라 정정보도 등을 이행하기로 합의한 것으로 본다.

MEMO

1. **필요성**: 민주적 운영, 정치적 중립 확보, 법치주의 도모, 인권 보호, 부패 방지 등(능률성, 효과성, 경제성 확보 ×)

2. **통제의 유형**: 사전 · 사후 / 내부 · 외부 / 입법 · 행정 · 사법 / 민주적 · 사법적

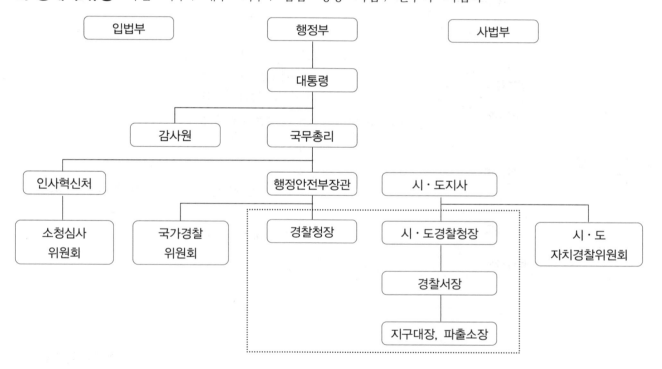

Keyword 55 / 공공기관의 정보공개에 관한 법률

1. 정보공개절차

2. 정보공개위원회

설치	행정안전부장관 소속
구성	① 위원회는 성별을 고려하여 위원장과 부위원장 각 1명을 포함한 11명의 위원으로 구성한다. ② 위원장을 포함한 7명은 공무원이 아닌 사람으로 위촉하여야 한다. ③ 위원장·부위원장 및 위원의 임기는 2년으로 하며, 연임할 수 있다.

3. 제도총괄 등

(1) 행정안전부장관은 이 법에 따른 정보공개제도의 정책 수립 및 제도 개선 사항 등에 관한 기획·총괄 업무를 관장한다.

(2) 행정안전부장관은 위원회가 정보공개제도의 효율적 운영을 위하여 필요하다고 요청하면 공공기관(국회·법원·헌법재판소 및 중앙선거관리위원회는 제외한다)의 정보공개제도 운영실태를 평가할 수 있다.

4. 관련 판례

공공기관	구 공공기관의 정보공개에 관한 법률 시행령 제2조 제1호가 정보공개의무를 지는 공공기관의 하나로 사립대학교를 들고 있는 것이 모법의 위임 범위를 벗어났다거나 사립대학교가 국비의 지원을 받는 범위 내에서만 공공기관의 성격을 가진다고 볼 수 있는지 여부(소극): 사립대학교에 대한 국비 지원이 한정적·일시적·국부적이라는 점을 고려하더라도, 같은 법 시행령(2004.3.17. 대통령령 제18312호로 개정되기 전의 것) 제2조 제1호가 정보공개의무를 지는 공공기관의 하나로 사립대학교를 들고 있는 것이 모법인 구 공공기관의 정보공개에 관한 법률의 위임 범위를 벗어났다거나 사립대학교가 국비의 지원을 받는 범위 내에서만 공공기관의 성격을 가진다고 볼 수 없다(대판 2006.8.24., 2004두2783).
정보	① 사건기록등사불허가처분취소: 공공기관의 정보공개에 관한 법률상 공개청구의 대상이 되는 정보란 공공기관이 직무상 작성 또는 취득하여 현재 보유·관리하고 있는 문서에 한정되는 것이기는 하나, 그 문서가 반드시 원본일 필요는 없다(대판 2006.5.25., 2006두3049). ② 공공기관의 정보공개에 관한 법률 제9조 제1항 제1호의 입법 취지 및 '법률에 의한 명령'의 의미[= 법규명령(위임명령)]: 공공기관의 정보공개에 관한 법률 제9조 제1항 단서 제1호에서는 '다른 법률 또는 법률이 위임한 명령(국회규칙·대법원규칙·중앙선거관리위원회규칙·대통령령 및 조례에 한한다)에 의하여 비밀 또는 비공개 사항으로 규정된 정보'는 이를 공개하지

정보	아니할 수 있다고 규정하고 있는바, 그 입법 취지는 비밀 또는 비공개 사항으로 다른 법률 등에 규정되어 있는 경우는 이를 존중함으로써 법률간의 마찰을 피하기 위한 것이고, 여기에서 '법률에 의한 명령'은 정보의 공개에 관하여 법률의 구체적인 위임 아래 제정된 법규명령(위임명령)을 의미한다(대판 2010.6.10, 2010두2913). ③ **보안관찰법상의 보안관찰 관련 통계자료가 공공기관의 정보공개에 관한 법률 제7조 제1항 제2호, 제3호에서 규정하는 비공개대상 정보에 해당하는지 여부(적극)**: 이 사건 정보가 북한정보기관에 의한 간첩의 파견, 포섭, 선전선동을 위한 교두보의 확보 등 북한의 대남전략에 있어 매우 유용한 자료로 악용될 우려가 없다고 할 수 없다. 그러므로 이 사건 정보는 공공기관의 정보공개에 관한 법률(이하 '법'이라 한다) 제7조 제1항 제2호 소정의 공개될 경우 국가안전보장·국방·통일·외교관계 등 국가의 중대한 이익을 해할 우려가 있는 정보, 또는 제3호소정의 공개될 경우 국민의 생명·신체 및 재산의 보호 기타 공공의 안전과 이익을 현저히 해할 우려가 있다고 인정되는 정보에 해당한다고 할 것이다(대판 2004.3.26, 2002두6583). ④ 국가정보원이 직원에게 지급하는 현금급여 및 월초수당에 관한 정보가 공공기관의 정보공개에 관한 법률 제9조 제1항 제1호의 비공개대상 정보인 '다른 법률에 의하여 비공개 사항으로 규정된 정보'에 해당하는지 여부(적극)(대판 2010.12.23, 2010두14800). ⑤ **재소자가 교도관의 가혹행위를 이유로 형사고소 및 민사소송을 제기하면서 그 증명자료 확보를 위해 '근무보고서'와 '징벌위원회 회의록' 등의 정보공개를 요청하였으나 교도소장이 이를 거부한 사안**: 교도소에 수용 중이던 재소자가 '근무보고서'와 '징벌위원회 회의록' 등의 정보공개를 요청하였으나 교도소장이 이를 거부한 사안에서, 근무보고서는 공공기관의 정보공개에 관한 법률 제9조 제1항 제4호에 정한 비공개대상정보에 해당한다고 볼 수 없고, 징벌위원회 회의록 중 비공개 심사·의결 부분은 위 법 제9조 제1항 제5호의 비공개사유에 해당하지만 재소자의 진술, 위원장 및 위원들과 재소자 사이의 문답 등 징벌절차 진행 부분은 비공개사유에 해당하지 않는다고 보아 분리 공개가 허용된다(대판 2009.12.10, 2009두12785). ⑥ **'학교폭력대책자치위원회 회의록'이 공공기관의 정보공개에 관한 법률 제9조 제1항 제1호의 비공개대상정보에 해당한다고 한 사례**: 학교폭력대책자치위원회의 회의록은 공공기관의 정보공개에 관한 법률 제9조 제1항 제1호의 '다른 법률 또는 법률이 위임한 명령에 의하여 비밀 또는 비공개 사항으로 규정된 정보'에 해당한다(대판 2010.6.10, 2010두2913). ⑦ **불기소처분기록이나 내사기록 중 피의자신문조서 등 조서에 기재된 피의자 등의 인적사항 이외의 진술내용이 개인의 사생활의 비밀 또는 자유를 침해할 우려가 인정되는 경우 공공기관의 정보공개에 관한 법률 제9조 제1항 제6호 본문에서 정한 비공개대상 정보에 해당하는지 여부(적극)**: 불기소처분기록이나 내사기록 중 피의자신문조서 등 조서에 기재된 피의자 등의 인적사항 이외의 진술내용 역시 개인의 사생활의 비밀 또는 자유를 침해할 우려가 인정되는 경우에는 위 비공개대상 정보에 해당한다(대판 2017.9.7., 2017두44558). ⑧ 공개청구의 대상이 되는 정보가 이미 다른 사람에게 공개되어 널리 알려져 있다거나 인터넷 등을 통하여 공개되어 인터넷검색 등을 통하여 쉽게 알 수 있는 경우 소의 이익이 없다거나 비공개결정이 정당화될 수 있는지 여부(소극)(대판 2010.12.23, 2008두13101).
공개	① **사본공개거부처분취소**: 정보공개를 청구하는 자가 공공기관에 대해 정보의 사본 또는 출력물의 교부의 방법으로 공개방법을 선택하여 정보공개청구를 한 경우에 공개청구를 받은 공공기관으로서는 그 공개방법을 선택할 재량권이 없다고 해석함이 상당하다(대판 2003.12.12., 2003두8050).

MEMO

공개	② 법원이 행정기관의 정보공개거부처분의 위법 여부를 심리한 결과 공개를 거부한 정보에 비공개사유에 해당하는 부분과 그렇지 않은 부분이 혼합되어 있고, 공개청구의 취지에 어긋나지 않는 범위 안에서 두 부분을 분리할 수 있는 경우, 공개가 가능한 정보에 한하여 일부취소를 명할 수 있는지 여부(적극) 및 정보의 부분 공개가 허용되는 경우의 의미 : 공개가 가능한 정보에 국한하여 일부취소를 명할 수 있다. 이러한 정보의 부분 공개가 허용되는 경우란 그 정보의 공개방법 및 절차에 비추어 당해 정보에서 비공개대상정보에 관련된 기술 등을 제외 혹은 삭제하고 나머지 정보만을 공개하는 것이 가능하고 나머지 부분의 정보만으로도 공개의 가치가 있는 경우를 의미한다(대판 2009.12.10., 2009두12785). ③ 정보공개거부처분취소 : 공공기관이 보유·관리하는 정보라 함은 당해 공공기관이 작성하여 보유·관리하고 있는 정보뿐만 아니라 경위를 불문하고 당해 공공기관이 보유·관리하고 있는 모든 정보를 의미한다고 할 것이므로, 제3자와 관련이 있는 정보라고 하더라도 당해 공공기관이 이를 보유·관리하고 있는 이상 동법 제9조 제1항 단서 각 호의 비공개사유에 해당하지 아니하면 정보공개의 대상이 되는 정보에 해당한다고 보아야 할 것이다. 따라서 제3자의 비공개요청이 있다는 사유만으로 정보공개법상 정보의 비공개사유에 해당한다고 볼 수 없다(대판 2008.9.25, 2008두8680).
청구권자	① 공공기관의정보공개에관한법률 제6조 제1항 소정의 국민의 범위 : 공공기관의 정보공개에 관한 법률 제6조 제1항은 "모든 국민은 정보의 공개를 청구할 권리를 가진다."고 규정하고 있는데, 여기에서 말하는 국민에는 자연인은 물론 법인, 권리능력 없는 사단·재단도 포함되고, 법인, 권리능력 없는 사단·재단 등의 경우에는 설립목적을 불문하며, 한편 정보공개청구권은 법률상 보호되는 구체적인 권리이므로 청구인이 공공기관에 대하여 정보공개를 청구하였다가 거부처분을 받은 것 자체가 법률상 이익의 침해에 해당한다(대판 2003.12.12., 2003두8050). ② 공공기관의 정보공개에 관한 법률에 따른 정보공개청구시 요구되는 대상정보 특정의 정도 : 청구대상정보를 기재함에 있어서는 사회일반인의 관점에서 청구대상정보의 내용과 범위를 확정할 수 있을 정도로 특정함을 요한다(대판 2007.6.1, 2007두2555).
소의 이익 및 법률상 이익	① 공개청구의 대상이 되는 정보가 이미 다른 사람에게 공개되어 널리 알려져 있다거나 인터넷 등을 통하여 공개되어 인터넷검색 등을 통하여 쉽게 알 수 있는 경우 소의 이익이 없다거나 비공개결정이 정당화될 수 있는지 여부(소극) : 국민의 정보공개청구권은 법률상 보호되는 구체적인 권리이므로, 공공기관에 대하여 정보의 공개를 청구하였다가 공개거부처분을 받은 청구인은 행정소송을 통하여 그 공개거부처분의 취소를 구할 법률상의 이익이 있고, 공개청구의 대상이 되는 정보가 이미 다른 사람에게 공개되어 널리 알려져 있다거나 인터넷 등을 통하여 공개되어 인터넷검색 등을 통하여 쉽게 알 수 있다는 사정만으로는 소의 이익이 없다거나 비공개결정이 정당화될 수 없다(대판 2010.12.23., 2008두13101). ② 정보공개청구자가 특정한 것과 같은 정보를 공공기관이 보유·관리하고 있지 않은 경우, 해당 정보에 대한 공개거부처분에 대하여 취소를 구할 법률상 이익이 있는지 여부(원칙적 소극) 및 공개를 구하는 정보를 공공기관이 보유·관리하는 점에 대한 증명책임의 소재 : 만일 공개청구자가 특정한 바와 같은 정보를 공공기관이 보유·관리하고 있지 않은 경우라면 특별한 사정이 없는 한 해당 정보에 대한 공개거부처분에 대하여는 취소를 구할 법률상 이익이 없다. 이와 관련하여 공개청구자는 그가 공개를 구하는 정보를 공공기관이 보유·관리하고 있을 상당한 개연성이 있다는 점에 대하여 입증할 책임이 있으나, 공개를 구하는 정보를 공공기관이 한때 보유·관리하였으나 후에 그 정보가 담긴 문서들이 폐기되어 존재하지 않게 된 것이라면 그 정보를 더 이상 보유·관리하고 있지 않다는 점에 대한 증명책임은 공공기관에 있다(대판 2013.1.24, 2010두18918).

Keyword 56 | 개인정보 보호법

1. 정의

개인정보	살아 있는 개인에 관한 정보로서 다음의 어느 하나에 해당하는 정보를 말한다. ① 성명, 주민등록번호 및 영상 등을 통하여 개인을 알아볼 수 있는 정보 ② 해당 정보만으로는 특정 개인을 알아볼 수 없더라도 다른 정보와 쉽게 결합하여 알아볼 수 있는 정보. 이 경우 쉽게 결합할 수 있는지 여부는 다른 정보의 입수 가능성 등 개인을 알아보는 데 소요되는 시간, 비용, 기술 등을 합리적으로 고려하여야 한다. ③ 가목 또는 나목을 제1호의2에 따라 가명처리함으로써 원래의 상태로 복원하기 위한 추가 정보의 사용·결합 없이는 특정 개인을 알아볼 수 없는 정보(이하 "가명정보"라 한다)
가명처리	개인정보의 일부를 삭제하거나 일부 또는 전부를 대체하는 등의 방법으로 추가 정보가 없이는 특정 개인을 알아볼 수 없도록 처리하는 것을 말한다.
정보주체	처리되는 정보에 의하여 알아볼 수 있는 사람으로서 그 정보의 주체가 되는 사람을 말한다.
개인정보처리자	업무를 목적으로 개인정보파일을 운용하기 위하여 스스로 또는 다른 사람을 통하여 개인정보를 처리하는 공공기관, 법인, 단체 및 개인 등을 말한다.
고정형 영상정보처리기기	일정한 공간에 설치되어 지속적 또는 주기적으로 사람 또는 사물의 영상 등을 촬영하거나 이를 유·무선망을 통하여 전송하는 장치로서 대통령령으로 정하는 장치를 말한다.
이동형 영상정보처리기기	사람이 신체에 착용 또는 휴대하거나 이동 가능한 물체에 부착 또는 거치(据置)하여 사람 또는 사물의 영상 등을 촬영하거나 이를 유·무선망을 통하여 전송하는 장치로서 대통령령으로 정하는 장치를 말한다.

2. 주요 내용

개인정보 보호 원칙	개인정보처리자는 개인정보를 익명 또는 가명으로 처리하여도 개인정보 수집목적을 달성할 수 있는 경우 익명처리가 가능한 경우에는 익명에 의하여, 익명처리로 목적을 달성할 수 없는 경우에는 가명에 의하여 처리될 수 있도록 하여야 한다.
정보주체의 권리	① 개인정보의 처리에 관한 정보를 제공받을 권리 ② 개인정보의 처리에 관한 동의 여부, 동의 범위 등을 선택하고 결정할 권리 ③ 개인정보의 처리 여부를 확인하고 개인정보에 대한 열람(사본의 발급을 포함한다.) 및 전송을 요구할 권리 ④ 개인정보의 처리 정지, 정정·삭제 및 파기를 요구할 권리 ⑤ 개인정보의 처리로 인하여 발생한 피해를 신속하고 공정한 절차에 따라 구제받을 권리 ⑥ 완전히 자동화된 개인정보 처리에 따른 결정을 거부하거나 그에 대한 설명 등을 요구할 권리

3. 개인정보 보호위원회

설치	국무총리 소속
위원회의 구성 등	① 보호위원회는 상임위원 2명(위원장 1명, 부위원장 1명)을 포함한 9명의 위원으로 구성한다. ② 보호위원회의 위원은 개인정보 보호에 관한 경력과 전문지식이 풍부한 다음 각 호의 사람 중에서 위원장과 부위원장은 국무총리의 제청으로, 그 외 위원 중 2명은 위원장의 제청으로, 2명은 대통령이 소속되거나 소속되었던 정당의 교섭단체 추천으로, 3명은 그 외의 교섭단체 추천으로 대통령이 임명 또는 위촉한다.
위원의 임기	임기는 3년으로 하되, 한 차례만 연임할 수 있다.

Keyword 57 행정절차법

1. 일반 원칙

적용범위 (제3조)	① 공정거래위원회의 시정조치 및 과징금납부명령에 행정절차법 소정의 의견청취절차 생략사유가 존재하는 경우, 공정거래위원회가 행정절차법을 적용하여 의견청취절차를 생략할 수 있는지 여부(소극): 공정거래위원회의 의결·결정을 거쳐 행하는 사항에는 행정절차법의 적용이 제외되게 되어 있으므로, 설사 공정거래위원회의 시정조치 및 과징금납부명령에 행정절차법 소정의 의견청취절차 생략사유가 존재한다고 하더라도, 공정거래위원회는 행정절차법을 적용하여 의견청취절차를 생략할 수는 없다(대판 2001.5.8, 2000두10212). ② 국가공무원법상 직위해제처분에 처분의 사전통지 및 의견청취 등에 관한 행정절차법 규정이 적용되는지 여부(소극): 국가공무원법상 직위해제처분은 당해 행정작용의 성질상 행정절차를 거치기 곤란하거나 불필요하다고 인정되는 사항 또는 행정절차에 준하는 절차를 거친 사항에 해당하므로, 처분의 사전통지 및 의견청취 등에 관한 행정절차법의 규정이 별도로 적용되지 않는다(대판 2014.5.16, 2012두26180). ③ 공무원 인사관계법령에 의한 처분에 관한 사항에 대하여 행정절차법의 적용이 배제되는 범위 및 그 법리가 별정직 공무원에 대한 직권면직처분에도 적용되는지 여부(적극): 공무원 인사관계법령에 의한 처분에 관한 사항이라 하더라도 전부에 대하여 행정절차법의 적용이 배제되는 것이 아니라, 성질상 행정절차를 거치기 곤란하거나 불필요하다고 인정되는 처분이나 행정절차에 준하는 절차를 거치도록 하고 있는 처분의 경우에만 행정절차법의 적용이 배제되는 것으로 보아야 하고, 이러한 법리는 '공무원 인사관계법령에 의한 처분'에 해당하는 별정직 공무원에 대한 직권면직처분의 경우에도 마찬가지로 적용된다(대판 2013.1.16, 2011두30687).
신의성실 및 신뢰보호 (제4조)	① 행정청은 직무를 수행할 때 신의(信義)에 따라 성실히 하여야 한다. ② 행정청은 법령등의 해석 또는 행정청의 관행이 일반적으로 국민들에게 받아들여졌을 때에는 공익 또는 제3자의 정당한 이익을 현저히 해칠 우려가 있는 경우를 제외하고는 새로운 해석 또는 관행에 따라 소급하여 불리하게 처리하여서는 아니 된다.
투명성) (제5조)	행정작용의 근거가 되는 법령등의 내용이 명확하지 아니한 경우 상대방은 해당 행정청에 그 해석을 요청할 수 있으며, 해당 행정청은 특별한 사유가 없으면 그 요청에 따라야 한다.

2. 송달

관련 규정	① 해당 문서가 송달받을 자에게 도달됨으로써 그 효력이 발생한다. ② 정보통신망을 이용하여 전자문서로 송달하는 경우에는 송달받을 자가 지정한 컴퓨터 등에 입력된 때에 도달된 것으로 본다. ③ 공고의 경우에는 다른 법령등에 특별한 규정이 있는 경우를 제외하고는 공고일부터 14일이 지난 때에 그 효력이 발생한다. 다만, 긴급히 시행하여야 할 특별한 사유가 있어 효력 발생 시기를 달리 정하여 공고한 경우에는 그에 따른다.
관련 판례	① 우편물이 등기취급의 방법으로 발송된 경우 그 무렵 수취인에게 배달되었다고 추정할 수 있는지 여부(원칙적 적극): 우편물이 등기취급의 방법으로 발송된 경우 그것이 도중에 유실되었거나 반송되었다는 등의 특별한 사정에 대한 반증이 없는 한 그 무렵 수취인에게 배달되었다고 추정할 수 있다(대판 2017.3.9, 2016두60577). ② 우편물이 등기취급의 방법으로 발송된 경우 그 무렵 수취인에게 배달되었다고 볼 것인지 여부: 우편법 등 관계 규정의 취지에 비추어 볼 때 우편물이 등기취급의 방법으로 발송된 경우 반송되는 등의 특별한 사정이 없는 한 그 무렵 수취인에게 배달되었다고 보아야 한다[대법원 1992. 3. 27., 선고, 91누3819, 판결]. ③ 보통우편의 방법으로 우편물을 발송한 경우, 그 송달을 추정할 수 있는지 여부(소극): 내용증명우편이나 등기우편과는 달리, 보통우편의 방법으로 발송되었다는 사실만으로는 그 우편물이 상당기간 내에 도달하였다고 추정할 수 없고 송달의 효력을 주장하는 측에서 증거에 의하여 도달사실을 입증하여야 한다(대판 2002.7.26., 2000다25002). ④ 납세고지서의 명의인이 다른 곳으로 이사하였지만 주민등록을 옮기지 아니한 채 주민등록지로 배달되는 우편물을 새로운 거주자가 수령하여 자신에게 전달하도록 한 경우: 새로운 거주자에게 우편물 수령권한을 위임한 것으로 보아 그에게 한 납세고지서의 송달이 적법하다(대판 1998.4.10., 98두1161). ⑤ 공정거래위원회가 국내에 주소·거소·영업소 또는 사무소가 없는 외국사업자에 대하여 우편송달의 방법으로 문서를 송달할 수 있는지 여부(적극): 공정거래위원회는 국내에 주소·거소·영업소 또는 사무소가 없는 외국사업자에 대하여도 우편송달의 방법으로 문서를 송달할 수 있다(대판 2006.3.24, 2004두11275). ⑥ 과세처분 부과고지서를 수취거절한 것을 이유로 공시송달을 할 수 있는지 여부(소극): 수취거절은 구 국세기본법상 유치송달의 사유가 될 수 있으나 공시송달의 사유가 될 수 없을 뿐더러, 이 사건 수취거절 당시 누가 거절하였는지 분명하지 않으며 피고가 이 사건 공시송달을 할 당시 이 사건 소송이 계속중에 있었던 만큼 원고의 주소 또는 영업소가 분명하지 아니한 경우에 해당한다고 볼 수도 없어 결국 이 사건 공시송달이 적법하다고 할 수 없다(대판 2007.3.16, 2006두16816).

3. 처분의 신청

(1) 기본 구조

MEMO

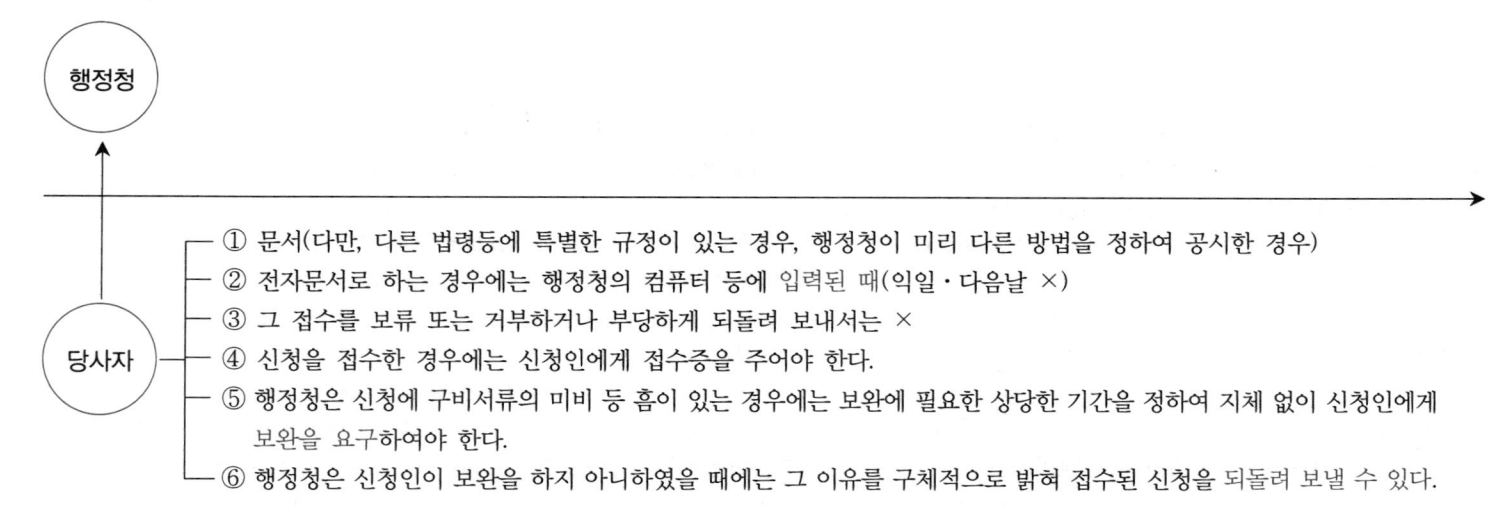

① 문서(다만, 다른 법령등에 특별한 규정이 있는 경우, 행정청이 미리 다른 방법을 정하여 공시한 경우)

② 전자문서로 하는 경우에는 행정청의 컴퓨터 등에 입력된 때(익일·다음날 ×)

③ 그 접수를 보류 또는 거부하거나 부당하게 되돌려 보내서는 ×

④ 신청을 접수한 경우에는 신청인에게 접수증을 주어야 한다.

⑤ 행정청은 신청에 구비서류의 미비 등 흠이 있는 경우에는 보완에 필요한 상당한 기간을 정하여 지체 없이 신청인에게 보완을 요구하여야 한다.

⑥ 행정청은 신청인이 보완을 하지 아니하였을 때에는 그 이유를 구체적으로 밝혀 접수된 신청을 되돌려 보낼 수 있다.

(2) 관련 판례

① **행정청에 대한 신청의 의사표시의 방법**: 신청인의 행정청에 대한 신청의 의사표시는 명시적이고 확정적인 것이어야 한다고 할 것이므로 신청인이 신청에 앞서 행정청의 허가업무 담당자에게 신청서의 내용에 대한 검토를 요청한 것만으로는 다른 특별한 사정이 없는 한 명시적이고 확정적인 신청의 의사표시가 있었다고 하기 어렵다(대판 2004.9.24, 2003두13236).

② **보완을 요구하지 아니한 채 곧바로 건축허가신청을 거부한 것은 재량권의 범위를 벗어난 것이라고 한 사례**: 건축불허가처분을 하면서 그 사유의 하나로 소방시설과 관련된 소방서장의 건축부동의 의견을 들고 있으나 그 보완이 가능한 경우, 보완을 요구하지 아니한 채 곧바로 건축허가신청을 거부한 것은 재량권의 범위를 벗어난 것이다(대판 2004.10.15, 2003두6573).

4. 의무를 부과하거나 권익을 제한하는 처분

(1) 기본 구조

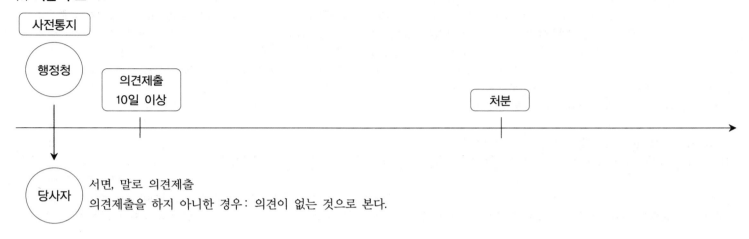

(2) 주요 내용

사전통지 생략사유	① 공공의 안전 또는 복리를 위하여 긴급히 처분을 할 필요가 있는 경우 ② 법령등에서 요구된 자격이 없거나 없어지게 되면 반드시 일정한 처분을 하여야 하는 경우에 그 자격이 없거나 없어지게 된 사실이 법원의 재판 등에 의하여 객관적으로 증명된 경우 ③ 해당 처분의 성질상 의견청취가 현저히 곤란하거나 명백히 불필요하다고 인정될 만한 상당한 이유가 있는 경우

처분	① 문서
	② 전자문서
	  ㉠ 당사자등의 동의가 있는 경우
	  ㉡ 당사자가 전자문서로 처분을 신청한 경우

근거와 이유제시 생략사유	① 신청 내용을 모두 그대로 인정하는 처분인 경우 ② 단순·반복적인 처분 또는 경미한 처분으로서 당사자가 그 이유를 명백히 알 수 있는 경우 ③ 긴급히 처분을 할 필요가 있는 경우

MEMO

(3) 관련 판례

① 행정청이 구 식품위생법상의 영업자지위승계신고 수리처분을 하는 경우, 종전의 영업자가 행정절차법 제2조 제4호 소정의 '당사자'에 해당하는지 여부(적극) 및 수리처분시 종전의 영업자에게 행정절차법 소정의 행정절차를 실시하여야 하는지 여부(적극)(대판 2003.2.14, 2001두7015).

② 행정청이 구 관광진흥법 또는 구 체육시설의 설치·이용에 관한 법률의 규정에 의하여 유원시설업자 또는 체육시설업자 지위승계신고를 수리하는 처분을 하는 경우, 종전 유원시설업자 또는 체육시설업자에 대하여 행정절차법 제21조 제1항 등에서 정한 처분의 사전통지 등 절차를 거쳐야 하는지 여부(적극)(대판 2012.12.13, 2011두29144).

③ 행정청이 침해적 행정처분을 하면서 당사자에게 구 행정절차법에서 정한 사전통지를 하거나 의견제출의 기회를 주지 않은 경우, 처분의 적법 여부(원칙적 소극) : 행정청이 침해적 행정처분을 하면서 당사자에게 위와 같은 사전통지를 하거나 의견제출의 기회를 주지 않았다면, 사전통지를 하지 않거나 의견제출의 기회를 주지 않아도 되는 예외적인 경우에 해당하지 않는 한, 그 처분은 위법하여 취소를 면할 수 없다(대판 2013.1.16, 2011두30687).

④ 특별한 사정이 없는 한, 신청에 대한 거부처분이 행정절차법 제21조 제1항 소정의 처분의 사전통지대상이 되는지 여부(소극) : 특별한 사정이 없는 한 신청에 대한 거부처분이라고 하더라도 직접 당사자의 권익을 제한하는 것은 아니어서 신청에 대한 거부처분을 여기에서 말하는 '당사자의 권익을 제한하는 처분'에 해당한다고 할 수 없는 것이어서 처분의 사전통지대상이 된다고 할 수 없다(대판 2003.11.28., 2003두674).

⑤ 의원면직처분을 하는 경우에도 구 국가공무원법(1981.4.20 법률 제3447호로 개정되기 전의 것) 제75조 소정의 사유설명서를 교부하여야 하는지 여부 : 상대방의 의사에 기한 의원면직처분과 같은 경우에는 위 법에 따른 처분사유설명서가 요구되는 것은 아니다(대판 1986.7.22., 86누43).

⑥ 주류도매업면허의 취소처분에 그 대상이 된 위반사실을 특정하지 아니하여 위법하다고 본 사례 : 취소처분의 근거와 위반사실의 적시를 빠뜨린 하자는 피처분자가 처분 당시 그 취지를 알고 있었다거나 그 후 알게 되었다 하여도 치유될 수 없다고 할 것이다(대판 1990.9.11., 90누1786).

⑦ 행정처분의 근거 및 이유제시의 정도 : 당사자가 근거규정 등을 명시하여 신청하는 인·허가 등을 거부하는 처분을 함에 있어 당사자가 그 근거를 알 수 있을 정도로 상당한 이유를 제시한 경우에는 당해 처분의 근거 및 이유를 구체적 조항 및 내용까지 명시하지 않았더라도 그로 말미암아 그 처분이 위법한 것이 된다고 할 수 없다(대판 2002.5.17., 2000두8912).

⑧ 납세고지서에 세액산출근거의 기재가 누락된 과세처분의 효력 : 세법상의 제규정들은 강행규정이라고 할 것이며, 납세고지서에 그와 같은 세액산출근거의 기재가 누락되었다면 과세처분 자체가 위법한 것으로 취소의 대상이 된다(대판 1985.12.10., 84누243).

⑨ 납세고지서 작성과 관련한 하자로 과세처분이 당연무효로 되는지 여부(소극) : 납세고지서에 관한 법령 규정들은 강행규정으로서 이들 법령이 요구하는 기재사항 중 일부를 누락시킨 하자가 있는 경우 이로써 그 부과처분은 위법하게 되지만, 이러한 납세고지서 작성과 관련한 하자는 그 고지서가 납세의무자에게 송달된 이상 과세처분의 본질적 요소를 이루는 것은 아니어서 과세처분의 취소사유가 됨은 별론으로 하고 당연무효의 사유로는 되지 아니한다(대판 1998.6.26., 96누12634).

MEMO

⑩ 세액산출근거가 누락된 납세고지서에 의한 하자있는 과세처분의 치유요건 : 과세처분시 납세고지서에 과세표준, 세율, 세액의 산출근거 등이 누락된 경우(이유제시의 하자)에는 늦어도 과세처분에 대한 불복여부의 결정 및 불복신청에 편의를 줄 수 있는 상당한 기간 내에 보정행위를 하여야 그 하자가 치유된다할 것이므로, 과세처분이 있은지 4년이 지나서 그 취소소송이 제기된 때에 보정된 납세고지서를 송달하였다는 사실이나 오랜 기간(4년)의 경과로써 과세처분의 하자가 치유되었다고 볼 수는 없다(대판 1983.7.26., 82누420).

⑪ 행정처분의 처분 방식에 관한 행정절차법 제24조 제1항을 위반한 처분이 무효인지 여부(적극) : 이를 위반한 처분은 하자가 중대·명백하여 무효이다[대법원 2019. 7. 11., 선고, 2017두38874, 판결].

⑫ 행정처분을 하는 문서의 문언만으로 행정처분의 내용이 분명한 경우, 그 문언과 달리 다른 행정처분까지 포함되어 있다고 해석할 수 있는지 여부(소극) : 행정청이 문서에 의하여 처분을 한 경우 그 처분서의 문언이 불분명하다는 등의 특별한 사정이 없는 한, 그 문언에 따라 어떤 처분을 하였는지 여부를 확정하여야 할 것이고, 처분서의 문언만으로도 행정청이 어떤 처분을 하였는지가 분명함에도 불구하고 처분경위나 처분 이후의 상대방의 태도 등 다른 사정을 고려하여 처분서의 문언과는 달리 다른 처분까지 포함되어 있는 것으로 확대해석하여서는 아니 된다[대법원 2005. 7. 28., 선고, 2003두469, 판결].

5. 청문

(1) 기본 구조

MEMO

(2) 주요 내용

청문실시 사유	① 다른 법령등에서 청문을 하도록 규정하고 있는 경우 ② 행정청이 필요하다고 인정하는 경우 ③ 다음의 처분을 하는 경우 　㉠ 인허가 등의 취소 　㉡ 신분·자격의 박탈 　㉢ 법인이나 조합 등의 설립허가의 취소
청문의 종결	① 청문 주재자는 당사자등의 전부 또는 일부가 정당한 사유 없이 청문기일에 출석하지 아니하거나 의견서를 제출하지 아니한 경우에는 이들에게 다시 의견진술 및 증거제출의 기회를 주지 아니하고 청문을 마칠 수 있다. ② 청문 주재자는 당사자등의 전부 또는 일부가 정당한 사유로 청문기일에 출석하지 못하거나 의견서를 제출하지 못한 경우에는 10일 이상의 기간을 정하여 이들에게 의견진술 및 증거제출을 요구하여야 하며, 해당 기간이 지났을 때에 청문을 마칠 수 있다.

(3) 관련 판례

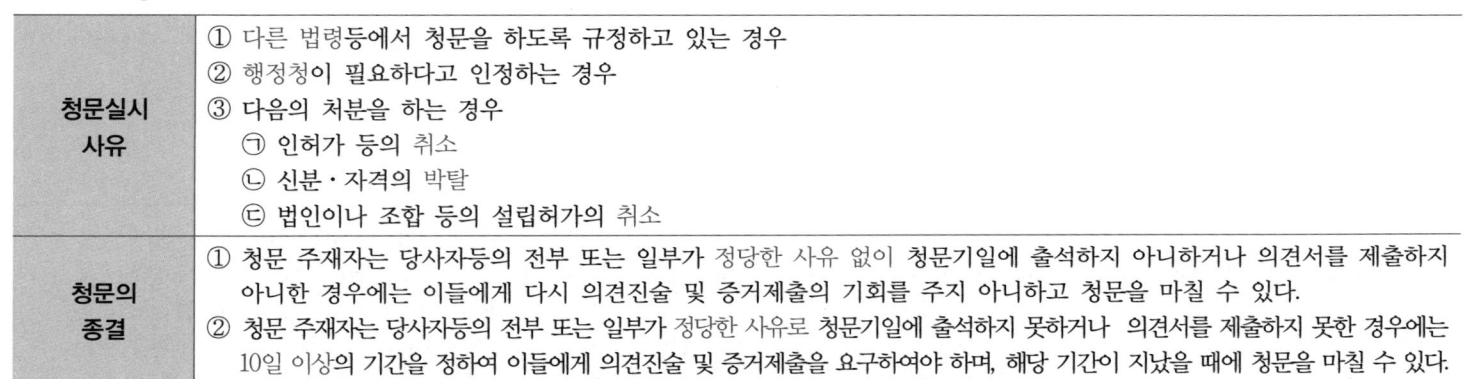

① 청문을 실시하지 아니하고 한 침해적 행정처분의 적법 여부(소극) : 행정처분의 상대방에 대한 청문통지서가 반송되었다거나, 행정처분의 상대방이 청문일시에 불출석하였다는 이유로 청문을 실시하지 아니하고 한 침해적 행정처분은 위법하다(대판 2001.4.13, 2000두3337).
② 행정청이 당사자와 사이에 도시계획사업의 시행과 관련한 협약을 체결하면서 관계 법령 및 행정절차법에 규정된 청문의 실시 등 의견청취절차를 배제하는 조항을 둔 경우 : 행정청이 당사자와 사이에 도시계획사업의 시행과 관련한 협약을 체결하면서 관계 법령 및 행정절차법에 규정된 청문의 실시 등 의견청취절차를 배제하는 조항을 두었다고 하더라도, 이러한 협약이 체결되었다고 하여 청문의 실시에 관한 규정의 적용이 배제된다거나 청문을 실시하지않아도 되는 예외적인 경우에 해당한다고 할 수 없다(대판 2004.7.8, 2002두8350).

6. 공청회

(1) 기본 구조

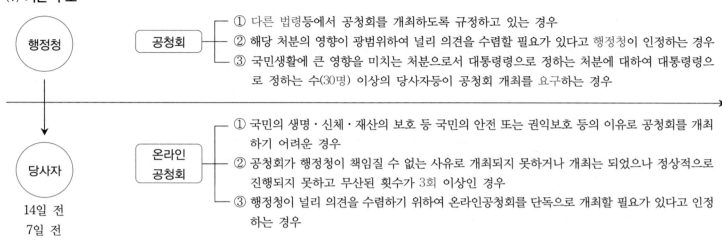

행정청 — 공청회
① 다른 법령등에서 공청회를 개최하도록 규정하고 있는 경우
② 해당 처분의 영향이 광범위하여 널리 의견을 수렴할 필요가 있다고 행정청이 인정하는 경우
③ 국민생활에 큰 영향을 미치는 처분으로서 대통령령으로 정하는 처분에 대하여 대통령령으로 정하는 수(30명) 이상의 당사자등이 공청회 개최를 요구하는 경우

당사자 — 온라인 공청회
① 국민의 생명·신체·재산의 보호 등 국민의 안전 또는 권익보호 등의 이유로 공청회를 개최하기 어려운 경우
② 공청회가 행정청이 책임질 수 없는 사유로 개최되지 못하거나 개최는 되었으나 정상적으로 진행되지 못하고 무산된 횟수가 3회 이상인 경우
③ 행정청이 널리 의견을 수렴하기 위하여 온라인공청회를 단독으로 개최할 필요가 있다고 인정하는 경우

14일 전
7일 전

(2) 관련 판례

묘지공원과 화장장의 후보지를 선정하는 과정에서 추모공원건립추진협의회가 후보지 주민들의 의견을 청취하기 위하여 그 명의로 개최한 공청회는 행정절차법에서 정한 절차를 준수하여야 하는 것은 아니라고 한 사례 : 묘지공원과 화장장의 후보지를 선정하는 과정에서 서울특별시, 비영리법인, 일반 기업 등이 공동발족한 협의체인 추모공원건립추진협의회가 후보지 주민들의 의견을 청취하기 위하여 그 명의로 개최한 공청회는 행정청이 도시계획시설결정을 하면서 개최한 공청회가 아니므로, 위 공청회의 개최에 관하여 행정절차법에서 정한 절차를 준수하여야 하는 것은 아니다(대판 2007.4.12, 2005두1893).

7. 행정응원, 신고, 확약 및 위반사실 등의 공표 등

행정응원	① 행정청은 다음의 어느 하나에 해당하는 경우에는 다른 행정청에 행정응원(行政應援)을 요청할 수 있다. ㄱ 법령등의 이유로 독자적인 직무 수행이 어려운 경우 ㄴ 인원·장비의 부족 등 사실상의 이유로 독자적인 직무 수행이 어려운 경우 ㄷ 다른 행정청에 소속되어 있는 전문기관의 협조가 필요한 경우 ㄹ 다른 행정청이 관리하고 있는 문서(전자문서를 포함한다. 이하 같다)·통계 등 행정자료가 직무 수행을 위하여 필요한 경우 ㅁ 다른 행정청의 응원을 받아 처리하는 것이 보다 능률적이고 경제적인 경우 ② 행정응원을 요청받은 행정청은 다음의 어느 하나에 해당하는 경우에는 응원을 거부할 수 있다. ㄱ 다른 행정청이 보다 능률적이거나 경제적으로 응원할 수 있는 명백한 이유가 있는 경우 ㄴ 행정응원으로 인하여 고유의 직무 수행이 현저히 지장받을 것으로 인정되는 명백한 이유가 있는 경우 ③ 행정응원은 해당 직무를 직접 응원할 수 있는 행정청에 요청하여야 한다. ④ 행정응원을 요청받은 행정청은 응원을 거부하는 경우 그 사유를 응원을 요청한 행정청에 통지하여야 한다. ⑤ 행정응원을 위하여 파견된 직원은 응원을 요청한 행정청의 지휘·감독을 받는다. 다만, 해당 직원의 복무에 관하여 다른 법령등에 특별한 규정이 있는 경우에는 그에 따른다. ⑥ 행정응원에 드는 비용은 응원을 요청한 행정청이 부담하며, 그 부담금액 및 부담방법은 응원을 요청한 행정청과 응원을 하는 행정청이 협의하여 결정한다.
신고 (제40조)	① 법령등에서 행정청에 일정한 사항을 통지함으로써 의무가 끝나는 신고를 규정하고 있는 경우 신고를 관장하는 행정청은 신고에 필요한 구비서류, 접수기관, 그 밖에 법령등에 따른 신고에 필요한 사항을 게시(인터넷 등을 통한 게시를 포함한다)하거나 이에 대한 편람을 갖추어 두고 누구나 열람할 수 있도록 하여야 한다. ② 신고가 다음의 요건을 갖춘 경우에는 신고서가 접수기관에 도달된 때에 신고 의무가 이행된 것으로 본다. ㄱ 신고서의 기재사항에 흠이 없을 것 ㄴ 필요한 구비서류가 첨부되어 있을 것 ㄷ 그 밖에 법령등에 규정된 형식상의 요건에 적합할 것 ③ 행정청은 요건을 갖추지 못한 신고서가 제출된 경우에는 지체 없이 상당한 기간을 정하여 신고인에게 보완을 요구하여야 한다. ④ 행정청은 신고인이 기간 내에 보완을 하지 아니하였을 때에는 그 이유를 구체적으로 밝혀 해당 신고서를 되돌려 보내야 한다.

확약 (제40조의2)	① 법령등에서 당사자가 신청할 수 있는 처분을 규정하고 있는 경우 행정청은 당사자의 신청에 따라 장래에 어떤 처분을 하거나 하지 아니할 것을 내용으로 하는 의사표시(이하 "확약"이라 한다)를 할 수 있다. ② 확약은 문서로 하여야 한다. ③ 행정청은 다른 행정청과의 협의 등의 절차를 거쳐야 하는 처분에 대하여 확약을 하려는 경우에는 확약을 하기 전에 그 절차를 거쳐야 한다. ④ 행정청은 다음의 어느 하나에 해당하는 경우에는 확약에 기속되지 아니한다. 　㉠ 확약을 한 후에 확약의 내용을 이행할 수 없을 정도로 법령등이나 사정이 변경된 경우 　㉡ 확약이 위법한 경우 ⑤ 행정청은 확약이 ④의 어느 하나에 해당하여 확약을 이행할 수 없는 경우에는 지체 없이 당사자에게 그 사실을 통지하여야 한다. ⑥ 관련 판례 　㉠ 어업권면허처분에 선행하는 우선순위결정의 성질 : 어업권면허에 선행하는 우선순위결정은 행정청이 우선권자로 결정된 자의 신청이 있으면 어업권면허처분을 하겠다는 것을 약속하는 행위로서 강학상 확약에 불과하고 행정처분은 아니므로, 우선순위결정에 공정력이나 불가쟁력과 같은 효력은 인정되지 아니하며, 따라서 우선순위결정이 잘못되었다는 이유로 종전의 어업권면허처분이 취소되면 행정청은 종전의 우선순위결정을 무시하고 다시 우선순위를 결정한 다음 새로운 우선순위결정에 기하여 새로운 어업권면허를 할 수 있다(대판 1995.1.20., 94누6529). 　㉡ 행정청의 확약 또는 공적인 의사표명이 그 자체에서 정한 유효기간을 경과한 이후에는 당연 실효되는지 여부(적극) : 행정청이 상대방에게 장차 어떤 처분을 하겠다고 확약 또는 공적인 의사표명을 하였다고 하더라도, 그 자체에서 상대방으로 하여금 언제까지 처분의 발령을 신청을 하도록 유효기간을 두었는데도 그 기간 내에 상대방의 신청이 없었다거나 확약 또는 공적인 의사표명이 있은 후에 사실적·법률적 상태가 변경되었다면, 그와 같은 확약 또는 공적인 의사표명은 행정청의 별다른 의사표시를 기다리지 않고 실효된다(대판 1996.8.20, 95누10877).
행정계획 (제40조의4)	① 행정청은 행정청이 수립하는 계획 중 국민의 권리·의무에 직접 영향을 미치는 계획을 수립하거나 변경·폐지할 때에는 관련된 여러 이익을 정당하게 형량하여야 한다. ② 관련 판례 　㉠ 문화재보호구역 내 토지 소유자의 문화재보호구역 지정해제 신청에 대한 행정청의 거부행위가 항고소송의 대상이 되는 행정처분에 해당하는지 여부(적극) : 문화재보호구역 내에 있는 토지소유자 등으로서는 위 보호구역의 지정해제를 요구할 수 있는 법규상 또는 조리상의 신청권이 있다고 할 것이고, 이러한 신청에 대한 거부행위는 항고소송의 대상이 되는 행정처분에 해당한다(대판 2004.4.27, 2003두8821). 　㉡ 구 도시계획법 제10조의2 소정의 도시기본계획이 직접적 구속력이 있는지 여부(소극) 및 그 토지이용계획을 다소 포괄적으로 기재한 도시기본계획의 효력 유무(한정 적극) : 도시기본계획은 일반 국민에 대한 직접적인 구속력은 없는 것이다(대판 2002.10.11., 2000두8226).

MEMO

		MEMO
행정계획 (제40조의4)	ⓒ 행정계획의 의미 및 행정주체의 행정계획결정에 관한 재량의 범위 : 행정주체는 구체적인 행정계획을 입안·결정함에 있어서 비교적 광범위한 형성의 자유를 가진다고 할 것이지만, 행정주체가 행정계획을 입안·결정함에 있어서 이익형량을 전혀 행하지 아니하거나 이익형량의 고려 대상에 마땅히 포함시켜야 할 사항을 누락한 경우 또는 이익형량을 하였으나 정당성·객관성이 결여된 경우에는 그 행정계획결정은 재량권을 일탈·남용한 것으로서 위법하다(대판 1996.11.29, 96누8567). ⓔ 비구속적 행정계획안이나 행정지침이 예외적으로 헌법소원의 대상이 되는 공권력행사에 해당될 수 있는 요건 : 비구속적 행정계획안이나 행정지침이라도 국민의 기본권에 직접적으로 영향을 끼치고, 앞으로 법령의 뒷받침에 의하여 그대로 실시될 것이 틀림없을 것으로 예상될 수 있을 때에는, 공권력행위로서 예외적으로 헌법소원의 대상이 될 수 있다(헌재 2000.6.1, 99헌마538). ⓜ 도시계획시설결정에 이해관계가 있는 주민에게 도시시설계획의 입안 내지 변경을 요구할 수 있는 법규상 또는 조리상의 신청권이 있는지 여부(적극) 및 이러한 신청에 대한 거부행위가 항고소송의 대상이 되는 행정처분에 해당하는지 여부(적극) : 도시계획구역 내 토지 등을 소유하고 있는 사람과 같이 당해 도시계획시설결정에 이해관계가 있는 주민으로서는 도시시설계획의 입안권자 내지 결정권자에게 도시시설계획의 입안 내지 변경을 요구할 수 있는 법규상 또는 조리상의 신청권이 있고, 이러한 신청에 대한 거부행위는 항고소송의 대상이 되는 행정처분에 해당한다(대판 2015.3.26, 2014두42742).	
입법예고 (제43조)	입법예고기간은 예고할 때 정하되, 특별한 사정이 없으면 40일(자치법규는 20일) 이상으로 한다.	
행정예고 (제46조)	① 행정청은 정책, 제도 및 계획(이하 "정책등"이라 한다)을 수립·시행하거나 변경하려는 경우에는 이를 예고하여야 한다. 다만, 다음의 어느 하나에 해당하는 경우에는 예고를 하지 아니할 수 있다. ⓐ 신속하게 국민의 권리를 보호하여야 하거나 예측이 어려운 특별한 사정이 발생하는 등 긴급한 사유로 예고가 현저히 곤란한 경우 ⓑ 법령등의 단순한 집행을 위한 경우 ⓒ 정책등의 내용이 국민의 권리·의무 또는 일상생활과 관련이 없는 경우 ⓓ 정책등의 예고가 공공의 안전 또는 복리를 현저히 해칠 우려가 상당한 경우 ② 법령등의 입법을 포함하는 행정예고는 입법예고로 갈음할 수 있다. ③ 행정예고기간은 예고 내용의 성격 등을 고려하여 정하되, 20일 이상으로 한다. ④ 행정목적을 달성하기 위하여 긴급한 필요가 있는 경우에는 행정예고기간을 단축할 수 있다. 이 경우 단축된 행정예고기간은 10일 이상으로 한다.	

8. 행정지도

MEMO

행정지도의 원칙 (제48조)	① 행정지도는 그 목적 달성에 필요한 최소한도에 그쳐야 하며, 행정지도의 상대방의 의사에 반하여 부당하게 강요하여서는 아니 된다. ② 행정기관은 행정지도의 상대방이 행정지도에 따르지 아니하였다는 것을 이유로 불이익한 조치를 하여서는 아니 된다.
행정지도의 방식 (제49조)	① 행정지도를 하는 자는 그 상대방에게 그 행정지도의 취지 및 내용과 신분을 밝혀야 한다. ② 행정지도가 말로 이루어지는 경우에 상대방이 서면의 교부를 요구하면 그 행정지도를 하는 자는 직무 수행에 특별한 지장이 없으면 이를 교부하여야 한다.
의견제출 (제50조)	행정지도의 상대방은 해당 행정지도의 방식·내용 등에 관하여 행정기관에 의견제출을 할 수 있다.
다수인을 대상으로 하는 행정지도 (제51조)	행정기관이 같은 행정목적을 실현하기 위하여 많은 상대방에게 행정지도를 하려는 경우에는 특별한 사정이 없으면 행정지도에 공통적인 내용이 되는 사항을 공표하여야 한다.
관련 판례	① 행정관청의 행정지도에 따라 매매가격을 허위신고한 것이 구 국토이용관리법 제33조 제4호에 해당하는지 여부 : 행정관청이 국토이용관리법 소정의 토지거래계약신고에 관하여 공시된 기준시가를 기준으로 매매가격을 신고하도록 행정지도를 하여 그에 따라 허위신고를 한 것이라 하더라도 이와 같은 행정지도는 법에 어긋나는 것으로서 그와 같은 행정지도나 관행에 따라 허위신고행위에 이르렀다고 하여도 이것만 가지고서는 그 범법행위가 정당화될 수 없다(대판 1994. 6.14, 93도3247). ② 공정거래위원회의 '표준약관 사용권장행위'가 항고소송의 대상이 되는지 여부(적극) : 공정거래위원회의 '표준약관 사용권장행위'는 사업자 등의 권리·의무에 직접 영향을 미치는 행정처분으로서 항고소송의 대상이 된다(대판 2010.10.14, 2008두23184). ③ 한계를 일탈하지 않은 행정지도로 인하여 상대방에게 손해가 발생한 경우, 행정기관이 손해배상책임을 지는지 여부(소극) : 행정지도가 강제성을 띠지 않은 비권력적 작용으로서 행정지도의 한계를 일탈하지 아니하였다면, 그로 인하여 상대방에게 어떤 손해가 발생하였다 하더라도 행정기관은 그에 대한 손해배상책임이 없다(대판 2008.9.25, 2006다18228). ④ 교육인적자원부장관의 국·공립대학총장들에 대한 학칙시정요구가 헌법소원의 대상이 되는 공권력행사인지 여부(적극) : 교육인적자원부장관의 대학총장들에 대한 이 사건 학칙시정요구는 행정지도의 일종이지만, 그에 따르지 않을 경우 일정한 불이익조치를 예정하고 있어 사실상 상대방에게 그에 따를 의무를 부과하는 것과 다를 바 없으므로 단순한 행정지도로서의 한계를 넘어 규제적·구속적 성격을 상당히 강하게 갖는 것으로서 헌법소원의 대상이 되는 공권력의 행사라고 볼 수 있다(헌재 2003.6.26, 2002헌마337).

Keyword 58 경찰감찰규칙

1. 목적: 공직기강 확립과 경찰 행정의 적정성 확보

2. 기본 구조

```
이의신청          ┌──────────────┐
10일 이내          소속 기관장
                 └──────────────┘
       ┌────────────┬──────────────┐
  ┌──────────┐              ┌──────────────┐
  소속부서의 장               감찰부서의 장  ──── ① 즉시조사대상: 신속한 진상확인 및 조사·처리
  └──────────┘              └──────────────┘    ② 감찰대상: 감찰활동이 필요한 사항
       │                                          ③ 이첩대상: 다른 경찰기관이나 부서 등에서 처리·
                                                        활용
                                                   ④ 참고대상: 감찰업무에 도움
                                                   ⑤ 폐기대상: 익명 제보 등 출처가 불분명한 정보
  ┌──────────┐              ┌──────────────┐
  감찰대상자  ◄──────────────    감찰관      ──── ① 비위정보
  └──────────┘              └──────────────┘    ② 제도개선자료
                                                   ③ 기타자료
```

- 감찰기간: 6개월 + 6개월
- 출석요구: 3일 전
- 심야(자정부터 오전 6시까지) 조사 ×

3. 주요 내용

감찰관의 결격사유	① 직무와 관련한 금품 및 향응 수수, 공금횡령·유용, 「성폭력범죄의 처벌 등에 관한 특례법」에 따른 성폭력범죄로 징계처분을 받은 사람 ② ① 이외의 사유로 징계처분을 받아 말소기간이 경과하지 아니한 사람 ③ 질병 등으로 감찰관으로서의 업무수행이 어려운 사람 ④ 기타 감찰관으로서 적합하지 아니하다고 판단되는 사람
선발	지원, 3인 이상 추천
신분보장	2년, 1년
적격심사	2년
감찰활동	① 감찰활동의 관할: 소속 경찰기관의 관할 구역 안 / 상급경찰기관의 장의 지시 ② 특별감찰: 시기, 업무분야 및 경찰관서 등 ③ 교류감찰: 상급경찰기관의 장의 지시 / 다른 경찰기관
민원사건의 처리	① 접수일로부터 2개월 내에 신속히 처리 ② 감찰관은 불친절 또는 경미한 복무규율 위반에 관한 민원사건에 대해서는 민원인에게 정식 조사절차 또는 조정절차를 선택할 수 있음을 고지하고, 민원인이 조정절차를 선택한 때에는 해당 소속 공무원의 사과, 해명 등의 조정절차를 진행하여야 한다. 다만, 조정이 이루어지지 아니한 때에는 지체 없이 조사절차를 진행하여야 한다. ③ 매 1개월이 경과한 때와 감찰조사를 종결하였을 때에 민원인 또는 피해자에게 사건처리 진행상황을 통지하여야 한다.
기관통보사건의 처리	① 통보받은 날로부터 1개월 이내에 신속히 처리 ② 감찰관은 검찰·경찰, 그 밖의 수사기관으로부터 수사개시 통보를 받은 경우에는 징계의결요구권자의 결재를 받아 해당 기관으로부터 수사결과의 통보를 받을 때까지 감찰조사, 징계의결요구 등의 절차를 진행하지 아니 할 수 있다.

Keyword 59 / 경찰청 감사 규칙

감사의 종류와 주기 (제4조)	① 종합감사, 특정감사, 재무감사, 성과감사, 복무감사, 일상감사로 구분 ② 종합감사의 주기는 1년에서 3년까지 하되 치안수요 등을 고려하여 조정 실시한다.
감사계획의 수립 (제5조)	① 경찰청 감사관(이하 "감사관"이라 한다)은 감사계획 수립에 필요한 경우 시·도자치경찰위원회 및 시·도경찰청 장과 감사일정을 협의하여야 한다. ② 감사관은 매년 2월말까지 연간 감사계획을 수립하여 감사대상기관에 통보한다.
감사의 절차 (제9조)	① **감사개요 통보**: 감사관 또는 감사단장은 감사대상기관의 장에게 감사계획의 개요를 통보한다. ② **감사의 실시**: 감사담당자는 개인별 감사사무분장에 따라 감사를 실시한다. ③ **감사의 종결**: 감사관 또는 감사단장은 감사기간 내에 감사를 종결하여야 한다. 다만, 감사목적의 달성을 위하여 필요한 경우 감사기간을 연장할 수 있다. ④ **감사결과의 설명**: 감사관 또는 감사단장은 감사의 목적을 달성하기 위하여 필요한 경우 감사대상기관 또는 부서 를 대상으로 주요 감사결과를 설명하고 이에 대한 의견을 들을 수 있다.
감사결과의 처리기준 등 (제10조)	감사관은 감사결과를 다음의 기준에 따라 처리하여야 한다. ① **징계 또는 문책 요구**: 국가공무원법과 그 밖의 법령에 규정된 징계 또는 문책 사유에 해당하거나 정당한 사유 없이 자체감사를 거부하거나 자료의 제출을 게을리한 경우 ② **시정 요구**: 감사결과 위법 또는 부당하다고 인정되는 사실이 있어 추징·회수·환급·추급 또는 원상복구 등이 필요하다고 인정되는 경우 ③ **경고·주의 요구**: 감사결과 위법 또는 부당하다고 인정되는 사실이 있으나 그 정도가 징계 또는 문책사유에 이르 지 아니할 정도로 경미하거나, 감사대상기관 또는 부서에 대한 제재가 필요한 경우 ④ **개선 요구**: 감사결과 법령상·제도상 또는 행정상 모순이 있거나 그 밖에 개선할 사항이 있다고 인정되는 경우 ⑤ **권고**: 감사결과 문제점이 인정되는 사실이 있어 그 대안을 제시하고 감사대상기관의 장 등으로 하여금 개선방안 을 마련하도록 할 필요가 있는 경우 ⑥ **통보**: 감사결과 비위 사실이나 위법 또는 부당하다고 인정되는 사실이 있으나 제1호부터 제5호까지의 요구를 하기에 부적합하여 감사대상기관 또는 부서에서 자율적으로 처리할 필요가 있다고 인정되는 경우 ⑦ **변상명령**: 「회계관계직원 등의 책임에 관한 법률」이 정하는 바에 따라 변상책임이 있는 경우 ⑧ **고발**: 감사결과 범죄 혐의가 있다고 인정되는 경우 ⑨ **현지조치**: 감사결과 경미한 지적사항으로서 현지에서 즉시 시정·개선조치가 필요한 경우

Keyword 60 경찰 인권보호 규칙

1. 인권위원회

구성	① 위원장 1명을 포함하여 7명 이상 13명 이하로 구성. 특정 성별이 전체 위원 수의 10분의 6을 초과 × ② 위원장은 위원회에서 호선(互選) ③ 당연직 위원은 경찰청은 감사관, 시·도경찰청은 청문감사인권담당관 ④ 경찰청장 또는 시·도경찰청장이 위촉. 반드시 1명 이상 포함 　㉠ 판사·검사 또는 변호사로 3년 　㉡ 교원 또는 교직원으로 3년 　㉢ 인권 분야에 3년 　㉣ 다양한 사회 구성원의 목소리를 반영할 수 있는 사람
결격사유	① 선거에 후보자(예비후보자 포함)로 등록한 사람 ② 선거에 의하여 취임한 공무원, 그 직에서 퇴직한 날부터 3년 ③ 경찰의 직에 있거나 그 직에서 퇴직한 날부터 3년 ④ 「공직선거법」에 따른 선거사무관계자 및 「정당법」에 따른 정당의 당원
임기	① 위촉된 날로부터 2년, 위원장의 직은 연임 ×, 위촉 위원은 두 차례만 연임 ○ ② 새로 위촉된 위원의 임기는 위촉된 날부터 기산한다.
회의	① 재과출 / 출과찬 ② 정기회의: 경찰청은 월 1회, 시·도경찰청은 분기 1회 개최 ③ 임시회의: 위원장이 필요하다고 인정, 청장 또는 재적위원 3분의 1 이상이 소집을 요구하는 경우 위원장이 소집

2. 계획

경찰 인권정책 기본계획	청장 / 5년마다 수립
인권교육종합계획	청장 / 3년 단위로 수립, 시행
인권교육 계획	경찰관서의 장 / 매년 수립, 시행

3. 주요 내용

MEMO

교육시기 및 이수시간 (제20조의3)	① 신규 임용예정 경찰관등 : 각 교육기관 교육기간 중 5시간 이상 ② 경찰관서의 장(지역경찰관서의 장과 기동부대의 장을 포함한다) 및 각 경찰관서 재직 경찰관등 : 연 6시간 이상 ③ 교육기관에 입교한 경찰관등 : 보수·직무교육 등 교육과정 중 1시간 이상 ④ 인권 강사 경찰관등 : 연 40시간 이상
점검 (제24조)	감사는 반기 1회 이상 인권영향평가의 이행 여부를 점검하고, 이를 소속 위원회에 제출해야 한다.
진단사항 (제25조)	인권보호담당관은 인권침해를 예방하고 제도를 개선하기 위해 연 1회 이상 다음의 사항을 진단하여야 한다. ① 인권 관련 정책 이행 실태 ② 인권교육 추진 현황 ③ 경찰청과 소속기관의 청사 및 부속 시설 전반의 인권침해적 요소의 존재 여부
조사중지 (제35조)	조사담당자는 인권침해 사건을 조사하는 과정에서 다음의 어느 하나에 해당하는 사유로 사건 조사를 진행할 수 없는 경우에는 조사를 중지할 수 있다. 다만, 확인된 인권침해 사실에 대한 구제 절차는 계속하여 이행할 수 있다. ① 진정인이나 피해자의 소재를 알 수 없는 경우 ② 사건 해결과 진상 규명에 핵심적인 중요 참고인의 소재를 알 수 없는 경우 ③ 그 밖에 제1호 또는 제2호와 유사한 사정으로 더 이상 사건 조사를 진행할 수 없는 경우 ④ 감사원의 조사, 경찰·검찰 등 수사기관에서 조사 또는 수사가 개시된 경우
진정의 기각 (제37조)	① 진정 내용이 사실이 아니거나 사실 여부를 확인하는 것이 불가능한 경우 ② 진정 내용이 이미 피해회복이 이루어지는 등 따로 구제조치가 필요하지 아니하다고 인정되는 경우 ③ 진정 내용은 사실이나 인권침해에 해당하지 아니하는 경우

CHAPTER 07 경찰윤리

Keyword 61 경찰부패

MEMO

1. 경찰윤리교육의 목적(J. Kleinig)

도덕적 결의의 강화	① 조직 내·외부로부터 여러 형태의 압력과 유혹에 굴복하지 않고 자신의 소신과 직업의식에 따라 업무를 처리 ② A형사에게 사건 관련자가 돈 100만원을 건네면서 잘 처리해 달라고 부탁을 하자, 처음에는 거절하다가 결국 돈을 받은 경우
도덕적 감수성의 배양	① 다양한 계층의 사람들(부자나 가난한 자)을 모두 인간으로서 존중하고 공평하게 봉사 ② 지구대에 빈곤자가 찾아왔을 때 상황근무자인 A순경이 욕설과 험담을 하면서 쫓아냈지만 부자가 찾아왔을 때는 친절하게 봉사하는 경우
도덕적 전문능력의 함양	① 조직 내에서 관습적으로 내려오는 관행을 합리적으로 검토하여 수용 ② 도덕적 전문능력의 함양은 경찰윤리교육에 있어 가장 중요한 목적

2. 전문직업화의 문제점

부권주의 (父權主義)	① 아버지가 자녀의 모든 문제를 결정하는 것 ② 전문가인 경찰이 상대방의 입장을 고려하지 않고 일방적으로 결정하는 것 ③ 치안서비스의 질을 저해할 우려가 있음
소외	① 전문지식(협소한 지식)에 치중하여 경찰의 봉사기능 등 전체적인 목적과 사회관례를 소홀히 하는 것 ② 나무는 보고 숲을 보지 못하는 것 ③ 전문가인 경찰이 자신의 국지적 분야만 보고 전체적인 맥락을 파악하지 못하는 것 　　ex) ○○경찰서 경비과 소속 경찰관 甲은 집회 현장에서 시위대가 질서유지선을 침범해 경찰관을 폭행하자 교통, 정보, 생활안전 등 다른 전체적인 분야에 대한 고려 없이 경비분야만 생각하고 검거 결정을 한 경우
차별	전문직업화를 위해 고학력을 요구할 경우, 경제적 약자등은 교육기회를 갖지 못하게 되어 공직 진출이 제한되는 등 차별을 야기할 수 있음.

3. 경찰부패

(1) 개념(A. J. Heidenheimer; 하이덴하이머)

관직중심적 정의	부패는 일반적으로 향응·뇌물 등의 수수와 결부되어 있지만 반드시 금전적인 형태일 필요는 없으며, 금전적 이익 이외의 사적인 이익을 취하기 위하여 권한을 남용하는 경우도 포함한다.
시장중심적 정의	부패는 강제적인 가격모델로부터 자유시장모델로 변화하는 것과 관련이 있다. 고객은 잘 알려진 위험을 감수하고 원하는 이익을 보장받기 위해 높은 가격(뇌물)을 지불하려고 하므로 부패가 일어난다.
공익중심적 정의	어떠한 일을 하도록 권한과 책임이 부여되고 이러한 업무를 수행할 수 있는 사람, 즉 관료가 법적으로 규정되지 않은 금전적 또는 다른 형태의 보수를 제공하는 사람들에게 이로운 행위를 하고, 한편으로는 공중의 이익에 손해를 가져오는 것을 부패라고 정의한다.

(2) 사회구성원의 용인도를 기준으로 한 부패유형(A. J. Heidenheimer; 하이덴하이머)

백색부패	① 이론상 일탈행위로 규정될 수 있으나, 구성원 다수가 어느 정도 용인하는 선의의 부패 또는 관례화된 부패를 의미 ② 관련 공무원이 경기가 안 좋은 상태임에도 국민들의 동요나 기업활동의 위축을 방지하기 위해 경기가 회복되고 있다고 거짓말을 하는 경우
회색부패	① 사회구성원 가운데 특히 엘리트를 중심으로 일부 집단은 처벌을 원하지만, 다른 일부 집단은 처벌을 원하지 않는 경우의 부패를 의미 ② 백색부패와 흑색부패의 중간에 위치하는 유형으로 얼마든지 흑색부패로 악화될 수 있는 잠재성을 지닌 행위 ③ 정치인에 대한 후원금
흑색부패	① 사회 전체에 심각한 해를 끼치는 부패 행위로 구성원 모두가 인정하고 처벌을 원하는 부패를 의미 ② 업무와 관련된 대가성 있는 뇌물수수

(3) 부패의 원인

썩은 사과 가설 (Rotten apple theory)	① 자질이 없는 경찰관들이 모집단계에서 배제되지 못하고 조직 내부로 유입됨 ② 개인의 윤리적 성향 　 ex) 음주운전으로 징계처분을 받은 적이 있는 B가 다시 음주운전으로 적발되어 징계위원회에 회부되었다.

구조원인 가설
(Structural
hypothesis)
	① 니더호퍼, 로벅, 바커
	② 조직의 부패 전통 내에서 사회화됨으로써 부패의 길로 들어선다는 입장
	③ 조직의 체계적 원인
	④ 부패의 관행은 경찰관들 사이에서 침묵의 규범으로 받아들여짐.
	  ex 1) 정직하고 청렴하였던 신임 경찰관 A가 자신의 순찰팀장인 B로부터 관내 유흥업소 업자들을 소개받고, 이후
	      B와 함께 활동을 해가면서 B가 유흥업소 업자들로부터 상납금을 받는 것을 보고 점점 그 방식 등을 답습
	  ex 2) 경찰관 A는 동료경찰관들이 유흥업소 업주들로부터 접대를 받은 사실을 알고도 모르는 척했다.
	  ex 3) P경찰관은 부서에서 많은 동료들이 단독 출장을 가면서도 공공연하게 두 사람의 출장비를 청구하고 퇴근 후
	      잠깐 들러서 시간 외 근무를 한 것으로 퇴근시간을 허위 기록되게 하는 것을 보고, P경찰관도 동료들과 같은
	      행동을 하였다.

전체사회 가설	① 윌슨이 내린 결론으로 시카고 시민이 경찰을 부패시켰다고 본다.
	② 시민사회가 경찰의 부패를 묵인하거나 조장할 때 경찰관은 자연스럽게 부패행위를 하게 되며, 초기 단계에는 불법행
	  위를 하지 않더라도 작은 호의에 길들여져 나중에는 부정부패로 빠져들게 된다.
	③ 미끄러지기 쉬운 경사로 이론과 관련이 있다.
	  ex 1) B지역은 과거부터 지역주민들이 관내 경찰관들과 어울려 도박을 일삼고, 부적절한 사건청탁을 하는 경우가
	      종종 있었으나 아무도 이를 문제삼지 않던 곳이었다. 이러한 B지역에 새로 발령받은 신임 경찰관 A에게도
	      지역주민들이 접근하여 도박을 함께 하게 되는 경우 '전체사회 가설'로 설명할 수 있다.
	  ex 2) 주류판매로 단속된 노래연습장 업주가 담당경찰관 C에게 사건무마를 청탁하며 뇌물수수를 시도하였다.

미끄러운 경사로
가설
(작은 호의 가설,
Slippery slope
theory)
	① 부패에 해당하지 않는 작은 호의가 습관화될 경우 미끄러운 경사로를 타고 내려오듯이 점점 더 큰 부패와 범죄로
	  빠진다는 가설
	② 사회전체가 경찰의 부패를 묵인하거나 조장할 때 경찰관은 자연스럽게 부패행위를 하게 되며, 초기 단계에는 설령
	  불법적인 행위를 하지 않더라도 작은 호의에 길들여져 나중에는 명백한 부정부패로 빠져들게 된다고 주장
	③ 셔먼 등에 의해 주장된 이론으로 공짜 커피, 작은 선물과 같은 사소한 호의가 나중에 엄청난 부패로 이어진다는 가설
	④ 펠드버그는 경찰공무원은 작은 호의와 부패를 구분할 수 있는 윤리성을 갖추고 있으므로 작은 호의를 받았다고 해서
	  반드시 큰 부패로 이어진다는 것은 아니라고 비판, 작은 사례나 호의는 시민과의 긍정적인 사회관계를 만들어주는
	  형성재라는 것으로, 작은 사례나 호의의 긍정적 효과를 강조(형성재 이론).
	⑤ 델라트르는 '미끄러지기 쉬운 경사로이론'에 따라 시민의 작은 호의를 받은 경찰관 중 큰 부패로 이어지는 경찰관은
	  일부에 불과하지만, 이를 무시하거나 간과할 수는 없으므로 시민의 작은 호의를 금지해야 한다고 주장
	⑥ 작은 호의를 제공받은 경찰관이 도덕적 부채를 느껴 이를 보충하기 위해 결과적으로 불공정한 행위(선한 후속행위
	  ×)를 하는 상황은 미끄러운 경사(slippery slope) 가설의 맥락에서 이해할 수 있다.
	  ex) 지구대에 근무하는 경찰관 A는 순찰 도중 동네 슈퍼마켓 주인으로부터 음료수를 얻어 마시면서 친분을 유지하
	     다가 나중에는 폭행사건처리 무마 청탁을 받고 큰 돈까지 받게 되었다면 '미끄러지기 쉬운 경사로 이론'으로 설
	     명할 수 있다.

법규와 현실의 괴리	A가 기소중지자의 신병인수를 위해 출장을 가면서 경찰관서에서 지급되는 출장비가 충분하지 않아 실제로는 1명이 갔음에도 2명분의 출장비를 수령하였다면, 그 원인은 행정 내부의 '법규 및 예산과 현실의 괴리' 때문이라고 볼 수 있다.
깨진 유리창 이론	경찰관의 사소한 잘못을 처벌하지 않고 방치할 경우 큰 부패로 이어질 수 있다는 이론이다.
윤리적 냉소주의 가설 (Ethical cynicism hypothesis)	경찰에 대한 외부통제기능을 수행하는 정치권력, 대중매체, 시민단체의 부패가 경찰의 냉소주의를 부채질하고 부패의 전염효과를 가져온다고 본다.
Dirty Harry 문제	도덕적으로 선한 목적을 위해 윤리적, 정치적, 혹은 법적으로 더러운 수단을 동원하는 것이 적절한가와 관련된 딜레마적 상황이다.

(4) 부패에 대한 반응

내부고발 (Whistle blowing)	① 내부고발은 동료나 상사의 부정에 대하여 외부의 감찰기관이나 언론매체를 통하여 조직 내부의 부정·부패를 공표하는 고발행위를 말하며, 이는 '침묵의 규범(동료의 부정부패에 대하여 눈감아 주는 것)'과 반대되는 개념 ② 적절한 도덕적 동기, 먼저 내부적 해결을 시도, 중대성, 급박성, 성공할 가능성 ③ 딥 스로트(Deep Throat) : '내부고발자'를 말하며 휘슬 블로어(Whistle-blower)라고도 한다. 내부고발자란 기업이나 정부기관 내에 근무하는 내부자로서 조직의 불법이나 부정거래에 관한 정보를 신고하는 사람
비지 바디니스 (Busy bodiness)	다른 경찰관의 비행에 대하여 일일이 참견하면서 도덕적 충고를 하는 것
도덕적 해이 (moral hazard)	도덕적 가치관이 붕괴되어 동료의 부패를 부패라고 인식하지 못하는 것
냉소주의와 회의주의	공통점 : 대상에 대한 불신
	냉소주의	① 불특정대상(모든 대상)에 대하여 합리적인 근거 없이 불신하는 것으로 개선의 의지가 없다. ② 니더호퍼(Niederhoffer)는 사회체계에 대한 기존의 신념체제가 붕괴된 후 새로운 신념체제에 의해 대체되지 않을 때(급격하게 대체될 때 ✕) 냉소주의가 나타날 수 있다고 하였다.
	회의주의	특정대상에 대하여 합리적인 근거를 바탕으로 의심하는 것으로 개선의 의지가 있다.

4. 경찰윤리강령

(1) 경찰윤리헌장(66) - 새경찰신조(80) - 경찰헌장(91) - 경찰서비스헌장(98)

(2) 경찰헌장

친절한 경찰	모든 사람의 인격을 존중하고 누구에게나 따뜻하게 봉사
의로운 경찰	정의의 이름으로 진실을 추구하며, 어떠한 불의나 불법과도 타협하지 않음.
공정한 경찰	국민의 신뢰를 바탕으로 오직 양심에 따라 법을 집행
근면한 경찰	건전한 상식 위에 전문지식을 갈고 닦아 맡은 일을 성실하게 수행
깨끗한 경찰	화합과 단결 속에 항상 규율을 지키며, 검소하게 생활

(3) 경찰윤리강령의 문제점

냉소주의 조장	직원들의 참여에 의해 만들어진 것이 아니라 상부에서 제정하여 하달된 것
실행가능성의 문제 (강제력의 부족)	법적 강제성이 없기 때문에 이를 위반했을 경우 제재할 방법 ×
행위중심적 문제	행위 위주로 규정되어 있어 행위 이전의 의도나 동기를 소홀히 하는 경향
최소주의의 위험	경찰윤리강령에 포함된 정도의 수준으로만 근무
비진정성의 조장	경찰관의 도덕적 자각에 따른 자발적 행동이 아니라 외부로부터 요구된 것으로서 타율적
우선순위의 미결정	어떠한 강령이 가장 상위의 효력을 가지는지, 동일한 경찰윤리강령 내에서도 어떠한 규정이 가장 우선적 효력을 가지는지가 불분명

MEMO

Keyword 62 부정청탁 및 금품등 수수의 금지에 관한 법률

1. 일반

공직자등	다음의 어느 하나에 해당하는 공직자 또는 공적 업무 종사자를 말한다. ① 「국가공무원법」 또는 「지방공무원법」에 따른 공무원과 그 밖에 다른 법률에 따라 그 자격·임용·교육훈련·복무·보수·신분보장 등에 있어서 공무원으로 인정된 사람 ② 제1호 나목 및 다목에 따른 공직유관단체 및 기관의 장과 그 임직원 ③ 제1호 라목에 따른 각급 학교의 장과 교직원 및 학교법인의 임직원 ④ 제1호 마목에 따른 언론사의 대표자와 그 임직원
금품등	다음의 어느 하나에 해당하는 것을 말한다. ① 금전, 유가증권, 부동산, 물품, 숙박권, 회원권, 입장권, 할인권, 초대권, 관람권, 부동산 등의 사용권 등 일체의 재산적 이익 ② 음식물·주류·골프 등의 접대·향응 또는 교통·숙박 등의 편의 제공 ③ 채무 면제, 취업 제공, 이권(利權) 부여 등 그 밖의 유형·무형의 경제적 이익
부정청탁의 금지	① 부정청탁을 받은 공직자등은 그에 따라 직무를 수행해서는 아니 된다. ② 공직자등은 부정청탁을 받았을 때에는 부정청탁을 한 자에게 부정청탁임을 알리고 이를 거절하는 의사를 명확히 표시하여야 한다. ③ 공직자등은 2에 따른 조치를 하였음에도 불구하고 동일한 부정청탁을 다시 받은 경우에는 이를 소속기관장에게 서면(전자문서를 포함한다)으로 신고하여야 한다.

2. 금품등의 수수 금지 등

① 동일인으로부터 1회에 100만원 또는 매 회계연도에 300만원을 초과
② 직무와 관련하여 대가성 여부를 불문하고 ①에서 정한 금액 이하
③ 수수를 금지하는 금품 등에 해당하지 않는 경우

　㉠ 공공기관이 소속 공직자 등이나 파견 공직자 등에게 지급하거나 상급 공직자 등이 위로·격려·포상 등의 목적으로 하급 공직자등에게 제공하는 금품 등

　㉡ 원활한 직무수행 또는 사교·의례 또는 부조의 목적으로 제공되는 음식물·경조사비·선물 등으로서 대통령령으로 정하는 가액 범위 안의 금품 등

구분	가액범위
음식물(제공자와 공직자등이 함께 하는 식사, 다과, 주류, 음료, 그 밖에 이에 준하는 것을 말한다)	5만원
경조사비 : 축의금·조의금	5만원
다만, 축의금·조의금을 대신하는 화환·조화	10만원
선물 : 다음 각 목의 금품등을 제외한 일체의 물품, 상품권(물품상품권 및 용역상품권만 해당하며, 이하 "상품권"이라 한다) 및 그 밖에 이에 준하는 것 　가. 금전 　나. 유가증권(상품권은 제외한다) 　다. 제1호의 음식물 　라. 제2호의 경조사비	5만원
다만, 「농수산물 품질관리법」 제2조 제1항 제1호에 따른 농수산물(이하 "농수산물"이라 한다) 및 같은 항 제13호에 따른 농수산가공품(농수산물을 원료 또는 재료의 50퍼센트를 넘게 사용하여 가공한 제품만 해당하며, 이하 "농수산가공품"이라 한다)과 농수산물·농수산가공품 상품권	15만원 (제17조 제2항에 따른 기간 중에는 30만원)

　㉢ 사적 거래(증여는 제외한다)로 인한 채무의 이행 등 정당한 권원(權原)에 의하여 제공되는 금품 등
　㉣ 공직자 등의 친족(민법 제777조에 따른 친족을 말한다)이 제공하는 금품 등
　㉤ 공직자 등과 관련된 직원상조회·동호인회·동창회·향우회·친목회·종교단체·사회단체 등이 정하는 기준에 따라 구성원에게 제공하는 금품 등 및 그 소속 구성원 등 공직자 등과 특별히 장기적·지속적인 친분관계를 맺고 있는 자가 질병·재난 등으로 어려운 처지에 있는 공직자 등에게 제공하는 금품 등
　㉥ 공직자 등의 직무와 관련된 공식적인 행사에서 주최자가 참석자에게 통상적인 범위에서 일률적으로 제공하는 교통, 숙박, 음식물 등의 금품 등
　㉦ 불특정 다수인에게 배포하기 위한 기념품 또는 홍보용품 등이나 경연·추첨을 통하여 받는 보상 또는 상품 등
　㉧ 그 밖에 다른 법령·기준 또는 사회상규에 따라 허용되는 금품 등

3. 외부강의등의 사례금 수수 제한

(1) 기본 구조

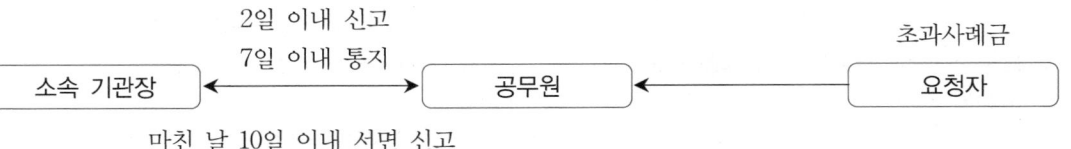

(2) 주요 내용

① 외부강의 등 사례금 상한액

1. 공직자 등별 사례금 상한액
   가. 법 제2조 제2호 가목 및 나목에 따른 공직자 등(같은 호 다목에 따른 각급 학교의 장과 교직원 및 같은 호 라목에 따른 공직자 등에도 해당하는 사람은 제외한다): 40만원
   나. 법 제2조 제2호 다목 및 라목에 따른 공직자 등: 100만원
   다. 가목 및 나목에도 불구하고 국제기구, 외국정부, 외국대학, 외국연구기관, 외국학술단체, 그 밖에 이에 준하는 외국기관에서 지급하는 외부강의 등의 사례금 상한액은 사례금을 지급하는 자의 지급기준에 따른다.

2. 적용기준
   가. 제1호 가목 및 나목의 상한액은 강의 등의 경우 1시간당, 기고의 경우 1건당 상한액으로 한다.
   나. 제1호 가목에 따른 공직자 등은 1시간을 초과하여 강의 등을 하는 경우에도 사례금 총액은 강의시간에 관계없이 1시간 상한액의 100분의 150에 해당하는 금액을 초과하지 못한다.

② 공직자 등은 사례금을 받는 외부강의 등을 할 때에는 대통령령으로 정하는 바에 따라 외부강의 등의 요청 명세 등을 소속 기관장에게 그 외부강의 등을 마친 날부터 10일 이내에 서면으로 신고하여야 한다. 다만, 외부강의 등을 요청한 자가 국가나 지방자치단체인 경우에는 그러하지 아니하다.

부정청탁 및 금품등 수수의 금지에 관한 법률 시행령
제26조【외부강의 등의 신고】 ② 제1항에 따른 신고를 할 때 상세 명세 또는 사례금 총액 등을 미리 알 수 없는 경우에는 해당 사항을 제외한 사항을 신고한 후 해당 사항을 안 날부터 5일 이내에 보완하여야 한다.

③ 소속 기관장은 ②에 따라 공직자 등이 신고한 외부강의 등이 공정한 직무수행을 저해할 수 있다고 판단하는 경우에는 그 공직자 등의 외부강의 등을 제한할 수 있다.

④ 공직자 등은 ①에 따른 금액을 초과하는 사례금을 받은 경우에는 대통령령으로 정하는 바에 따라 소속 기관장에게 신고하고, 제공자에게 그 초과금액을 지체 없이 반환하여야 한다.

MEMO

Keyword 63 공직자의 이해충돌 방지법

1. 사적이해관계자의 신고 및 회피·기피 신청

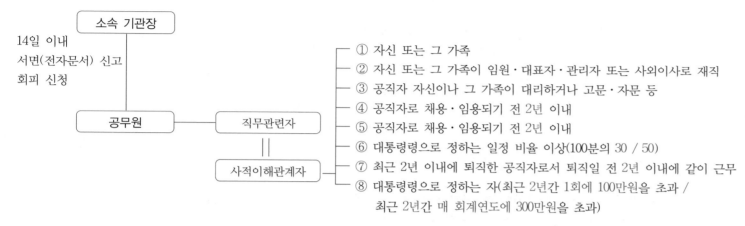

소속 기관장

14일 이내
서면(전자문서) 신고
회피 신청

공무원 ─── 직무관련자

사적이해관계자

① 자신 또는 그 가족
② 자신 또는 그 가족이 임원·대표자·관리자 또는 사외이사로 재직
③ 공직자 자신이나 그 가족이 대리하거나 고문·자문 등
④ 공직자로 채용·임용되기 전 2년 이내
⑤ 공직자로 채용·임용되기 전 2년 이내
⑥ 대통령령으로 정하는 일정 비율 이상(100분의 30 / 50)
⑦ 최근 2년 이내에 퇴직한 공직자로서 퇴직일 전 2년 이내에 같이 근무
⑧ 대통령령으로 정하는 자(최근 2년간 1회에 100만원을 초과 /
　최근 2년간 매 회계연도에 300만원을 초과)

2. 공공기관 직무 관련 부동산 보유·매수 신고

부동산을 보유한 사실을 알게 된 날부터 14일 이내, 매수 후 등기를 완료한 날부터 14일 이내

3. 고위공직자의 민간 부문 업무활동 내역 제출 및 공개

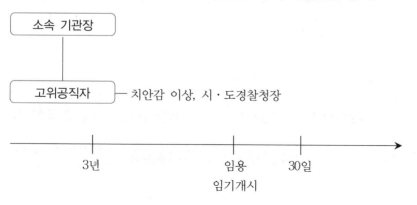

소속 기관장

고위공직자 ─── 치안감 이상, 시·도경찰청장

3년　　　　　임용　30일
　　　　　임기개시

Keyword 64 / 경찰청 공무원 행동강령

1. 공정한 직무수행을 해치는 지시에 대한 처리(제4조)

① 상급자에게 소명하고 지시에 따르지 아니하거나, 행동강령에 관한 업무를 담당하는 공무원(이하 '행동강령책임관'이라 한다)과 상담할 수 있다.

② ①에 따라 지시를 이행하지 아니하였는데도 같은 지시가 반복될 때에는 즉시 행동강령책임관과 상담하여야 한다.

③ 상담 요청을 받은 행동강령책임관은 지시 내용을 확인하여 지시를 취소하거나 변경할 필요가 있다고 인정되면 소속 기관의 장에게 보고하여야 한다. 다만, 지시 내용을 확인하는 과정에서 부당한 지시를 한 상급자가 스스로 그 지시를 취소하거나 변경하였을 때에는 소속 기관의 장에게 보고하지 아니할 수 있다.

2. 금품등을 받는 행위의 제한(제14조)

```
금품등 ┬ 수수 금지 ┬ ① 동일인으로부터 1회에 100만원 또는 매 회계연도에 300만원을 초과
       │          └ ② 직무와 관련하여 대가성 여부를 불문하고 ①에서 정한 금액 이하의 금품등
       │
       └ 수수 가능 ┬ ① 공공기관이 지급, 상급 공직자등이 제공
                   ├ ② 3만원, 5만원(10만원), 5만원(10만원)
                   ├ ③ 사적 거래(증여는 제외)
                   ├ ④ 친족
                   ├ ⑤ 직원상조회·동호인회·동창회
                   ├ ⑥ 통상적인 범위, 일률적으로 제공
                   ├ ⑦ 불특정 다수인
                   └ ⑧ 사회상규에 따라 허용되는 금품등
```

3. 외부강의등의 사례금 수수 제한(제15조)

(1) 기본 구조

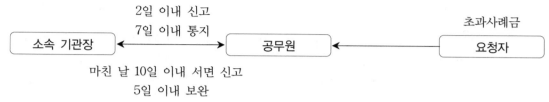

(2) 주요 내용

<table>
<tr>
<td rowspan="2">외부강의 등의
사례금
수수 제한
(제15조)
외부강의 등의
사례금
수수 제한
(제15조)</td>
<td>① 별표 2에서 정하는 금액을 초과하는 사례금을 받아서는 아니 된다.

【별표2】
외부강의 등 사례금 상한액(제15조 제1항 관련)
1. 사례금 상한액
   가. 직급 구분 없이 40만원
   나. 가목에도 불구하고 국제기구, 외국정부, 외국대학, 외국연구기관, 외국 학술단체, 그 밖에 이에 준하는 외국
      기관에서 지급하는 외부강의 등의 사례금 상한액은 사례금을 지급하는 자의 지급기준에 따른다.
2. 적용기준
   가. 제1호의 상한액은 강의 등의 경우 1시간당, 기고의 경우 1건당 상한액으로 한다.
   나. 1시간을 초과하여 강의 등을 하는 경우에도 사례금 총액은 강의시간에 관계없이 1시간 상한액의 100분의
      150에 해당하는 금액을 초과하지 못한다.

② 소속 기관의 장에게 그 외부강의 등을 마친 날부터 10일 이내에 신고하여야 한다. 다만, 외부강의 등을 요청한 자가 국가
나 지방자치단체인 경우에는 그러하지 아니하다.
③ 신고사항 중 상세 명세 또는 사례금 총액 등을 ②의 기간 내에 알 수 없는 경우에는 해당 사항을 제외한 사항을 신고한
후 해당 사항을 안 날부터 5일 이내에 보완하여야 한다.
④ 공무원이 대가를 받고 수행하는 외부강의 등은 월 3회를 초과할 수 없다. 국가나 지방자치단체에서 요청하거나 겸직 허가
를 받고 수행하는 외부강의 등은 그 횟수에 포함하지 아니한다.
⑤ 월 3회를 초과하여 대가를 받고 외부강의 등을 하려는 경우에는 미리 소속 기관의 장의 승인을 받아야 한다.</td>
</tr>
</table>

<table>
<tr>
<td>초과사례금의
신고 등
(제15조의2)</td>
<td>① 초과사례금을 받은 경우에는 그 사실을 안 날로부터 2일 이내에 소속 기관의 장에게 신고하여야 하며, 제공자에게 그
초과금액을 지체 없이 반환하여야 한다.
② ①에 따른 신고를 받은 소속 기관의 장은 초과사례금을 반환하지 아니한 공무원에 대하여 신고사항을 확인한 후 7일
이내에 반환하여야 할 초과사례금의 액수를 산정하여 해당 공무원에게 통지하여야 한다.
③ 초과 사례금을 반환한 경우에는 증명자료를 첨부하여 그 반환비용을 소속 기관의 장에게 청구할 수 있다.</td>
</tr>
</table>

Keyword 65 │ **민주경찰의 바람직한 지향점**

1. 사회계약

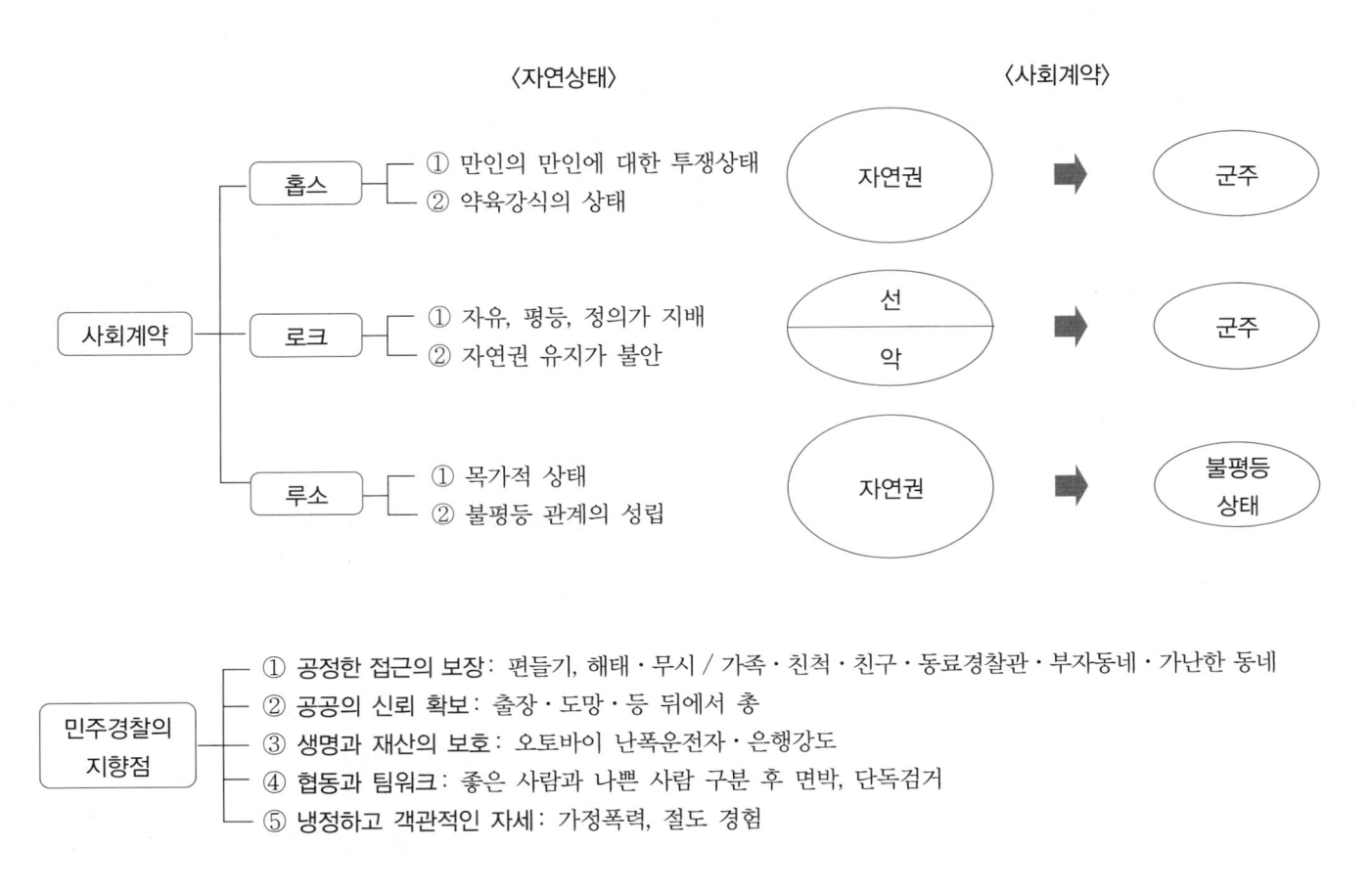

〈자연상태〉 〈사회계약〉

사회계약

- **홉스** ─ ① 만인의 만인에 대한 투쟁상태
  ② 약육강식의 상태

  자연권 ➡ 군주

- **로크** ─ ① 자유, 평등, 정의가 지배
  ② 자연권 유지가 불안

  선 / 악 ➡ 군주

- **루소** ─ ① 목가적 상태
  ② 불평등 관계의 성립

  자연권 ➡ 불평등 상태

민주경찰의 지향점

- ① 공정한 접근의 보장: 편들기, 해태·무시 / 가족·친척·친구·동료경찰관·부자동네·가난한 동네
- ② 공공의 신뢰 확보: 출장·도망·등 뒤에서 총
- ③ 생명과 재산의 보호: 오토바이 난폭운전자·은행강도
- ④ 협동과 팀워크: 좋은 사람과 나쁜 사람 구분 후 면박, 단독검거
- ⑤ 냉정하고 객관적인 자세: 가정폭력, 절도 경험

2. 객관적 윤리질서와 악법

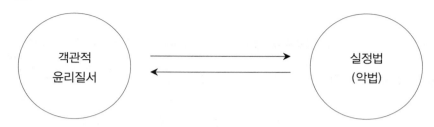

자연법론자	법실증주의자
① 자연법이 우선 ② 자연법에 반하는 악법은 준수할 필요 없음	① 실정법(악법)이 우선 ② 법적 안정성을 강조 ③ 악법도 개정되거나 폐지되기 전까지는 준수해야할 의무가 있음

Keyword 66	비교경찰

1. 독일의 경찰제도

(1) 경찰의 조직

경찰권은 원칙적으로 주정부에 속하며, 전국적인 특수상황에 대처하기 위해 연방정부도 일정 수준의 경찰권을 가진다. 연방기본법 제71조에서 연방의 입법사항으로 규정하지 않은 사항은 모두 주의 입법사항에 해당한다.

연방 경찰 기관	① 전국적 사항, 긴급사태 등을 대비 제한된 범위 내에서 연방정부의 경찰개입권을 인정(본 기본법 제87조 제1항). ② 일반예방경찰(제복 착용)과 수사경찰로 구분 ③ 연방의회 소속의 연방경찰, 연방내무부 소속의 연방범죄수사청·연방경찰청·연방헌법보호청 등이 있다. 　⊙ 연방범죄수사청(BKA) 　　• 반헌정질서범죄 및 국제적·조직적 범죄, 마약, 화폐 위조, 국제공조수사에 대한 수사와 범죄정보수집 및 분석을 담당 　　• 연방헌법기관 요인들에 대한 신변경호도 담당 　⊙ 연방경찰청(국)(BPOL) 　　철도경비, 항공경비, 국경수비, 해상경비, 재해경비, 헌법기관과 외국기관의 경비, 대테러, 주 경찰지원 등 　⊙ 연방헌법보호청(BfV) 　　• 반헌정질서범죄 범죄자, 대테러, 간첩 등에 대한 정보수집 및 분석을 담당 　　• 정보의 수집 및 분석 기능만 하고, 수사권은 없음, 주헌법보호청에 대한 지휘권 없음. ④ 우리나라의 국가경찰위원회나 일본의 공안위원회제도는 존재하지 않음.
주경찰	① 각 주의 최상급 경찰행정관청은 주내무부장관 ② 주내무부에 경찰담당국(주경찰청)이 설치됨(집행기관은 아니며 하급경찰관서에 대한 인사, 예산, 지원 감독, 통제 등의 업무를 수행함). ③ 경찰업무의 집행을 위해 일반예방경찰(제복착용), 수사경찰, 기동경찰, 수상경찰 등을 두고 있음.

(2) 수사권 행사

검사	검사는 다양한 방법으로 경찰에 대한 지시권을 행사할 수 있는 형사소추기관이다. 검사는 수사를 지휘하는 방식 외에도 다양한 권한행사를 통해 경찰을 통제한다.
사법경찰관	① 경찰은 범죄수사의 실행에 있어서 검찰로부터 완전히 자유로운 영역은 존재하지 않는다. 다만, 형사소송법 제163조 제1항에 근거하여 경찰의 초동수사(조치)권이 인정된다. 그러므로 경찰은 초동수사를 실행할 권한과 의무를 가지게 된다. 해당 규정에 대해 경찰에게 초동수사권을 부여한 것이고, 이후 경찰은 긴급한 경우에는 독자적으로 수사할 수 있지만, 대부분의 경우에는 검찰의 지시를 받아 활동해야 한다는 것이 다수설이다. ② 이러한 초동수사권에 의해 범죄혐의가 충분한 용의자에 대한 독자적인 수사가 가능하며, 이 경우에는 검사의 지시가 필요하지 않다고 본다.
상호관계	① 검사는 수사의 주재자로서 사법경찰에 대해 촉탁과 위임을 발할 수 있고, 사법경찰은 이를 충족시켜야 할 의무(형사소송법 제161조)이므로 기본적으로 명령복종관계라고 볼 수 있다. 그러나 검사는 자체수사관이 없어 독자적인 수사진행이 불가능하므로 사실상 경찰과 협력관계를 유지하고 있으며, 이에 '팔 없는 머리'로도 불린다. ② 실제 수사 시 검사는 사건에 대한 법률적 분석과 검토를 하고, 실체적 진실발견은 경찰에 의해 진행된다. ③ 검사는 인적·물적 자원이나 조직 및 기술이 없으며, 검사작성 피의자신문조서의 증거능력도 인정되지 않아, 검사가 피의자신문을 하는 경우는 거의 없다.

2. 일본의 경찰제도

(1) 일본 경찰의 조직

경찰기관은 국가경찰조직으로 국가공안위원회 및 경찰청을 두고, 도도부현의 경찰조직으로 도도부현공안위원회 및 도도부현경찰본부를 두고 있다.

※ 일본의 행정구역 단위 : 동경도, 홋카이도, 오사카부, 교토부, 나머지 현

① 국가경찰

국가 공안위원회	① 내각 총리대신 소할 하에 설치 ② 경찰에 관한 모든 제도의 기획 및 조사에 관한 광범위한 사무를 관리 ③ 합의제 행정위원회(위원장 및 5인의 위원으로 구성) ④ 경찰청장관, 경시총감, 경찰본부장 및 도도부현 경시정 이상에 대한 임면권을 행사 ⑤ 도도부현경찰을 지휘·감독할 수 있는 권한은 없지만, 도도부현경찰에 대한 규칙을 제정하여 그 활동기준 등을 제시하는 방식으로 권한 행사
경찰청	① 국가공안위원회의 관리하에 경찰청 설치, 자신의 이름으로 사무를 처리하는 독립적인 권한을 가짐. ② 경찰청의 장으로 경찰청장관을 둠(국가공안위원회가 내각 총리대신의 승인을 얻어 임명). ③ 경찰청장관은 경찰청의 소관사무와 관련하여 도도부현경찰을 지휘·감독 ④ 지방기관으로 고등법원 및 고등검찰청의 관할구역에 대응하는 6개의 관구경찰국을 설치
관구 경찰국	① 경찰청의 지방기관으로 6개가 있음. ② 경찰청장관의 명을 받아 관구경찰국의 사무에 대해서 부현경찰을 지휘·감독 ③ 대규모 사태나 국가경찰의 정책을 도도부현과 조종하는 역할을 함.

② 도도부현(都道府縣) 경찰(지방경찰)

공안위원회	① 도도부현 지사 소할하에 설치(지사의 지휘·감독을 받지 않음.) ② 도도부현 경찰을 관리(대강의 방침만을 정하여 사전·사후 감독하는 것을 의미, 사무집행에 대한 개별적 지휘·감독은 불가)
경찰본부	① 동경도에는 경시청, 그 외에는 도부현 경찰본부를 설치 ② 경시청에는 경시청장(경시총감)을 둠(국가가공안위원회가 동경도공안위원회의 동의와 내각 총리대신의 승인을 얻어 임명). ③ 그 외의 각 경찰본부장은 국가공안위원회가 도부현공안위원회의 동의를 얻어 임명 ④ 경찰청장관은 도도부현경찰에 대하여 일반적인 지휘·감독권을 가짐.
경찰서	하부기관으로 코반(交番)과 주재소를 설치

(2) 수사권 행사

수사기관	형사소송법 제191조 제2항, 검찰청법 제27조 제3항 등에 의해 수사권을 가진 수사기관에는 검사, 검찰사무관 및 사법경찰직원이 있다. 사법경찰직원은 다시 일반경찰직원과 특별경찰직원으로 구분한다.
검사	검사는 모든 범죄에 대하여 수사권한을 가진다. 그러나 검사는 2차적이고 보충적 수사권과 소추권을 보유한다.
사법경찰직원	1차적·본래적 수사기관에 해당한다. 또한 독자적 수사가 가능하므로 검사의 지휘를 받지 않고 수사를 개시·수행할 수 있다. 또한 영장청구권을 포함한 광범위한 강제처분권한을 가지고 있다. 그러나 수사종결권은 없으며, 예외적으로 경미한 범죄에 대한 미죄처분이나 소년사건 중 일부를 가정법원에 직접 송치하는 예외가 있다.
상호관계	경찰과 검찰은 상호 협의하고 조언, 자문하는 상호협력관계이다(형사소송법 제182조). 다만, 검사는 수사의 효율화, 적정한 공소제기를 위해 일정한 범위 내에서 경찰에 대한 지시 및 지휘권을 가지고 있는 바, 이는 수사의 효율성 강화와 공소유지에 부합하는 수사를 위한 기능적 상호 협력의 개념에 해당한다. 형사소송법 제192조는 경찰과 검찰을 각자 독립된 수사기관으로 규정하면서도 "검찰과 사법경찰직원은 수사에 관하여 서로 협력해야 한다"고 규정함으로써 양자의 관계를 상호협력관계로 명문화하고 있다.

3. 미국의 경찰제도

(1) 미국 경찰의 조직

미국의 경찰조직은 행정단위를 기준으로 연방경찰, 주경찰 및 지방경찰(County Sheriff, 도시경찰, 특별경찰) 등으로 구성된다. 연방정부는 헌법상 명문으로 경찰권을 가지고 있지 않으나, 사실상 과세권, 주간통상규제권 등의 경찰권을 행사한다. 연방수정헌법 제10조에 의해 경찰권이 유보되어 있는 주정부는 그 권한을 하급 지방정부에 위임할 수 있다. 그리고 가장 분권화된 경찰조직으로 자치단체마다 독립적인 경찰조직이 존재한다. 전국의 경찰을 통합·지휘하는 일원적 지휘기관이나 제도가 없으며, 각 경찰기관은 상호 협력관계를 유지하고 있다.

① 연방경찰

권한	① 연방법에 근거하여 연방정부의 기능에 대하여 직접적으로 유해하거나 또는 국가적 범죄 및 각 주 간의 범죄단속에 관하여 제한적인 경찰권을 행사 ② 2001년 9·11테러 이후 연방경찰의 기능이 강화
연방경찰기관	① 법무부 소속 기관: 연방범죄수사국(FBI), 연방보안관실, 마약단속국(DEA), 알콜·담배·총기·폭발물국(ATP), 국제형사경찰기구 중앙사무국[연방수사국(FBI)은 2001년 9.11 테러 이후 테러예방과 수사에 많은 역량을 집중] ② 재무부 소속 기관: 국세청 ③ 국토안보부(DHS) 소속 기관: 해안경비대(USCG), 비밀경호국(Secret Service, 대통령 경호담당)

② 주경찰

경찰권 행사의 주체인 주정부는 하급 기관인 주경찰국이나 고속도로 순찰대 등을 통해 직접 경찰권을 행사하거나 지방자치단체에 경찰권을 위임하여 행사한다. 그러므로 실질적 치안유지는 지방경찰이 담당한다.

③ 지방경찰

도시경찰	① 시(city), 타운(incorporated town), 빌리지 경찰을 총칭 ② 일반적인 법집행과 질서유지, 봉사기능, 범죄수사, 순찰 등 전형적인 경찰기능을 담당
기타 지방경찰	도시경찰을 제외한 군(county), 면(town), 특별구(special district)의 경찰 등

⑵ 수사권 행사

미국에서 검찰과 경찰의 관계는 법률조언 및 협력관계로 경찰은 개개의 사건에 대한 독립된 수사주체에 해당한다. 미국의 경찰은 독자적인 수사종결권을 가지고 있으며, 수사의 주재·수사의 개시 및 수행은 경찰에 의해 이루어지고 있다. 검사는 개별사건에 대한 기소를 결정하는 과정에서 경찰의 수사 방향과 증거수집에 관하여 예외적으로 수사지휘를 하기도 하지만, 검찰은 조직범죄와 같은 일부 특수 범죄를 제외하고는 주로 기소 여부 결정 및 공소유지라는 소송절차상의 역할만 수행한다.

MEMO

이상훈 경찰학
핵심 알고리즘

각론

범죄학

1. 범죄의 개념

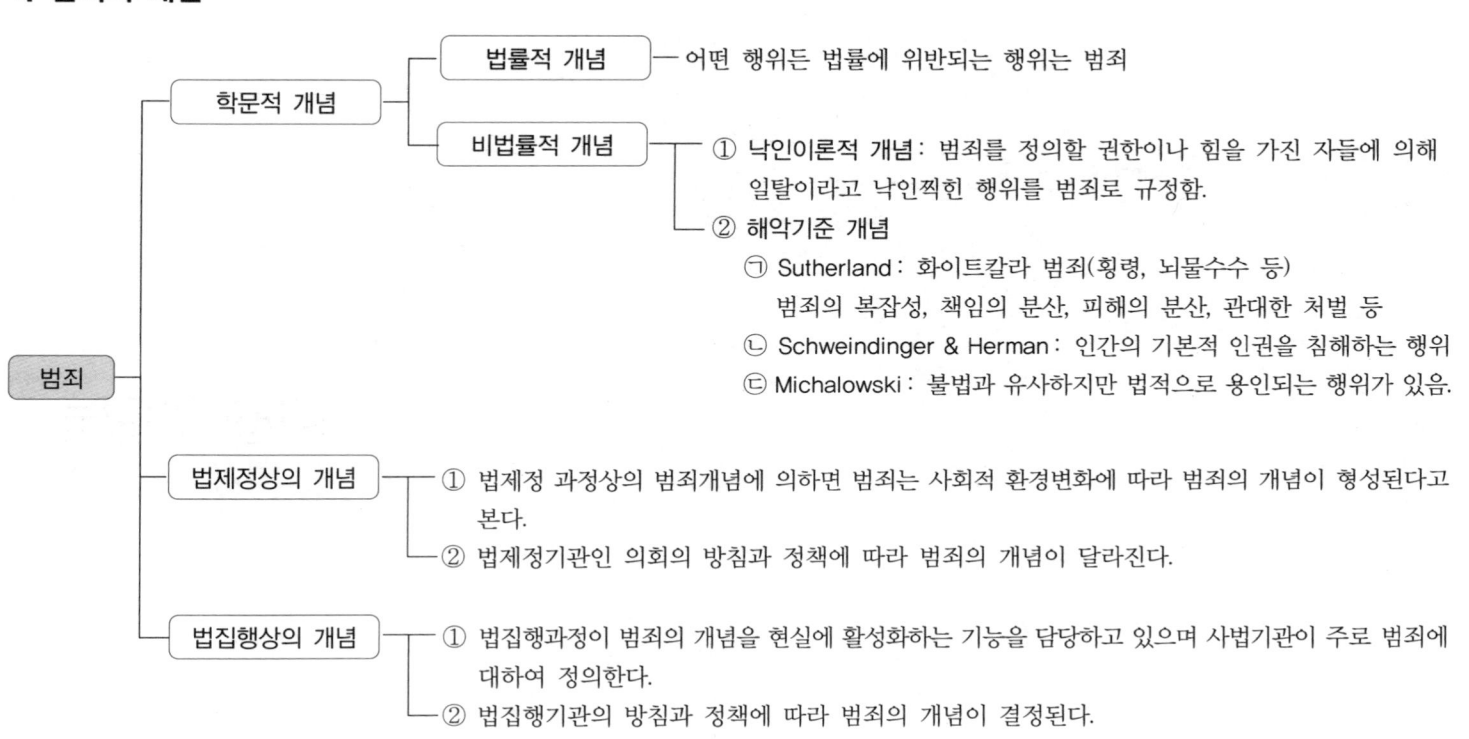

범죄

학문적 개념

- **법률적 개념** ── 어떤 행위든 법률에 위반되는 행위는 범죄
- **비법률적 개념**
  - ① 낙인이론적 개념 : 범죄를 정의할 권한이나 힘을 가진 자들에 의해 일탈이라고 낙인찍힌 행위를 범죄로 규정함.
  - ② 해악기준 개념
    - ㉠ Sutherland : 화이트칼라 범죄(횡령, 뇌물수수 등) 범죄의 복잡성, 책임의 분산, 피해의 분산, 관대한 처벌 등
    - ㉡ Schweindinger & Herman : 인간의 기본적 인권을 침해하는 행위
    - ㉢ Michalowski : 불법과 유사하지만 법적으로 용인되는 행위가 있음.

법제정상의 개념
- ① 법제정 과정상의 범죄개념에 의하면 범죄는 사회적 환경변화에 따라 범죄의 개념이 형성된다고 본다.
- ② 법제정기관인 의회의 방침과 정책에 따라 범죄의 개념이 달라진다.

법집행상의 개념
- ① 법집행과정이 범죄의 개념을 현실에 활성화하는 기능을 담당하고 있으며 사법기관이 주로 범죄에 대하여 정의한다.
- ② 법집행기관의 방침과 정책에 따라 범죄의 개념이 결정된다.

2. 범죄의 원인과 예방

(1) J. F. Sheley의 범죄의 4대 요소(범죄의 필요조건) : 범행의 동기, 사회적 제재로부터의 자유, 범행의 기술, 범행의 기회

(2) 일반이론

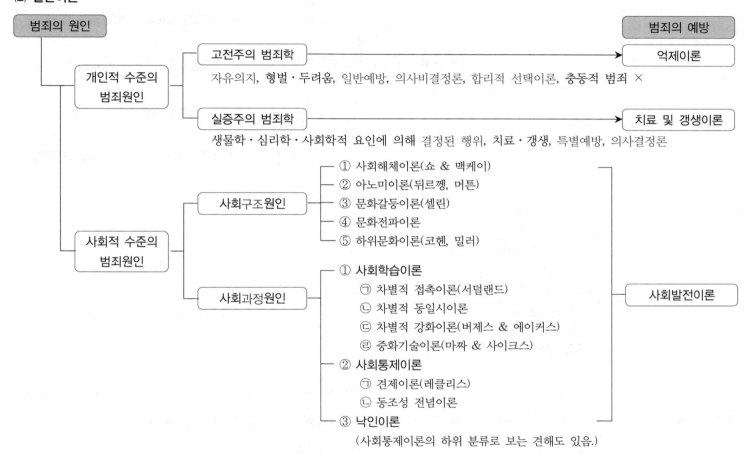

범죄의 원인

개인적 수준의 범죄원인

고전주의 범죄학 → 억제이론
자유의지, 형벌·두려움, 일반예방, 의사비결정론, 합리적 선택이론, 충동적 범죄 ×

실증주의 범죄학 → 치료 및 갱생이론
생물학·심리학·사회학적 요인에 의해 결정된 행위, 치료·갱생, 특별예방, 의사결정론

사회적 수준의 범죄원인

사회구조원인
① 사회해체이론(쇼 & 맥케이)
② 아노미이론(뒤르켕, 머튼)
③ 문화갈등이론(셀린)
④ 문화전파이론
⑤ 하위문화이론(코헨, 밀러)

사회과정원인
① 사회학습이론
  ㉠ 차별적 접촉이론(서덜랜드)
  ㉡ 차별적 동일시이론
  ㉢ 차별적 강화이론(버제스 & 에이커스)
  ㉣ 중화기술이론(마짜 & 사이크스)
② 사회통제이론
  ㉠ 견제이론(레클리스)
  ㉡ 동조성 전념이론
③ 낙인이론
  (사회통제이론의 하위 분류로 보는 견해도 있음.)

범죄의 예방

사회발전이론

MEMO

3. 현대적 예방이론

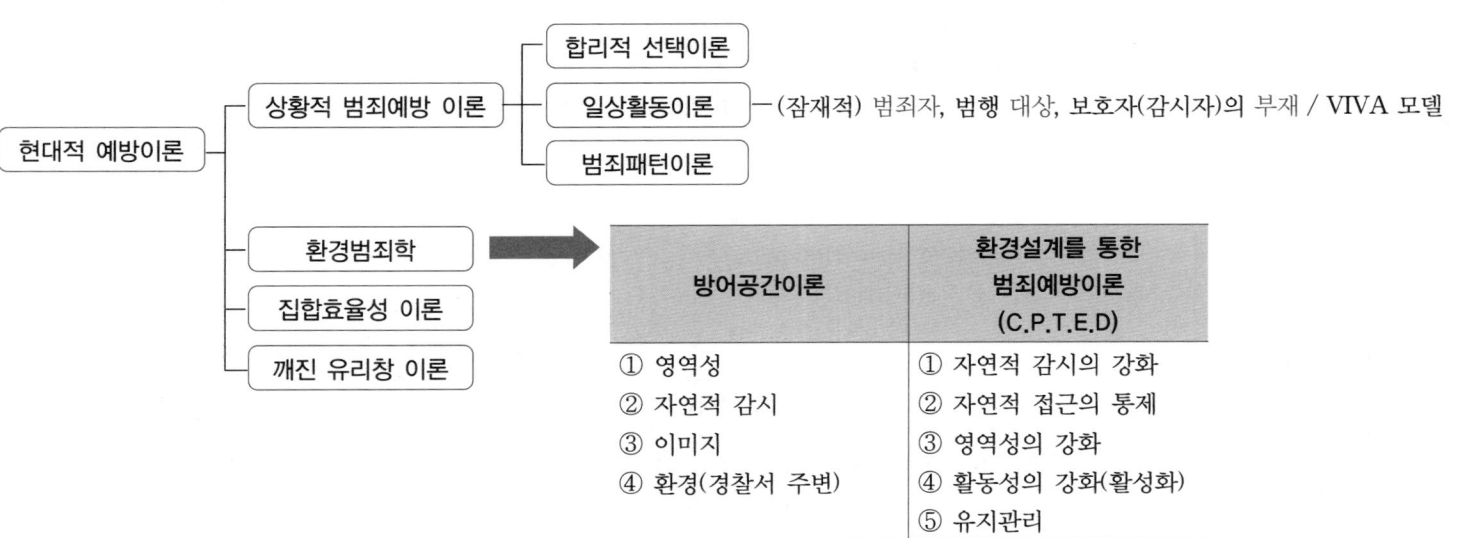

방어공간이론
① 영역성
② 자연적 감시
③ 이미지
④ 환경(경찰서 주변)

환경설계를 통한 범죄예방이론 (C.P.T.E.D)
① 자연적 감시의 강화
② 자연적 접근의 통제
③ 영역성의 강화
④ 활동성의 강화(활성화)
⑤ 유지관리

4. 멘델존(Mendelsohn)의 피해자 유형 분류

완전 책임이 없는 피해자	① 영아살해죄의 영아 ② 약취유인된 유아
책임이 조금 있는 피해자	① 부지에 의한 낙태여성 ② 인공유산을 시도하다 사망한 임산부
가해자와 같은 정도의 책임이 있는 피해자	① 촉탁살인에 의한 피해자 ② 자살미수 피해자 ③ 동반자살 피해자
가해자보다 더 책임이 있는 피해자	① 자신의 부주의로 인한 피해자 ② 부모에게 살해된 패륜아
가장 책임이 높은 피해자	① 정당방위의 상대방이 되는 공격적 피해자 ② 무고죄의 범인과 같은 기만적 피해자

Keyword 68   지역사회 경찰활동

1. J. Skolnic이 제시한 지역사회 경찰활동의 특징

(1) **지역사회에 기초한 범죄예방** : 지역사회의 비공식적 통제능력을 활용하여 범죄예방

(2) 차량순찰에서 도보순찰로 순찰방식의 전환

(3) 주민에 대한 경찰의 책임 강화

(4) 경찰 정책결정과정에서의 권한의 분산

2. 전통적인 경찰활동과 지역사회 경찰활동의 비교

구분	전통적 경찰활동	지역사회 경찰활동
정의	경찰을 법집행의 책임을 갖는 유일한 정부기관으로 정의한다.	경찰과 시민 모두 범죄예방의무가 있으며, 경찰은 범죄방지에 전적으로 노력을 기울이는 사람으로 인식한다.
역할	범죄해결사로서의 역할을 강조한다.	범죄뿐만 아니라 지역사회의 포괄적인 문제해결자로서의 역할을 강조한다.
업무평가 방식	범인검거율(체포율)로 경찰업무를 평가한다.	범죄와 무질서가 얼마나 적은가에 의해 경찰업무를 평가한다.
업무의 우선순위	범죄와 폭력의 퇴치에 치중한다.	범죄와 폭력의 퇴치 이외에도 지역사회질서를 문란하게 하는 근본적인 요인의 해결에 최우선순위를 둔다.
효율성	범죄의 신고에 대한 경찰의 반응시간이 얼마나 짧은가에 의해 평가된다.	경찰업무에 대한 지역주민의 협조도를 기준으로 경찰활동의 효율성을 평가한다.
대상	범죄를 경찰활동의 주된 대상으로 인식한다.	범죄를 비롯한 지역사회의 다양한 문제나 시민들의 문제를 경찰활동의 대상으로 본다.
조직적 특성	집권화된 조직구조, 법과 규범에 의한 규제, 법을 엄격히 준수하는 책임을 강조한다.	지역사회의 요구에 부응할 수 있도록 경찰관 개개인에게 권한을 부여하며, 부여된 권한을 행사하는 경찰관 개개인의 능력을 강조한다.
다른 기관과의 관계	책임과 권한 문제로 갈등이 존재할 수밖에 없다.	모든 국가기관이 주민의 삶의 질을 높인다는 동일한 목적을 수행하므로 원활한 협조가 이루어질 수 있다.

3. 지역사회 경찰활동

지역중심적 경찰활동 (COP : Community Oriented Policing)	지역사회에서의 전반적인 삶의 질 향상을 목표로, 지역사회와 경찰 사이의 새로운 관계를 증진시키는 조직적인 전략원리를 말한다.
문제지향적 경찰활동 (POP : Problem Oriented Policing))	① 반복된 사건을 야기하는 근본적인 원인을 해결해야 한다고 주장하며, 현장 경찰관에게 자유재량을 부여하고, 범죄분석자료를 제공, 대중정보와 비평을 적극적으로 수용한다. ② 일선 경찰관들에게 문제해결권한과 필요한 시간을 부여하고, 범죄분석자료를 제공한다. ③ 문제해결과정(SARA 모형) 　㉠ 조사단계(Scanning) : 지역에서 반복적으로 발생하고 있는 문제를 파악하는 데에서 출발하여 문제라고 여겨지는 개인과 관련된 사건을 분류하고, 정확하고 유용한 용어를 활용하여 이러한 문제를 조사한다. 　㉡ 분석단계(Analysis) : 지역사회와 경찰이 협력하는 등의 방법으로 문제의 원인을 파악하고, 분석하는 단계이다. 　㉢ 대응단계(Response) : 경찰이 보유한 자원과 역량만으로는 한계가 있기 때문에 경찰관은 지역사회 내의 여러 다른 기관들과 협력을 통한 대응방안을 추구한다. 　㉣ 평가단계(assessment) : 과정평가와 효과평가의 두 단계로 구성되며, 이전 문제해결과정에의 환류를 통해 각 단계가 지속적인 순환과정으로 작동할 수 있도록 한다는 점에서 중요한 의미를 가진다.
이웃지향적 경찰활동 (NOP : Neighborhood Oriented Policing)	① 지역사회경찰활동을 위하여 경찰과 주민의 의사소통라인을 개설하려는 모든 프로그램을 말한다. ② 지역조직은 거주자들에게 지역에 관한 정보를 제공하며 경찰과 협동하여 범죄를 억제하는 기능을 수행한다.
전략지향적 경찰활동 (SOP : Strategic Oriented Policing)	확인된 문제에 대한 전략적 대응을 위해 경찰자원을 배분하고, 전통적인 경찰활동과 절차를 통해 범죄적 요소나 사회무질서의 원인을 효과적으로 제거하는 경찰활동을 말한다.
증거기반 경찰활동 (evidence-based policing)	경찰정책과 의사결정에 있어서 과학적·의학적 증거에 기반하여 증거의 개발, 검토, 활용을 위해 경찰관 및 직원이 연구기관과 함께 활동하는 접근방법이다.

Keyword 69 경비업법

경비업의 종류
- ① 시설경비업무: 경비를 필요로 하는 시설 및 장소
- ② 호송경비업무: 현금·유가증권·귀금속·상품 그 밖의 물건
- ③ 신변보호업무: 사람의 생명이나 신체
- ④ 기계경비업무: 경비대상시설외의 장소에 설치한 관제시설
- ⑤ 특수경비업무: 공항(항공기 포함)
- ⑥ 혼잡·교통유도경비업무: 도로에 접속한 공사현장 / 도로를 점유하는 행사장 등

경비업
- 허가
  - ① 시·도경찰청장
  - ② 경비업무 변경
  - ③ 법인
  - ④ 허가받은 날부터 5년
- 신고 — 시·도경찰청장
  - ① 폐업, 휴업
  - ② 법인의 명칭, 대표자·임원을 변경
  - ③ 주사무소나 출장소 신설·이전, 폐지
  - ④ 관제시설 신설·이전 또는 폐지
  - ⑤ 특수경비업무를 개시하거나 종료
  - ⑥ 대통령령

결격사유

무기휴대, 사용

경비업법 시행령 제30조(경비가 필요한 시설 등에 대한 경비의 요청) 시·도경찰청장은 행사장 그밖에 많은 사람이 모이는 시설 또는 장소에서 혼잡 등으로 인한 위험의 발생을 방지하기 위하여 법 제2조 제3호의 규정에 의한 경비원에 의한 경비가 필요하다고 인정되는 때에는 행사개최일 전에 당해 행사의 주최자에게 경비원에 의한 경비를 실시하거나 부득이한 사유로 그것을 실시할 수 없는 경우에는 행사개최 24시간 전까지 시·도경찰청장에게 그 사실을 통지하여 줄 것을 요청할 수 있다.

Keyword 70 유실물법

1. 기본 구조

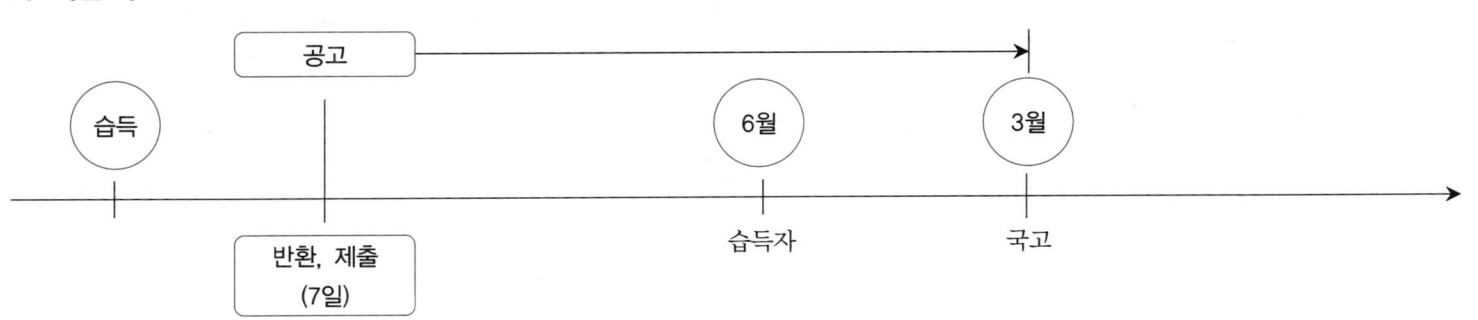

2. 주요 내용

보관방법	① 보관한 물건이 멸실되거나 훼손될 우려가 있을 때 또는 보관에 과다한 비용이나 불편이 수반될 때에는 매각 ② 비용은 매각대금에서 충당 ③ 매각 비용을 공제한 매각대금의 남은 금액은 습득물로 간주하여 보관
비용 부담	습득물의 보관비, 공고비(公告費), 그 밖에 필요한 비용은 물건을 반환받는 자나 물건의 소유권을 취득하여 이를 인도(引渡)받는 자가 부담
보상금	① 100분의 5 이상 100분의 20 이하 ② 국가·지방자치단체, 공공기관은 보상금을 청구 × ③ 1개월 지나면 청구 ×
준유실물	착오로 점유한 물건, 타인이 놓고 간 물건, 일실한 가축(유실·유기동물 ×)

Keyword 71 / 풍속영업의 규제에 관한 법률

MEMO

1. 일반

법률	영업
게임산업진흥에 관한 법률	게임제공업 인터넷컴퓨터게임시설제공업 복합유통게임제공업
영화 및 비디오물의 진흥에 관한 법률	비디오물감상실업 비디오물소극장업 제한관람가비디오물소극장업 복합영상물제공업
음악산업진흥에 관한 법률	음반·음악영상물제작업 음반·음악영상물배급업 온라인음악서비스제공업 노래연습장업
공중위생관리법	숙박업 목욕장업 이용업 중 대통령령으로 정하는 것 미용업 세탁업
식품위생법	유흥주점영업 단란주점영업 일반음식점영업 휴게음식점영업
체육시설의 설치·이용에 관한 법률	요트장업 당구장업 무도학원업 무도장업

풍속영업 ←

① 「성매매알선 등 행위의 처벌에 관한 법률」 제2조 제1항 제2호에 따른 성매매알선등행위
② 음란행위를 하게 하거나 이를 알선 또는 제공하는 행위
③ 음란한 문서·도화(圖畵)·영화·음반·비디오물, 그 밖의 음란한 물건에 대한 다음 각 목의 행위
   가. 반포(頒布)·판매·대여하거나 이를 하게 하는 행위
   나. 관람·열람하게 하는 행위
   다. 반포·판매·대여·관람·열람의 목적으로 진열하거나 보관하는 행위
⑤ 도박이나 그 밖의 사행(射倖)행위를 하게 하는 행위

2. 관련 판례

① 숙박업소에서 위성방송수신기를 이용하여 수신한 외국의 음란한 위성방송프로그램에 대해 일정한 잠금장치를 설치하여 관람을 원하는 성인만을 상대로 방송을 시청하게 한 경우, 풍속영업의 규제에 관한 법률 위반에 해당한다(대판 2008.8.21, 2008도3975).

② 풍속영업자가 지켜야 할 준수사항도 실제로 하고 있는 영업형태에 따라 정하여지는 것이지, 그 자가 받은 영업허가 등에 의하여 정하여 지는 것은 아니므로, 유흥주점영업허가를 받았다고 하더라도 실제로는 노래연습장 영업을 하고 있다면 유흥주점영업에 따른 영업자 준수사항을 지켜야 할 의무가 있다고 할 수 없다(대판 1997.9.30, 97도1873).

③ 풍속영업자가 자신이 운영하는 여관에서 친구들과 일시 오락 정도에 불과한 도박을 한 경우, 형법상 도박죄는 성립하지 아니하고 풍속 영업의 규제에 관한 법률 위반죄의 구성요건에는 해당하나 사회상규에 위배되지 않는 행위로서 위법성이 조각된다(대판 2004.4.9., 2003 도6351).

④ 유흥주점 여종업원들이 웃옷을 벗고 브래지어만 착용하거나 치마를 허벅지가 다 드러나도록 걷어 올리고 가슴이 보일 정도로 어깨끈을 밑으로 내린 채 손님을 접대한 사안에서, 위 종업원들의 행위와 노출 정도가 형사법상 규제의 대상으로 삼을 만큼 사회적으로 유해한 영향을 끼칠 위험성이 있다고 평가할 수 있을 정도로 노골적인 방법에 의하여 성적 부위를 노출하거나 성적 행위를 표현한 것이라고 단정하기에 부족하다(대판 2009.2.26., 2006도3119).

Keyword 72 　성매매알선 등 행위의 처벌에 관한 법률

MEMO

1. 정의

성매매	성매매알선 등 행위	성매매피해자(처벌×)	금지행위
① 불특정인 ② 금품, 재산상의 이익 ③ 수수, 약속 ④ 성교행위, 유사 성교행위 ⑤ 상대방	① 알선, 권유, 유인 또는 강요 ② 장소를 제공 ③ 자금, 토지 또는 건물을 제공	① 강요 ② 중독 ③ 미성년자, 없미, 장애 ④ 인신매매	① 성매매 ② 성매매알선 등 행위 ③ 성매매 목적의 인신매매 ④ 고용·모집, 소개·알선 ⑤ 광고행위

2. 주요 내용

절차상의 특례	① 신고의무자 : 장, 종사자 ② 신뢰관계에 있는 사람의 동석 　㉠ 일반 : 할 수 있다. 　㉡ 미성년자·없미·장애 : 특별한 사유가 없으면 / 하여야 한다.
보호사건	① 보호처분 : 병과 가능 ② 기간과 변경 : 6개월·100시간 / 한 번 / 1년·200시간
형의 감면	신고·자수 / 감경하거나 면제할 수 있다.

Keyword 73   사행행위 등 규제 및 처벌 특례법

영업의 종류
- 복권발행업 : 특정한 표찰(전자적 형태 포함)
- 현상업 : 특정한 설문 또는 예측
- 대통령령
  - 회전판 돌리기업
  - 추첨업 : 번호를 기입한 증표
  - 경품업 : 등수를 기입한 증표

영업의 허가
- 시·도경찰청장
- 경찰청장 : 둘 이상의 특·광·도 또는 특별자치도
- 경찰청장 승인 : 국가기관이나 지방자치단체
- 요건 : 공, 상, 관
- 유효기간 : 대통령령으로 정하되, 3년을 초과 ×(90일)
- 조건부 영업허가(2월)

사행기구

제조업	청장 허가
판매업	청장 허가

Keyword 74 경범죄처벌법 · 즉결심판에 관한 절차법

1. 통고처분

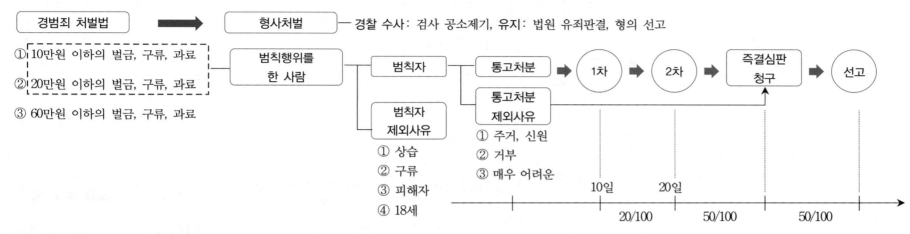

경범죄 처벌법 ➡ 형사처벌 — 경찰 수사: 검사 공소제기, 유지: 법원 유죄판결, 형의 선고

① 10만원 이하의 벌금, 구류, 과료
② 20만원 이하의 벌금, 구류, 과료
③ 60만원 이하의 벌금, 구류, 과료

범칙행위를 한 사람 → 범칙자 → 통고처분 ➡ 1차 ➡ 2차 ➡ 즉결심판 청구 ➡ 선고

통고처분 제외사유
① 주거, 신원
② 거부
③ 매우 어려운

범칙자 제외사유
① 상습
② 구류
③ 피해자
④ 18세

10일   20일
20/100   50/100   50/100

2. 즉결심판(일반법, 보충법)

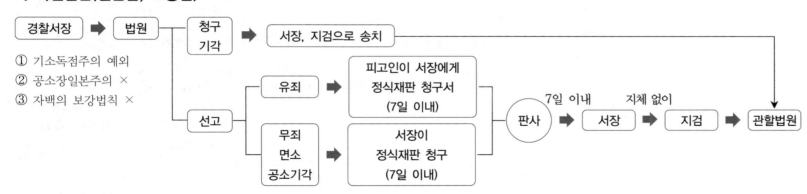

경찰서장 ➡ 법원

① 기소독점주의 예외
② 공소장일본주의 ×
③ 자백의 보강법칙 ×

청구 기각 ➡ 서장, 지검으로 송치

선고
유죄 ➡ 피고인이 서장에게 정식재판 청구서 (7일 이내)
무죄 면소 공소기각 ➡ 서장이 정식재판 청구 (7일 이내)

판사 ➡ 서장 ➡ 지검 ➡ 관할법원
7일 이내   지체 없이

Keyword 75 · 총포 · 도검 · 화약류 등의 안전관리에 관한 법률

1. 각종 허가권자

제조업 · 수출입 허가권자	경찰청장	① 총(권총 · 소총 · 기관총) ② 포 ③ 화약류(화약 · 폭약)
	시 · 도경찰청장	① 기타 총 ② 도검 · 분사기 · 전자충격기 · 석궁 ③ 화공품
판매업 허가권자	시 · 도경찰청장	총포 · 도검 · 화약류 · 분사기 · 전자충격기 · 석궁
소지 허가권자	시 · 도경찰청장	① 권총 · 소총 · 기관총 · 어획총 · 사격총(공기총 제외) ② 포
	경찰서장	엽총 · 가스발사총 · 공기총 · 마취총 · 도살총 · 산업용총 · 구난구명총 또는 그 부품
화약류 허가권자	경찰서장	① 사용(발파 · 연소)허가 ② 운반: 발송지를 관할, 운반개시 1시간 전 신고

2. 결격사유

제조업자	소지
① 금고 이상의 실형: 3년 ② 금고 이상의 형의 집행유예: 1년 ③ 20세 미만인 자 ④ 허가가 취소된 후 3년	① 20세 미만인 자. 다만, 선수 또는 후보자 제외 ② 금고 이상의 실형: 5년 ③ 이 법을 위반하여 벌금형: 5년 ④ 이 법을 위반하여 금고 이상의 형의 집행유예: 3년 ⑤ 허가가 취소된 후 1년

Keyword 76 | 112신고의 운영 및 처리에 관한 법률·시행령 및 112치안종합상황실 운영 및 신고처리 규칙

MEMO

1. 기본 구조

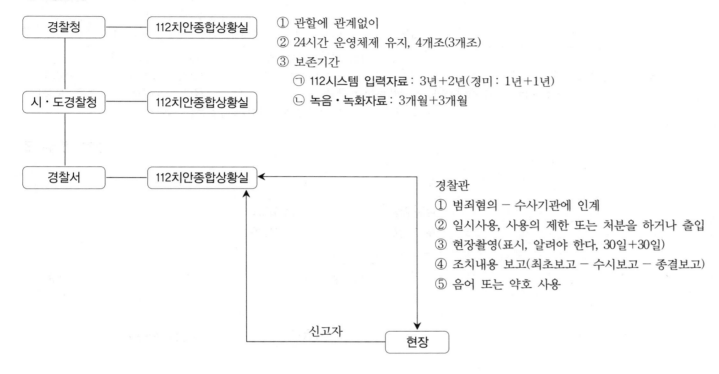

경찰청 —— 112치안종합상황실

시·도경찰청 —— 112치안종합상황실

경찰서 —— 112치안종합상황실

① 관할에 관계없이
② 24시간 운영체제 유지, 4개조(3개조)
③ 보존기간
  ㉠ 112시스템 입력자료 : 3년+2년(경미 : 1년+1년)
  ㉡ 녹음·녹화자료 : 3개월+3개월

경찰관
① 범죄혐의 − 수사기관에 인계
② 일시사용, 사용의 제한 또는 처분을 하거나 출입
③ 현장촬영(표시, 알려야 한다, 30일+30일)
④ 조치내용 보고(최초보고 − 수시보고 − 종결보고)
⑤ 음어 또는 약호 사용

신고자 현장

2. 112신고의 대응체계

코드 0 신고	코드 1 신고 중 실시간 전파가 필요한 경우	우선하여 출동	3년+2년
코드 1 신고	임박하거나 진행 중 또는 그 직후인 경우 및 현행범인인 경우		
코드 2 신고	잠재적 위험	지장을 초래하지 않는 범위 내에서 출동	
코드 3 신고	현장조치는 불필요하나 수사, 전문상담 등이 필요한 경우	당일 근무시간 내에 출동	1년+1년
코드 4 신고	긴급성이 없는 민원·상담 신고	지령하지 않고 자체 종결, 통보하여 처리	

Keyword 77 / 지역경찰의 조직 및 운영에 관한 규칙

1. 조직

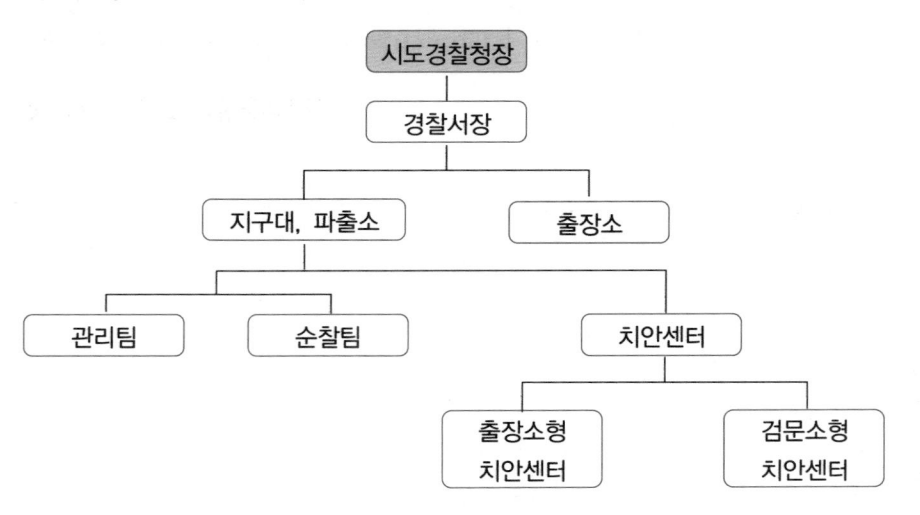

2. 주요 내용

지휘 및 감독 (제9조)	① **경찰서장**: 지역경찰관서의 운영에 관하여 총괄 지휘·감독 ② **경찰서 각 과장**: 각 과의 소관업무와 관련된 지역경찰의 업무에 관하여 지휘·감독 ③ **지역경찰관서장**: 지역경찰관서의 시설·장비·예산 및 소속 지역경찰의 근무에 관한 제반사항을 지휘·감독 ④ **순찰팀장**: 근무시간 중 소속 지역경찰을 지휘·감독
순찰팀장	① 근무교대 시 주요 취급사항 및 장비 등의 인수인계 확인 ② 관리팀원 및 순찰팀원에 대한 일일근무 지정 및 지휘·감독 ③ 관내 중요 사건발생시 현장 지휘 ④ 지역경찰관서장 부재시 업무 대행 ⑤ 순찰팀원의 업무역량 향상을 위한 교육

3. 치안센터

설치 및 폐지 (제10조)	시·도경찰청장은 지역치안을 효율적으로 수행하기 위하여 지역경찰관서장 소속하에 치안센터를 설치할 수 있다.
소속 및 관할 (제11조)	① 치안센터는 지역경찰관서장의 소속하에 두며, 치안센터의 인원, 장비, 예산 등은 지역경찰관서에서 통합 관리한다. ② 치안센터의 관할 구역은 소속 지역경찰관서 관할 구역의 일부로 한다. ③ 치안센터 관할 구역의 크기는 설치목적, 배치 인원 및 장비, 교통·지리적 요건 등을 고려하여 경찰서장이 정한다.
운영시간 (제12조)	① 치안센터는 24시간 상시 운영을 원칙으로 한다. ② 경찰서장은 지역 치안여건 및 인원여건을 고려, 운영시간을 탄력적으로 조정할 수 있다.
근무자의 배치 (제13조)	① 치안센터 운영시간에는 치안센터 관할 구역에 근무자를 배치함을 원칙으로 한다. ② 경찰서장은 치안센터의 종류 및 지리적 여건 등을 고려하여 필요한 경우 치안센터에 전담근무자를 배치할 수 있다.

4. 근무의 종류

(1) **행정근무**

　① 문서의 접수 및 처리

　② 시설·장비의 관리 및 예산의 집행

　③ 각종 현황, 통계, 자료, 부책 관리

　④ 기타 행정업무 및 지역경찰관서장이 지시한 업무

(2) **상황근무**

　① 시설 및 장비의 작동여부 확인

　② 방문민원 및 각종 신고사건의 접수 및 처리

　③ 요보호자 또는 피의자에 대한 보호·감시

　④ 중요 사건·사고 발생시 보고 및 전파

　⑤ 기타 필요한 문서의 작성

(3) **순찰근무**

(4) **경계근무**: 선박

(5) **대기근무**: 10분

(6) **기타근무**

Keyword 78 　순찰

1. 순찰의 기능

C. D. Hale	S. Walker
	① 범죄의 억제 ② 안정감 증진 ③ 서비스 제공

2. 순찰의 효과연구

구분	수단	범죄	안전감
뉴욕	차량		
캔자스	차량	×	×
뉴왁	도보	×	○
플린트	도보	증가	증가

Keyword 79 아동·청소년의 성보호에 관한 법률

1. 일반

19세 미만 ⟶ 아동·청소년의 성을 사는 행위 ⟶ 16세 미만의 아동·청소년 및 장애 아동·청소년

① 성교 행위

② 구강·항문 등 신체의 일부나 도구를 이용한 유사 성교 행위

③ 신체의 전부 또는 일부를 접촉·노출하는 행위로서 일반인의 성적 수치심이나 혐오감을 일으키는 행위

④ 자위 행위

대상 : 2분의 1까지 가중처벌

2. 미수처벌

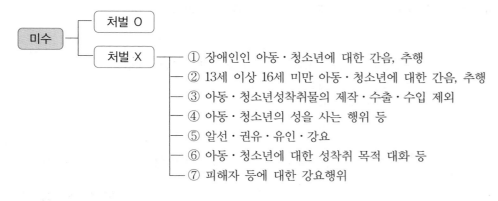

미수 ┬ 처벌 O

└ 처벌 X ┬ ① 장애인인 아동·청소년에 대한 간음, 추행

├ ② 13세 이상 16세 미만 아동·청소년에 대한 간음, 추행

├ ③ 아동·청소년성착취물의 제작·수출·수입 제외

├ ④ 아동·청소년의 성을 사는 행위 등

├ ⑤ 알선·권유·유인·강요

├ ⑥ 아동·청소년에 대한 성착취 목적 대화 등

└ ⑦ 피해자 등에 대한 강요행위

3. 절차상 특례

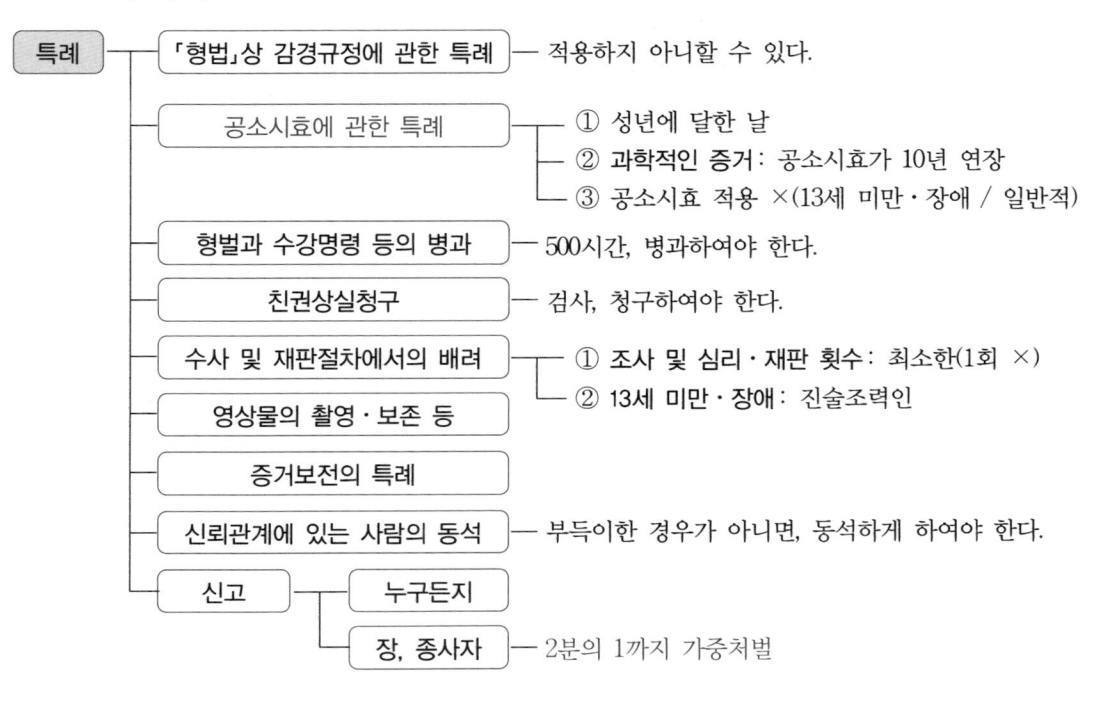

특례
- 「형법」상 감경규정에 관한 특례 — 적용하지 아니할 수 있다.
- 공소시효에 관한 특례
  - ① 성년에 달한 날
  - ② 과학적인 증거: 공소시효가 10년 연장
  - ③ 공소시효 적용 ×(13세 미만·장애 / 일반적)
- 형벌과 수강명령 등의 병과 — 500시간, 병과하여야 한다.
- 친권상실청구 — 검사, 청구하여야 한다.
- 수사 및 재판절차에서의 배려
  - ① 조사 및 심리·재판 횟수: 최소한(1회 ×)
  - ② 13세 미만·장애: 진술조력인
- 영상물의 촬영·보존 등
- 증거보전의 특례
- 신뢰관계에 있는 사람의 동석 — 부득이한 경우가 아니면, 동석하게 하여야 한다.
- 신고
  - 누구든지
  - 장, 종사자 — 2분의 1까지 가중처벌

4. 디지털 성범죄의 수사 특례

신분비공개수사	신분위장수사
① 사전에 상급 경찰관서 수사부서의 장의 승인 ② 3개월 ③ 국가수사본부장 국가경찰위원회(종료 즉시) 국회 소관 상임위원회(반기별) ④ 긴급 신분비공개수사: 지체 없이, 48시간	① 검사에게 허가를 신청, 검사는 법원에 그 허가를 청구 ② 3개월 + 3개월(연장) = 총기간 1년 ③ 긴급 신분위장수사: 지체 없이, 48시간

5. 신상정보 관리 및 공개

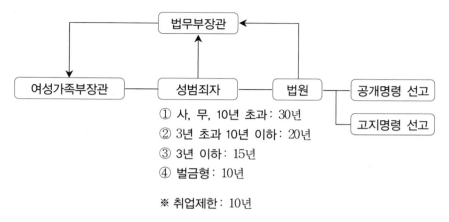

① 사, 무, 10년 초과 : 30년
② 3년 초과 10년 이하 : 20년
③ 3년 이하 : 15년
④ 벌금형 : 10년

※ 취업제한 : 10년

6. 관련 판례

① 아동ㆍ청소년의 성보호에 관한 법률 위반(성매수 등) : 아동ㆍ청소년이 이미 성매매 의사를 가지고 있었던 경우에도 그러한 아동ㆍ청소년에게 금품이나 그 밖의 재산상 이익, 직무ㆍ편의제공 등 대가를 제공하거나 약속하는 등의 방법으로 성을 팔도록 권유하는 행위는 이 법에서 말하는 '성을 팔도록 권유하는 행위'에 포함된다고 보아야 한다[대법원 2011. 11. 10. 선고 2011도3934 판결].

② 아동ㆍ청소년의성보호에관한법률위반(알선영업행위등)ㆍ성매매약취ㆍ상해ㆍ공갈ㆍ재물손괴ㆍ폭력행위등처벌에관한법률위반(공동폭행) : 아동ㆍ청소년의 성을 사는 행위를 알선하는 행위를 업으로 하여 청소년성보호법 제15조 제1항 제2호의 위반죄가 성립하기 위해서는 알선행위를 업으로 하는 사람이 아동ㆍ청소년을 알선의 대상으로 삼아 그 성을 사는 행위를 알선한다는 것을 인식하여야 하지만, 이에 더하여 알선행위로 아동ㆍ청소년의 성을 사는 행위를 한 사람이 행위의 상대방이 아동ㆍ청소년임을 인식하여야 한다고 볼 수는 없다[대법원 2016. 2. 18. 선고 2015도15664 판결].

③ 미성년자의제강간ㆍ아동ㆍ청소년의성보호에관한법률위반(음란물제작ㆍ배포등)ㆍ부착명령 : 제작한 영상물이 객관적으로 아동ㆍ청소년이 등장하여 성적 행위를 하는 내용을 표현한 영상물에 해당하는 한 대상이 된 아동ㆍ청소년의 동의하에 촬영한 것이라거나 사적인 소지ㆍ보관을 1차적 목적으로 제작한 것이라고 하여 구 아청법 제8조 제1항의 '아동ㆍ청소년이용음란물'에 해당하지 아니한다거나 이를 '제작'한 것이 아니라고 할 수 없다[대법원 2015. 2. 12. 선고 2014도11501,2014전도197 판결].

④ 아동ㆍ청소년의성보호에관한법률위반(알선영업행위등)[인정된 죄명 : 성매매알선등행위의처벌에관한법률위반(성매매알선등)]ㆍ성매매알선등행위의처벌에관한법률위반(성매매알선등) : 성을 사는 행위를 알선하는 행위를 업으로 하는 자가 성매매알선을 위한 종업원을 고용하면서 고용대상자에 대하여 아동ㆍ청소년의 보호를 위한 위와 같은 연령확인의무의 이행을 다하지 아니한 채 아동ㆍ청소년을 고용하였다면, 특별한 사정이 없는 한 적어도 아동ㆍ청소년의 성을 사는 행위의 알선에 관한 미필적 고의는 인정된다고 봄이 타당하다[대법원 2014. 7. 10. 선고 2014도5173 판결].

Keyword 80 | 청소년보호법

MEMO

1. 청소년 유해업소

출입·고용금지업소	고용금지업소
① 일반게임제공업 및 복합유통게임제공업	① 청소년게임제공업 및 인터넷컴퓨터게임시설제공업
② 사행행위영업	② 숙박업, 목욕장업, 이용업
③ 단란주점영업, 유흥주점영업	③ 티켓다방, 소주방·호프·카페
④ 감상실업·제한관람 및 복합영상물	④ 소극장업
⑤ 노래연습장업	청소년실 ○
⑥ 무도학원업 및 무도장업	⑤ 유해화학물질 영업
⑦ 전기통신설비	⑥ 만화대여업
⑧ 신체적인 접촉 또는 은밀한 부분의 노출	
⑨ 유해매체물 및 유해약물 등을 제작	⑦ 유해매체물 및 유해약물 등을 제작
⑩「한국마사회법」장외발매소	
⑪「경륜·경정법」장외매장	

2. 주요 내용

준수사항	① 청소년 출입·고용금지업소의 업주와 종사자는 출입자의 나이를 확인하여 청소년이 그 업소에 출입하지 못하게 하여야 한다. ② 청소년유해업소의 업주와 종사자는 나이를 확인할 수 있는 증표의 제시를 요구할 수 있으며, 증표 제시를 요구받고도 정당한 사유 없이 증표를 제시하지 아니하는 사람에게는 그 업소의 출입을 제한할 수 있다. ③ 청소년유해업소의 업주와 종사자는 그 업소에 대통령령으로 정하는 바에 따라 청소년의 출입과 고용을 제한하는 내용을 표시하여야 한다. ④ 특별자치시장·특별자치도지사·시장·군수·구청장은 청소년 통행금지구역 또는 청소년 통행제한구역으로 지정하여야 한다.
청소년 유해행위	① 성적 접대행위 ② 손님과 함께 술, 노래 또는 춤 등 ③ 음란한 행위 ④ 장애나 기형 등의 모습을 관람시키는 행위 ⑤ 구걸을 시키거나 청소년을 이용하여 구걸하는 행위 ⑥ 학대 ⑦ 거리에서 손님을 유인하는 행위를 하게 하는 행위 ⑧ 남녀 혼숙 ⑨ 차 종류를 배달하는 행위, 조장하거나 묵인하는 행위

MEMO

3. 관련 판례

① **청소년 보호법 위반**: 18세 미만의 청소년에게 술을 판매함에 있어서 가사 그의 민법상 법정대리인의 동의를 받았다고 하더라도 그러한 사정만으로 위 행위가 정당화될 수는 없다(대판 1999.7.13, 99도2151).

② **청소년 보호법 위반**: 청소년 보호법의 입법 목적 등에 비추어 볼 때, 이때의 연령은 호적 등 공부상의 나이가 아니라 실제의 나이를 기준으로 하여야 한다. 공부상 출생일과 다른 실제의 출생일을 기준으로 청소년 보호법상의 청소년에서 제외되는 자임이 역수상 명백하다고 하여, 피고인을 주류판매에 관한 청소년 보호법 위반죄로 처벌할 수 없다(대구지법 2009.9.11, 2009노1765).

③ **청소년 보호법 및 음반·비디오물 및 게임물에 관한 법률 위반**: 청소년 보호법 제24조 제1항의 규정에 의하면, 고용에는 시간제로 보수를 받고 근무하는 경우도 포함된다. 청소년이 이른바 '티켓걸'로서 노래연습장 또는 유흥주점에서 손님들의 흥을 돋우어 주고 시간당 보수를 받은 사안에서 업소주인이 청소년을 시간제 접대부로 고용한 것으로 보고 업소주인을 청소년보호법 위반죄로 처단한 원심의 조치는 정당하다(대판 2005.7.29, 2005도3801).

④ **청소년 보호법 위반**: 일반음식점의 실제의 영업형태 중에서는 주간에는 주로 음식류를 조리·판매하고 야간에는 주로 주류를 조리·판매하는 형태도 있을 수 있는데, 이러한 경우 음식류의 조리·판매보다는 주로 주류를 조리·판매하는 야간의 영업형태에 있어서의 그 업소는 위 청소년 보호법의 입법취지에 비추어 볼 때 청소년 보호법상의 청소년고용금지업소에 해당한다(대판 2004.2.12., 2003도6282).

⑤ **청소년보호법위반**: 유흥주점 운영자가 업소에 들어온 미성년자의 신분을 의심하여 주문받은 술을 들고 룸에 들어가 신분증의 제시를 요구하고 밖으로 데리고 나온 사안에서, 미성년자가 실제 주류를 마시거나 마실 수 있는 상태에 이르지 않았으므로(룸 안으로 술을 가지고 들어갔다 하더라도, 이와 동시에 피고인이 신분증 제시를 요구하고 신분증을 제시하지 않자 술을 마시지 못하게 한 채 밖으로 데리고 나왔다면, 실제 주류를 마시거나 마실 수 있는 상태에 이르지 않았다고 봄이 상당) 술값의 선불지급 여부 등과 무관하게 주류판매에 관한 청소년보호법 위반죄가 성립하지 않는다[대법원 2008. 7. 24. 선고 2008도3211 판결].

⑥ **과징금부과처분취소**: 청소년유해업소인 단란주점의 업주가 청소년들을 고용하여 영업을 한 이상 그 중 일부가 대기실에서 대기중이었을 뿐(과징금 부과 가능) 실제 접객행위를 한 바 없다 하더라도 구 청소년보호법 제49조 제1항 규정에 따른 이익을 취득하지 아니한 것이라고 볼 수 없다(대판 2002.7.12., 2002두219).

⑦ **청소년보호법위반**: '이성혼숙'은 남녀 중 일방이 청소년이면 족하고, 반드시 남녀 쌍방이 청소년임을 요하는 것은 아니다[대법원 2003. 12. 26. 선고 2003도5980 판결].

Keyword 81 아동학대범죄의 처벌 등에 관한 특례법

1. 일반

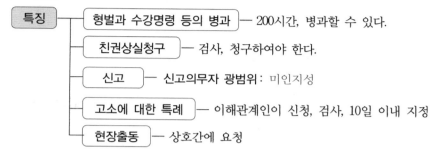

특징
- 형벌과 수강명령 등의 병과 ── 200시간, 병과할 수 있다.
- 친권상실청구 ── 검사, 청구하여야 한다.
- 신고 ── 신고의무자 광범위 : 미인지성
- 고소에 대한 특례 ── 이해관계인이 신청, 검사, 10일 이내 지정
- 현장출동 ── 상호간에 요청

2. 아동학대범죄의 처리절차에 관한 특례

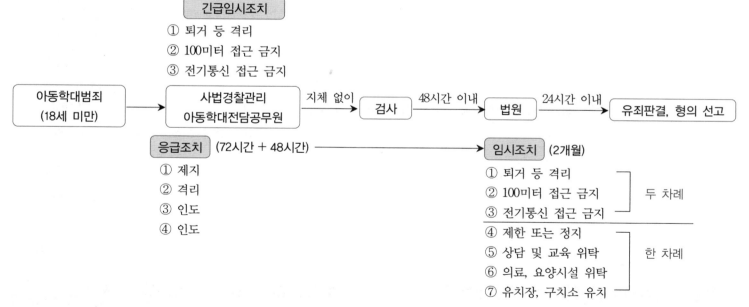

긴급임시조치
① 퇴거 등 격리
② 100미터 접근 금지
③ 전기통신 접근 금지

아동학대범죄 (18세 미만) → 사법경찰관리 아동학대전담공무원 ─지체 없이→ 검사 ─48시간 이내→ 법원 ─24시간 이내→ 유죄판결, 형의 선고

응급조치 (72시간 + 48시간) ────────→ 임시조치 (2개월)
① 제지
② 격리
③ 인도
④ 인도

① 퇴거 등 격리 ┐
② 100미터 접근 금지 ├ 두 차례
③ 전기통신 접근 금지 ┘
④ 제한 또는 정지 ┐
⑤ 상담 및 교육 위탁 │
⑥ 의료, 요양시설 위탁 ├ 한 차례
⑦ 유치장, 구치소 유치 ┘

3. 보호사건 : 병과 가능, 1년 · 200시간(2년 · 400시간)

Keyword 82 / 실종아동등의 보호 및 지원에 관한 법률 · 실종아동등 및 가출인 업무처리 규칙

MEMO

1. 정의

아동등	① 실종 당시 18세 미만인 아동 ② 장애인 ③ 치매환자
실종아동등	보호자로부터 이탈
보호자	부양할 의무가 있는 사람. 다만, 장 또는 종사자는 제외
보호시설	사회복지시설 및 인가 · 신고 등이 없이 아동등을 보호하는 시설로서 사회복지시설에 준하는 시설
찾는실종아동등	보호자가 찾고 있는 실종아동등
보호실종아동등	보호자가 확인되지 않아 경찰관이 보호하고 있는 실종아동등
장기실종아동등	신고를 접수한 지 48시간
가출인	신고 당시 보호자로부터 이탈된 18세 이상
발생지	진술한 장소, 주거지
발견지	보호 중인 장소

2. 위치정보 수집

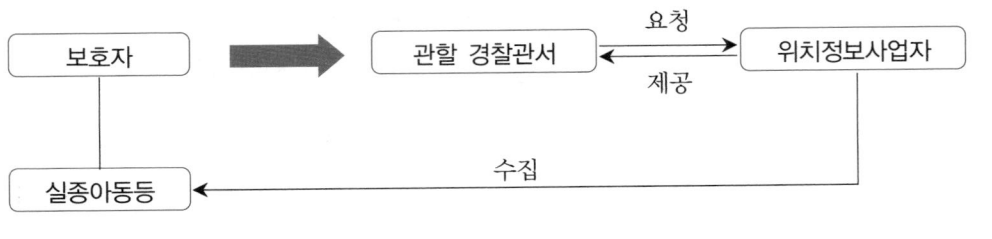

3. 기본 구조

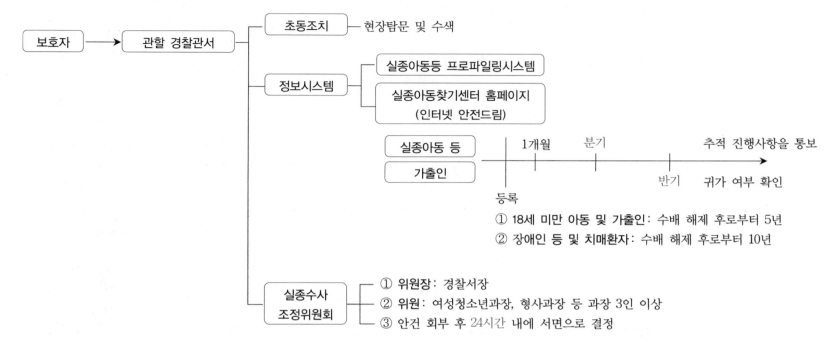

Keyword 83 성폭력범죄의 처벌 등에 관한 특례법

1. 19세미만피해자등

19세 미만인 피해자나 신체적인 또는 정신적인 장애로 사물을 변별하거나 의사를 결정할 능력이 미약한 피해자

2. 가중처벌 : 13세 미만의 미성년자에 대한 강간, 강제추행 등

3. 절차상 특례

형벌과 수강명령 등의 병과	① 형의 선고를 유예하는 경우: 1년 동안 보호관찰을 명할 수 있다(소년에 대하여는 반드시 보호관찰을 명하여야 한다) ② 500시간, 병과하여야 한다.
「형법」상 감경규정에 관한 특례	적용하지 아니할 수 있다.
공소시효에 관한 특례	① 성년에 달한 날 ② 과학적인 증거: 공소시효가 10년 연장 ③ 공소시효 적용 ×(13세 미만·장애 / 일반적)
전담조사제	성폭력범죄 전담 사법경찰관을 지정 피해자를 조사
수사 및 재판절차에서의 배려	① 조사 및 심리·재판 횟수: 최소한(1회 ×) ② 19세미만피해자등: 보호조치를 하도록 노력하여야 한다
영상물의 촬영·보존 등	19세미만피해자등의 진술 내용과 조사 과정을 녹화(녹음이 포함), 보존
영상녹화물의 증거능력 특례	19세미만피해자등의 진술이 영상녹화된 영상녹화물 ① 증거보전기일, 공판준비기일 또는 공판기일에 그 내용에 대하여 피의자, 피고인 또는 변호인이 피해자를 신문할 수 있었던 경우 ② 19세미만피해자등이 사망, 외국 거주, 신체적·정신적 질병·장애, 소재불명, 그 밖에 이에 준하는 경우에 해당하는 사유로 공판준비기일 또는 공판기일에 출석하여 진술할 수 없는 경우
전문가의 의견 조회	피해자가 13세 미만이거나 미약한 경우 관련 전문가에게 의견을 조회하여야 한다.

신뢰관계에 있는 사람의 동석	19세미만피해자등, 부득이한 경우가 아니면, 동석하게 하여야 한다.
진술조력인의 수사·재판 과정 참여	피해자가 19세미만피해자등인 경우 진술조력인 중개·보조하게 할 수 있다.
증거보전의 특례	피해자가 19세미만피해자등인 경우에 ① 공판기일에 출석하여 증언하는 것에 현저히 곤란한 사정이 있는 것으로 본다. ② 증거보전의 청구를 할 것을 요청하는 경우에는 특별한 사정이 없는 한 증거보전을 청구하여야 한다.
출입국 시 신고의무	① 6개월 이상 국외에 체류하기 위하여 출국하는 경우 미리 관할경찰관서의 장에게 신고하여야 한다. ② 신고한 등록대상자가 입국하였을 때에는 14일 이내에 관할경찰관서의 장에게 입국 사실을 신고하여야 한다.

MEMO

Keyword 84	성폭력범죄의 수사 및 피해자 보호에 관한 규칙

전담수사부서의 운영 (제5조)	① 경찰서장은 성폭력범죄 전담수사부서에서 성폭력범죄의 수사를 전담하게 한다. 다만, 성폭력범죄 전담수사부서가 설치되지 않은 경우 다른 수사부서에서 성폭력범죄의 수사를 담당하게 한다. ② 시·도경찰청장은 ①에도 불구하고 피해자가 13세 미만이거나 신체적인 또는 정신적인 장애로 사물을 변별하거나 의사를 결정할 능력이 미약한 경우에는 특별한 사정이 없으면 시·도경찰청에 설치된 성폭력범죄 전담수사부서에서 성폭력범죄의 수사를 담당하게 한다.
전담조사관의 지정 (제6조)	① 시·도경찰청장 및 경찰서장은 소속 경찰공무원 중에서 성폭력범죄 전담조사관을 지정하여 성폭력범죄 피해자의 조사를 전담하게 한다. ② 시·도경찰청장 및 경찰서장은 특별한 사정이 없으면 수사경과자 중에서 제7조 제1항의 교육을 이수한 사람을 성폭력범죄 전담조사관으로 지정하되, 1인 이상을 여성경찰관으로 지정해야 한다.
현장출동 시 유의사항 (제10조)	① 경찰관은 피해자의 성폭력 피해사실이 제3자에게 알려지지 않도록 출동 시 신속성을 저해하지 않는 범위에서 경광등을 소등하거나 인근에서 하차하여 도보로 이동하는 등 피해자 보호를 위하여 노력하여야 한다. ② 경찰관은 현장에서 성폭력범죄 피의자를 검거한 경우에는 즉시 피해자와 분리조치하고, 경찰관서로 동행할 때에도 분리하여 이동한다. ③ 경찰관은 친족에 의한 아동성폭력 사건의 피의자를 체포할 경우에는 특별한 사정이 없는 한 피해자와 분리조치 후 체포하여야 한다. ④ 경찰관은 용의자를 신속히 검거하기 위하여 제11조의 조치에 지장이 없는 범위에서 피해자로부터 간이진술을 청취하거나 피해자와 동행하여 현장 주변을 수색할 수 있다. 이 경우 경찰관은 반드시 피해자의 명시적 동의를 받아야 한다.
피해자 후송 (제11조)	① 경찰관은 피해자의 치료가 필요한 경우에는 즉시 피해자를 가까운 통합지원센터 또는 성폭력 전담의료기관으로 후송한다. 다만, 피해자가 원하지 않는 경우에는 그러하지 아니하다. ② 경찰관은 성폭력범죄의 피해자가 13세 미만이거나 신체적인 또는 정신적인 장애로 사물을 변별하거나 의사를 결정할 능력이 미약한 경우에는 통합지원센터나 성폭력 전담의료기관과 연계하여 치료, 상담 및 조사를 병행한다. 다만, 피해자가 원하지 않는 경우에는 그러하지 아니하다.
조사 시 유의사항 (제18조)	① 시·도경찰청장 및 경찰서장은 특별한 사정이 없으면 성폭력 피해자를 동성 성폭력범죄 전담조사관이 조사하도록 해야 한다. 다만, 피해자가 원하는 경우에는 신뢰관계자, 진술조력인 또는 다른 경찰관으로 하여금 입회하게 하고 별지 제1호 서식에 의해 서면으로 동의를 받아 이성 성폭력범죄 전담조사관으로 하여금 조사하게 할 수 있다. ② 경찰관은 성폭력 피해자를 조사할 때에는 제17조의 준비를 거쳐 1회에 수사상 필요한 모든 내용을 조사하는 등 조사 횟수를 최소화하기 위하여 노력하여야 한다.

		MEMO
조사 시 유의사항 (제18조)	③ 경찰관은 피해자의 입장을 최대한 존중하여 가급적 피해자가 원하는 시간에 진술녹화실 등 평온하고 공개되지 않은 장소에서 조사하고, 공개된 장소에서의 조사로 인하여 신분이 노출되지 않도록 유의하여야 한다. ④ 경찰관은 성폭력 피해자에 대한 조사와 피의자에 대한 신문을 분리하여 실시하고, 대질신문은 반드시 필요한 경우에만 예외적으로 실시하되, 시기·장소 및 방법에 관하여 피해자의 의사를 최대한 존중하여야 한다.	
변호사 선임의 특례 (제19조)	① 경찰관은 성폭력범죄의 피해자등에게 변호사를 선임할 수 있고 국선변호사 선정을 요청할 수 있음을 고지하여야 한다. ② 경찰관은 피해자등이 국선변호사 선정을 요청한 때에는 검사에게 통보하여야 한다. 다만, 19세 미만인 피해자나 신체적인 또는 정신적인 장애로 사물을 변별하거나 의사를 결정할 능력이 미약한 피해자(이하 "19세미만피해자등"이라 한다.)에게 변호사가 없는 경우에는 피해자등이 요청하지 않은 때에도 검사에게 통보해야 한다.	
신뢰관계자의 동석 (제21조)	① 경찰관은 피해자를 조사할 때 신뢰관계자를 동석하게 할 수 있다. 이 경우 신뢰관계자로부터 신뢰관계자 동석 확인서 및 피해자와의 관계를 소명할 서류를 제출받아 이를 기록에 편철한다. ② 경찰관은 다음 각 호의 어느 하나에 해당하는 피해자를 조사하는 경우에는 수사에 지장을 줄 우려가 있는 등 부득이한 경우가 아니면 피해자와 신뢰관계자를 동석하게 해야 한다. 　1.「성폭력범죄의 처벌 등에 관한 특례법」제3조부터 제8조까지, 같은 법 제10조, 제14조, 제14조의2, 제14조의3, 제15조(같은 법 제9조의 미수범은 제외한다), 제15조의2에 따른 범죄의 피해자 　2. 19세미만피해자등 ③ 경찰관은 19세미만피해자등에게 동의를 받아 성폭력 상담을 지원하는 상담소의 상담원 등을 신뢰관계자로 동석하게 할 수 있다. ④ 제1항부터 제3항에 해당하는 경우 경찰관은 신뢰관계자라도 피해자에게 불리한 영향을 미칠 우려가 현저하거나 피해자가 원하지 아니하는 경우에는 동석하게 하여서는 아니 된다.	
영상물의 촬영·보존 (제22조)	① 경찰관은 성폭력범죄의 피해자를 조사할 때에는 진술내용과 조사과정을 영상물 녹화장치로 촬영·보존할 수 있다. 다만, 피해자가 19세미만피해자등인 경우에는 반드시 촬영·보존해야 한다. ② 경찰관은 영상녹화를 할 때에는 피해자등에게 영상녹화의 취지 등을 설명하고 동의 여부를 확인하여야 하며, 피해자등이 녹화를 원하지 않는 의사를 표시한 때에는 촬영을 하여서는 아니 된다. 다만, 가해자가 친권자 중 일방인 경우에는 그러하지 아니하다.	
전문가의 의견 조회 (제27조)	경찰관은 정신건강의학과 의사, 심리학자, 사회복지학자 그 밖의 관련 전문가 중 경찰청장이 지정한 전문가로부터 행위자 또는 피해자의 정신·심리상태에 대한 진단소견 및 피해자의 진술내용에 관한 의견을 조회할 수 있다. 다만, 피해자가 13세 미만이거나 신체적인 또는 정신적인 장애로 사물을 변별하거나 의사를 결정할 능력이 미약한 경우에는 반드시 전문가로부터 의견을 조회하여야 한다.	
진술조력인의 참여 (제28조)	경찰관은 성폭력범죄의 피해자가 19세미만피해자등인 경우 직권이나 피해자등 또는 변호사의 신청에 따라 진술조력인이 조사과정에 참여하게 할 수 있다. 다만, 피해자등이 이를 원하지 않을 때는 그렇지 않다.	

Keyword 85 / 가정폭력범죄의 처벌 등에 관한 특례법

1. 정의

가정폭력	가정구성원 사이의 신체적, 정신적 또는 재산상 피해를 수반하는 행위
가정구성원	① 배우자(사실상 혼인관계에 있는 사람을 포함) 또는 배우자였던 사람 ② 자기 또는 배우자와 직계존비속관계(사실상의 양친자관계를 포함)에 있거나 있었던 사람 ③ 계부모와 자녀의 관계 또는 적모(嫡母)와 서자(庶子)의 관계에 있거나 있었던 사람 ④ 동거하는 친족
피해자	직접적으로 피해를 입은 사람
아동	「아동복지법」상 아동(18세 미만인 사람)
가정폭력범죄	① 형법 : 상해와 폭행, 유기와 학대, 체포와 감금, 협박, 강간과 추행, 명예, 주거침입, 권리행사 방해, 사기와 공갈, 손괴 ② 성폭력범죄의 처벌 등에 관한 특례법 : 카메라 등을 이용한 촬영 ③ 정보통신망 이용촉진 및 정보보호 등에 관한 법률 : 공포심이나 불안감을 유발하는 부호 · 문언 · 음향 · 화상 또는 영상을 반복적으로 상대방에게 도달하게 한 자

2. 절차상의 특례

형벌과 수강명령 등의 병과	200시간, 병과할 수 있다.
신고의무자	60세 이상의 노인의 치료 등을 담당하는 의료인 및 의료기관의 장
고소에 대한 특례	이해관계인 신청, 검사, 10일 이내
보호사건	① 보호처분 : 병과 가능 ② 기간과 변경 : 6개월 · 200시간(1년 · 400시간)

3. 가정폭력범죄의 처리절차에 관한 특례

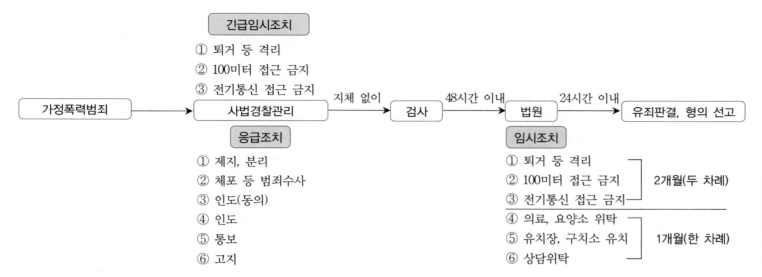

긴급임시조치
① 퇴거 등 격리
② 100미터 접근 금지
③ 전기통신 접근 금지

가정폭력범죄 → 사법경찰관리 →(지체 없이)→ 검사 →(48시간 이내)→ 법원 →(24시간 이내)→ 유죄판결, 형의 선고

응급조치
① 제지, 분리
② 체포 등 범죄수사
③ 인도(동의)
④ 인도
⑤ 통보
⑥ 고지

임시조치
① 퇴거 등 격리
② 100미터 접근 금지 ┐ 2개월(두 차례)
③ 전기통신 접근 금지 ┘
④ 의료, 요양소 위탁 ┐
⑤ 유치장, 구치소 유치 │ 1개월(한 차례)
⑥ 상담위탁 ┘

Keyword 86 / 스토킹범죄의 처벌 등에 관한 법률

1. 정의

스토킹행위	상대방의 의사에 반(反)하여 정당한 이유 없이 **일정한** 상대방에게 불안감 또는 공포심을 일으키는 것
스토킹범죄	지속적 또는 반복적으로 스토킹행위를 하는 것
피해자	스토킹범죄로 직접적인 피해를 입은 사람
피해자등	피해자 및 스토킹행위의 상대방

2. 스토킹범죄의 처리절차에 관한 특례

긴급임시조치 (1개월)
① 100미터 접근 금지
② 전기통신 접근 금지

스토킹행위 → 사법경찰관리 → (지체 없이) → 검사 → (48시간 이내) → 법원 → 유죄판결, 형의 선고

응급조치
① 제지, 중단통보,
　 처벌 서면경고
② 분리 및 범죄수사
③ 절차 등 안내
④ 인도(동의)

잠정조치
① 서면경고
② 100미터 접근 금지 ─┐
③ 전기통신 접근 금지 │ 3개월(두 차례)
④ 전자장치의 부착 ─┘
⑤ 유치장, 구치소 유치　1개월(연장 ×)

3. 스토킹범죄의 피해자에 대한 전담조사제 : 피해자(피의자 ×)를 조사

Keyword 87 도로교통법

1. 차마

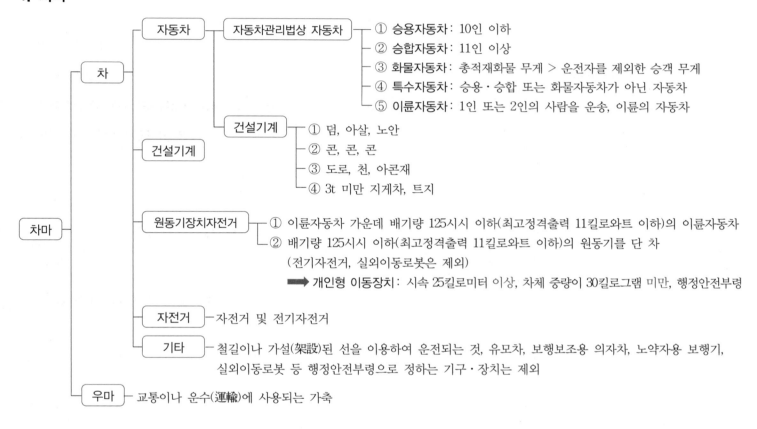

- 차마
  - 차
    - 자동차
      - 자동차관리법상 자동차
        - ① **승용자동차**: 10인 이하
        - ② **승합자동차**: 11인 이상
        - ③ **화물자동차**: 총적재화물 무게 > 운전자를 제외한 승객 무게
        - ④ **특수자동차**: 승용 · 승합 또는 화물자동차가 아닌 자동차
        - ⑤ **이륜자동차**: 1인 또는 2인의 사람을 운송, 이륜의 자동차
      - 건설기계
        - ① 덤, 아살, 노안
        - ② 콘, 콘, 콘
        - ③ 도로, 천, 아콘재
        - ④ 3t 미만 지게차, 트지
    - 건설기계
    - 원동기장치자전거
      - ① 이륜자동차 가운데 배기량 125시시 이하(최고정격출력 11킬로와트 이하)의 이륜자동차
      - ② 배기량 125시시 이하(최고정격출력 11킬로와트 이하)의 원동기를 단 차 (전기자전거, 실외이동로봇은 제외)
        - ➡ **개인형 이동장치**: 시속 25킬로미터 이상, 차체 중량이 30킬로그램 미만, 행정안전부령
    - 자전거 ─ 자전거 및 전기자전거
    - 기타 ─ 철길이나 가설(架設)된 선을 이용하여 운전되는 것, 유모차, 보행보조용 의자차, 노약자용 보행기, 실외이동로봇 등 행정안전부령으로 정하는 기구 · 장치는 제외
  - 우마 ─ 교통이나 운수(運輸)에 사용되는 가축

2. 교통안전시설의 종류

구분	내용
① 주의표지 ② 규제표지 ③ 지시표지 ④ 보조표지 ⑤ 노면표시	① 위험, 위험물

MEMO

3. 신호 또는 지시에 따를 의무

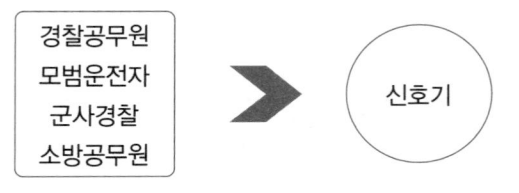

4. 어린이 등에 대한 보호

(1) **위험성이 큰 움직이는 놀이기구를 타는 경우**: 인명보호 장구(裝具)를 착용

(2) **개인형 이동장치**: 운전 ×

(3) **어린이보호구역**: 통행속도를 시속 30킬로미터 이내로 제한

5. 차마 및 노면전차의 통행방법 등

(1) 좌측통행이 가능한 경우

다음의 어느 하나에 해당하는 경우에는 도로의 중앙이나 좌측 부분을 통행할 수 있다.

① 도로가 일방통행인 경우
② 도로의 파손, 도로공사나 그 밖의 장애 등으로 도로의 우측 부분을 통행할 수 없는 경우
③ 도로 우측 부분의 폭이 6미터가 되지 아니하는 도로에서 다른 차를 앞지르려는 경우. 다만, 다음의 어느 하나에 해당하는 경우에는 그러하지 아니하다.
 ㉠ 도로의 좌측 부분을 확인할 수 없는 경우
 ㉡ 반대 방향의 교통을 방해할 우려가 있는 경우
 ㉢ 안전표지 등으로 앞지르기를 금지하거나 제한하고 있는 경우
④ 도로 우측 부분의 폭이 차마의 통행에 충분하지 아니한 경우
⑤ 가파른 비탈길의 구부러진 곳에서 교통의 위험을 방지하기 위하여 시·도경찰청장이 필요하다고 인정하여 구간 및 통행방법을 지정하고 있는 경우에 그 지정에 따라 통행하는 경우

(2) **보행자우선도로** : 통행속도를 시속 20킬로미터 이내로 제한

MEMO

(3) 긴급자동차

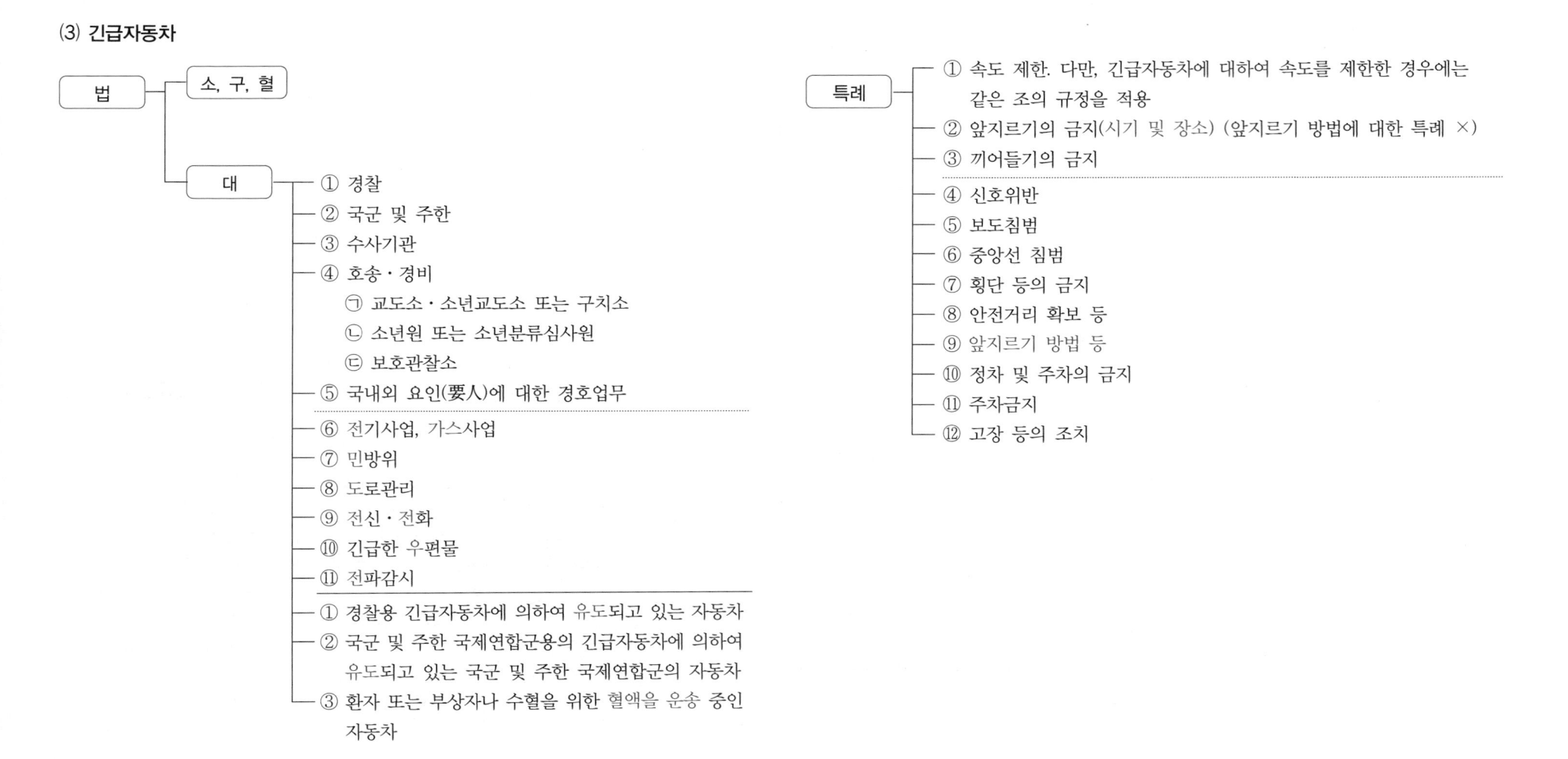

법 ─ 소, 구, 혈

대
- ① 경찰
- ② 국군 및 주한
- ③ 수사기관
- ④ 호송 · 경비
  - ㉠ 교도소 · 소년교도소 또는 구치소
  - ㉡ 소년원 또는 소년분류심사원
  - ㉢ 보호관찰소
- ⑤ 국내외 요인(要人)에 대한 경호업무
- ⑥ 전기사업, 가스사업
- ⑦ 민방위
- ⑧ 도로관리
- ⑨ 전신 · 전화
- ⑩ 긴급한 우편물
- ⑪ 전파감시

- ① 경찰용 긴급자동차에 의하여 유도되고 있는 자동차
- ② 국군 및 주한 국제연합군용의 긴급자동차에 의하여 유도되고 있는 국군 및 주한 국제연합군의 자동차
- ③ 환자 또는 부상자나 수혈을 위한 혈액을 운송 중인 자동차

특례
- ① 속도 제한. 다만, 긴급자동차에 대하여 속도를 제한한 경우에는 같은 조의 규정을 적용
- ② 앞지르기의 금지(시기 및 장소) (앞지르기 방법에 대한 특례 ×)
- ③ 끼어들기의 금지
- ④ 신호위반
- ⑤ 보도침범
- ⑥ 중앙선 침범
- ⑦ 횡단 등의 금지
- ⑧ 안전거리 확보 등
- ⑨ 앞지르기 방법 등
- ⑩ 정차 및 주차의 금지
- ⑪ 주차금지
- ⑫ 고장 등의 조치

- 형의 감면 : 소 · 구 · 혈 · 경, 감경하거나 면제할 수 있다.
- 경광등, 사이렌 : 본래의 긴급한 용도로 운행(예외 : 범죄 및 화재 예방 등을 위한 순찰 · 훈련 등을 실시하는 경우)

(4) 서행 및 일시정지

서행	일시정지
① 교통정리를 하고 있지 아니하는 교차로 ② 도로가 구부러진 부근 ③ 비탈길의 고갯마루 부근 ④ 가파른 비탈길의 내리막 ⑤ 시 · 도경찰청장	① 교통정리를 하고 있지 아니하고 좌우를 확인할 수 없거나 교통이 빈번한 교차로 ② 시 · 도경찰청장

(5) 정차 · 주차

정차 및 주차의 금지	주차금지
① 교차로 · 횡단보도 · 건널목이나 보도(노상주차장은 제외) ② 교차로의 가장자리나 도로의 모퉁이 5미터 이내 ③ 안전지대 10미터 ④ 정류지 10미터 이내 ⑤ 건널목의 가장자리 또는 횡단보도로부터 10미터 ⑥ 5미터 이내 　㉠ 소방용수시설 또는 비상소화장치 　㉡ 소방시설 ⑦ 시 · 도경찰청장 ⑧ 어린이 보호구역	① 터널 안 및 다리 위 ② 5미터 이내 　㉠ 도로공사구역 양쪽 가장자리 　㉡ 소방본부장의 요청, 시 · 도경찰청장이 지정 ③ 시 · 도경찰청장 터널 안을 운행하거나 고장 또는 그 밖의 부득이한 사유로 터널 안 도로에서 차 또는 노면전차를 정차 또는 주차하는 경우 전조등(前照燈), 차폭등(車幅燈), 미등(尾燈)과 그 밖의 등화를 켜야 한다.

6. 음주운전

(1) 운전이 금지되는 술에 취한 상태의 기준은 운전자의 혈중알코올농도가 0.03퍼센트 이상

(2) 경찰공무원은 호흡조사로 측정할 수 있다. 이 경우 운전자는 경찰공무원의 측정에 응하여야 한다.

(3) 호흡조사 측정 결과에 불복 시 운전자의 동의를 받아 혈액 채취 등의 방법으로 다시 측정할 수 있다.

호흡조사	① 경찰공무원이 교통의 안전과 위험방지를 위하여 필요하다고 인정하는 경우나 운전자의 외관, 언행, 태도, 운전 행태 등 객관적 사정을 종합하여 운전자가 술에 취한 상태에서 운전한 것으로 의심되는 경우에 실시할 것 ② 입 안의 잔류 알코올을 헹궈낼 수 있도록 운전자에게 음용수를 제공할 것
혈액채취	① 운전자가 처음부터 혈액 채취로 측정을 요구하거나 호흡조사로 측정한 결과에 불복하면서 혈액 채취로의 측정에 동의하는 경우 또는 운전자가 의식이 없는 등 호흡조사로 측정이 불가능한 경우에 실시할 것 ② 가까운 병원 또는 의원 등의 의료기관에서 비알콜성 소독약을 사용하여 채혈할 것

(4) 형사처벌(벌금 이상, 10년 내)

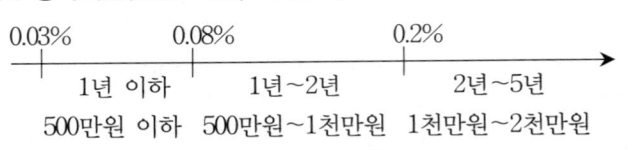

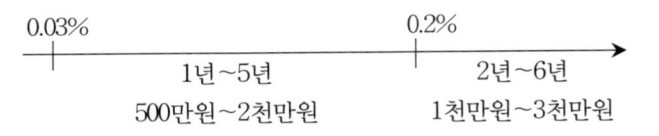

① 측정불응 : 1년 이상 5년 이하, 500만원 이상 2천만원 이하

1년 이상 6년 이하, 500만원 이상 3천만원 이하

② 약물 : 3년 이하 또는 1천만원 이하

③ 자전거 : 20만원 이하의 벌금이나 구류 또는 과료

MEMO

(5) 관련 판례

① 취중 경운기나 트랙터 운전의 경우 음주운전에 해당하지 않는다.

② 음주측정용 불대는 1회 1개를 사용함을 원칙으로 한다.

③ 명시적인 의사표시를 하지 않으면서 경찰관이 음주측정 불응에 따른 불이익을 5분 간격으로 3회 이상 고지(최초 측정요구시로부터 15분 경과)했음에도 계속 음주측정에 응하지 않은 때에는 음주측정거부자로 처리한다.

④ 교통사고처리특례법위반, 도로교통법위반 : 무면허인데다가 술이 취한 상태에서 오토바이를 운전하였다는 것은 위의 관점에서 분명히 1개의 운전행위라 할 것이고 두 죄는 형법 제40조의 상상적 경합관계에 있다고 할 것이다[대법원 1987. 2. 24. 선고 86도2731 판결].

⑤ 도로교통법위반(음주측정거부) : 호흡측정기에 의한 음주측정을 요구하기 전에 사용되는 음주감지기 시험에서 음주반응이 나왔다고 할지라도 그것만으로 바로 운전자가 술에 취한 상태에 있다고 인정할 만한 상당한 이유가 있다고 볼 수는 없다[대법원 2003. 1. 24. 선고 2002도6632 판결]

⑥ 자동차운전면허취소처분취소 : 주차장, 학교 경내 등 도로교통법상 도로가 아닌 곳에서도 음주운전에 대해 도로교통법 적용이 가능하나, 도로 외의 곳에서의 음주운전·음주측정거부 등에 대해서는 형사처벌만 가능하고 운전면허의 취소·정지 처분은 부과할 수 없다[대법원 2021. 12. 10. 선고 2018두42771 판결].

⑦ 도로교통법위반 : 운전자가 경찰공무원으로부터 음주측정을 요구받고 호흡측정기에 숨을 내쉬는 시늉만 하는 등 형식적으로 음주측정에 응하였을 뿐 경찰공무원의 거듭된 요구에도 불구하고 호흡측정기에 음주측정수치가 나타날 정도로 숨을 제대로 불어넣지 아니하였다면 이는 실질적으로 음주측정에 불응한 것과 다를 바 없다[대법원 2000. 4. 21. 선고 99도5210 판결].

⑧ 도로교통법 제41조 제2항 등 위헌제청 : 도로교통법 제41조 제2항에 규정된 음주측정은 성질상 강제될 수 있는 것이 아니며 궁극적으로 당사자의 자발적 협조가 필수적인 것이므로 이를 두고 법관의 영장을 필요로 하는 강제처분이라 할 수 없다. 따라서 이 사건 법률조항이 주취운전의 혐의자에게 영장없는 음주측정에 응할 의무를 지우고 이에 불응한 사람을 처벌한다고 하더라도 헌법 제12조 제3항에 규정된 영장주의에 위배되지 아니한다[전원재판부 96헌가11, 1997. 3. 27.].

⑨ 도로교통법위반(음주측정거부) : 교통안전과 위험방지를 위한 필요가 없음에도 주취운전을 하였다고 인정할 만한 상당한 이유가 있다는 이유만으로 이루어지는 음주측정은 이미 행하여진 주취운전이라는 범죄행위에 대한 증거 수집을 위한 수사절차로서의 의미를 가지는 것인데, 구 도로교통법(2005. 5. 31. 법률 제7545호로 전문 개정되기 전의 것)상의 규정들이 음주측정을 위한 강제처분의 근거가 될 수 없으므로 위와 같은 음주측정을 위하여 당해 운전자를 강제로 연행하기 위해서는 수사상의 강제처분에 관한 형사소송법상의 절차에 따라야 하고, 이러한 절차를 무시한 채 이루어진 강제연행은 위법한 체포에 해당한다. 이와 같은 위법한 체포 상태에서 음주측정요구가 이루어진 경우, 음주측정요구를 위한 위법한 체포와 그에 이은 음주측정요구는 주취운전이라는 범죄행위에 대한 증거 수집을 위하여 연속하여 이루어진 것으로서 개별적으로 그 적법 여부를 평가하는 것은 적절하지 않으므로 그 일련의 과정을 전체적으로 보아 위법한 음주측정요구가 있었던 것으로 볼 수밖에 없고, 운전자가 주취운전을 하였다고 인정할 만한 상당한 이유가 있다 하더라도 그 운전자에게 경찰공무원의 이와 같은 위법한 음주측정요구에 대해서까지 그에 응할 의무가 있다고 보아 이를 강제하는 것은 부당하므로 그에 불응하였다고 하여 음주측정거부에 관한 도로교통법 위반죄로 처벌할 수 없다[대법원 2006. 11. 9. 선고 2004도8404 판결].

⑩ 도로교통법위반 : 특별한 이유 없이 호흡측정기에 의한 측정에 불응하는 운전자에게 경찰공무원이 혈액채취에 의한 측정방법이 있음을 고지하고 그 선택 여부를 물어야 할 의무가 있다고는 할 수 없다[대법원 2002. 10. 25. 선고 2002도4220 판결].

7. 운전면허

(1) **발급**: 시·도경찰청장(교통약자 20킬로미터 이하 ×)

(2) **종류**

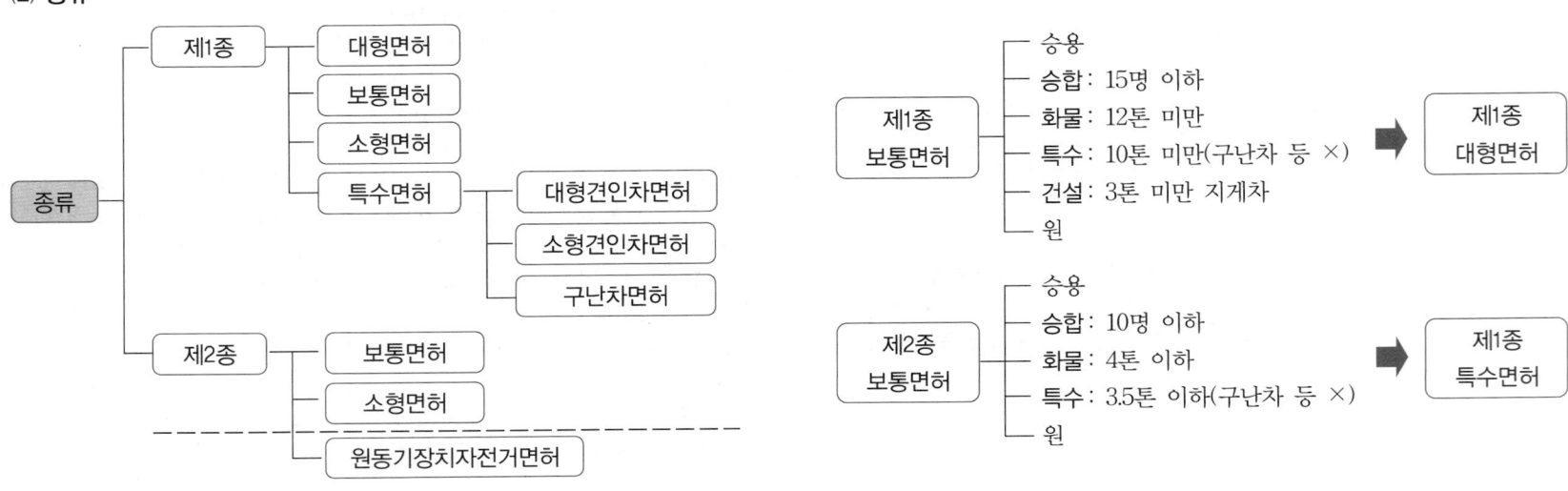

(3) **결격사유**

① 18세 미만(원동기장치자전거16세 미만)

② 정신질환자 또는 뇌전증 환자

③ 듣지 못하는 사람(제1종 대형·특수면허), 앞을 보지 못하는 사람(한쪽 눈만 보지 못하는 사람 제1종 대형·특수면허)

④ 양쪽 팔의 팔꿈치관절 이상(제작 ○)

⑤ 중독

⑥ 제1종 대형,특수면허: 19세 미만, 자동차(이륜 제외)의 운전경험이 1년 미만

⑦ 외국인등록(면제 제외)이나 국내거소신고 ×

(4) 결격기간

5년	① 무 · 음 · 약 · 과 · 공 + 도주 · 유기도주 ② 음 + 사망(무 포함) ③ 사상+도주 · 유기도주+음주측정방해행위 ④ 사망+음주측정방해행위
4년	나머지 + 도주 · 유기도주
3년	① 음 · 측 + 사고 2회 이상(무 포함) ② 자 · 범죄 　　자 · 흉 · 빼 〕 + 무 ③ 음주측정방해행위 2회 이상(무 포함)
2년	① 무 3회 이상 ② 음 · 측 2회 이상 ─┐ ③ 음 · 측 + 사고　　〕 + 무 ④ 공 2회 이상 ─┘ ⑤ 받을 수 없는 사람, 정지기간 중 발급 ⑥ 자 · 흉 · 빼 ⑦ 대신 응시 ⑧ 음주측정방해행위(무 포함)
1년	① 나머지(원동기 6개월) ② 공 ─ 원동기 1년 ③ 자 · 범죄 ④ 거짓, 부정 발급
즉시	적성검사, 갱신

⑸ 처분기준의 감경

음주운전으로 운전면허 취소처분 또는 정지처분을 받은 경우	벌점·누산점수 초과로 인하여 운전면허 취소처분을 받은 경우
운전이 가족의 생계를 유지할 중요한 수단이 되거나, 모범운전자로서 처분당시 3년 이상 교통봉사활동에 종사하고 있거나, 교통사고를 일으키고 도주한 운전자를 검거하여 경찰서장 이상의 표창을 받은 사람으로서 다음의 어느 하나에 해당되는 경우가 없어야 한다. ① 혈중알코올농도가 0.1퍼센트를 초과하여 운전한 경우 ② 음주운전 중 인적피해 교통사고를 일으킨 경우 ③ 경찰관의 음주측정요구에 불응하거나 도주한 때 또는 단속경찰관을 폭행한 경우 ④ 과거 5년 이내에 3회 이상의 인적피해 교통사고의 전력이 있는 경우 ⑤ 과거 5년 이내에 음주운전의 전력이 있는 경우	운전이 가족의 생계를 유지할 중요한 수단이 되거나, 모범운전자로서 처분당시 3년 이상 교통봉사활동에 종사하고 있거나, 교통사고를 일으키고 도주한 운전자를 검거하여 경찰서장 이상의 표창을 받은 사람으로서 다음의 어느 하나에 해당되는 경우가 없어야 한다. ① 과거 5년 이내에 운전면허 취소처분을 받은 전력이 있는 경우 ② 과거 5년 이내에 3회 이상 인적피해 교통사고를 일으킨 경우 ③ 과거 5년 이내에 3회 이상 운전면허 정지처분을 받은 전력이 있는 경우 ④ 과거 5년 이내에 운전면허행정처분 이의심의위원회의 심의를 거치거나 행정심판 또는 행정소송을 통하여 행정처분이 감경된 경우

MEMO

Keyword 88 | 교통사고

1. 교통사고처리특례법

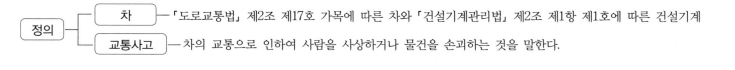

정의 ─┬─ 차 ── 「도로교통법」 제2조 제17호 가목에 따른 차와 「건설기계관리법」 제2조 제1항 제1호에 따른 건설기계
      └─ 교통사고 ── 차의 교통으로 인하여 사람을 사상하거나 물건을 손괴하는 것을 말한다.

처벌의 특례 (제3조) ─┬─ ① 차의 운전자가 교통사고로 인하여 「형법」 제268조의 죄를 범한 경우에는 5년 이하의 금고 또는 2천만원 이하의 벌금에 처한다.
                    └─ ② 차의 교통으로 제1항의 죄 중 업무상과실치상죄 또는 중과실치상죄와 「도로교통법」 제151조의 죄를 범한 운전자에 대하여는 피해자의 명시적인 의사에 반하여 공소(公訴)를 제기할 수 없다.

다만, 차의 운전자가 제1항의 죄 중 업무상과실치상죄 또는 중과실치상죄를 범하고도 피해자를 구호하는 등 「도로교통법」 제54조 제1항에 따른 조치를 하지 아니하고 도주하거나 피해자를 사고 장소로부터 옮겨 유기하고 도주한 경우, 같은 죄를 범하고 「도로교통법」 제44조 제2항을 위반하여 음주측정 요구에 따르지 아니한 경우(운전자가 채혈 측정을 요청하거나 동의한 경우는 제외한다)와 다음 각 호의 어느 하나에 해당하는 행위로 인하여 같은 죄를 범한 경우에는 그러하지 아니하다.

1. 신호기가 표시하는 신호 또는 경찰공무원등의 신호를 위반, 통행금지 또는 일시정지를 내용으로 지시를 위반
2. 중앙선을 침범하거나 횡단, 유턴 또는 후진
3. 제한속도를 시속 20킬로미터 초과
4. 앞지르기의 방법 · 금지시기 · 금지장소 또는 끼어들기의 금지를 위반, 고속도로에서의 앞지르기 방법을 위반
5. 철길건널목 통과방법 위반
6. 횡단보도에서의 보행자 보호의무를 위반
7. 운전면허 또는 건설기계조종사면허를 받지 아니하거나 국제운전면허증을 소지하지 아니하고 운전
8. 술에 취한 상태에서 운전을 하거나 약물의 영향으로 정상적으로 운전하지 못할 우려가 있는 상태에서 운전
9. 보도가 설치된 도로의 보도를 침범하거나 보도 횡단방법을 위반
10. 승객의 추락 방지의무를 위반
11. 어린이 보호구역에서 조치를 준수하고 어린이의 안전에 유의하면서 운전하여야 할 의무를 위반
12. 자동차의 화물이 떨어지지 아니하도록 필요한 조치를 하지 아니하고 운전한 경우

보험 등에 가입된 경우의 특례 (제4조)

교통사고를 일으킨 차가 보험 또는 공제에 가입된 경우에는 제3조 제2항 본문에 규정된 죄를 범한 차의 운전자에 대하여 공소를 제기할 수 없다. 다만, 다음 각 호의 어느 하나에 해당하는 경우에는 그러하지 아니하다.

1. 제3조 제2항 단서에 해당하는 경우
2. 피해자가 신체의 상해로 인하여 생명에 대한 위험이 발생하거나 불구가 되거나 불치 또는 난치의 질병이 생긴 경우
3. 보험계약 또는 공제계약이 무효로 되거나 해지되거나 계약상의 면책규정 등으로 인하여 보험금 또는 공제금 지급의무가 없어진 경우

2. 교통사고조사규칙

(1) 정의

교통	차를 운전하여 사람 또는 화물을 이동시키거나 운반하는 등 차를 그 본래의 용법에 따라 사용하는 것을 말한다.
교통사고	차의 교통으로 인하여 사람을 사상하거나 물건을 손괴한 것을 말한다.
대형사고	3명 이상이 사망(교통사고 발생일부터 30일 이내에 사망한 것을 말한다)하거나 20명 이상의 사상자가 발생한 사고를 말한다.
스키드마크 (Skid mark)	차의 급제동으로 인하여 타이어의 회전이 정지된 상태에서 노면에 미끄러져 생긴 타이어 마모흔적 또는 활주흔적을 말한다.
요마크 (Yaw mark)	급핸들 등으로 인하여 차의 바퀴가 돌면서 차축과 평행하게 옆으로 미끄러진 타이어의 마모흔적을 말한다.
충돌	차가 반대방향 또는 측방에서 진입하여 그 차의 정면으로 다른 차의 정면 또는 측면을 충격한 것을 말한다.
추돌	2대 이상의 차가 동일방향으로 주행 중 뒤차가 앞차의 후면을 충격한 것을 말한다.
접촉	차가 추월, 교행 등을 하려다가 차의 좌우측면을 서로 스친 것을 말한다.
전도	차가 주행 중 도로 또는 도로 이외의 장소에 차체의 측면이 지면에 접하고 있는 상태(좌측면이 지면에 접해 있으면 좌전도, 우측면이 지면에 접해 있으면 우전도)를 말한다.
전복	차가 주행 중 도로 또는 도로 이외의 장소에 뒤집혀 넘어진 것을 말한다.
추락	차가 도로변 절벽 또는 교량 등 높은 곳에서 떨어진 것을 말한다.
뺑소니	교통사고를 야기한 차의 운전자가 피해자를 구호하는 등 「도로교통법」 제54조 제1항의 규정에 따른 조치를 취하지 아니하고 도주한 것을 말한다.

MEMO

(2) 사상자 구호

① 부상자를 병·의원으로 후송하는 경우에는 본인 또는 보호자가 특정병원을 지정하는 경우를 제외하고는 부상정도가 심각한 사람부터 최단거리 병원 순으로 후송
② 사상자 수에 비하여 출동한 경찰공무원이 소수인 경우에는 현장 가까이 있는 사람에게 협력 요청
③ 사고현장에서 응급 구호요원이나 일반인이 구호 활동에 참여하는 경우에는 증거자료가 변형되지 않도록 교양 등 조치
④ 단순히 의식이 없거나 호흡이 정지하였다는 사유로 사망한 것으로 판단하지 말고, 의료전문가의 판단이 있을 때 까지는 중상자와 동일하게 취급
⑤ 사망한 것이 명백한 사람에 대해서는 신속히 사진촬영 등 증거확보 및 보존 조치를 취하고 사람의 눈에 띄지 않는 적당한 장소로 이동하되, 사망자에 대한 예의에 어긋나지 않도록 조치

(3) 교통사고처리

① 교통사고처리 일반

인피 사고	사망 사고	「교통사고처리특례법」(이하 "교특법"이라 한다) 제3조 제1항을 적용하여 송치 결정
	부상 사고	① 피해자가 가해자에 대하여 처벌을 희망하지 아니하는 의사표시를 한 때에는 교특법 제3조제2항을 적용하여 입건 전 조사종결 또는 불송치 결정. 다만, 사고의 원인행위에 대하여는 「도로교통법」 적용하여 통고처분 또는 즉결심판 청구 ② 피해자가 가해자에 대하여 처벌을 희망하지 아니하는 의사표시가 없거나 교특법 제3조 제2항 단서에 해당하는 경우에는 같은 법 제3조 제1항을 적용하여 송치 결정 ③ 부상사고로써 피해자가 가해자에 대하여 처벌을 희망하지 아니하는 의사표시가 없는 경우라도 교특법 제4조 제1항의 규정에 따른 보험 또는 공제(이하 "보험등"이라 한다)에 가입된 경우에는 다음 각 목에 해당하는 경우를 제외하고 같은 조항을 적용하여 입건 전 조사종결 또는 불송치 결정. 다만, 사고의 원인행위에 대하여는 「도로교통법」을 적용하여 통고처분 또는 즉결심판 청구 　가. 교특법 제3조 제2항 단서에 해당하는 경우 　나. 피해자가 생명의 위험이 발생하거나 불구·불치·난치의 질병(이하 "중상해"라 한다)에 이르게 된 경우 　다. 보험등의 계약이 해지되거나 보험사 등의 보험금 등 지급의무가 없어진 경우

MEMO

물피 사고	① 피해자가 가해자에 대하여 처벌을 희망하지 아니하는 의사표시를 하거나 가해 차량이 보험 또는 공제에 가입되어 있는 경우 　㉠ 현장출동경찰관등은 근무일지에 교통사고 발생 일시·장소 등을 기재 후 종결. 다만, 사고 당사자가 사고 접수를 원하는 　　경우에는 현장조사시스템에 입력 　㉡ 교통조사관은 교통경찰업무관리시스템(TCS)의 교통사고접수처리대장(이하 "대장"이라 한다)에 입력한 후 「도로교통법 　　시행규칙」 별지 제21호의2서식의 "단순 물적피해 교통사고 조사보고서"를 작성하고 종결 ② 피해자가 가해자에 대하여 처벌을 희망하지 아니하는 의사표시가 없거나 보험등에 가입되지 아니한 경우에는 「도로교통법」 　제151조를 적용하여 송치 결정. 다만, 피해액이 20만원 미만인 경우에는 즉결심판을 청구하고 대장에 입력한 후 종결

뺑소니	인피 사고	「특정범죄가중처벌 등에 관한 법률」(이하 "특가법"이라 한다) 제5조의3을 적용하여 송치 결정
	물피 사고	① 도로에서 교통상의 위험과 장해를 발생시키거나 발생시킬 우려가 있는 물피 뺑소니 사고에 대해서는 「도로교통법」 　제148조를 적용하여 송치 결정 ② 주·정차된 차만 손괴한 것이 분명하고 피해자에게 인적사항을 제공하지 않은 물피 뺑소니 사고에 대해서는 「도로 　교통법」 제156조 제10호를 적용하여 통고처분 또는 즉심청구를 하고 교통경찰업무관리시스템(TCS)에서 결과보고 　서 작성한 후 종결

② 주요 내용

합의	교통조사관은 부상사고로써 교특법 제3조 제2항 단서에 해당하지 아니하는 사고를 일으킨 운전자가 보험등에 가입되 지 아니한 경우 또는 중상해 사고를 야기한 운전자에게는 특별한 사유가 없는 한 사고를 접수한 날부터 2주간 피해자와 손해배상에 합의할 수 있는 기간을 주어야 한다.
당사자 순위의 결정	① 차대차 사고로서 당사자 간의 과실이 차이가 있는 경우 과실이 중한 당사자를 선순위로 지정 ② 차대차 사고로서 당사자 간의 과실이 동일한 경우 피해가 경한 당사자를 선순위로 지정 ③ 차대사람 사고는 운전자를 선순위로 지정
안전사고	① 교통조사관은 다음 각 호의 어느 하나에 해당하는 사고의 경우에는 교통사고로 처리하지 아니하고 업무 주무기능에 　인계하여야 한다. 　㉠ 자살·자해(自害)행위로 인정되는 경우 　㉡ 확정적 고의(故意)에 의하여 타인을 사상하거나 물건을 손괴한 경우 　㉢ 낙하물에 의하여 차량 탑승자가 사상하였거나 물건이 손괴된 경우 　㉣ 축대, 절개지 등이 무너져 차량 탑승자가 사상하였거나 물건이 손괴된 경우 　㉤ 사람이 건물, 육교 등에서 추락하여 진행중인 차량과 충돌 또는 접촉하여 사상한 경우 　㉥ 그 밖의 차의 교통으로 발생하였다고 인정되지 아니한 안전사고의 경우 ② 교통조사관은 ①에 해당하는 사고의 경우라도 운전자가 이를 피할 수 있었던 경우에는 교통사고로 처리하여야 한다.

3. 관련 판례

MEMO

① **교통사고처리 특례법 위반** : 도로교통법 제2조 제1호 소정의 '일반교통에 사용되는 모든 곳'이라 함은 현실적으로 불특정 다수의 사람 또는 차량의 통행을 위하여 공개된 장소로서 교통질서유지 등을 목적으로 하는 일반 교통경찰권이 미치는 공공성이 있는 곳을 의미하는 것이므로, 특정인들 또는 그들과 관련된 특정한 용건이 있는 자들만이 사용할 수 있고 자주적으로 관리되는 장소는 이에 포함된다고 볼 수 없다. 교통사고가 발생한 장소가 대학교에 재학 중인 학생들이나 그 곳에 근무하는 교직원들이 이용하는 대학시설물의 일부로 학교운영자에 의하여 자주적으로 관리되는 곳이지, 불특정 다수의 사람 또는 차량의 통행을 위하여 공개된 장소로 일반 교통경찰권이 미치는 공공성이 있는 곳으로는 볼 수 없어, 도로교통법 제2조 제1호에서 말하는 도로로 볼 수 없다. 교통사고처리 특례법 소정의 교통사고는 도로교통법에서 정하는 도로에서 발생한 교통사고의 경우에만 적용되는 것이 아니고, 차의 교통으로 인하여 발생한 모든 경우에 적용되는 것으로 보아야 한다(대판 1996. 10.25, 96도1848).

② **교통사고처리 특례법 위반(업무상 과실치사), 도로교통법 위반** : 교통사고처리 특례법 제1조, 제2조 제2호에 비추어 볼 때 동법상의 교통사고를 도로교통법이 정하는 도로에서의 교통사고의 경우로 제한하여 새겨야 할 아무런 근거가 없다(대판 1988.5.24, 88도255).

③ **교통사고처리 특례법 위반** : 자동차의 운전자가 그 운전상의 주의의무를 게을리하여 열차건널목을 그대로 건너는 바람에 그 자동차가 열차좌측 모서리와 충돌하여 20여미터쯤 열차 진행방향으로 끌려가면서 튕겨나갔고 피해자는 타고가던 자전거에서 내려 위 자동차 왼쪽에서 열차가 지나가기를 기다리고 있다가 위 충돌사고로 놀라 넘어져 상처를 입었다면 비록 위 자동차와 피해자가 직접 충돌하지는 아니하였더라도 자동차운전자의 위 과실과 피해자가 입은 상처 사이에는 상당한 인과관계가 있다(대판 1989.9.12, 89도866).

④ **특정범죄 가중처벌 등에 관한 법률 위반(도주차량)(인정된 죄명 : 교통사고처리 특례법 위반)** : 특정범죄 가중처벌 등에 관한 법률 제5조의3 제1항의 도주차량 운전자의 가중처벌에 관한 규정은 교통의 안전이라는 공공의 이익을 보호함과 아울러 교통사고로 사상을 당한 피해자의 생명·신체의 안전이라는 개인적 법익을 보호하기 위하여 제정된 것이므로, 그 입법 취지와 보호법익에 비추어 볼 때, 사고의 경위와 내용, 피해자의 상해의 부위와 정도, 사고 운전자의 과실 정도, 사고 운전자와 피해자의 나이와 성별, 사고 후의 정황 등을 종합적으로 고려하여 사고 운전자가 실제로 피해자를 구호하는 등 도로교통법 제50조 제1항에 의한 조치를 취할 필요가 있었다고 인정되지 아니하는 경우에는 사고 운전자가 피해자를 구호하는 등 도로교통법 제50조 제1항에 규정된 의무를 이행하기 이전에 사고현장을 이탈하였더라도 특정범죄 가중처벌 등에 관한 법률 제5조의3 제1항 위반죄로는 처벌할 수 없다(대판 2007.4.12, 2007도828).

⑤ **교통사고처리 특례법 위반** : 보험료지급사실을 증명하는 보험료영수증(납입증명서)만으로는 보험에 가입된 여부를 확단할 수 있는 서면이라고 할 수 없어 위 영수증을 위 법 제4조 제3항의 보험에 가입된 사실을 증명하는 서면이라고 인정할 수는 없다(대판 1985.6.11, 84도2012).

⑥ **교통사고처리 특례법 위반** : 교차로의 차량신호등이 적색이고 교차로에 연접한 횡단보도 보행등이 녹색인 경우에 차량 운전자가 위 횡단보도 앞에서 정지하지 아니하고 횡단보도를 지나 우회전하던 중 업무상 과실치상의 결과가 발생하면 교통사고처리 특례법 제3조 제1항, 제2항 단서 제1호의 '신호 위반'에 해당하고, 이때 위 신호 위반행위가 교통사고발생의 직접적인 원인이 된 이상 사고 장소가 횡단보도를 벗어난 곳이라 하여도 위 신호 위반으로 인한 업무상 과실치상죄가 성립함에는 지장이 없다(대판 2011.7.28, 2009도8222).

MEMO

⑦ **교통사고처리 특례법 위반** : 적색등화에 신호에 따라 진행하는 다른 차마의 교통을 방해하지 아니하고 우회전할 수 있다는 구 시행규칙 [별표 2]의 취지는 차마는 적색등화에도 원활한 교통소통을 위하여 우회전을 할 수 있되, 신호에 따라 진행하는 다른 차마의 신뢰 및 안전을 보호하기 위하여 다른 차마의 교통을 잘 살펴 방해하지 아니하여야 할 안전운전의무를 부과한 것이고, 다른 차마의 교통을 방해하게 된 경우에 신호 위반의 책임까지 지우려는 것은 아니다. 택시 운전자인 피고인이 교차로에서 적색등화에 우회전하다가 신호에 따라 진행하던 피해자 운전의 승용차를 충격하여 그에게 상해를 입혔다고 하여 구 교통사고처리 특례법(2011.4.12. 법률 제10575호로 개정되기 전의 것) 위반으로 기소된 사안에서, 위 사고는 같은 법 제3조 제2항 단서 제1호에서 정한 '신호 위반'으로 인한 사고에 해당하지 아니한다(대판 2011.7.28, 2011도3970).

⑧ **교통사고처리 특례법 위반** : 횡단보도의 양쪽 끝에 서로 마주보고 횡단보도의 통행인을 위한 보행자신호등이 각 설치되어 있고 그 신호등 측면에 차선진행방향을 향하여 종형 이색등신호기가 각각 별도로 설치되어 있다면, 종형 이색등신호기는 교차로를 통과하는 차마에 대한 진행방법을 지시하는 신호기라고 보는 것이 타당하다(대판 1994.8.23., 94도1199).

⑨ **특정범죄 가중처벌 등에 관한 법률 위반(도주차량)** : 특별한 다른 사정이 없는 한 일방통행 도로를 역행하여 차를 운전한 것은 교통사고처리 특례법 제3조 제2항 단서 제1호 소정의 '통행의 금지를 내용으로 하는 안전표지가 표시하는 지시에 위반하여 운전한 경우'에 해당한다(대판 1993.11.9, 93도2562).

⑩ **교통사고처리 특례법 위반** : 군부대장이 인명 및 재산을 보호할 책임이 있는 기지 내의 안전관리를 위하여 그 수명자에게 명하는 행정규칙에 근거하여 설치한 보도와 차도를 구분하는 흰색 실선이 도로교통법상 설치권한이 있는 자나 그 위임을 받은 자가 설치한 것이 아니므로 교통사고처리 특례법 제3조 제2항 단서 제1호에서 규정하는 도로교통법 제5조의 규정에 의한 안전표지라고 할 수 없고, 위 흰색 실선이 도로교통법 시행규칙에 규정된 시·도지사가 설치하는 안전표지와 동일한 외관을 갖추고 있고, 자동차를 운전 중 이를 침범하여 교통사고를 일으킨 피고인이 소속 군인으로서 이를 준수하여야 할 의무가 있다고 하여 달리 볼 것은 아니다(대판 1991.5.28, 91도159).

⑪ **교통사고처리 특례법 위반** : 도로교통법 제2조 제11호, 제5조, 같은 법 시행규칙 제4조 내지 제6조, 제9조 별표 3, 4의 각 규정을 종합하면 횡단보도상의 신호기는 횡단보도를 통행하고자 하는 보행자에 대한 횡단보행자용 신호기이지 차량의 운행용 신호기라고는 풀이되지 아니하므로 횡단보행자용 신호기의 신호가 보행자통행신호인 녹색으로 되었을 때 차량운전자가 그 신호를 따라 횡단보도 위를 보행하는 자를 충격하였을 경우에는 교통사고처리 특례법 제3조 제2항 단서 제6호의 보행자 보호의무를 위반한 때에 해당함은 별문제로 하고 이를 같은 조항 단서 제1호의 신호기의 신호에 위반하여 운전한 때에 해당한다고는 할 수 없다(대판 1988.8.23., 88도632).

⑫ **교통사고처리 특례법 위반** : 건설회사가 고속도로 건설공사와 관련하여 지방도의 확장공사를 위하여 우회도로를 개설하면서 기존의 도로와 우회도로가 연결되는 부분에 설치한 황색 점선이 도로교통법상 설치권한이 있는 자나 그 위임을 받은 자가 설치한 것이 아니라면 이것을 가리켜 교통사고처리 특례법 제3조 제2항 단서 제2호에서 규정하는 중앙선이라고 할 수 없을 뿐만 아니라, 건설회사가 임의로 설치한 것에 불과할 뿐 도로교통법 제64조의 규정에 따라 관할 경찰서장의 지시에 따라 설치된 것도 아니고 황색 점선의 설치 후 관할 경찰서장의 승인을 얻었다고 인정할 자료도 없다면, 결국 위 황색 점선은 교통사고처리 특례법 제3조 제2항 단서 제1호 소정의 안전표지라고 할 수 없다(대판 2003.6.27, 2003도1895).

⑬ **교통사고처리 특례법 위반** : 교통사고처리 특례법 제3조 제2항 단서 제2호 전단이 규정하는 '도로교통법 제12조 제3항의 규정에 위반하여 차선이 설치된 도로의 중앙선을 침범하였을 때'라 함은 교통사고의 발생지점이 중앙선을 넘어선 모든 경우를 가리키는 것이 아니라

부득이한 사유가 없이 중앙선을 침범하여 교통사고를 발생케 한 경우를 뜻하며, 여기서 '부득이한 사유'라 함은 진행차로에 나타난 장애물을 피하기 위하여 다른 적절한 조치를 취할 겨를이 없었다거나 자기 차로를 지켜 운행하려고 하였으나 운전자가 지배할 수 없는 외부적 여건으로 말미암아 어쩔 수 없이 중앙선을 침범하게 되었다는 등 중앙선침범 자체에는 운전자를 비난할 수 없는 객관적 사정이 있는 경우를 말하는 것이며, 중앙선 침범행위가 교통사고발생의 직접적인 원인이 된 이상 사고장소가 중앙선을 넘어선 반대차선이어야 할 필요는 없으나, 중앙선 침범행위가 교통사고발생의 직접적인 원인이 아니라면 교통사고가 중앙선침범 운행 중에 일어났다고 하여 모두 이에 포함되는 것은 아니다. 피고인 운전차량에게 들이받힌 차량이 중앙선을 넘으면서 마주오던 차량들과 충격하여 일어난 사고는 중앙선침범사고로 볼 수 없다(대판 1998.7.28, 98도832).

⑭ **교통사고처리 특례법 위반**: 구 교통사고처리 특례법(1995.1.5. 법률 제4872호로 개정되기 전의 것) 제3조 제2항 단서 제2호 전단 소정의 '도로교통법 제13조 제2항의 규정에 위반하여 차선이 설치된 도로의 중앙선을 침범하였을 때'라 함은 교통사고의 발생지점이 중앙선을 넘어선 모든 경우를 가리키는 것이 아니라 부득이한 사유가 없이 중앙선을 침범하여 교통사고를 발생케 한 경우를 뜻하며, 여기서 '부득이한 사유'라 함은 진행차로에 나타난 장애물을 피하기 위하여 다른 적절한 조치를 취할 겨를이 없었다거나 자기 차로를 지켜 운행하려고 하였으나 운전자가 지배할 수 없는 외부적 여건으로 말미암아 어쩔 수 없이 중앙선을 침범하게 되었다는 등 중앙선 침범 자체에는 운전자를 비난할 수 없는 객관적 사정이 있는 경우를 말하는 것이고, 이와 같은 법리는 같은 법 제3조 제2항 단서 제9호 소정의 보도침범의 경우에도 그대로 적용된다(대판 1997.5.23, 95도1232).

⑮ **교통사고처리 특례법 위반**: 차량진행방향 좌측으로 휘어지는 완만한 커브길(편도 1차선)을 비오는 상태에서 시속 50km로 화물자동차를 운전하다가 약 20m 앞 횡단보도 우측에 보행자들이 서있는 것을 발견하고 당황한 나머지 감속을 하기 위하여 급제동조치를 취하다가 차가 빗길에 미끄러지면서 중앙선을 침범하여 반대편 도로변에 있던 피해자들을 차량으로 치어 중상을 입힌 것이라면, 운전자가 진행차선에 나타난 장애물을 피하기 위하여 다른 적절한 조치를 취할 겨를이 없었다고는 할 수 없으며, 또 빗길이라 하더라도 과속상태에서 핸들을 급히 꺾지 않는 한 단순한 급제동에 의하여서는 차량이 그 진로를 이탈하여 중앙선 반대편의 도로변을 덮칠 정도로 미끄러질 수는 없는 것이어서 그 중앙선침범이 운전자가 지배할 수 없는 외부적 여건으로 말미암아 어쩔 수 없었던 것이라고도 할 수 없다 할 것이므로 위의 중앙선침범은 교통사고처리 특례법 제3조 제2항 단서 제2호 전단(중앙선 침범)에 해당한다(대판 1991.10.11, 91도1783).

⑯ **교통사고처리 특례법 위반**: 비오는 날 포장도로상을 운행하는 차량이 전방에 고인 빗물을 피하기 위하여 차선을 변경하다가 차가 빗길에 미끄러지면서 중앙선을 침범한 경우는 그 고인 빗물이 차량운행에 지장을 주는 장애물이라고 할 수 없고 가사 장애물이라 하더라도 이를 피하기 위하여 다른 적절한 조치를 취할 겨를이 없었다고도 할 수 없으며 또 빗길이라 하더라도 과속상태에서 핸들을 급히 꺾지 않는 한 단순한 차선변경에 의하여서는 차량이 운전자의 의사에 반하여 그 진로를 이탈할 정도로 미끄러질 수는 없는 것이어서 그 중앙선침범이 운전자가 지배할 수 없는 외부적 여건으로 말미암아 어쩔 수 없었던 것이라고 할 수 없으므로 그 중앙선침범이 부득이한 사유에 기한 것이라고는 할 수 없다(대판 1988.3.22, 87도2171).

⑰ **교통사고처리 특례법 위반**: 차의 운전자가 도로교통법 제27조 제1항에 따른 횡단보도에서의 보행자에 대한 보호의무를 위반하고 이로 인하여 상해의 결과가 발생하면 그 운전자의 행위는 특례법 제3조 제2항 단서 제6호에 해당하게 되는데, 이때 횡단보도 보행자에 대한 운전자의 업무상 주의의무 위반행위와 상해의 결과 사이에 직접적인 원인관계가 존재하는 한 위 상해가 횡단보도 보행자 아닌 제3자에게 발생한 경우라도 위 단서 제6호에 해당하는 데에는 지장이 없다. 피고인이 자동차를 운전하다 횡단보도를 건던 보행자 甲을 들이받아

그 충격으로 횡단보도 밖에서 甲과 동행하던 피해자 乙이 밀려 넘어져 상해를 입은 사안에서, 위 사고는, 피고인이 횡단보도 보행자 甲에 대하여 구 도로교통법(2009.12.29. 법률 제9845호로 개정되기 전의 것) 제27조 제1항에 따른 주의의무를 위반하여 운전한 업무상 과실로 야기되었고, 乙의 상해는 이를 직접적인 원인으로 하여 발생하였으므로, 피고인의 행위는 구 교통사고처리 특례법(2010.1.25. 법률 제9941호로 개정되기 전의 것) 제3조 제2항 단서 제6호에서 정한 횡단보도 보행자 보호의무의 위반행위에 해당한다(대판 2011.4.28, 2009도12671).

⑱ **교통사고처리 특례법 위반** : '보행등의 녹색등화의 점멸신호'의 뜻은, 보행자는 횡단을 시작하여서는 아니 되고 횡단하고 있는 보행자는 신속하게 횡단을 완료하거나 그 횡단을 중지하고 보도로 되돌아와야 한다는 것인바[도로교통법 시행규칙 제5조 제2항 (별표 3)], 피해자가 보행신호등의 녹색등화가 점멸되고 있는 상태에서 횡단보도를 횡단하기 시작하여 횡단을 완료하기 전에 보행신호등이 적색등화로 변경된 후 차량신호등의 녹색등화에 따라서 직진하던 피고인 운전차량에 충격된 경우에, 피해자는 신호기가 설치된 횡단보도에서 녹색등화의 점멸신호에 위반하여 횡단보도를 통행하고 있었던 것이어서 횡단보도를 통행 중인 보행자라고 보기는 어렵다고 할 것이므로, 피고인에게 운전자로서 사고발생지에 관한 업무상 주의의무 위반의 과실이 있음은 별론으로 하고 도로교통법 제24조 제1항 소정의 보행자보호의무를 위반한 잘못이 있다고는 할 수 없다(대판 2001.10.9, 2001도2939).

⑲ **교통사고처리 특례법 위반** : 보행신호등의 녹색등화 점멸신호는 보행자가 준수하여야 할 횡단보도의 통행에 관한 신호일 뿐이어서, 보행신호등의 수범자가 아닌 차의 운전자가 부담하는 보행자보호의무의 존부에 관하여 어떠한 영향을 미칠 수 없다. 이에 더하여 보행자보호의무에 관한 법률규정의 입법 취지가 차를 운전하여 횡단보도를 지나는 운전자의 보행자에 대한 주의의무를 강화하여 횡단보도를 통행하는 보행자의 생명・신체의 안전을 두텁게 보호하려는 데 있는 것임을 감안하면, 보행신호등의 녹색등화의 점멸신호 전에 횡단을 시작하였는지 여부를 가리지 아니하고 보행신호등의 녹색등화가 점멸하고 있는 동안에 횡단보도를 통행하는 모든 보행자는 도로교통법 제27조 제1항에서 정한 횡단보도에서의 보행자보호의무의 대상이 된다(대판 2009.5.14, 2007도9598).

⑳ **교통사고처리 특례법 위반** : 횡단보도에 보행자를 위한 보행등이 설치되어 있지 않다고 하더라도 횡단보도표시가 되어 있는 이상 그 횡단보도는 도로교통법에서 말하는 횡단보도에 해당하므로, 이러한 횡단보도를 진행하는 차량의 운전자가 도로교통법 제24조 제1항의 규정에 의한 횡단보도에서의 보행자보호의무를 위반하여 교통사고를 낸 경우에는 교통사고처리 특례법 제3조 제2항 단서 제6호 소정의 횡단보도에서의 보행자보호의무 위반의 책임을 지게 되는 것이며, 비록 그 횡단보도가 교차로에 인접하여 설치되어 있고 그 교차로의 차량신호등이 차량진행신호였다고 하더라도 이러한 경우 그 차량신호등은 교차로를 진행할 수 있다는 것에 불과하지, 보행등이 설치되어 있지 아니한 횡단보도를 통행하는 보행자에 대한 보행자보호의무를 다하지 아니하여도 된다는 것을 의미하는 것은 아니므로 달리 볼 것은 아니다(대판 2003.10.23, 2003도3529).

㉑ **교통사고처리 특례법 위반** : 도로교통법 제48조 제3호의 보행자가 횡단보도를 통행하고 있는 때라고 함은 사람이 횡단보도에 있는 모든 경우를 의미하는 것이 아니라 도로를 횡단할 의사로 횡단보도를 통행하고 있는 경우에 한한다 할 것이므로 피해자가 사고 당시 횡단보도상에 엎드려 있었다면 횡단보도를 통행하고 있었다고 할 수 없음이 명백하여 그러한 피해자에 대한 관계에 있어서는 횡단보도상의 보행자 보호의무가 있다고 할 수 없다(대판 1993.8.13, 93도1118).

㉒ **교통사고처리 특례법 위반** : 손수레가 도로교통법 제2조 제13호에서 규정한 사람의 힘에 의하여 도로에서 운전되는 것으로서 '차'에 해당하고 이를 끌고 가는 행위를 차의 운전행위로 볼 수 있다 하더라도 손수레를 끌고 가는 사람이 횡단보도를 통행할 때에는 걸어서

횡단보도를 통행하는 일반인과 마찬가지로 보행자로서의 보호조치를 받아야 할 것이므로 손수레를 끌고 횡단보도를 건너는 사람은 교통사고처리 특례법 제3조 제2항 제6호 및 도로교통법 제48조 제3호에서 규정한 '보행자'에 해당한다고 해석함이 상당하다(대판 1990.10.16, 90도761).

㉓ **교통사고처리 특례법 위반** : 횡단보도의 보행자 신호가 녹색신호에서 적색신호로 바뀌는 예비신호 점멸 중에도 그 횡단보도를 건너가는 보행자가 흔히 있고 또 횡단도중에 녹색신호가 적색신호로 바뀐 경우에도 그 교통신호에 따라 정지함이 없이 나머지 횡단보도를 그대로 횡단하는 보행자도 있으므로 보행자 신호가 녹색신호에서 정지신호로 바뀔 무렵 전후에 횡단보도를 통과하는 자동차 운전자는 보행자가 교통신호를 철저히 준수할 것이라는 신뢰만으로 자동차를 운전할 것이 아니라 좌우에서 이미 횡단보도에 진입한 보행자가 있는지 여부를 살펴보고 또한 그의 동태를 두루 살피면서 서행하는 등하여 그와 같은 상황에 있는 보행자의 안전을 위해 어느 때라도 정지할 수 있는 태세를 갖추고 자동차를 운전하여야 할 업무상의 주의의무가 있다(대판 1986.5.27, 86도549).

㉔ **교통사고처리 특례법 위반** : 교통이 빈번한 간선도로에서 횡단보도의 보행자 신호등이 적색으로 표시된 경우, 자동차운전자에게 보행자가 동 적색신호를 무시하고 갑자기 뛰어나오리라는 것까지 미리 예견하여 운전하여야 할 업무상의 주의의무까지는 없다(대판 1985.11.12, 85도1893).

㉕ **교통사고처리 특례법 위반(인정된 죄명 : 업무상 과실치사), 도로교통법 위반** : 도로교통법 제1조, 제2조 제1호 및 제19호와 동법의 입법취지에 비추어 보면 같은 법 제109조 제1호의 '면허 없이 자동차를 운전하는 행위'의 처벌규정은 같은 법 제2조 제1호에서 말하는 도로에서 면허 없이 운전하는 때에 한하여 적용된다고 해석된다(대판 1988.5.24., 88도255).

㉖ **특정범죄 가중처벌 등에 관한 법률 위반(위험운전치사상)·교통사고처리 특례법 위반·도로교통법 위반(음주운전)·도로교통법 위반(무면허운전)** : 교통사고로 인하여 업무상 과실치상죄 또는 중과실치상죄를 범한 운전자에 대하여 피해자의 명시한 의사에 반하여 공소를 제기할 수 있는 교통사고처리 특례법 제3조 제2항 단서 각 호의 사유는 같은 법 제3조 제1항 위반죄의 구성요건 요소가 아니라 그 공소제기의 조건에 관한 사유이다. 따라서 위 단서 각 호의 사유가 경합한다 하더라도 하나의 교통사고처리 특례법 위반죄가 성립할 뿐, 그 각 호마다 별개의 죄가 성립하는 것은 아니다. 음주로 인한 특정범죄 가중처벌 등에 관한 법률 위반(위험운전치사상)죄는 그 입법 취지와 문언에 비추어 볼 때, 주취상태의 자동차 운전으로 인한 교통사고가 빈발하고 그로 인한 피해자의 생명·신체에 대한 피해가 중대할 뿐만 아니라, 사고발생 전 상태로의 회복이 불가능하거나 쉽지 않은 점 등의 사정을 고려하여, 형법 제268조에서 규정하고 있는 업무상 과실치사상죄의 특례를 규정하여 가중처벌함으로써 피해자의 생명·신체의 안전이라는 개인적 법익을 보호하기 위한 것이다. 따라서 그 죄가 성립하는 때에는 차의 운전자가 형법 제268조의 죄를 범한 것을 내용으로 하는 교통사고처리 특례법 위반죄는 그 죄에 흡수되어 별죄를 구성하지 아니한다(대판 2008.12.11., 2008도9182).

㉗ **교통사고처리 특례법 위반** : 교통사고처리 특례법 제3조 제2항 단서 제10호 소정의 의무는 그것이 주된 것이든 부수적인 것이든 사람의 운송에 공하는 차의 운전자가 그 승객에 대하여 부담하는 의무라고 보는 것이 상당하다. 화물차 적재함에서 작업하던 피해자가 차에서 내린 것을 확인하지 않은 채 출발함으로써 피해자가 추락하여 상해를 입게 된 경우, 교통사고처리 특례법 제3조 제2항 단서 제10호 소정의 의무를 위반하여 운전한 경우에 해당하지 않는다(대판 2000.2.22, 99도3716).

㉘ **교통사고처리 특례법 위반** : 승객이 차에서 내려 도로상에 발을 딛고 선 뒤에 일어난 사고는 승객의 추락방지의무를 위반하여 운전함으로써 일어난 사고에 해당하지 아니한다(대판 1997.6.13., 96도3266).

CHAPTER 03 경비경찰

Keyword 89 경비경찰 일반

- 경비경찰
  - 특징
    - 복합기능적 활동 — 사후 진압활동과 사전 예방활동 모두를 포괄
    - 현상유지적 활동 — 동태적 · 적극적인 의미의 질서유지활동
    - 즉응적 활동 — 경비사태가 종료되면, 해당 업무도 동시에 종료
    - 조직적 부대활동 — 조직적 · 집단적 · 물리적 → 조직운영의 원리
      - 부대단위활동의 원칙
      - 지휘관단일성의 원칙 — 의사결정의 단일성 ×
      - 체계통일성의 원칙 — 명령과 복종의 체계가 통일
      - 치안협력성의 원칙
    - 하향적 명령에 의한 활동 — 책임의 소재가 분명
    - 사회전반적 안녕목적의 활동 — 공공의 안녕과 질서를 파괴하는 범죄가 대상, 국가 목적적 치안의 수행
  - 경비수단
    - 경고
    - 제지
    - 체포
    - 정해진 순서 ×

경비수단의 원칙
- 균형의 원칙 — 한정된 경력으로 최대의 성과
- 위치의 원칙 — 유리한 지점과 위치를 확보
- 시점(적시)의 원칙 — 허약한 시점을 포착
- 안전의 원칙

Keyword 90 행사안전경비(혼잡경비)

1. 행사안전경비 일반

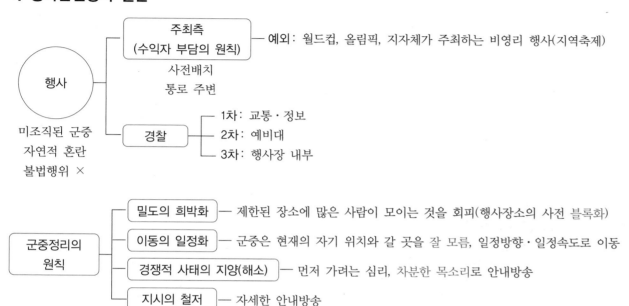

군중정리의 원칙

- 밀도의 희박화 — 제한된 장소에 많은 사람이 모이는 것을 회피(행사장소의 사전 블록화)
- 이동의 일정화 — 군중은 현재의 자기 위치와 갈 곳을 잘 모름, 일정방향·일정속도로 이동
- 경쟁적 사태의 지양(해소) — 먼저 가려는 심리, 차분한 목소리로 안내방송
- 지시의 철저 — 자세한 안내방송

2. 공연법

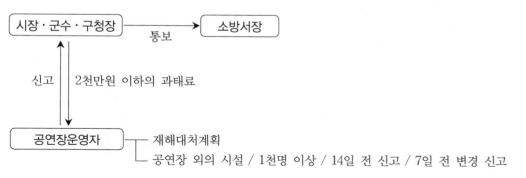

공연장운영자
- 재해대처계획
- 공연장 외의 시설 / 1천명 이상 / 14일 전 신고 / 7일 전 변경 신고

MEMO

Keyword 91 / 선거경비

1. 선거경비 일반

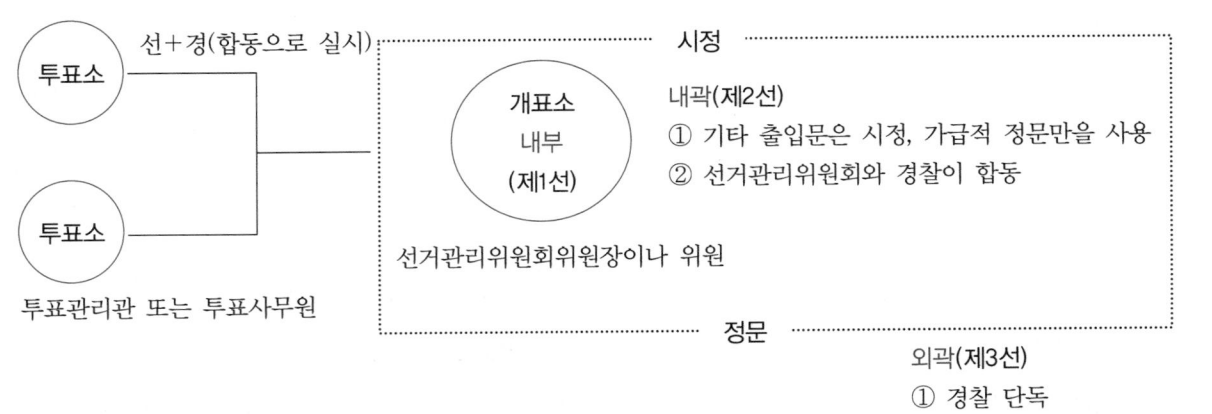

투표소

선+경(합동으로 실시)

투표소

투표관리관 또는 투표사무원

개표소 내부 (제1선)

시정

내곽(제2선)
① 기타 출입문은 시정, 가급적 정문만을 사용
② 선거관리위원회와 경찰이 합동

선거관리위원회위원장이나 위원

정문

외곽(제3선)
① 경찰 단독
② 검문조·순찰조를 운용하여 위해기도자의 접근을 차

2. 공직선거법

선거권	18세 이상의 국민은 대통령 및 국회의원의 선거권이 있다.
피선거권	① 선거일 현재 5년 이상 국내에 거주하고 있는 40세 이상의 국민은 대통령의 피선거권이 있다. 이 경우 공무로 외국에 파견된 기간과 국내에 주소를 두고 일정기간 외국에 체류한 기간은 국내거주기간으로 본다. ② 18세 이상의 국민은 국회의원의 피선거권이 있다. ③ 선거일 현재 계속하여 60일 이상(공무로 외국에 파견되어 선거일전 60일후에 귀국한 자는 선거인명부작성기준일부터 계속하여 선거일까지) 해당 지방자치단체의 관할구역에 주민등록이 되어 있는 주민으로서 18세 이상의 국민은 그 지방의회의원 및 지방자치단체의 장의 피선거권이 있다.
연령산정기준	선거권자와 피선거권자의 연령은 선거일 현재로 산정한다.
선거기간	① 선거별 선거기간 　㉠ 대통령선거는 23일 　㉡ 국회의원선거와 지방자치단체의 의회의원 및 장의 선거는 14일 ② 선거기간 　㉠ **대통령선거**: 후보자등록마감일의 다음 날부터 선거일까지 　㉡ **국회의원선거와 지방자치단체의 의회의원 및 장의 선거**: 후보자등록마감일 후 6일부터 선거일까지
선거일	① 대통령선거는 그 임기만료일전 70일 이후 첫 번째 수요일 ② 국회의원선거는 그 임기만료일전 50일 이후 첫 번째 수요일 ③ 지방의회의원 및 지방자치단체의 장의 선거는 그 임기만료일전 30일 이후 첫 번째 수요일
선거운동	당선되거나 되게 하거나 되지 못하게 하기 위한 행위를 말한다. 다만, 다음의 어느 하나에 해당하는 행위는 선거운동으로 보지 아니한다. ① 선거에 관한 단순한 의견개진 및 의사표시 ② 입후보와 선거운동을 위한 준비행위 ③ 정당의 후보자 추천에 관한 단순한 지지·반대의 의견개진 및 의사표시 ④ 통상적인 정당활동 ⑤ 삭제 <2014. 5. 14.> ⑥ 설날·추석 등 명절 및 석가탄신일·기독탄신일 등에 하는 의례적인 인사말을 문자메시지(그림말·음성·화상·동영상 등을 포함한다. 이하 같다)로 전송하는 행위
선거운동기간	선거운동은 선거기간개시일부터 선거일 전일까지에 한하여 할 수 있다.

Keyword 92 / 재난경비

1. 재난 및 안전관리 기본법

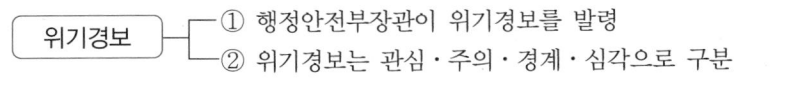

재난 ─┬ ① 자연재난: 황사
　　　└ ② 사회재난: 감염병 또는 가축전염병, 미세먼지 등

(I) 재난관리: 재난의 예방·대비·대응 및 복구
(2) 안전관리: 사람의 생명·신체 및 재산의 안전을 확보

위기경보 ─┬ ① 행정안전부장관이 위기경보를 발령
　　　　　└ ② 위기경보는 관심·주의·경계·심각으로 구분

대통령

국무총리

중앙안전관리
위원회　　　행정안전부 ── 총괄·조정

중앙재난안전
대책본부

예방	대비	대응	복구
① 재난예방조치	① 재난관리자원의 비축·관리	① 재난사태 선포	① 재난피해 신고 및 조사
② 국가핵심기반의 지정·관리	② 재난현장 긴급통신수단의 마련	② 응급조치	② 재난복구계획의 수립·시행
③ 특정관리대상지역의 지정 및 관리	③ 국가재난관리기준의 제정·운용	③ 위기경보의 발령 등	③ 특별재난지역의 선포
④ 재난방지시설의 관리	④ 기능별 재난대응 활동계획의 작성·활용	④ 재난 예보·경보체계 구축·운영	④ 특별재난지역에 대한 지원
⑤ 재난안전분야 종사자 교육	⑤ 재난분야 위기관리 매뉴얼 작성·운용	⑤ 동원명령	⑤ 손실보상
⑥ 재난예방을 위한 긴급안전점검	⑥ 다중이용시설 등의 위기상황 매뉴얼 작성·관리 및 훈련	⑥ 대피명령	⑥ 치료 및 보상
⑦ 재난예방을 위한 안전조치	⑦ 안전기준의 등록 및 심의	⑦ 위험구역의 설정	⑦ 포상
⑧ 안전취약계층에 대한 안전 환경 지원	⑧ 재난안전통신망의 구축·운영	⑧ 강제대피조치	
⑨ 정부합동 안전 점검	⑨ 재난대비훈련 기본계획 수립	⑨ 통행제한 등	
⑩ 집중 안전점검 기간 운영	⑩ 재난대비훈련 실시	⑩ 응원	
⑪ 안전관리전문기관에 대한 자료요구		⑪ 응급조치	
⑫ 재난관리체계 등에 대한 평가		⑫ 긴급구조	
⑬ 재난관리 실태 공시			

2. 경찰 재난관리 규칙

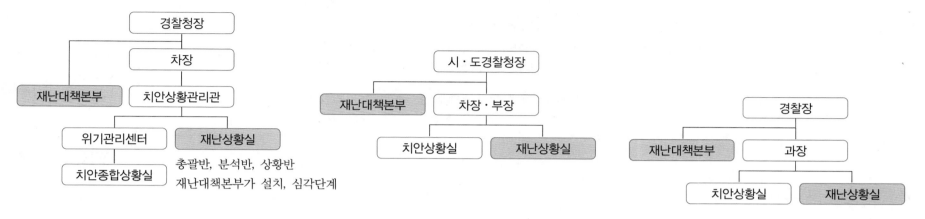

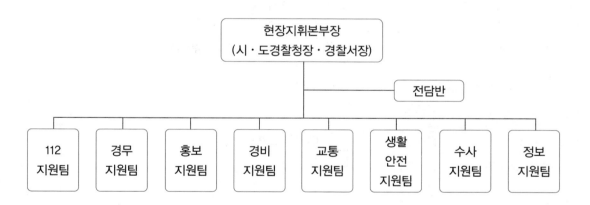

Keyword 93 중요시설경비(통합방위법)

1. 국가중요시설

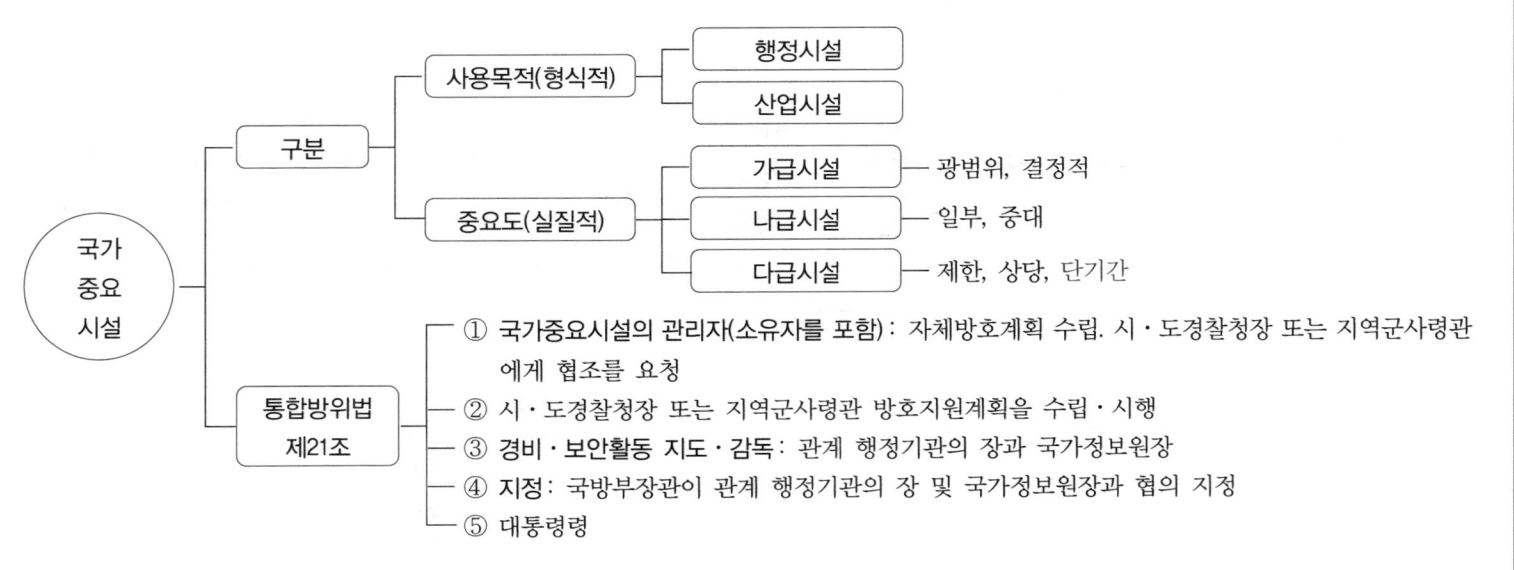

국가중요시설
- 구분
  - 사용목적(형식적)
    - 행정시설
    - 산업시설
  - 중요도(실질적)
    - 가급시설 — 광범위, 결정적
    - 나급시설 — 일부, 중대
    - 다급시설 — 제한, 상당, 단기간
- 통합방위법 제21조
  - ① 국가중요시설의 관리자(소유자를 포함) : 자체방호계획 수립. 시·도경찰청장 또는 지역군사령관에게 협조를 요청
  - ② 시·도경찰청장 또는 지역군사령관 방호지원계획을 수립·시행
  - ③ 경비·보안활동 지도·감독 : 관계 행정기관의 장과 국가정보원장
  - ④ 지정 : 국방부장관이 관계 행정기관의 장 및 국가정보원장과 협의 지정
  - ⑤ 대통령령

2. 3지대 방호

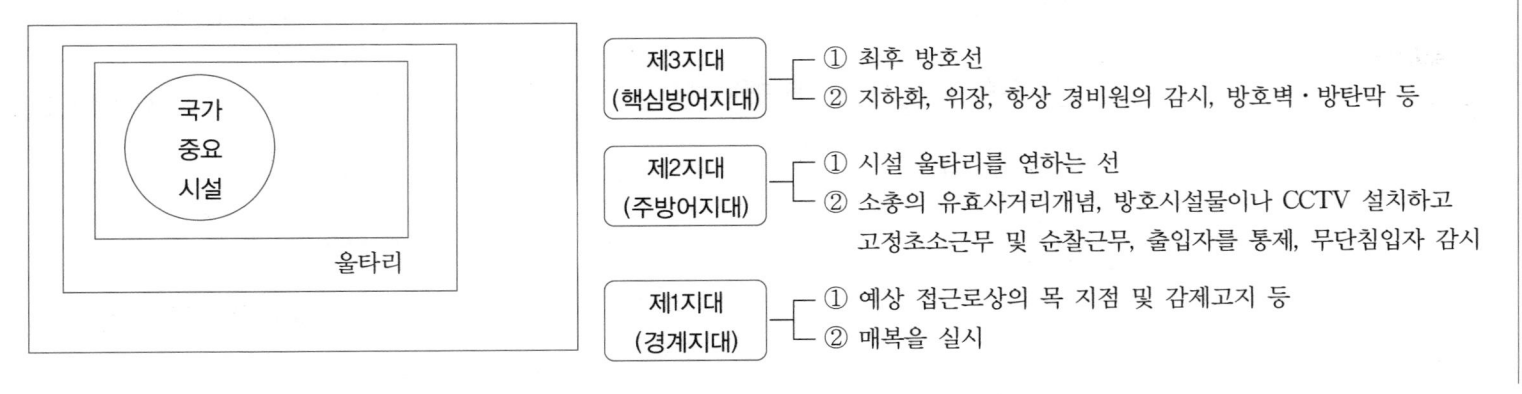

국가 중요 시설 / 울타리

- 제3지대 (핵심방어지대)
  - ① 최후 방호선
  - ② 지하화, 위장, 항상 경비원의 감시, 방호벽·방탄막 등
- 제2지대 (주방어지대)
  - ① 시설 울타리를 연하는 선
  - ② 소총의 유효사거리개념, 방호시설물이나 CCTV 설치하고 고정초소근무 및 순찰근무, 출입자를 통제, 무단침입자 감시
- 제1지대 (경계지대)
  - ① 예상 접근로상의 목 지점 및 감제고지 등
  - ② 매복을 실시

Keyword 94 　 다중범죄진압(집회 · 시위의 관리)

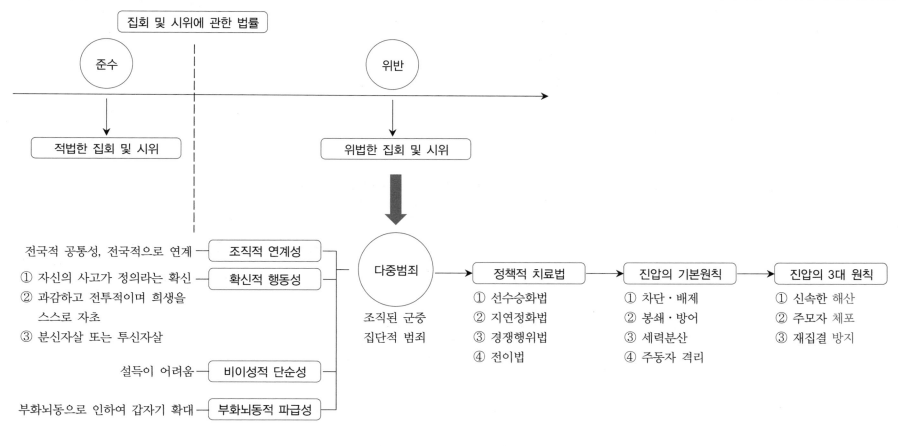

발생장소의 다양화, 각종 욕구의 다양성, 다중행태의 예측불가능성, 공권력의 무력화 시도 등의 양상

Keyword 95 경호경비

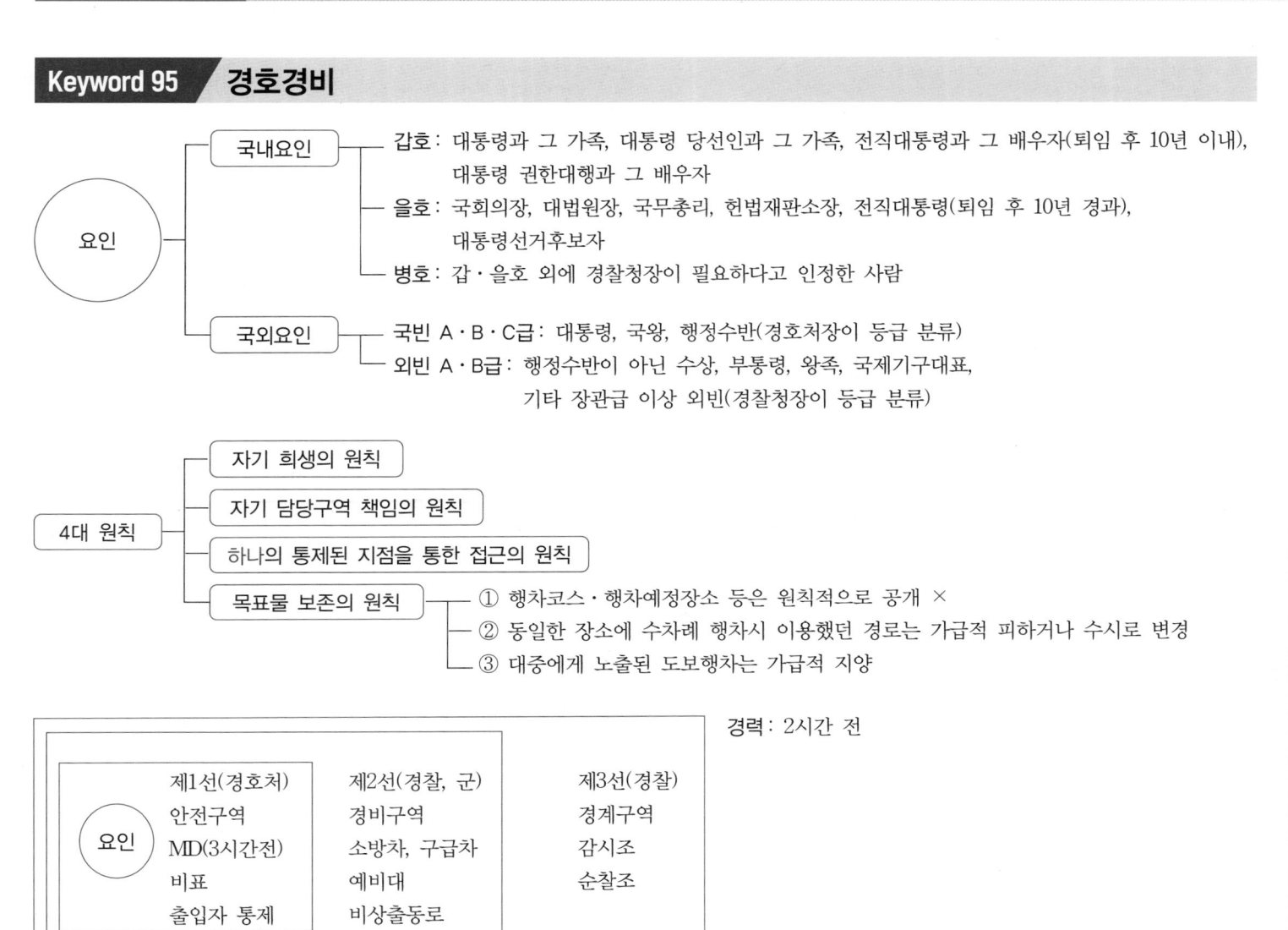

요인
- 국내요인
  - 갑호: 대통령과 그 가족, 대통령 당선인과 그 가족, 전직대통령과 그 배우자(퇴임 후 10년 이내), 대통령 권한대행과 그 배우자
  - 을호: 국회의장, 대법원장, 국무총리, 헌법재판소장, 전직대통령(퇴임 후 10년 경과), 대통령선거후보자
  - 병호: 갑·을호 외에 경찰청장이 필요하다고 인정한 사람
- 국외요인
  - 국빈 A·B·C급: 대통령, 국왕, 행정수반(경호처장이 등급 분류)
  - 외빈 A·B급: 행정수반이 아닌 수상, 부통령, 왕족, 국제기구대표, 기타 장관급 이상 외빈(경찰청장이 등급 분류)

4대 원칙
- 자기 희생의 원칙
- 자기 담당구역 책임의 원칙
- 하나의 통제된 지점을 통한 접근의 원칙
- 목표물 보존의 원칙
  - ① 행차코스·행차예정장소 등은 원칙적으로 공개 ×
  - ② 동일한 장소에 수차례 행차시 이용했던 경로는 가급적 피하거나 수시로 변경
  - ③ 대중에게 노출된 도보행차는 가급적 지양

경력 : 2시간 전

	제1선(경호처)	제2선(경찰, 군)	제3선(경찰)
요인	안전구역 MD(3시간전) 비표 출입자 통제	경비구역 소방차, 구급차 예비대 비상출동로 바리케이드	경계구역 감시조 순찰조

Keyword 96 | 대테러업무

1. 이데올로기적 테러리즘

좌익 테러리즘	우익 테러리즘
① 혁명주의 ② 마르크스주의 ③ 네오마르크스주의 ④ 트로츠키즘 ⑤ 모택동(마오)주의 ⑥ 아나키즘(무정부주의)	① 특정인종 우월주의(백인우월주의) ② 파시즘 ③ 네오파시즘 ④ 나치즘 ⑤ 네오나치즘 등

2. 대테러부대 : 경찰특공대(해외작전 − 군), SAS(영국), SWAT(미국), GSG−9(독일), GIGN(프랑스)

3. 인질범과 인질의 관계

① 스톡홀름 증후군 : 인질이 인질범에게 동화되는 현상, 오귀인 효과
② 리마 증후군 : 인질범이 인질에게 동화되는 현상

4. 국민보호와 공공안전을 위한 테러방지법

(1) **테러단체** : 국제연합(UN)이 지정

(2) **테러위험인물** : 의심할 상당한 이유가 있는 사람 ◀── 국가정보원장, 할 수 있다

(3) **외국인테러전투원** : 내국인 · 외국인 ┬ 법무부장관 : 일시출국금지, 90일
└ 외교부장관 : 여권의 효력정지, 재발급 거부

(4) **국무총리** ┬ 국가테러대책위원회
└ 대테러센터

5. 테러취약시설 안전활동에 관한 규칙

(1) 정의

테러취약시설	테러 예방 및 대응을 위해 경찰이 관리하는 다음의 시설·건축물 등 중 경찰청장이 지정하는 것을 말한다. ① 국가중요시설 ② 다중이용건축물등 ③ 공관지역 ④ 미군 관련 시설 ⑤ 그 밖에 특별한 관리가 필요하다고 제14조의 테러취약시설 심의위원회(이하 '심의위원회'라고 한다)에서 결정한 시설
국가중요시설	「통합방위법」 제21조 제4항에 따라 국방부장관이 지정한 시설을 말한다.
다중이용건축물등	「재난 및 안전관리 기본법 시행령」 제43조의8 제1호·제2호에 따른 건축물 또는 시설로서 관계기관의 장이 소관업무와 관련하여 대테러센터장과 협의하여 지정한 것을 말한다.
공관지역	소유자 여하를 불문하고 공관장의 주거를 포함하여 공관의 목적으로 사용되는 건물과 건물의 부분 및 부속토지를 말한다.

- A급: 광범위, 결정
- B급: 일부, 중대
- C급: 제한, 상당, 단기간

(2) 테러취약시설 지도·점검 및 방호실태조사

국가중요 시설	시·도경찰청장	선별하여 연 1회 이상 지도·점검을 실시
	경찰서장	전체에 대하여 연 1회 이상 지도·점검을 실시
다중이용 건축물등	시·도경찰청장	선별하여 해당 시설 관리자의 동의를 받아 반기 1회 이상 지도·점검을 실시
	경찰서장	전체에 대해 해당 시설 관리자의 동의를 받아 지도·점검을 실시 ① A급: 분기 1회 이상 ② B급, C급: 반기 1회 이상
공관지역	시·도경찰청장	선별하여 해당 공관장의 동의를 받아 반기 1회 이상 방호실태조사를 실시
	경찰서장	전체에 대해 해당 공관장의 동의를 받아 반기 1회 이상 실시

MEMO

Keyword 97 / 경찰작전(통합방위법)

MEMO

1. 일반

정의
- ① 통합방위 : 각종 국가방위요소를 통합, 지휘체계를 일원화
- ② 갑종사태 : 대규모, 대량, 통합방위본부장, 지역군사령관
- ③ 을종사태 : 일부 또는 여러 지역, 단기간 ×, 지역군사령관
- ④ 병종사태 : 예상, 소규모, 시·도경찰청장, 지역군사령관, 함대사령관, 단기간 ○

중앙통합방위협의회 : 국무총리 소속

2. 선포절차

유형	선포건의권자	선포권자
① 갑종사태 ② 둘 이상의 특별시·광역시·특별자치시·도·특별자치도(이하 '시·도'라 한다)에 걸쳐 을종사태에 해당하는 상황이 발생하였을 때	국방부장관	대통령
둘 이상의 시·도에 걸쳐 병종사태에 해당하는 상황이 발생하였을 때	행정안전부장관 또는 국방부장관	
을종사태나 병종사태에 해당하는 상황이 발생한 때	시·도경찰청장·지역군사령관 또는 함대사령관	시·도지사
국방부장관이나 행정안전부장관이 통합방위사태의 선포를 건의하는 경우 국무총리를 거쳐야 한다.		

조치내용
- ① 통제구역 등 : 시·도지사 또는 시장·군수·구청장이 설정, 출입을 금지·제한, 통제구역으로부터 퇴거명령
- ② 대피명령 : 시·도지사 또는 시장·군수·구청장
- ③ 검문소의 운용 : 시·도경찰청장, 지방해양경찰청장(해양경찰서장을 포함), 지역군사령관 및 함대사령관

Keyword 98	경찰 비상업무 규칙

1. 정의

지휘선상 위치 근무	비상연락체계를 유지, 1시간 이내
정위치 근무	관할 구역 내
정착근무	사무실 또는 상황과 관련된 현장
필수요원	1시간 이내에 응소
일반요원	필수요원을 제외한 경찰관, 2시간 이내에 응소
가용경력	총원에서 휴가·출장·교육·파견 등을 제외,실제 동원될 수 있는 모든 인원

2. 구분

유형	긴급성 및 중요도
① 경비 소관: 경비, 작전, 재난비상 ② 안보 소관: 안보비상 ③ 수사 소관: 수사비상 ④ 교통 소관: 교통비상	① 갑호 비상 ② 을호 비상 ③ 병호 비상 ④ 경계 강화 ⑤ 작전준비태세(작전비상시 적용)

3. 근무요령

갑호 비상	연가 중지, 100%, 정착 근무
을호 비상	연가 중지, 50%, 정위치 근무
병호 비상	연가 억제, 30%, 정위치 근무 또는 지휘선상 위치 근무
경계 강화	경력동원 ×, 경찰관 등은 비상연락체계를 유지, 출동대기태세 유지, 지휘선상 위치 근무
작전준비태세 (작전비상시 적용)	경력동원 ×, 지휘관 및 참모의 비상연락망 구축, 출동태세 점검, 유관기관과 연락체계 유지, 필요시 작전상황반 유지

4. 비상근무의 종류별 정황

MEMO

경비비상	갑호	① 계엄이 선포되기 전의 치안상태 ② 대규모 집단사태・테러 등의 발생으로 치안질서가 극도로 혼란하게 되었거나 그 징후가 현저한 경우 ③ 국제행사・기념일 등을 전후하여 치안수요의 급증으로 경력을 동원할 필요가 있는 경우
	을호	① 대규모 집단사태・테러 등의 발생으로 치안질서가 혼란하게 되었거나 그 징후가 예견되는 경우 ② 국제행사・기념일 등을 전후하여 치안수요가 증가하여 경력을 동원할 필요가 있는 경우
	병호	① 집단사태・테러 등의 발생으로 치안질서의 혼란이 예견되는 경우 ② 국제행사・기념일 등을 전후하여 치안수요가 증가하여 경력을 동원할 필요가 있는 경우
작전비상	갑호	대규모 적정이 발생하였거나 발생 징후가 현저한 경우
	을호	적정이 발생하였거나 일부 적의 침투가 예상되는 경우
	병호	정・첩보에 의해 적 침투에 대비한 고도의 경계강화가 필요한 경우
재난비상	갑호	대규모 재난의 발생으로 치안질서가 극도로 혼란하게 되었거나 그 징후가 현저한 경우
	을호	대규모 재난의 발생으로 치안질서가 혼란하게 되었거나 그 징후가 예견되는 경우
	병호	재난의 발생으로 치안질서의 혼란이 예견되는 경우

5. 비상근무

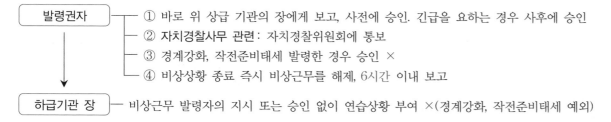

발령권자 ─ ① 바로 위 상급 기관의 장에게 보고, 사전에 승인. 긴급을 요하는 경우 사후에 승인
　　　　　├─ ② 자치경찰사무 관련 : 자치경찰위원회에 통보
　　　　　├─ ③ 경계강화, 작전준비태세 발령한 경우 승인 ×
　　　　　└─ ④ 비상상황 종료 즉시 비상근무를 해제, 6시간 이내 보고

하급기관 장 ─ 비상근무 발령자의 지시 또는 승인 없이 연습상황 부여 ×(경계강화, 작전준비태세 예외)

Keyword 99 / 청원경찰법

1. 기본 구조

2. 주요 내용

직무	청원주와 경찰서장의 감독, 경비를 목적, 경찰관 직무집행법에 따른 경찰관의 직무를 수행
제복 착용	제복을 착용하여야 한다.
무기 휴대	시·도경찰청장은 청원주의 신청을 받아 관할 경찰서장으로 하여금 청원경찰에게 무기를 대여
벌칙	6개월 이하의 징역이나 금고
신분	① 청원경찰(국가기관이나 지방자치단체에 근무하는 청원경찰은 제외)의 직무상 불법행위: 민법 ② 청원경찰의 퇴직: 근로자퇴직급여 보장법에 따른 퇴직금을 지급(다만, 국가기관이나 지방자치단체에 근무하는 청원경찰의 퇴직금에 관하여는 따로 대통령령으로 정한다)
감독	경찰서장은 매달 1회 이상 감독
임용 자격	18세 이상, 정년 60세
결격사유	국가공무원법
징계	① 청원주는 징계절차를 거쳐 징계처분을 하여야 한다. ② 관할 경찰서장은 청원주에게 해당 청원경찰에 대하여 징계처분을 하도록 요청할 수 있다. ③ 청원경찰에 대한 징계의 종류는 파면, 해임, 정직, 감봉 및 견책으로 구분한다. ④ 정직: 1개월 이상 3개월 이하로 하고, 그 기간에 청원경찰의 신분은 보유하나 직무에 종사하지 못하며, 보수의 3분의 2를 줄인다. ⑤ 감봉: 1개월 이상 3개월 이하로 하고, 그 기간에 보수의 3분의 1을 줄인다. ⑥ 견책: 전과에 대하여 훈계하고 회개하게 한다.

04 치안정보경찰

Keyword 100 / 정보이론 일반

1. 정보의 학자별 정의

리첼슨	산출물
허만	정부 내에서 조직된 지식
슐스키	잠재적 적대세력
로웬탈	정책결정자의 필요성
워너	비밀스러운 그 무엇
켄트	지식, 조직, 활동
위너	외계
클라우제비츠	전쟁
데이비스	데이터

2. 정보와 정책의 관계

전통주의	행동주의
정보 ㅣ 정책 분리 ↑ Mark M. Lowenthal	정보 ←——→ 정책 관련성 ↑ Roger Hilsman
① 정보는 정책에 의존하여 존재하지만, 정책은 정보의 지지 없이도 존재할 수 있다. ② 정보는 정책결정에 조언을 주는 방향으로만 기능해야 한다. ③ 전통주의를 따를 경우 현용정보에 치중하게 되는 경향이 있다.	① 정보생산자는 정책결정과정에 대한 연구와 이해가 있어야 한다. ② 정보생산자는 정보사용자에게 의미가 있는 사안들에 정보역량을 동원한다. ③ 정보와 정책간에 환류체제가 필요하다.

3. 정보의 학문적 특성

(1) 특성

필요성	정보사용자가 현재 당면하고 있거나 당면하게 될 문제해결을 위해 필요한 내용을 제공할 때 가치가 있다.
적시성	① 정보사용자의 의사결정에 필요한 시기에 제공되어야 가치가 있다. ② 일반적으로 시간이 지체될수록 정보의 가치가 줄어든다.
비이전성	타인에게 전달해도 본인에게 그 가치가 그대로 남는다.
누적효과성	축적되면 될수록 그 가치가 커진다.
신용가치성	출처(정보원)의 신용 정도에 따라 가치가 달라진다.
무한가치성	필요한 사람이면 누구에게나 가치를 가진다.
정보제공의 빈도	정보사용자에게 제시되는 빈도에 따라 그 가치가 달라진다.
완벽성	특정 상황에 대한 전반적이고 체계적인 내용을 모두 전달해 줄 수 있는가에 따라 가치가 달라진다.

(2) 평가요소

적실성(관련성)	정보 사용자의 사용목적에 얼마나 관련된 것인가의 여부에 대한 평가요소이다.
필요성	사용자에게 필요한 지식인지에 대한 평가요소이다.
정확성	수집된 정보가 얼마나 정확한 것이냐에 대한 평가요소이다.
적시성	① 정보가 사용자가 필요한 때에 사용될 수 있도록 제공되느냐에 대한 평가요소이다. ② 정보의 적시성 문제를 평가할 때 그 기준이 되는 시점은 '사용자의 사용시점'이다. ③ 정보가 너무 이른 시기에 전달될 경우 불확실한 변수로 인한 오류가 있게 되고 보안성이 상실되기 쉬우며, 지나치게 늦게 제공될 경우 정보가치가 상실되거나 감소한다.
완전성	제시된 주제와 관련하여 얼마나 완전한 내용의 정보가 제공되느냐에 대한 평가요소이다.
객관성	정보가 생산자나 사용자의 의도에 따라 주관적으로 왜곡되면 선호 정책의 합리화 도구로 전락할 수 있다.
정보제공의 빈도	① 정보의 사용자에게 얼마나 자주 제공되느냐에 대한 평가요소이다. ② 정보가 자주 제공될수록 사용자에게는 도움이 될 가능성이 높으므로 그만큼 정보의 가치도 높아진다.

(3) 효용성

형식효용	① 정보사용자가 요구하는 형식에 부합 ② 보고서 1면주의와 관련 ③ 전략정보 : 높은 수준의 정책결정자, 중요한 요소만을 압축한 형태(1면주의) 전술정보 : 낮은 수준의 정책결정자나 실무자, 상세하고 구체적일 필요
시간효용	정보사용자가 정보를 필요로 하는 시점, 적시성
소유효용	많이 소유할수록 집적의 효과를 발휘, 정보는 국력이다.
접근효용	정보사용자가 쉽게 접근
통제효용	필요로 하는 사람들에게 필요한 만큼 제공되도록 통제, 차단의 원칙이나 방첩활동

4. 정보의 구분

(1) **사용수준** : 전략정보, 전술정보

(2) **출처** : 근본·부차, 정기·우연, 공개·비밀

(3) **입수형태** : 직접정보, 간접정보

(4) **요소** : 정치, 경제, 사회, 군사, 과학, 산업

(5) **대상(목적)** : 적극정보, 소극정보

(6) **기능(분석형태)** : 기본정보, 현용정보, 판단정보

(7) **수집활동(방법)** : 인간정보, 기술정보(영상정보, 신호정보)

5. 프라이버시

(1) 개념

Samuel Warren & Louise Brandeis	혼자 있을 권리
Alan F. Westin	스스로 결정할 권리
Edward Bloustine	인격권
Ruth Gavison	비밀, 익명성, 고독

(2) **침해유형** : 사적인 일에의 침입, 사적인 사실의 공개, 사생활에 관한 판단의 오도, 사적인 일의 영리적 이용

Keyword 101 정보의 순환

1. 기본 구조

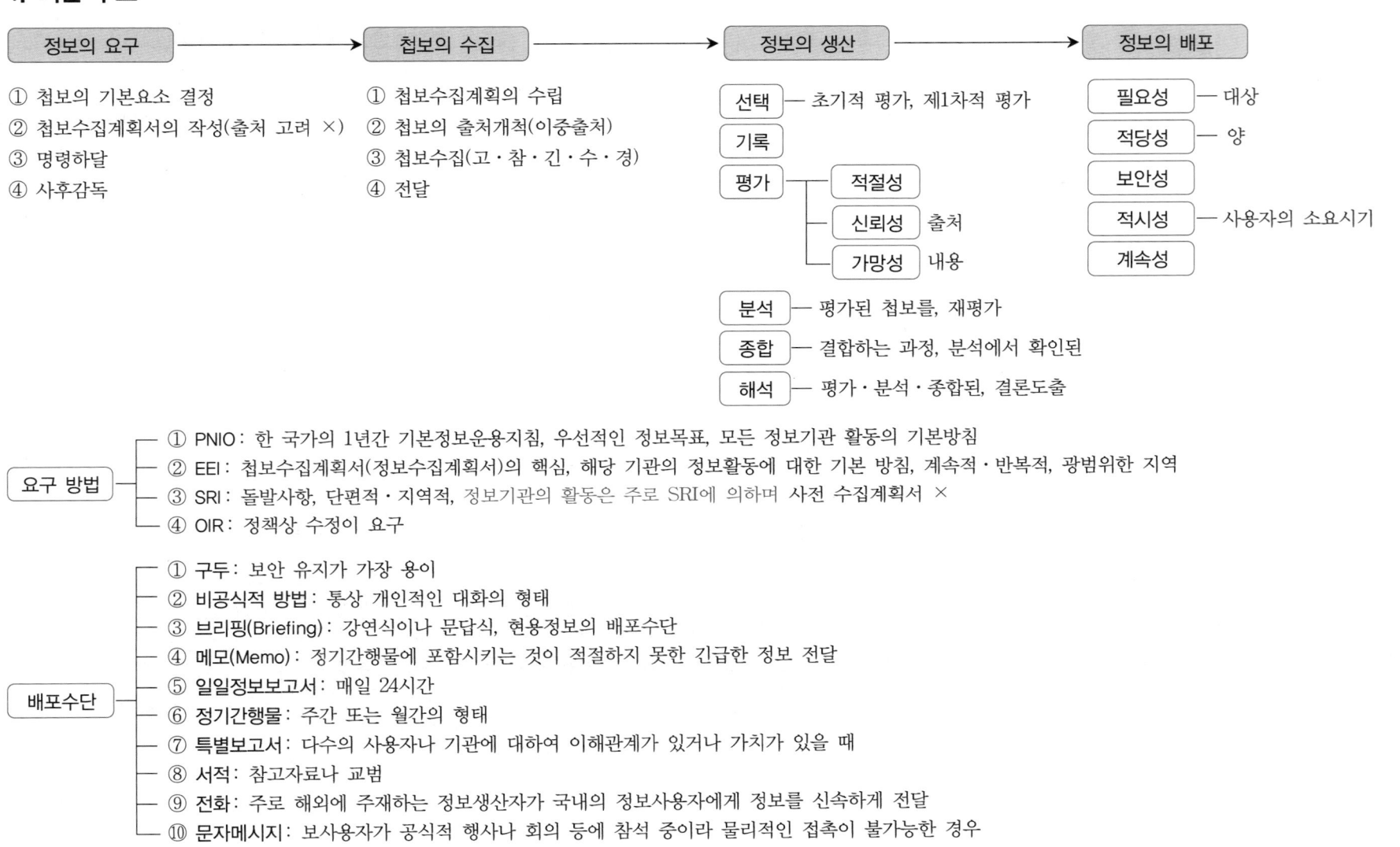

정보의 요구	첩보의 수집	정보의 생산	정보의 배포

정보의 요구
① 첩보의 기본요소 결정
② 첩보수집계획서의 작성(출처 고려 ×)
③ 명령하달
④ 사후감독

첩보의 수집
① 첩보수집계획의 수립
② 첩보의 출처개척(이중출처)
③ 첩보수집(고·참·긴·수·경)
④ 전달

정보의 생산
- 선택 ── 초기적 평가, 제1차적 평가
- 기록
- 평가 ── 적절성
       └ 신뢰성 출처
       └ 가망성 내용
- 분석 ── 평가된 첩보를, 재평가
- 종합 ── 결합하는 과정, 분석에서 확인된
- 해석 ── 평가·분석·종합된, 결론도출

정보의 배포
- 필요성 ── 대상
- 적당성 ── 양
- 보안성
- 적시성 ── 사용자의 소요시기
- 계속성

요구 방법
① PNIO : 한 국가의 1년간 기본정보운용지침, 우선적인 정보목표, 모든 정보기관 활동의 기본방침
② EEI : 첩보수집계획서(정보수집계획서)의 핵심, 해당 기관의 정보활동에 대한 기본 방침, 계속적·반복적, 광범위한 지역
③ SRI : 돌발사항, 단편적·지역적, 정보기관의 활동은 주로 SRI에 의하며 사전 수집계획서 ×
④ OIR : 정책상 수정이 요구

배포수단
① 구두 : 보안 유지가 가장 용이
② 비공식적 방법 : 통상 개인적인 대화의 형태
③ 브리핑(Briefing) : 강연식이나 문답식, 현용정보의 배포수단
④ 메모(Memo) : 정기간행물에 포함시키는 것이 적절하지 못한 긴급한 정보 전달
⑤ 일일정보보고서 : 매일 24시간
⑥ 정기간행물 : 주간 또는 월간의 형태
⑦ 특별보고서 : 다수의 사용자나 기관에 대하여 이해관계가 있거나 가치가 있을 때
⑧ 서적 : 참고자료나 교범
⑨ 전화 : 주로 해외에 주재하는 정보생산자가 국내의 정보사용자에게 정보를 신속하게 전달
⑩ 문자메시지 : 보사용자가 공식적 행사나 회의 등에 참석 중이라 물리적인 접촉이 불가능한 경우

2. 정보순환과정의 장애요인

정보사용자	정보생산자
① 시간적 제약성	① 다른 정보와의 경쟁
② 선호정보	② 편향적 분석의 문제
③ 자존심	③ 적시성의 문제
④ 과도한 기대	④ 적합성의 문제
⑤ 판단정보의 소외	⑤ 판단의 불명확성

MEMO

Keyword 102 | 집회 및 시위에 관한 법률

1. 정의

옥외집회	천장이 없거나 사방이 폐쇄되지 아니한 장소
시위	여러 사람이 공동의 목적을 가지고 ① 도로, 광장, 공원 등 일반인이 자유로이 통행할 수 있는 장소를 행진하거나 ② 위력(威力) 또는 기세(氣勢)를 보여 불특정한 여러 사람의 의견에 영향을 주거나 제압(制壓)을 가하는 행위를 말한다.
주최자	자기 이름으로 자기 책임 아래 집회나 시위를 여는 사람이나 단체를 말한다. 주최자는 주관자(主管者)를 따로 두어 집회 또는 시위의 실행을 맡아 관리하도록 위임할 수 있다. 이 경우 주관자는 그 위임의 범위 안에서 주최자로 본다.
질서유지인	주최자가 자신을 보좌하여 집회 또는 시위의 질서를 유지하게 할 목적으로 임명한 자를 말한다.
질서유지선	관할 경찰서장이나 시·도경찰청장이 적법한 집회 및 시위를 보호하고 질서유지나 원활한 교통 소통을 위하여 집회 또는 시위의 장소나 행진 구간을 일정하게 구획하여 설정한 띠, 방책(防柵), 차선(車線) 등의 경계 표지(標識)를 말한다.

2. 기본 구조

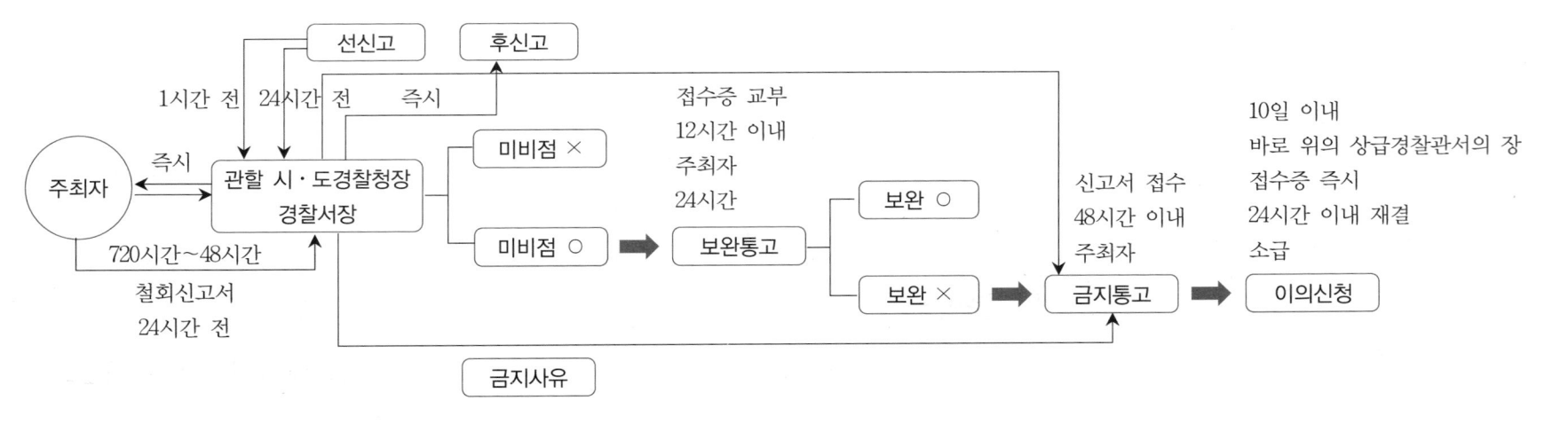

3. 준수사항

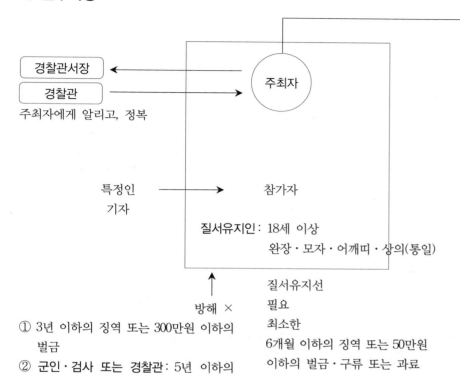

확성기

소음도 구분		대상 지역	시간대		
			주간 (07:00~ 해지기 전)	야간 (해진 후~ 24:00)	심야 (00:00~ 07:00)
대상 소음도	등가 소음도 (Leq)	주거지역, 학교, 종합병원	60 이하	50 이하	45 이하
		공공도서관	60 이하	55 이하	
		그 밖의 지역	70 이하	60 이하	
	최고 소음도 (Lmax)	주거지역, 학교, 종합병원	80 이하	70 이하	65 이하
		공공도서관	80 이하	75 이하	
		그 밖의 지역	90 이하		

① 관할 경찰서장(현장 경찰공무원)이 측정한다.

② 주된 건물의 경비 등을 위하여 사용되는 부속 건물, 광장·공원이나 도로상의 영업시설물, 공원의 관리사무소 등은 소음 측정 장소에서 제외한다.

③ 확성기등의 대상소음이 있을 때 측정한 소음도를 측정소음도로 하고, 같은 장소에서 확성기등의 대상소음이 없을 때 5분간 측정한 소음도를 배경소음도로 한다.

4. 해산절차 : 종결선언 요청(생략가능) − 자진해산 요청 − 해산명령 − 직접해산

5. 관련 판례

① 경찰관들이 집회 또는 시위가 이루어지는 장소의 외곽이나 그 장소 안에서 줄지어 서는 등의 방법으로 사실상 질서유지선의 역할을 수행하는 경우, 같은 법상 질서유지선에 해당하는지 여부(소극) : 질서유지선은 띠, 방책, 차선 등과 같이 경계표지로 기능할 수 있는 물건 또는 도로교통법상 안전표지라고 봄이 타당하므로, 경찰관들이 집회 또는 시위가 이루어지는 장소의 외곽이나 그 장소 안에서 줄지어 서는 등의 방법으로 사실상 질서유지선의 역할을 수행한다고 하더라도 이를 가리켜 집시법에서 정한 질서유지선이라고 할 수는 없다(대판 2019.1.10, 2016도21311).

② 집회 및 시위에 관한 법률 위반 : 집회 및 시위에 관한 법률(이하 '집시법'이라 한다)상 일정한 경우 집회의 자유가 사전 금지 또는 제한된다 하더라도 이는 다른 중요한 법익의 보호를 위하여 반드시 필요한 경우에 한하여 정당화되는 것이며, 특히 집회의 금지와 해산은 원칙적으로 공공의 안녕질서에 대한 직접적인 위협이 명백하게 존재하는 경우에 한하여 허용될 수 있고, 집회의 자유를 보다 적게 제한하는 다른 수단, 예컨대 시위 참가자수의 제한, 시위대상과의 거리제한, 시위 방법, 시기, 소요시간의 제한 등 조건을 붙여 집회를 허용하는 가능성을 모두 소진한 후에 비로소 고려될 수 있는 최종적인 수단이다. 따라서 사전 금지 또는 제한된 집회라 하더라도 실제 이루어진 집회가 당초 신고 내용과 달리 평화롭게 개최되거나 집회 규모를 축소하여 이루어지는 등 타인의 법익 침해나 기타 공공의 안녕질서에 대하여 직접적이고 명백한 위험을 초래하지 않은 경우에는 이에 대하여 사전 금지 또는 제한을 위반하여 집회를 한 점을 들어 처벌하는 것 이외에 더 나아가 이에 대한 해산을 명하고 이에 불응하였다 하여 처벌할 수는 없다(대판 2011.10.13, 2009도13846).

③ 업무방해·집회및시위에관한법률위반 : 집회신고시간을 넘어 일몰시간 후에 집회 및 시위를 한 경우에는 관할 경찰관서장 또는 관할 경찰관서장으로부터 권한을 부여받은 경찰관은 참가자들에 대하여 상당한 시간 내에 자진해산할 것을 요청한 다음, 그 자진해산요청에도 응하지 아니할 경우 자진해산할 것을 명령할 수 있다고 할 것이며, 여기서 해산명령 이전에 자진해산할 것을 요청하도록 한 입법 취지에 비추어 볼 때, 반드시 '자진해산'이라는 용어를 사용하여 요청할 필요는 없고, 그 때 해산을 요청하는 언행 중에 스스로 해산하도록 청하는 취지가 포함되어 있으면 된다(대판 2000.11.24, 2000도2172).

④ 폭력행위등처벌에관한법률위반,집회및시위에관한법률위반 : 단지 당국이 피고인이 간부로 있는 전국교직원노동조합이나 기타 단체에 대하여 모든 옥내외 집회를 부당하게 금지하고 있다고 하여 그 집회신고의 기대가능성이 없다 할 수 없으므로, 위와 같은 이유만으로 관할 경찰서장에게 신고하지 않고 옥외집회를 주최한 것이 죄가 되지 않는다고 할 수 없다[대법원 1992. 8. 14. 선고 92도1246 판결].

⑤ 집회및시위에관한법률위반 : 옥외집회 또는 시위가 개최될 것이라는 것을 관할 경찰서가 알고 있었다거나 그 집회 또는 시위가 평화롭게 이루어진다 하여 신구 '집회 및 시위에 관한 법률' 소정의 신고의무가 면제되는 것이라고는 할 수 없다[대법원 2009. 7. 9. 선고 2007도1649 판결].

⑥ 집회및시위에관한법률위반,기부금품모집법위반 : 집회장소 사용 승낙을 하지 않은 甲대학교측의 집회 저지 협조요청에 따라 경찰관들이 甲대학교 출입문에서 신고된 甲대학교에서의 집회에 참가하려는 자의 출입을 저지한 것은 경찰관직무집행법 제6조의 주거침입행위에 대한 사전 제지조치로 볼 수 있고, 비록 그 때문에 소정의 신고없이 乙대학교로 장소를 옮겨서 집회를 하였다 하여 그 신고없이 한 집회가 긴급피난에 해당한다고도 할 수 없다[대법원 1990. 8. 14. 선고 90도870 판결].

MEMO

⑦ 민원서류 반려 위헌확인 : 상호 충돌을 피한다는 이유로 두 개의 집회신고를 모두 반려하였는바, 이 사건 반려행위는 법률의 근거 없이 청구인들의 집회의 자유를 침해한 것으로서 헌법상 법률유보원칙에 위반된다고 할 것이다[전원재판부 2007헌마712, 2008. 5. 29.].

⑧ 집회및시위에관한법률 제11조 제1호 위헌제청 : 집회의 자유는 집회를 통하여 형성된 의사를 집단적으로 표현하고 이를 통하여 불특정 다수인의 의사에 영향을 줄 자유를 포함하므로 이를 내용으로 하는 시위의 자유 또한 집회의 자유를 규정한 헌법 제21조 제1항에 의하여 보호되는 기본권이다[전원재판부 2004헌가17, 2005. 11. 24.]

⑨ 집회및시위에관한법률 제11조 제1호 중 국내주재 외국의 외교기관 부분 위헌소원 : 집회의 자유는 개인이 집회에 참가하는 것을 방해하거나 또는 집회에 참가할 것을 강요하는 국가행위를 금지할 뿐만 아니라, 예컨대 집회장소로의 여행을 방해하거나, 집회장소로부터 귀가하는 것을 방해하거나, 집회참가자에 대한 검문의 방법으로 시간을 지연시킴으로써 집회장소에 접근하는 것을 방해하는 등 집회의 자유행사에 영향을 미치는 모든 조치를 금지한다[전원재판부 2000헌바67, 2003. 10. 30.].

⑩ 국가보안법위반,집회및시위에 관한법률위반 : 집회 및 시위에 관한 법률 제3조의 집회란 특정 또는 불특정 다수인이 특정한 목적 아래 일시적으로 일정한 장소에 모이는 것을 말하고 그 모이는 장소나 사람의 다과에 제한이 있을 수 없다[대법원 1983. 11. 22. 선고 83도2528 판결].

⑪ 집회 및 시위에 관한 법률 위반 : 집회 및 시위에 관한 법률(이하 '집시법'이라 한다) 제20조 제1항과 집회 및 시위에 관한 법률 시행령(이하 '집시법 시행령'이라 한다)이 해산명령을 할 때 그 사유를 구체적으로 고지하도록 명시적으로 규정하고 있지는 아니하나, 자발적인 종결 선언이나 자진 해산이 이루어지기 위해서는 해산명령을 할 때에는 해산 사유가 집시법 제20조 제1항 각 호 중 어느 사유에 해당하는지에 관하여 구체적으로 고지하여야만 한다고 보아야 한다[대법원 2012. 2. 9. 선고 2011도7193 판결].

⑫ 업무방해 · 집회및시위에관한법률위반 : 해산명령 이전에 자진해산할 것을 요청하도록 한 입법 취지에 비추어 볼 때, 반드시 '자진해산'이라는 용어를 사용하여 요청할 필요는 없고, 그 때 해산을 요청하는 언행 중에 스스로 해산하도록 청하는 취지가 포함되어 있으면 된다[대법원 2000. 11. 24. 선고 2000도2172 판결].

⑬ 폭력행위등처벌에관한법률위반(공동주거침입) · 집회및시위에관한법률위반 : 당초 옥외집회를 개최하겠다고 신고하였지만 신고 내용과 달리 아예 옥외집회는 개최하지 아니한 채 신고한 장소와 인접한 건물 등에서 옥내집회만을 개최한 경우에는, 그것이 건조물침입죄 등 다른 범죄를 구성함은 별론으로 하고, 신고한 옥외집회를 개최하는 과정에서 그 신고범위를 일탈한 행위를 한 데 대한 집시법 위반죄로 처벌할 수는 없다[대법원 2013. 7. 25. 선고 2010도14545 판결].

⑭ 손해배상(기) : 양심수를 시민들에게 알리기 위한 것이라는 시위목적에 비추어, 시위자들이 죄수복 형태의 옷을 집단적으로 착용하고 포승으로 신체를 결박한 채 행진하려는 것은 집회및시위에관한법률 제6조 제1항 및 같은법시행령 제2조에 규정된 시위의 방법과 관련되는 사항으로 사전 신고의 대상이 된다[대법원 2001. 10. 9. 선고 98다20929 판결].

⑮ 집회 및 시위에 관한 법률 제2조 등에 대한 헌법소원 : 집회 및 시위에 관한 법률 제2조 제2호의 "시위"는 그 문리와 개정연혁에 비추어 다수인이 공동목적을 가지고 (1) 도로 · 광장 · 공원 등 공중이 자유로이 통행할 수 있는 장소를 진행함으로써 불특정다수인의 의견에 영향을 주거나 제압을 가하는 행위와 (2) 위력(威力) 또는 기세(氣勢)를 보여 불특정다수인의 의견에 영향을 주거나 제압을 가하는 행위를 말한다고 풀이되므로, 위 (2)의 경우에는 "공중(公衆)이 자유로이 통행할 수 있는 장소"라는 장소적 제한개념은 시위(示威)라는 개념의 요소라고 볼 수 없다[전원재판부 91헌바14, 1994. 4. 28.].

MEMO

⑯ **집회및시위에관한법률위반** : 먼저 신고된 집회의 참여예정인원, 집회의 목적, 집회개최장소 및 시간, 집회 신고인이 기존에 신고한 집회 건수와 실제로 집회를 개최한 비율 등 먼저 신고된 집회의 실제 개최 가능성 여부와 양 집회의 상반 또는 방해가능성 등 제반 사정을 확인하여 먼저 신고된 집회가 다른 집회의 개최를 봉쇄하기 위한 허위 또는 가장 집회신고에 해당함이 객관적으로 분명해 보이는 경우에는, 뒤에 신고된 집회에 다른 집회금지 사유가 있는 경우가 아닌 한, 관할경찰관서장이 단지 먼저 신고가 있었다는 이유만으로 뒤에 신고된 집회에 대하여 집회 자체를 금지하는 통고를 하여서는 아니 되고, 설령 이러한 금지통고에 위반하여 집회를 개최하였다고 하더라도 그러한 행위를 집시법상 금지통고에 위반한 집회개최행위에 해당한다고 보아서는 아니 된다[대법원 2014. 12. 11. 선고 2011도13299 판결].

MEMO

Keyword 103 / 노동조합 및 노동관계 조정법

1. 기본 구조

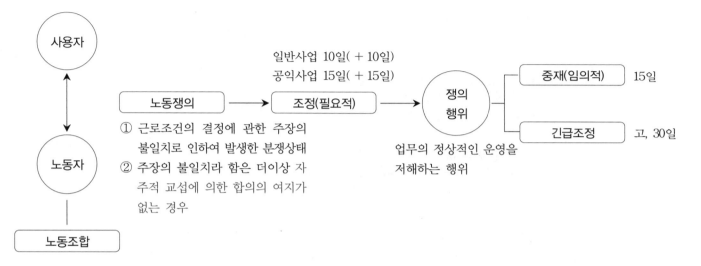

2. 주요 내용

노동조합	① 근로자의 경제적·사회적 지위의 향상을 도모함을 목적 ② 다음에 해당하는 경우에는 노동조합으로 보지 아니한다. 　㉠ 사용자 또는 항상 그의 이익을 대표하여 행동하는 자의 참가를 허용하는 경우 　㉡ 경비의 주된 부분을 사용자로부터 원조받는 경우 　㉢ 공제·수양 기타 복리사업만을 목적으로 하는 경우 　㉣ 근로자가 아닌 자의 가입을 허용하는 경우 　㉤ 주로 정치운동을 목적으로 하는 경우
설립 신고	고용노동부장관 / 특·광·도 / 시·군·구청장
해산 사유	규약 / 합병·분할 / 결의 / 임원 ×·1년·노동위원회 의결

CHAPTER 05 안보수사경찰

Keyword 104 방첩일반

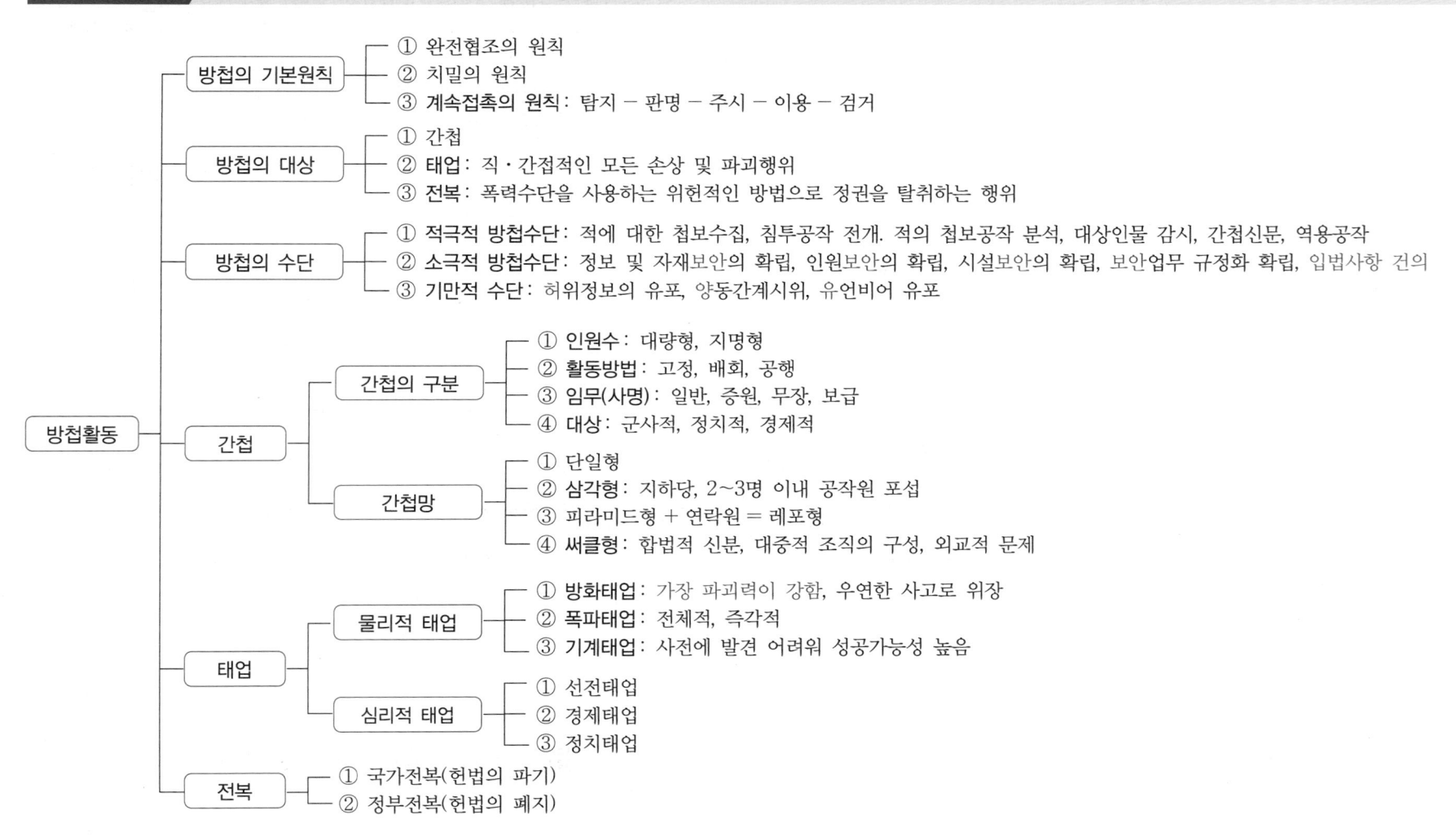

- 방첩활동
  - 방첩의 기본원칙
    - ① 완전협조의 원칙
    - ② 치밀의 원칙
    - ③ 계속접촉의 원칙: 탐지 - 판명 - 주시 - 이용 - 검거
  - 방첩의 대상
    - ① 간첩
    - ② 태업: 직·간접적인 모든 손상 및 파괴행위
    - ③ 전복: 폭력수단을 사용하는 위헌적인 방법으로 정권을 탈취하는 행위
  - 방첩의 수단
    - ① 적극적 방첩수단: 적에 대한 첩보수집, 침투공작 전개. 적의 첩보공작 분석, 대상인물 감시, 간첩신문, 역용공작
    - ② 소극적 방첩수단: 정보 및 자재보안의 확립, 인원보안의 확립, 시설보안의 확립, 보안업무 규정화 확립, 입법사항 건의
    - ③ 기만적 수단: 허위정보의 유포, 양동간계시위, 유언비어 유포
  - 간첩
    - 간첩의 구분
      - ① 인원수: 대량형, 지명형
      - ② 활동방법: 고정, 배회, 공행
      - ③ 임무(사명): 일반, 증원, 무장, 보급
      - ④ 대상: 군사적, 정치적, 경제적
    - 간첩망
      - ① 단일형
      - ② 삼각형: 지하당, 2~3명 이내 공작원 포섭
      - ③ 피라미드형 + 연락원 = 레포형
      - ④ 써클형: 합법적 신분, 대중적 조직의 구성, 외교적 문제
  - 태업
    - 물리적 태업
      - ① 방화태업: 가장 파괴력이 강함, 우연한 사고로 위장
      - ② 폭파태업: 전체적, 즉각적
      - ③ 기계태업: 사전에 발견 어려워 성공가능성 높음
    - 심리적 태업
      - ① 선전태업
      - ② 경제태업
      - ③ 정치태업
  - 전복
    - ① 국가전복(헌법의 파기)
    - ② 정부전복(헌법의 폐지)

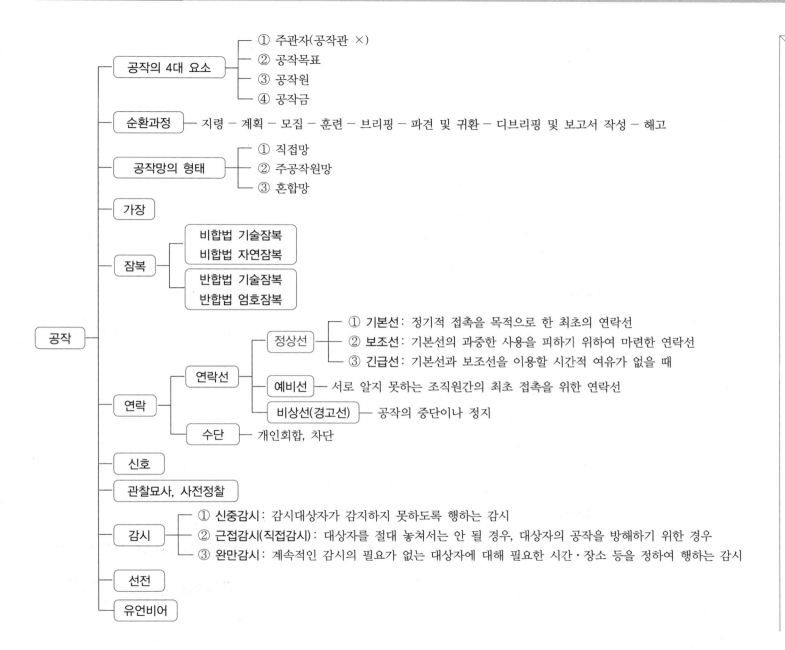

공작 —

- 공작의 4대 요소
  - ① 주관자(공작관 ×)
  - ② 공작목표
  - ③ 공작원
  - ④ 공작금

- 순환과정 — 지령 − 계획 − 모집 − 훈련 − 브리핑 − 파견 및 귀환 − 디브리핑 및 보고서 작성 − 해고

- 공작망의 형태
  - ① 직접망
  - ② 주공작원망
  - ③ 혼합망

- 가장

- 잠복
  - 비합법 기술잠복
  - 비합법 자연잠복
  - 반합법 기술잠복
  - 반합법 엄호잠복

- 연락
  - 연락선
    - 정상선
      - ① 기본선: 정기적 접촉을 목적으로 한 최초의 연락선
      - ② 보조선: 기본선의 과중한 사용을 피하기 위하여 마련한 연락선
      - ③ 긴급선: 기본선과 보조선을 이용할 시간적 여유가 없을 때
    - 예비선 — 서로 알지 못하는 조직원간의 최초 접촉을 위한 연락선
    - 비상선(경고선) — 공작의 중단이나 정지
  - 수단 — 개인회합, 차단

- 신호

- 관찰묘사, 사전정찰

- 감시
  - ① 신중감시: 감시대상자가 감지하지 못하도록 행하는 감시
  - ② 근접감시(직접감시): 대상자를 절대 놓쳐서는 안 될 경우, 대상자의 공작을 방해하기 위한 경우
  - ③ 완만감시: 계속적인 감시의 필요가 없는 대상자에 대해 필요한 시간·장소 등을 정하여 행하는 감시

- 선전

- 유언비어

Keyword 105 · 국가보안법

MEMO

1. 형법총칙과 국가보안법의 비교

형법총칙	국가보안법
① 고의범, 과실범	① 고의범(과실범 ×)
② 예비, 음모 ×	② 예비, 음모 ○
③ 미수 ×	③ 미수 ○
④ 정범 + 방조범(종범)	④ 본범 + 편의제공죄(정범)
⑤ 정범 + 교사범(종범)	⑤ 본범 + 선전·선동 및 권유죄(정범)
⑥ 신고의무 ×	⑥ 불고지죄

2. 형사소송법과 국가보안법의 비교

형사소송법	국가보안법
① 참고인 ×	① 참고인 ○ (2회)
② 경찰 10일	② 1차 (찬·불·특·무 ×)
③ 검사 10일	③ 2차 (찬·불·특·무 ×)
④ 재범, 누범가중	④ 금고, 5년, 사형
⑤ 압수물 환부	⑤ 압수물 폐기, 국고귀속
⑥ 기소유예	⑥ 공소보류
	⑦ 장기 이하 자격정지 병과

3. 구성요건

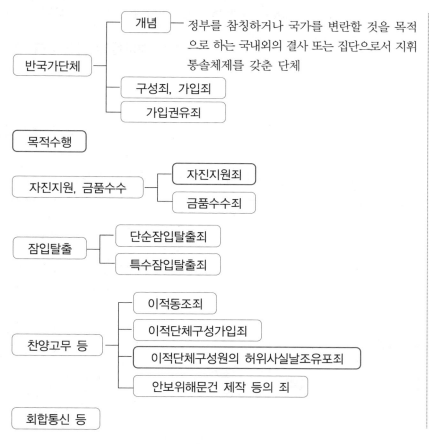

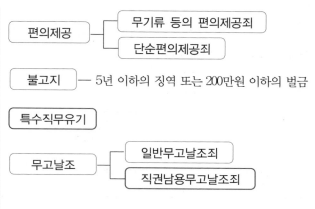

반국가단체
- 개념 ── 정부를 참칭하거나 국가를 변란할 것을 목적으로 하는 국내외의 결사 또는 집단으로서 지휘통솔체제를 갖춘 단체
- 구성죄, 가입죄
- 가입권유죄

목적수행

자진지원, 금품수수
- 자진지원죄
- 금품수수죄

잠입탈출
- 단순잠입탈출죄
- 특수잠입탈출죄

찬양고무 등
- 이적동조죄
- 이적단체구성가입죄
- 이적단체구성원의 허위사실날조유포죄
- 안보위해문건 제작 등의 죄

회합통신 등

편의제공
- 무기류 등의 편의제공죄
- 단순편의제공죄

불고지 ── 5년 이하의 징역 또는 200만원 이하의 벌금

특수직무유기

무고날조
- 일반무고날조죄
- 직권남용무고날조죄

MEMO

Keyword 106 보안관찰법

1. 기본 구조

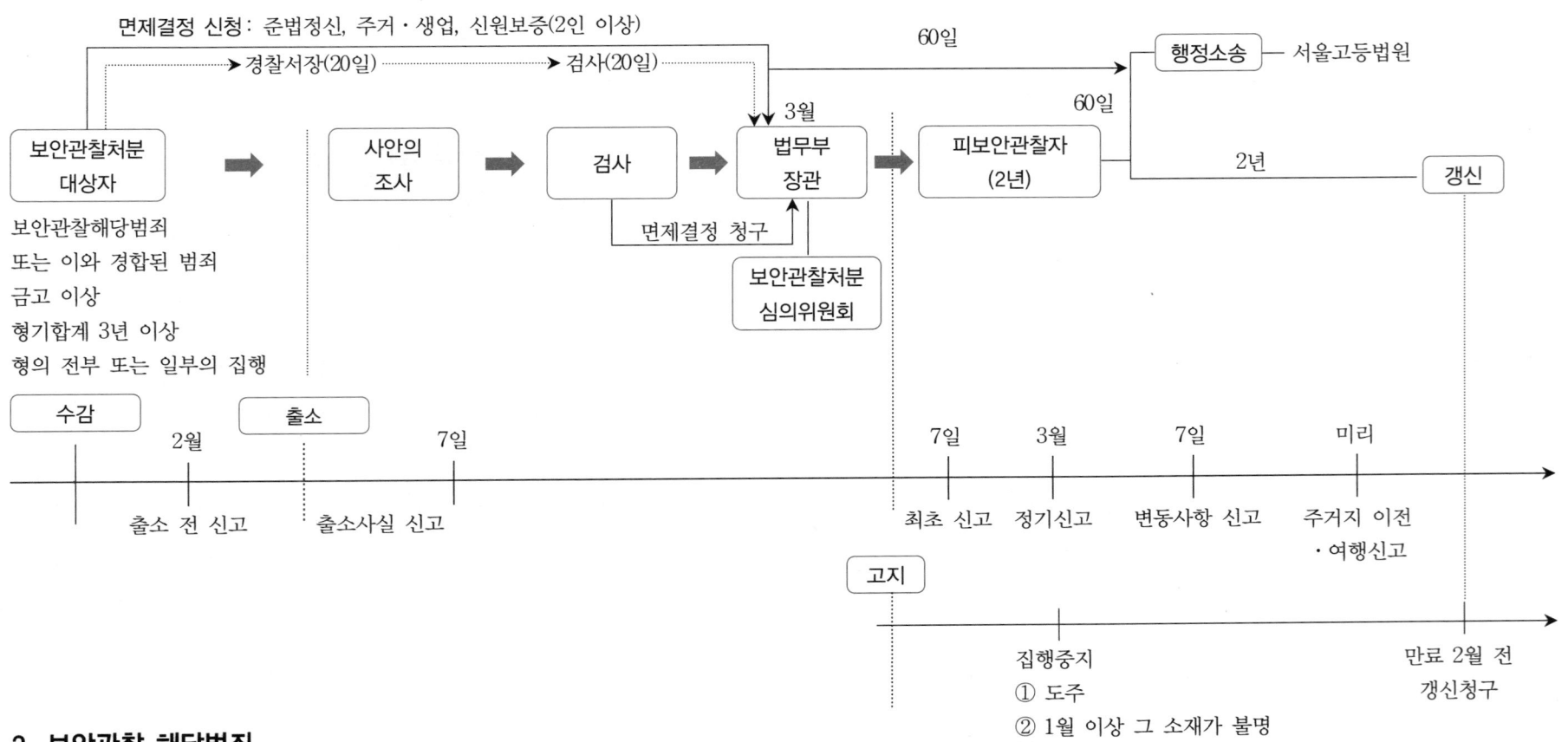

2. 보안관찰 해당범죄

형법	내란(내란 ×), 외환, 여적, 이적(일반 ×), 간첩
군형법	
국가보안법	목 · 자 · 금 · 잠 · 무편

Keyword 107 | 북한이탈주민의 보호 및 정착지원에 관한 법률

1. 정의

북한이탈주민	군사분계선 이북지역(이하 "북한"이라 한다)에 주소, 직계가족, 배우자, 직장 등을 두고 있는 사람으로서 북한을 벗어난 후 외국 국적을 취득하지 아니한 사람을 말한다.
보호대상자	이 법에 따라 보호 및 지원을 받는 북한이탈주민을 말한다.
보호금품	이 법에 따라 보호대상자에게 지급하거나 빌려주는 금전 또는 물품을 말한다.

2. 주요 내용

적용범위 (제3조)	이 법은 대한민국의 보호를 받으려는 의사를 표시한 북한이탈주민에 대하여 적용한다.
기본원칙 (제4조)	대한민국은 보호대상자를 인도주의에 입각하여 특별히 보호한다.
기본계획 (제4조의3)	통일부장관은 북한이탈주민 보호 및 정착지원협의회의 심의를 거쳐 보호대상자의 보호 및 정착지원에 관한 기본계획을 3년마다 수립·시행하여야 한다.
보호기준 등 (제5조)	보호대상자를 정착지원시설에서 보호하는 기간은 1년 이내로 하고, 거주지에서 보호하는 기간은 5년으로 한다.
거주지에서의 신변보호 (제22조의2)	① 통일부장관은 보호대상자의 신변안전을 위하여 국방부장관이나 경찰청장에게 협조를 요청할 수 있으며, 협조요청을 받은 국방부장관이나 경찰청장은 이에 협조한다. ② 신변보호에 필요한 사항은 통일부장관이 국방부장관, 국가정보원장 및 경찰청장과 협의하여 정한다. 이 경우 해외여행에 따른 신변보호에 관한 사항은 외교부장관과 법무부장관의 의견을 들을 수 있다. ③ 신변보호기간은 5년으로 한다.

3. 절차

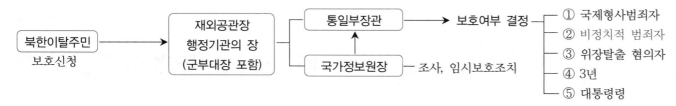

Keyword 108 / 남북교류협력에 관한 법률

1. 정의

교역	남한과 북한 간의 물품, 대통령령으로 정하는 용역 및 전자적 형태의 무체물(이하 "물품등"이라 한다)의 반출·반입을 말한다.
반출·반입	매매, 교환, 임대차, 사용대차, 증여, 사용 등을 목적으로 하는 남한과 북한 간의 물품등의 이동(단순히 제3국을 거치는 물품등의 이동을 포함한다. 이하 같다)을 말한다.

2. 신고 및 승인 사항

남북한 방문	① 통일부장관의 방문승인을 받아야 하며, 통일부장관이 발급한 증명서(이하 "방문증명서"라 한다)를 소지하여야 한다. ② 방문 7일 전까지 방문승인 신청서를 통일부장관에게 제출하여야 한다. ③ 복수방문증명서의 유효기간은 5년 이내로 하며, 5년의 범위에서 연장할 수 있다. ④ 통일부장관이나 재외공관의 장에게 신고하여야 한다. 　㉠ 외국정부로부터 영주권을 취득하였거나 이에 준하는 장기체류허가를 받은 사람 　㉡ 외국에 소재하는 외국법인 등에 취업하여 업무수행의 목적으로 북한을 방문하는 사람 ⑤ 위 ④에 따라 외국에서 북한 왕래를 신고하려는 재외국민은 출발 3일 전까지 또는 귀환 후 10일 이내에 통일부장관 또는 재외공관의 장에게 제출하여야 한다.
남북한 주민 접촉	① 통일부장관에게 미리 신고하여야 한다. 다만, 대통령령으로 정하는 부득이한 사유에 해당하는 경우에는 접촉한 후에 신고할 수 있다. ② 접촉 7일 전까지 북한주민접촉 신고서에 일정한 서류를 첨부하여 통일부장관에게 제출하여야 한다. ③ 방문증명서를 발급받은 사람이 그 방문 목적의 범위에서 당연히 인정되는 접촉을 하는 경우 등 대통령령으로 정하는 경우에 해당하면 접촉신고를 한 것으로 본다.
반출·반입의 승인	① 통일부장관의 승인을 받아야 한다. ② 반출·반입 7일 전까지 반출·반입 승인 신청서를 통일부장관에게 제출하여야 한다. ③ 남한과 북한 간의 거래는 국가 간의 거래가 아닌 민족내부의 거래로 본다.
협력사업의 승인 및 신고	① 통일부장관의 승인을 받아야 한다. 승인을 받은 협력사업의 내용을 변경할 때에도 또한 같다. ② 소액투자 등 대통령령으로 정하는 협력사업을 하려는 자는 대통령령으로 정하는 바에 따라 통일부장관에게 신고하고 협력사업을 할 수 있다.

Keyword 109 / 다문화사회의 접근 유형

```
국민 ─┬─ 외국인 ── 급진적 다문화주의
      │
      ├─ 외국인 ── 자유주의적 다문화주의(동화주의)
      │
      └─ 외국인 ── 조합주의적 다문화주의(다원주의)
```

급진적 다문화주의

① 급진적 다문화주의는 '차이에 대한 권리'로 해석되며, 소수자의 문화적 권리와 결부되어 이해

② 소수집단이 자결(Self-Determination)의 원칙을 내세워 문화적 공존을 넘어서는 소수민족 집단만의 공동체 건설을 지향

③ 미국에서의 흑인과 원주민에 의한 격리주의 운동이 대표적

자유주의적 다문화주의(동화주의)

① 소수인종과 문화적 소수자에 대한 기회평등이라는 측면에서 다문화정책을 접근

② 문화적 다양성을 허용하고, 소수 인종집단 고유의 문화와 가치를 인정

③ 시민생활이나 공적 생활에서는 주류 사회의 문화·언어·사회습관에 따를 것을 요구

④ 차별을 금지하고 사회참여를 위해 기회평등을 보장하며 다수민족과 소수민족간의 차별구조와 불평등 구조를 적극적으로 해체

조합주의적 다문화주의(다원주의)

① 자유주의적 다문화주의와 급진적 다문화주의의 절충적 형태

② 결과에 있어서의 평등 보장

③ 문화적 소수자가 현실적으로 문화적 다수자와의 경쟁에서 불리한 위치에 있다는 것을 전제

④ 소수집단의 사회참가를 촉진하기 위해 적극적인 재정적·법적 원조

Keyword 110 외교사절과 영사

1. 외교사절과 영사의 비교

구분	외교사절	영사
성질	정치적 기관(정치목적)	통상기관(경제목적)
외교교섭	가능	불가능
아그레망	필요	불필요
임무개시	신임장의 제출	위임장의 제출(인가장의 발부)
공관	외교공관은 통상 접수국의 수도에 한 곳 뿐임	영사관은 여러 개가 존재할 수 있음
신체의 불가침	포괄적(안전을 위한 일시적 구속 가능)	공무에 한함(체포, 구속, 기소 가능)
공관의 불가침	포괄적(공관·사저)	공관만 향유
문서의 불가침	포괄적(공·사문서)	공문서만 보호 (영사직원 입회하에 개봉요구 가능)
면제권	포괄적 향유	공무상 행위만 해당
파견, 접수, 직무, 특권의 규제	일반국제법(국제관습, 협약)	개별적 조약(통상항해조약, 영사조약 등)

2. 외교사절의 파견

(1) **외교사절의 파견절차**: 아그레망요청 및 부여 → 임명 → 신임장 부여 → 파견 → 입국 → 신임장 제출 및 접수

(2) **직무개시 및 특권부여**

① 외교사절의 직무의 개시: 신임장의 원본이 접수국 정부에 정식으로 수리되었을 때부터 외교사절의 임무가 개시된다.

② 외교사절의 특권 향유시기: 외교사절의 특권은 입국시부터 향유하며, 출국시까지 외교특권을 누릴 수 있다. 이는 외교관계가 단절되더라도 향유할 수 있는 권리이며, 접수국이 상당한 기간을 정하여 출국을 요청한 경우 상당한 기간까지 외교특권을 향유한다.

Keyword 111 출입국관리법

1. 정의

여권	대한민국정부·외국정부 또는 권한 있는 국제기구에서 발급한 여권 또는 난민여행증명서나 그 밖에 여권을 갈음하는 증명서로서 대한민국정부가 유효하다고 인정하는 것을 말한다.
선원신분증명서	대한민국정부나 외국정부가 발급한 문서로서 선원임을 증명하는 것을 말한다.

2. 국민의 출국·입국

(1) **여권 발급**: 외교부장관

(2) **출국금지 사유**

6개월 이내	① 형사 ② 징역형, 금고형 ③ 벌금(1천만원), 추징금(2천만원) ④ 국세·관세(5천만원), 지방세(3천만원) ⑤ 양육비 ⑥ 법무부령
1개월 이내	범죄수사
3개월 이내	기소중지, 수사중지(피의자중지로 한정)된 사람 또는 도주 등 특별한 사유가 있어 수사진행이 어려운 사람
영장 유효기간	기소중지 또는 수사중지(피의자중지로 한정)된 경우로서 체포영장 또는 구속영장이 발부된 사람

(3) 출국금지 절차

연장 요청: 3일 전

```
┌─────────────────┐        ┌─────────────────┐        ┌─────────────────┐
│  중앙행정기관의 장  │ ────→  │    법무부장관     │ ⇄     │     당사자      │
└─────────────────┘        └─────────────────┘        └─────────────────┘
                             타당성 여부 결정:           이의신청: 10일 이내
                             15일 이내(＋15일)
                             긴급출국금지 승인:
                             12시간 이내
┌─────────────────┐        ┌─────────────────┐
│     수사기관      │ ────→  │  출입국관리공무원  │
└─────────────────┘        └─────────────────┘
```

긴급출국금지 승인 요청:
6시간 이내

3. 외국인의 입국 · 체류 및 출국

(1) 사증 발급: 법무부장관

(2) 입국금지 사유

① 감염, 마약, 공중위생 염려
② 총포 · 도검 · 화약류 등을 위법
③ 이익, 안전 염려
④ 경제 또는 사회, 풍속 염려
⑤ 보조, 비용, 구호
⑥ 강제퇴거명령, 출국 후 5년
⑦ 1910년 8월 29일부터 1945년 8월 15일
⑧ 법무부장관

(3) 외국인의 상륙

① 승무원 상륙: 15일
② 관광상륙: 3일
③ 긴급상륙: 30일, 외국인이 질병 · 사고
④ 재난상륙: 30일, 조난을 당한 선박
⑤ 난민임시상륙: 90일(법무부장관 승인, 외교부장관 협의)

(4) **체류자격**: 법무부장관

① 종류

체류자격 (기호)	체류자격에 해당하는 사람 또는 활동범위
외교 (A-1)	대한민국정부가 접수한 외국정부의 외교사절단이나 영사기관의 구성원, 조약 또는 국제관행에 따라 외교사절과 동등한 특권과 면제를 받는 사람과 그 가족
공무 (A-2)	대한민국정부가 승인한 외국정부 또는 국제기구의 공무를 수행하는 사람과 그 가족
협정 (A-3)	대한민국정부와의 협정에 따라 외국인등록이 면제되거나 면제할 필요가 있다고 인정되는 사람과 그 가족
사증면제 (B-1)	대한민국과 사증면제협정을 체결한 국가의 국민으로서 그 협정에 따른 활동을 하려는 사람
관광·통과 (B-2)	관광·통과 등의 목적으로 대한민국에 사증 없이 입국하려는 사람
문화예술 (D-1)	수익을 목적으로 하지 않는 문화 또는 예술 관련 활동을 하려는 사람(대한민국의 전통문화 또는 예술에 대하여 전문적인 연구를 하거나 전문가의 지도를 받으려는 사람을 포함한다)
유학 (D-2)	전문대학 이상의 교육기관 또는 학술연구기관에서 정규과정의 교육을 받거나 특정 연구를 하려는 사람
회화지도 (E-2)	법무부장관이 정하는 자격요건을 갖춘 외국인으로서 외국어전문학원, 초등학교 이상의 교육기관 및 부설어학연구소, 방송사 및 기업체 부설 어학연수원, 그 밖에 이에 준하는 기관 또는 단체에서 외국어 회화지도에 종사하려는 사람
예술흥행 (E-6)	수익이 따르는 음악, 미술, 문학 등의 예술활동과 수익을 목적으로 하는 연예, 연주, 연극, 운동경기, 광고·패션 모델, 그 밖에 이에 준하는 활동을 하려는 사람
재외동포 (F-4)	「재외동포의 출입국과 법적 지위에 관한 법률」 제2조 제2호에 해당하는 사람
결혼이민 (F-6)	① 국민의 배우자 ② 국민과 혼인관계(사실상의 혼인관계를 포함한다)에서 출생한 자녀를 양육하고 있는 부 또는 모로서 법무부장관이 인정하는 사람 ③ 국민인 배우자와 혼인한 상태로 국내에 체류하던 중 그 배우자의 사망이나 실종, 그 밖에 자신에게 책임이 없는 사유로 정상적인 혼인관계를 유지할 수 없는 사람으로서 법무부장관이 인정하는 사람

MEMO

② 체류자격의 부여

> • 대한민국에서 출생한 외국인: 출생한 날부터 90일
> • 대한민국에서 체류 중 대한민국의 국적을 상실하거나 이탈하는 등 그 밖의 사유가 발생한 외국인: 그 사유가 발생한 날부터 60일

MEMO

(5) 출국정지 ≒ 출국금지

(6) 등록

① 외국인이 입국한 날부터 90일을 초과하여 대한민국에 체류하려면 대통령령으로 정하는 바에 따라 입국한 날부터 90일 이내에 그의 체류지를 관할하는 지방출입국 · 외국인관서의 장에게 외국인등록을 하여야 한다.

② (4)의 ②에 따라 체류자격을 받는 사람으로서 그 날부터 90일을 초과하여 체류하게 되는 사람은 체류자격을 받는 때에 외국인등록을 하여야 한다.

③ 체류자격 변경허가를 받는 사람으로서 입국한 날부터 90일을 초과하여 체류하게 되는 사람은 체류자격 변경허가를 받는 때에 외국인등록을 하여야 한다.

Keyword 112 국제형사사법공조법

MEMO

1. 국제형사사법공조 일반 : 상호주의, 쌍방가벌성, 특정성 / 조약에 이 법과 다른 규정이 있는 경우에는 그 규정

(1) 공조의 제한(제6조)

① 주권, 안전보장, 안녕질서 또는 미풍
양속

② 인종, 국적, 성별, 종교, 사회적 신분
또는 특정 사회단체, 정치적 견해

③ 정치적 성격

④ 대한민국의 법률

⑤ 요청국의 보증

공조의 범위(제5조)	국제형사경찰기구와의 협력
공조의 범위는 다음 각 호와 같다. 1. 사람 또는 물건의 소재에 대한 수사 2. 서류 · 기록의 제공 3. 서류 등의 송달 4. 증거 수집, 압수 · 수색 또는 검증 5. 증거물 등 물건의 인도(引渡) 6. 진술 청취, 그 밖에 요청국에서 증언하게 하거나 수사에 협조하게 하는 조치	행정안전부장관은 국제형사경찰기구로부터 외국의 형사사건 수사에 대하여 협력을 요청 받거나 국제형사경찰기구에 협력을 요청하는 경우에는 다음 각 호의 조치를 취할 수 있다. 1. 국제범죄의 정보 및 자료 교환 2. 국제범죄의 동일증명(同一證明) 및 전과 조회 3. 국제범죄에 관한 사실 확인 및 그 조사

(2) 공조의 연기(제7조)

대한민국에서 수사가 진행 중이거나 재판에 계속(係屬)된 범죄

2. 절차

Keyword 113 범죄인인도법

1. 범죄인인도 일반: 상호주의, 쌍방가벌성, 최소중요성, 특정성, 자국민불인도, 유용성, 정치범불인도, 군사범불인도

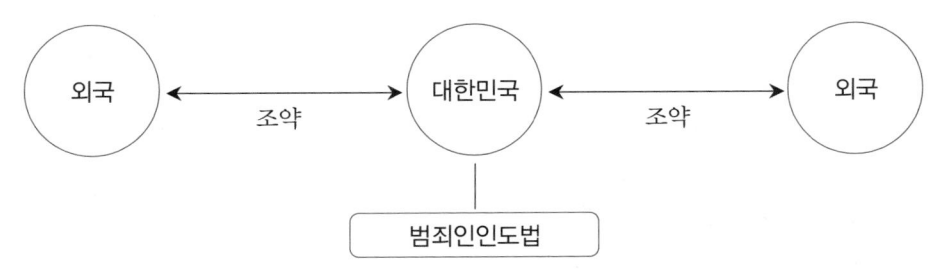

(1) **범죄인 인도사건의 전속관할(제3조)**: 서울고등법원과 서울고등검찰청의 전속관할

(2) **인도조약과의 관계(제3조의2)**: 범죄인 인도에 관하여 인도조약에 이 법과 다른 규정이 있는 경우에는 그 규정에 따른다.

2. 인도거절 사유

절대적 인도거절 사유(제7조)	임의적 인도거절 사유(제9조)
① 대한민국 또는 청구국의 법률에 따라 인도범죄에 관한 공소시효 또는 형의 시효가 완성된 경우 ② 인도범죄에 관하여 대한민국 법원에서 재판이 계속(係屬) 중이거나 재판이 확정된 경우 ③ 범죄인이 인도범죄를 범하였다고 의심할 만한 상당한 이유가 없는 경우. 다만, 인도범죄에 관하여 청구국에서 유죄의 재판이 있는 경우는 제외한다. ④ 범죄인이 인종, 종교, 국적, 성별, 정치적 신념 또는 특정 사회단체에 속한 것 등을 이유로 처벌되거나 그 밖의 불리한 처분을 받을 염려가 있다고 인정되는 경우	① 범죄인이 대한민국 국민인 경우 ② 인도범죄의 전부 또는 일부가 대한민국 영역에서 범한 것인 경우 ③ 범죄인의 인도범죄 외의 범죄에 관하여 대한민국 법원에 재판이 계속 중인 경우 또는 범죄인이 형을 선고받고 그 집행이 끝나지 아니하거나 면제되지 아니한 경우 ④ 범죄인이 인도범죄에 관하여 제3국(청구국이 아닌 외국을 말한다.)에서 재판을 받고 처벌되었거나 처벌받지 아니하기로 확정된 경우 ⑤ 인도범죄의 성격과 범죄인이 처한 환경 등에 비추어 범죄인을 인도하는 것이 비인도적(非人道的)이라고 인정되는 경우

3. 절차

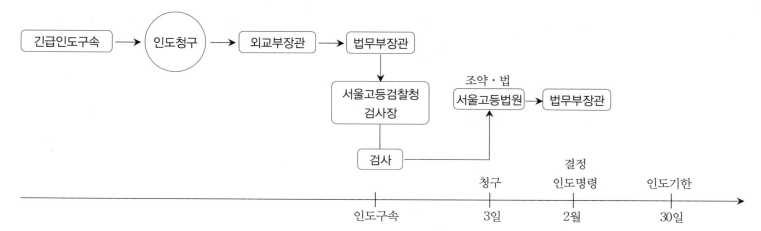

Keyword 114 / 국제형사경찰기구(International Criminal Police Organization : ICPO)

1. 인터폴 일반

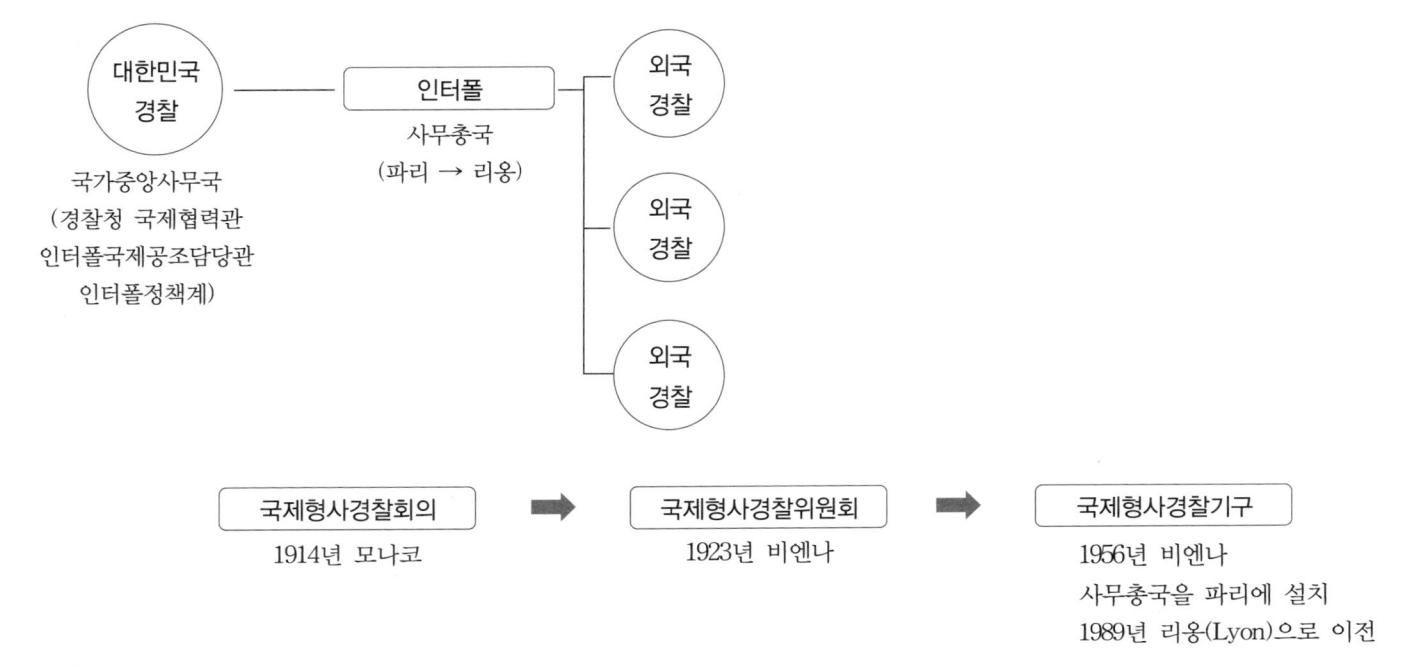

2. 구성

총회	인터폴의 최고 의결기관이며 매년 1회 개최된다.
사무총국	상설행정기관으로 프랑스의 리옹(Lyon)에 위치한다. 사무총국 제2국이 연락 및 범죄정보의 배포 등 핵심적 기능을 수행한다.
국가중앙사무국	① 모든 회원국에 설치된 상설기구로 회원국간의 각종 공조요구에 대응한다. ② 우리나라는 경찰청 국제협력관 내 담당부서를 국가중앙사무국으로 하고, 경찰청 국제협력관을 국가중앙사무국장으로 한다[국제형사경찰기구(인터폴) 대한민국 국가중앙사무국 운영규칙 제5조].
공용어	영어, 프랑스어(불어), 아랍어, 스페인어

3. 공조일반

(1) 군사적, 정치적, 종교적 또는 인종적 성격을 지닌 범죄 공조 ×

(2) **공조의 원칙**: 주권 존중의 원칙, 일반법 집행의 원칙, 보편성의 원칙, 평등성의 원칙, 업무방법 유연성의 원칙 등

보편성	모든 회원국은 타 회원국과 협력할 수 있으며, 그러한 협력은 지리적 또는 언어적 요소에 의해 방해받아서는 안 된다.
평등성	모든 회원국은 재정분담금의 규모와 관계없이 동일한 혜택과 지원을 받을 수 있다.

4. 인터폴 수배서

적색 수배서 (국제체포수배서 · Red Notice)	① 일반형법을 위반하여 체포영장이 발부된 범죄인에 대하여 범죄인 인도를 목적 ② 적색 수배서를 긴급인도구속청구서로 보는 경우 긴급인도구속 가능
청색 수배서 (국제정보조회 수배서 · Blue Notice)	신원과 소재파악을 위해 발행(수배자의 도피처가 명확한 경우에 한하여 발행)
녹색 수배서 (상습국제범죄자 수배서 · Green Notice)	① 상습적으로 범행하였거나 범행할 우려가 있는 국제범죄자의 동향을 파악 ② 상습 국제범죄자 발견시 계속 동향을 감시
황색 수배서 (가출인 수배서 · Yellow Notice)	가출인 소재확인 또는 기억상실자 등의 신원을 확인할 목적으로 발행
흑색 수배서 (사망자 수배서 · Black Notice)	① 사망자의 신원을 확인할 수 없거나 사망자가 가명을 사용 ② 사체의 사진과 지문 · 치아상태 · 문신 등 사망자의 신원파악에 도움이 될 수 있는 자료가 수록
장물 수배서 (Stolen Property Notice)	① 도난당하거나 또는 불법으로 취득한 것으로 보이는 물건, 문화재 등 ② 장물의 특징과 사진 등이 첨부
자주색 수배서 (범죄수법 수배서, Purple Notice)	① 사무총국에서는 국제수배서의 한 종류로 분류하고 있으나 단순한 범죄정보의 자료 ② 세계 각국에서 범인들이 범행시 사용한 새로운 범죄수법 등
오렌지색 수배서 (보안경고서)	폭발물 · 테러범(위험인물) 등에 대하여 보안을 경고하기 위하여 발행

Keyword 115 / 한·미 주둔 군 지위협정(SOFA)

1. 주한미군지위협정의 적용대상

미합중국군대의 구성원	① 대한민국의 영역 안에 주둔하고 있는 미합중국의 육·해·공군에 속하는 현역군인 ② 주한 미대사관에 근무하는 무관과 주한 미군사고문단원은 제외
군속	미합중국의 국적을 가진 민간인으로서 대한민국에 주둔하고 있는 미국군대에 고용되어 근무하거나 또는 동반하는 자
가족	미합중국 군대의 구성원 또는 군속의 가족 중 다음을 충족하는 자 ① 배우자 및 21세 미만의 자녀 ② 부모 및 21세 이상의 자녀 기타 친척으로 생계비의 반액 이상을 미합중국 군대의 구성원 또는 군속에 의존하는 자
초청계약자	미합중국법에 의하여 설립된 법인이나 미합중국 내에 통상적으로 거주하는 자의 고용원 및 그의 가족으로서 주한미군 등의 군대를 위하여 특정된 조건하에 미합중국정부의 지정에 의한 수의계약을 맺고 한국에서 근무하는 자

2. 형사재판관할

전속적 재판권	대한민국	대한민국의 안전에 관한 범죄를 포함하여 우리나라 법령에 의하여서는 처벌할 수 있으나 미국의 법령으로는 처벌할 수 없는 범죄
	미군 당국	미국의 안전에 관한 범죄를 포함하여 미국 법령에 의하여서는 처벌할 수 있으나 한국의 법령에 의하여서는 처벌할 수 없는 범죄
재판권의 경합 (1차적 재판권)	원칙	대한민국이 1차적 재판권 행사(미합중국의 요청시 재판권 포기)
	미군 당국	① 오로지 합중국의 재산이나 안전에 관한 범죄 또는 오로지 합중국 군대의 타 구성원이나 군속 또는 그들의 가족의 신체나 재산에 대한 범죄 ② 공무집행 중의 작위 또는 부작위에 의한 범죄

3. 경찰권

(1) 미군 당국은 그 시설 및 구역 내에서 범죄를 행한 모든 자를 체포할 수 있으며, 미군 당국이 동의한 경우와 중대한 죄를 범하고 도주하는 현행범인을 추적하는 때에는 대한민국 당국도 시설 및 구역 내에서 범인을 체포할 수 있다.

(2) 미군 군사경찰은 시설 및 구역주변에서 국적 여하를 불문하고 시설 및 구역의 안전에 대해 현행범인을 체포 또는 유치 가능하다.

4. 손해배상

공무집행 중	대상자의 전적인 과실이 인정되는 경우	미국정부가 75%, 우리정부는 25%를 부담
	대상자의 전적인 과실이 인정되지 않는 경우	미국정부가 50%, 우리정부는 50%를 부담
공무집행 외	미국정부가 100% 부담	

MEMO

Keyword 116 / 수사경찰

MEMO

1. 범죄첩보의 특징

시한성	범죄첩보는 시간이 지남에 따라 가치가 감소되므로, 수집시기 및 내사착수 시기의 타이밍이 중요하다.
가치변화성	범죄첩보는 일반인에게는 불필요한 내용이라고 하더라도 수사기관의 필요성에 따라 중요한 내용이 될 수도 있다.
결합성	각각의 범죄첩보는 서로 결합되고 가공되어져 더 구체적인 범죄첩보가 된다.
혼합성	범죄첩보는 단순한 사실의 나열이 아니고 그 속에 하나의 원인과 결과를 포함하고 있는 개념이다.
결과지향성	범죄첩보는 수사에 착수하여 사건으로 나타나야 한다. 범죄첩보가 사건으로서 결과를 얻지 못하면 범죄첩보로서의 가치는 떨어진다.

2. 지문

(1) 종류

현장지문	범죄현장에서 범인의 것으로 의심되어 채취한 지문	
	현재지문	① 화학적으로 가공을 하지 않고도 육안으로 식별되는 지문 ② 정상지문, 역지문이 있다.
	잠재지문	화학적으로 가공·검출하지 않으면 육안으로 식별되지 않는 지문
준현장지문	범죄현장과 관련이 있는 범인의 침입경로, 도주경로 및 예비장소 등에서 발견된 지문 또는 범죄현장 이외의 장소에서 채취한 지문을 말한다.	

(2) 현장지문

정상지문	① 손 끝에 묻은 혈액·잉크·범지 등이 피사체에 인상된 지문 ② 무인(拇印) 시의 지문과 동일 ③ 융선(이랑) 부분이 착색
역지문	① 먼지가 쌓인 물체, 무른 점토, 마르지 않은 도장면 등에 인상된 지문 ② 이랑과 고랑이 반대로 현출

(3) 관계자지문과 유류지문

관계자지문	현장지문 또는 준현장지문 중에서 범인 이외의 자(피해자, 현장출입자 등)가 남긴 것으로 추정되는 지문
유류지문	현장지문 또는 준현장지문 둥에서 관계자지문을 제외하고 남은 지문으로 범인지문으로 추정되는 지문 (공범자 지문도 유류지문에 해당)

3. 시체현상

초기현상	후기현상
① 체온하강 ② 시체건조 ③ 각막혼탁 ④ 시체얼룩 ⑤ 시체굳음	① 자가용해(초기현상으로 보는 견해도 있음) ② 부패 ③ 미이라화 ④ 시체밀랍 ⑤ 백골화

(1) **자가용해와 부패**: 부패는 부패균의 작용에 의하지만, 자가용해는 세균과는 관계없이 체내의 분해효소에 의해 발생

(2) **시체밀랍과 미이라화**: 시체밀랍의 경우 시체의 중성지방이 가수분해되어 고형의 지방산 등을 형성하여 발생하지만, 미이라화는 고온·건조한 상황에서 시체의 건조가 부패·분해보다 빠를 때 발생한다.

MEMO

4. 마약류 관리에 관한 법률

(1) 구분

MEMO

마약류	마약·향정신성의약품 및 대마를 말한다.
마약	① 양귀비 : 양귀비과(科)의 파파베르 솜니페룸 엘(Papaver somniferum L.), 파파베르 세티게룸 디시(Papaver setigerum DC.) 또는 파파베르 브락테아툼(Papaver bracteatum) ② 아편 : 양귀비의 액즙(液汁)이 응결(凝結)된 것과 이를 가공한 것. 다만, 의약품으로 가공한 것은 제외한다. ③ 코카 잎[엽] : 코카 관목[(灌木) : 에리드록시론속(屬)의 모든 식물을 말한다]의 잎. 다만, 엑고닌·코카인 및 엑고닌 알칼로이드 성분이 모두 제거된 잎은 제외한다. ④ 양귀비, 아편 또는 코카 잎에서 추출되는 모든 알카로이드 및 그와 동일한 화학적 합성품으로서 대통령령으로 정하는 것 아세토르핀(Acetorphine), 벤질모르핀(Benzylmorphine), 코카인(Cocaine), 코독심(Codoxime), 헤로인(Heroin), 모르핀(Morphine), 테바콘(Thebacon), 테바인(Thebaine), 코데인(Codeine) ⑤ ①부터 ④까지에 규정된 것 외에 그와 동일하게 남용되거나 해독(害毒) 작용을 일으킬 우려가 있는 화학적 합성품으로서 대통령령으로 정하는 것 ⑥ ①부터 ⑤까지에 열거된 것을 함유하는 혼합물질 또는 혼합제제. 다만, 다른 약물이나 물질과 혼합되어 가목부터 마목까지에 열거된 것으로 다시 제조하거나 제제(製劑)할 수 없고, 그것에 의하여 신체적 또는 정신적 의존성을 일으키지 아니하는 것으로서 총리령으로 정하는 것[이하 "한외마약"(限外麻藥)이라 한다]은 제외한다.
향정신성의약품	인간의 중추신경계에 작용하는 것으로서 이를 오용하거나 남용할 경우 인체에 심각한 위해가 있다고 인정되는 다음의 어느 하나에 해당하는 것으로서 대통령령으로 정하는 것을 말한다. ① 오용하거나 남용할 우려가 심하고 의료용으로 쓰이지 아니하며 안전성이 결여되어 있는 것으로서 이를 오용하거나 남용할 경우 심한 신체적 또는 정신적 의존성을 일으키는 약물 또는 이를 함유하는 물질 리서직산 디에틸아마이드(Lisergic acid diethylamide, LSD, LSD-25) ② 오용하거나 남용할 우려가 심하고 매우 제한된 의료용으로만 쓰이는 것으로서 이를 오용하거나 남용할 경우 심한 신체적 또는 정신적 의존성을 일으키는 약물 또는 이를 함유하는 물질 암페타민(Amphetamine), 케타민(Ketamine), 졸라제팜(Zolazepam) ③ ①과 ②에 규정된 것보다 오용하거나 남용할 우려가 상대적으로 적고 의료용으로 쓰이는 것으로서 이를 오용하거나 남용할 경우 그리 심하지 아니한 신체적 의존성을 일으키거나 심한 정신적 의존성을 일으키는 약물 또는 이를 함유하는 물질 리저직산(Lysergic acid), 펜타조신(Pentazocine)

향정신성 의약품	④ ③에 규정된 것보다 오용하거나 남용할 우려가 상대적으로 적고 의료용으로 쓰이는 것으로서 이를 오용하거나 남용할 경우 ③에 규정된 것보다 신체적 또는 정신적 의존성을 일으킬 우려가 적은 약물 또는 이를 함유하는 물질
	 졸피뎀(Zolpidem), 날부핀(Nalbuphine), 지에이치비(GHB), 프로포폴(Propofol)
	⑤ ①부터 ④까지에 열거된 것을 함유하는 혼합물질 또는 혼합제제. 다만, 다른 약물 또는 물질과 혼합되어 ①부터 ④까지에 열거된 것으로 다시 제조하거나 제제할 수 없고, 그것에 의하여 신체적 또는 정신적 의존성을 일으키지 아니하는 것으로서 총리령으로 정하는 것은 제외한다.
대마	다음의 어느 하나에 해당하는 것을 말한다. 다만, 대마초[칸나비스 사티바 엘(Cannabis sativa L)을 말한다. 이하 같다]의 종자(種子)·뿌리 및 성숙한 대마초의 줄기와 그 제품은 제외한다. ① 대마초와 그 수지(樹脂) - 대마수지를 해쉬시(Hashish)라고 함 ② 대마초 또는 그 수지를 원료로 하여 제조된 모든 제품 ③ 가목 또는 나목에 규정된 것과 동일한 화학적 합성품으로서 대통령령으로 정하는 것 ④ 가목부터 다목까지에 규정된 것을 함유하는 혼합물질 또는 혼합제제
한외마약	코데날, 코데잘, 코데솔, 유코데, 세코날 등

(2) 마약류의 특성

① 마약

양귀비(앵속)	① 아편성분이 가장 많은 양귀비의 열매부분을 앵속이라고 함. ② 우리나라의 경우 경작 뿐만 아니라 일반 가정에서 관상용으로 재배하는 것도 일절 금지
생아편	① 양귀비 열매의 껍질 부분에 상처를 통해 유출되는 백색즙을 채집하여 덩어리로 건조시킨 것이나 불순물을 제거한 후 분말이나 정제로 만든 것 ② 생아편 덩어리는 암갈색 또는 검은색, 흡연용인 건조 분말은 갈색
모르핀	① 생아편을 화학적으로 처리한 것 ② 헤로인의 제조원료로 사용 ③ 무취, 쓴 맛
헤로인	① 모르핀을 원료로 하여 초산을 화학합성하여 아세틸화한 것 ② 독일 바이엘사에 의해 진통제로 처음 개발 ③ 모르핀보다 10배 이상 독성이 강하고, 금단증상도 강함.
코카인	① 만성적인 코카인 남용자의 경우에도 신체적인 금단현상 없음. ② cokebugs-벌레가 기어다는 듯한 환촉현상이 나타남.
크랙	① 코카인에 암모니아 · 베이킹소다 · 물 등을 넣고 가열하여 만들 결정체 형태의 코카인 ② 흡연을 통해 남용되는 경우가 일반적

② 향정신성의약품

메스암페타민 (필로폰, 히로뽕)	① 피로감 감소·지연시킴, 식욕감퇴 ② 동일한 효과를 내기 위해 복용량이 증가하는 내성이 나타남, 금단증상 수반 ③ 주로 정맥주사를 이용, 가열하여 연기를 흡입하는 경우도 있음.
YABA	① Horse Medicine으로 통용됨. ② 순도가 낮음 ③ 원재료가 화공약품이므로 안정적인 제조가 가능
L.S.D	① 곡물곰팡이, 보리맥각에서 분리·가공 후 합성 ② 무색·무취·무미 ③ 우표·종이 등의 표면에 묻혔다가 뜯어서 씹는 방법을 사용하기도 함.
MDMA (엑스터시)	① 1949년 독일에서 식욕감퇴제로 개발 ② 복용자는 막대사탕을 물고 있거나 물을 자주 마시는 증상을 보임. ③ 모발감정 가능
덱스트로 메토르판 (러미나)	① 처방전을 이용해서 약국에서 구입 가능 ② 의존성이나 독성이 없음. ③ 정글쥬스(소주에 혼합해서 음용)
물뽕(GHB)	① 무색·무취·짠맛 ② 24시간 이내 인체에서 빠져나가므로 사후 추적이 불가능
케타민	사람과 동물의 마취제로 사용
프로포폴	수면마취제로 수면내시경 등에 사용
페이오트	① 미국 텍사스 리오그랜드 계곡 및 멕시코 북부지역에서만 자생하는 선인장 ② 어린 잎을 건조하여 씹거나 또는 물에 넣고 끓여 음용 ③ 그 자체에 환각성분이 있음.
메스카린	페이오트 선인장에서 추출하여 합성한 향정신성의약품
싸이로시빈	미국 텍사스와 멕시코에서 자행하는 싸이로시빈 버섯에서 추출

MEMO

이상훈

주요 약력

경북대학교 법과대학 법학부 졸업
경북대학교 대학원 법학과 졸업
(現) 박문각경찰 경찰학 전임교수
(前) 대구 가톨릭대학교 산학협력교수
　　　부산 한국경찰학원 경찰학
　　　전주 한빛경찰학원 경찰학
　　　광주 스마트경찰학원 경찰학, 행정법
　　　대전 한국경찰학원 경찰학
　　　노량진 윌비스경찰학원 경찰학, 행정법
　　　노량진 이그잼경찰학원 경찰학
　　　노량진 해커스경찰학원 경찰학

주요 저서

이상훈 경찰학 기본 이론서(박문각)
이상훈 경찰학 단원별 기출문제집(박문각)
이상훈 경찰학 핵심 알고리즘(박문각)

이상훈 경찰학 ◇✦ 핵심 알고리즘

초판인쇄 | 2025. 3. 20.　**초판발행** | 2025. 3. 25.　**편저자** | 이상훈

발행인 | 박 용　**발행처** | (주) 박문각출판　**등록** | 2015년 4월 29일 제2019-000137호

주소 | 06654 서울특별시 서초구 효령로 283 서경 B/D 4층　**팩스** | (02) 584-2927

전화 | 교재 주문·내용 문의 (02) 6466-7202

정가 25,000원　　　ISBN 979-11-7262-669-3

이상훈
경찰학

[이상훈 경찰학 **기본서**(전2권)]

[이상훈 경찰학 **단원별 기출문제집**]

[이상훈 경찰학 **핵심 알고리즘**]

1편 총론 / **2편** 각론

핵심 키워드 116개로 정리한 경찰학 합격 알고리즘!!

이상훈 경찰학 핵심 알고리즘

 2024 고객선호브랜드지수 1위
교육(교육서비스)부문

 2023 고객선호브랜드지수 1위
교육(교육서비스)부문

 2022 한국 브랜드 만족지수 1위
교육(교육서비스)부문 1위

 2021 조선일보 국가브랜드 대상
에듀테크 부문 수상

 2021 대한민국 소비자 선호도 1위
교육부문 1위

 2020 한국 산업의 1등
브랜드 대상 수상

 2019 한국 우수브랜드
평가대상 수상

 2018 대한민국 교육산업 대상
교육서비스 부문 수상

 2017 대한민국 고객만족
브랜드 대상 수상

 박문각 북스파
수험교재 및 교양서 전문
온라인 서점

 박문각 경찰
이상훈 경찰학 온라인강의
www.pmg.co.kr

정가 25,000원

9 791172 626693
13350
ISBN 979-11-7262-669-3

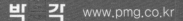 박 각 www.pmg.co.kr 교재문의 02-6466-7202 동영상강의 문의 02-6466-7201
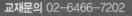